구봉 송익필 학문,
기호유학에서의 위상

✧구봉문화학술원 편저

| 龜峯학술논총 제2집 |

구봉 송익필 학문,
기호유학에서의 위상

✿ 구봉문화학술원 편저

책미래

龜峯文化學術院

주소: 세종시 보듬4로111, 1904-602 / 우 30097

연락처: 010-8819-9712(김창경)

메일: ryusu4@hanmail.net

족함과 부족함〈足不足〉

군자는 어찌 길이 스스로 만족하고,

소인은 어찌하여 길이 부족해 하나?

부족해도 족(足)해 하면 항상 여유가 있으나,

족한데도 부족해 하면 늘 부족하다네.

즐거움이 남음이 있으면 부족함이 없게 되나,

부족함을 걱정하면 언제나 족하리오?

안시처순(安時處順)하면 다시 무슨 걱정이랴만,

하늘을 원망하고 남을 탓하면 부족함을 슬퍼하리.

내게 있는 것을 구하면 부족함이 없을 것이나,

밖에 있는 것을 구하니 어떻게 족하리오?1)

---

1) 『구봉집(龜峯集)』, 권2, 「詩」, 〈足不足〉: "君子如何長自足 小人如何長不足 不足之足每有餘
足而不足常不足 樂在有餘無不足 憂在不足何時足 安時處順更何憂 怨天尤人悲不足 求在我
者無不足 求在外者何能足"

　　구봉문화학술원이 구봉학술총서 제2집을 발간하였다. 구봉 송익필 선생의 학문과 덕을 우러러 기리는 모든 사람들에게 반가운 소식이며, 한국 유학의 전통과 뿌리를 소중히 생각하는 모든 이들에게도 반가운 소식이다.

　　龜峰 宋翼弼(1534~1599)선생은 불우한 역경 속에서도 학문에 정진하여 율곡, 우계의 道友로써 기호유학의 파종에 일익을 담당하였다. 그는 성리학에 있어서도 『太極問』을 별도로 쓸 만큼 조예가 깊었고, 율곡이 인정할 만큼 그의 성리학적 식견은 높은 평가를 받았다. 또한 구봉은 예학에 있어서 타의 추종을 불허할 만큼 높은 경지에 있었다. 그의 예학적 저술인 『家禮註說』은 우리나라 예학사에서 선구적인 위치에 있고, 『예문답(禮問答)』을 보면 율곡, 우계, 송강이 묻고 그가 대답하고 설명하는 형식으로 당시 구봉의 예학에 대한 학문적 권위를 짐작할 수 있다. 특히 '東方禮學의 宗匠'으로 일컫는 沙溪 金長生과 그 아들 愼獨齋 金集이 그의 문하에서 배출되었다는 점도 주목해야 할 일이다. 뿐만 아니라 그는 경세에도 탁월한 안목이 있어 자신 신분문제로 현실정치에 참여할 수 없게 되자 친우인 율곡의 자문역할을 하였다. 孤靑 徐起는 문인들에게 "너희들이 諸葛孔明을 알고 싶으면 宋龜峰을 보면 알 것이다.……나는 제갈공명이 구봉과 비슷했으리라 여긴다."고 할 만큼 그는 경세경륜에 탁월한 면모를 보여 주었다.

또한 그는 일찍이 문인들의 교육에 나서 많은 제자들을 길러냈으니, 김장생을 비롯하여 그 아들 김집, 정엽, 서성, 정홍명, 강찬, 허우, 김반 등이 그의 문인이다. 특히 송강 정철은 두 아들을 구봉에게 맡기며 그 뜻을 기명, 종명 두 아들에게 다음과 같이 훈계하였다.

지금 네가 송구봉선생의 글방을 다니는데, 송 선생이 반드시 『近思錄』으로써 배우도록 권하는 것이 어찌 우연한 일이랴. 이는 장차 사람된 이치를 강하여 너로 하여금 착한 사람이 되게 하려는 것이다. 만일 벼슬이나 구하며 이익이나 좇을 것을 생각하고, 과거공부에 전심하여 글 짓는 데에만 주력할 양이면, 내가 하필 너를 송 선생의 문하에서 배우도록 권하며, 송 선생 역시 너에게 義理之學으로써 요구하겠느냐. 너는 아비가 스승을 가린 뜻을 생각하고 또 네 스승이 착한 데로 인도하는 성의를 보아……일체 옛 것을 배우고 성현을 바라는 이치로서 자신의 임무를 삼는 것이 상쾌한 일이 아니랴.

이와 같이 구봉선생은 16세기 기호유학의 중심적 인물로 성리학, 예학, 경세에 탁월한 식견을 가졌을 뿐만 아니라 고고한 선비로서 존경을 받았다. 그럼에도 불구하고 구봉선생은 역사적 평가에서 늘 소외되었고, 학문적으로도 현창 받지 못한 바 있다. 이에 구봉문화학술원은 선생의 유지를 받들고 구봉 학문의 전승과 연구에 더욱 노력하고자 한다.

구봉학술총서 제2집에 옥고를 게재해 주신 여러 교수님들께 깊이 감사드리며, 아울러 구봉선생 현창에 앞장서 온 김창경 박사의 노력으로 이 책이 발간되었음을 알려드리며, 김박사의 노고에 감사한다. 모쪼록 이 책이 우리나라 유학계의 학문 발전에 소중한 자산이 되고, 전통문화에 관심 있는 대중들에게 하나의 귀중한 교훈서가 되기를 바라며 발간사에 갈음하고자 한다

2018년 4월 23일

구봉문화학술원 원장 황의동

『삼현수간(三賢手簡)』원(元), 형(亨), 이(利), 정(貞) 4첩,
(본래 출처):『구봉문집』,「현승편(玄繩篇)」권4, 권5.

차 례

제2부 구봉 송익필의 학문과 교유

제1부 | 구봉 송익필 학문의 위상

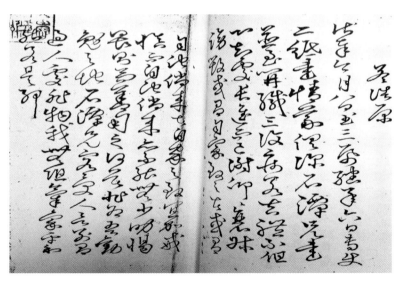

당대 팔문장가(八文章家) 구봉 송익필의 삼현수간(三賢手簡) 속 친필

구봉 송익필에 관한 연구현황 및 과제[1)]

- 구봉의 학문 및 사상의 위상 정립에 유의하여 -

박학래[2)]

1. 들어가는 말

"文元公 金선생(金長生)이 栗谷 李선생(李珥)을 스승으로 모셔 道가 이

루어지고 德이 높게 되었는데, 그가 관건(關鍵)을 열 수 있도록 기초를

---

1) 이 논문은 2016년 6월 4일에 전북대학교 간재학연구소와 구봉문화학술원이 「기호유학에
서 구봉 송익필 사상의 위상과 수용」을 주제로 공동 주최한 학술대회의 기조발표문을 수
정 · 보완하여 忠南大學校 儒學硏究所에서 간행하는 論文集인 『儒學硏究』第36輯 (2016.
8.)에 게재한 것을 일부 보완한 것이다. 따라서 이 논문에서 분석한 구봉 관련 연구 성과
는 2016년까지 발표된 연구물에 한정되어 있음을 밝힌다.

2) 朴鶴來, 군산대학교 교수

다져준 분이 龜峯(宋翼弼) 先生이었다는 것은 속일 수 없는 사실이오. 선생의 문하에서 상당수에 달하는 名賢 · 巨公이 배출되었는데도 선생이 세상을 뜬 후 70여 년이 되도록 묘도에 비갈이 없으니, 아마도 우리들을 기다리고 있었던 것이 아니겠소."[3]

구봉 송익필(1534~1599)의 학문과 사상을 계승한 사계 김장생(1548~1631)의 고제(高弟) 중 한 사람인 동춘당 송준길(1606~1672)은 위와 같이 우암 송시열(1607~1689)에게 구봉의 묘갈(墓碣) 건립을 재촉하였다. 송시열은 송준길의 뜻에 선뜻 동의하였지만, 묘갈문(墓碣文)을 작성할 만한 내용을 확인할 길이 없었다. 이후 김장생의 외증손(外曾孫)인 이선(李選, 1632~1692)이 사관(史官)으로 재직하면서 구봉과 관련된 조야(朝野)의 기록을 확인하고 구봉에 대한 학자들의 논의를 정리하여 송시열에게 제공하였고, 이에 따라 송시열은 구봉의 묘갈을 작성할 수 있었다.[4] 그리고 송시열에게 구봉과 관련한 자료를 제공한 이선도 구봉의 「행장(行狀)」을 작성하여 그의 삶과 성취를 기렸다. 현재 우리가 구봉의 생애를 확인하는 「묘갈문」과 「행장」은 이러한 과정을 거쳐 작성되었다.

위에서 확인되듯이 당대뿐만 아니라 현재에 이르기까지 구봉이 이룩한 업적과 성취는 학자들의 관심에서 일정 정도 비껴나 있었다. 반상(班常)의 구별이 엄격한 조선 사회에서 구봉이 겪어야 했던 신분적 한계, 부친의 죄과로 인해 겪어야 했던 우여곡절, 도의지교(道義之交)로 맺어진 율곡 및 우계와의 친교를 통해 뚜렷한 학문적 성취를 이루었지만, 이로 인해 불가피하게 겪어야 했던 당쟁의 여파 등으로 인해 구봉은 파란

---

3) 『宋子大全』卷172, 12b~13a, 「龜峯先生宋公墓碣」.
4) 『宋子大全』卷172, 12b~18b, 「龜峯先生宋公墓碣」 참조.

만장한 삶을 살 수밖에 없었다. 하지만 굴곡진 삶 속에서도 구봉은 당대 어느 누구보다도 뚜렷한 학문적 성취를 이루었으며, 그 영향은 지속적이었다.

그에 의해 이룩된 성리학과 예학(禮學) 방면에서의 성취는 기호 유학의 연원으로서 평가받기에 충분하였으며, 그의 시(詩)와 문장에서 드러나는 풍격 등은 한국 한문학사의 기념비적인 성취에 해당한다고 할 수 있다. 하지만 안타깝게도 그에 대한 근현대 한국학 연구자들의 관심과 연구는 전통 시대와 마찬가지로 제한적이었다. 문학사(文學史)나 유학사(儒學史), 그리고 예학사(禮學史)에서 구봉에 대한 관심은 단편적이었으며, 때로는 언급조차 되지 않을 정도로 연구자들의 관심에서 멀어져 있기도 하였다. 하지만 지난 30여 년간 제한적이지만 특정 연구자들의 흔들림 없는 연구를 통해 구봉에 대한 학계의 관심이 제고되었으며, 부족하나마 구봉의 학문과 사상을 확인할 수 있는 연구 업적들이 쌓이고 있다. 이와 더불어 향후 구봉에 대한 발전적인 연구를 기대할 수 있는 여건도 조성되고 있다.5)

이러한 전후 사정을 고려하여 본고에서는 그동안 진행된 구봉에 대한 학계의 학문적 관심을 확인하고, 1980년대 이후 본격화한 구봉에 관한 연구의 현황을 대체적으로 정리하여 구봉에 대한 연구 개황을 살펴보고자 한다. 그리고 구봉이 이룩한 성리학 및 예학, 그리고 문학에 대한 학계의 연구 성과 및 이에 따라 불거진 쟁점과 과제를 제시하여 구봉

---

5) 구봉에 대한 체계적인 연구와 학술문화사업의 추진을 위해 '구봉송익필선생기념사업회'가 창립되었고, 2016년에는 발전적 사업 추진을 위해 그 명칭을 '구봉문화학술원'(원장 : 황의동 충남대 명예교수)으로 개칭하고 의욕적으로 학술 및 문화 사업을 추진하고 있다. 학술문화연구 이외에 문화콘텐츠 개발에도 관심을 두고 있어 향후 사업의 결과를 기대하게 하고 있다.

에 관한 연구의 양적 질적 제고를 도모하고자 한다. 아울러 구봉에 대한 대중적 관심과 결부한 성과도 검토하여 구봉 연구의 발전적 미래를 조망해 보고자 한다.6)

2. 구봉(龜峯)에 관한 연구 개황(概況)

한국학 연구자들의 구봉에 대한 관심이 구체적으로 드러나기 시작한 것은 1980년대 이후라 할 수 있다. 물론 그 이전에도 구봉에 대한 학계의 관심이나 언급이 전혀 없었던 것은 아니었다. 대체적으로 한국사 연구자들에 의해 제시된 구봉에 대한 관심은 동서 분당 및 이에 따른 정치적 변란에 대한 연구에서 언급되는 수준이었으며,7) 그 내용은 미미하거나 부정적인 측면이 다분하였다.8) 한국유학 분야에서는 제한적이지만 유학 통사류 저작 등을 통해 구봉의 사상이 어느 정도 소개되었다.

한글로 쓴 최초의 한국유학 통사에 해당하는 현상윤의 『조선유학사』(1949)에서 구봉은 '퇴율 전후의 일반 명유(明儒)' 중 한 사람으로 평가되어 소개되었다. 현상윤은 구봉에 대해 "재학(才學)에 장(長)하여 고명박흡(高明博洽)으로 저명하고, 또 도학과 시에 조예가 깊으니, 율우 양현이 외우(畏友)로 삼았다."고 전제하고, 구봉의 사단칠정론을 중심

---

6) 연구 현황 및 과제 제시 가운데 문학 부분은 기존의 성과에 기대어 인접 분야 전공자로서의 입장을 제시한 것임을 밝힌다.

7) 金龍德, 「鄭汝立研究」, 『韓國學報』 2-3, 1976.

8) 동서 분당 및 己丑獄事와 관련한 구봉에 대한 인식은 당대부터 부정적인 측면이 다분하였고, 현재의 당쟁사에 대한 검토에서 드러나는 구봉에 대한 언급도 이와 궤를 같이하는 측면이 작지 않다. 하지만 이것은 서인의 謀主로 오해된 구봉의 정치적 위상에 대한 일방적인 서술이라는 점에서 재고가 필요하다.

으로 한 심성론의 일단을 소개하였다. 아울러 그는 『연려실기술』·『노서집(魯西集)』 등에 실린 구봉에 대한 인물평도 함께 실어 그의 영향 관계를 일정 정도 고려하기도 하였다.[9]

비록 소략하지만 구봉에 대한 현상윤의 관심은 이후 간행된 유학 통사류 저작으로 이어지는 데에 적지 않은 영향을 주면서, 동시에 일정한 한계를 갖는 것이었다. 이병수의 『한국유학사』(1987)에서는 구봉의 성리설과 예학에 대한 언급이 어느 정도 제시되기는 하였지만, 여타의 통사류 저작[10]에서 구봉은 언급조차 되지 않을 정도로 연구자들의 관심에서 비껴났다.

구봉에 대한 이러한 무관심을 뚫고 본격적으로 구봉에 대한 연구를 주도한 학자는 배상현이다. 그는 1982년부터 구봉과 관련한 일련의 논문들을 발표하여 구봉의 학문(성리학과 예학)과 문학에 대한 구체적인 연구를 시도하였다.[11] 이후 그는 지속적으로 구봉에 대한 연구를 진행하여 구봉에 대한 체계적인 연구 성과를 집적하는 한편, 구봉에 대한 학계의 관심을 불러 일으켰다.[12] 물론 그의 연구에 앞서 구봉의 심성관에

---

9) 현상윤, 『조선유학사』, 현음사, 1982, 149~150쪽.

10) 배종호의 『한국유학사』(연세대출판부, 1978)를 비롯하여 유명종의 『한국사상사』(이문사, 1981) 등 1970, 80년대에 간행된 통사류 저작에서는 구봉에 대한 언급을 찾아보기 어렵다. 이 저작들은 대체로 주리 주기의 도식 아래 퇴계와 율곡을 중심으로 한 학맥에 주안점을 두어 논의를 전개하였기 때문에 구봉에 대한 관심이 저조하지 않았나 생각된다. 아울러 구봉의 학문에서 중심을 이루는 예학이 해방 이후 1970년대까지 나라를 망친 주범으로서 虛禮虛飾에 불과하다는 인식이 저변에 깔려 있었고, 이러한 인식이 예학 연구 기피현상으로 이어지면서 구봉 예학에 관한 연구 관심도 저조하였던 것이 아닌가 판단된다.

11) 배상현, 「宋翼弼의 문학과 그 사상」, 『韓國漢文學研究』 6, 1982.; 裵相賢, 「龜峰 宋翼弼과 그 思想에 대한 研究」, 『慶州大學論文集』 1, 1982.; 배상현, 「구봉 송익필의 예학사상」, 『동악한문학논집』 2, 1984~5.; 배상현, 「龜峯 宋翼弼의 생애와 시문학」, 『애산학보』 5, 1987.

12) 구봉에 대한 배 교수의 일련의 연구는 「朝鮮朝 畿湖學派의 禮學思想에 關한 연구 : 宋翼

대한 석사학위논문이 제출되기는 하였지만,13) 구봉에 대한 본격적인 연구는 배상현을 통해 이루어졌다고 해도 과언이 아닐 정도로 그의 연구는 후속 연구의 토대가 되었다.

문학 방면에서의 구봉 연구에서 주목되는 것은 1985년부터 구봉의 시(詩)를 대상으로 한 10여 편에 이르는 석사학위논문이 지속적으로 제출되었으며,14) 2001년에 이르러 구봉의 시 세계와 시풍을 분석한 박사학위논문15)이 발표되는 등 구봉 문학을 연구하는 학자의 저변이 어느 정도 확보되었다는 점이다. 1980년대 이전까지 구봉의 문학에 대한 전문 연구자를 찾아볼 수 없었던 점을 감안할 때, 비록 제한적이지만 일련의 학위논문이 제출되고, 이에 따라 구봉 문학을 주로 연구하는 연구자층이 확보되었다는 것은 이후 어느 정도 활성화되는 구봉 문학 연구의 토대가 구축되었다는 점에서 유의미하다고 평가할 수 있다.16)

弼.金長生.宋時烈을 中心으로」(高麗大學校 대학원 박사학위논문, 1991)으로 체계화되었다. 이 논문은 이후 『조선조 기호학계의 예학사상에 관한 연구』(고려대학교 민족문화연구소, 1996)으로 간행되었다.

13) 김용식,「龜峯(宋翼弼)의 心性觀에 대한 硏究」, 고려대학교 대학원 석사학위논문, 1981.

14) 유기영,「龜峯 宋翼弼의 詩 硏究」, 高麗大學校 대학원 석사학위논문, 1985.; 문정자,「구봉 송익필 시문학 연구」, 단국대학교 대학원 석사학위논문, 1989.; 이상미,「龜峰 宋翼弼 詩 硏究」, 성신여자대학교 대학원 석사학위논문, 1997.; 송혁수,「龜峯 宋翼弼의 詩文學 硏究」, 朝鮮大學校 敎育大學院 석사학위논문, 1998.; 최영희,「宋翼弼 詩의 心象과 靜의 문제」, 고려대학교 대학원 석사학위논문, 2003.; 김민정,「龜峯 宋翼弼의 濂洛風詩 硏究」, 경남대학교 교육대학원 석사학위논문, 2007.

15) 강구율,「龜峯 宋翼弼의 詩世界와 詩風 硏究」, 慶北大學校 대학원 박사학위논문, 2001.

16) 특기할만한 것은 구봉만을 대상으로 한 학위논문은 아니지만 구봉을 비중 있게 다룬 학위논문이 지속적으로 제출되고 있다는 점이다. 강영순은 유몽인을 분석하면서 구봉과의 관련성에 주목하였으며(「柳夢寅 文學 硏究」, 檀國大學校 大學院 석사학위논문, 1986), 박명순도 마찬가지이다.(「於于 柳夢寅文學의 性格考察」, 朝鮮大學校 敎育大學院 석사학위논문, 1990.) 정지용도 구봉의 제자 정홍명의 시를 분석하면서 구봉에 주목하였다.(鄭知溶,「畸庵 鄭弘溟의 漢詩 硏究」, 全南大學校 大學院, 석사학위논문, 2005.) 양훈식은 성혼의 시를 검토하면서 구봉의 시를 비중있게 검토하였으며,(「成渾 詩의 道學的 性向과 風格美」, 숭실대학교 대학원 박사학위논문, 2016), 임미정은 「『국조시산』 연구」(연세대

구봉 문학에 대한 일련의 학위논문 제출과 결을 같이하여 개별 연구 논문도 1990년을 전후로 하여 지속적으로 학계에 발표되고 있다.17) 연구의 편향성이나 방향, 그리고 이와 연관된 후속 연구 과제가 산적해 있기는 하지만, 구봉 문학에 대한 해석과 평가에서 상당한 진전을 보고 있다는 것이 연구자들 내부에서 제기되고 있을 정도로 구봉 문학 연구는 상당한 수준에 오르고 있다.18) 초기의 구봉 문학 연구가 주로 그의 파란만장했던 생애에 주목하여 전기적인 해석 방법에 의존했다면, 2000년대 이후부터는 특정한 주제에 주목하여 그의 시 세계를 검토한다거나 혹은 이전과 구별되는 방법론을 동원하여 그의 문학에 대해 다채로운 접근을 시도하고 있다는 점에서 향후 발전적인 연구 성과를 기대하게 하고 있다.

특히 구봉 문학 연구에서 주목되는 것은 앞서 지적한 바와 같이 연구의 토대로서 연구자들의 저변이 확대되었다는 것 이외에 문학 연구의 기초인 구봉의 시에 대한 국역(國譯)이 어느 정도 완결되었다는 점이다. 한서대학교 동양고전연구소가 주관하여 『구봉집(龜峯集)』에 수록된 시

학교 대학원 박사학위논문, 2016)을 통해 구봉의 시에 대한 허균의 비평을 체계적으로 분석하였다.

17) 문정자, 「구봉 송익필의 시 세계」, 『漢文學論集』 9, 1991.; 안병학, 「송익필의 시 세계와 '靜'의 의미」, 『民族文化研究』 28, 1995.; 강구율, 「龜峯 宋翼弼의 생애와 시 세계의 한 국면」, 『東方漢文學』 19, 2000.; 이상미, 「송익필의 삶과 시 세계」, 『漢文古典研究』 6, 2000.; 김봉희, 「구봉 송익필 시의 연구 : 풍격적 특질을 중심으로」, 『漢文學論集』 18, 2000.; 김성언, 「귀봉 송익필의 한시에 나타난 격양 이학의 의미」, 『한국한시작가연구』 6, 2001.; 이상미, 「龜峰 宋翼弼의 道家的 性格考察」, 『漢文古典研究』 14, 2007.; 이향 배, 「『批選龜峰先生詩集』의 批注 體例와 著者」, 『漢文學論集』 29, 2009.; 이향배, 「『批選龜峰先生詩集』에 나타난 비평에 대하여」, 『語文研究』 72, 2012.; 김성언, 「龜峰 宋翼弼과 無情의 시학」, 『동남어문논집』 35, 2013.; 林俊成, 「龜峯 宋翼弼의 詩世界」, 『동아인문학』 33, 2015.
18) 김봉희, 「구봉 송익필 시의 연구 – 풍격적 특질을 중심으로」, 『한문학논집』 18, 2000.

457수 모두를 국역하여 2003년에 『구봉시전집(宋龜峯詩全集)』을 간행한 것이 그것이다. 이 번역본의 간행은 구봉 문학, 특히 구봉의 시 연구의 기본적인 토대가 갖춰졌음을 의미한다는 점에서 주목할 만하다.

최근 10년 사이에 발표된 연구 논문 가운데 그동안의 연구가 구봉의 시에 천착했던 경향에서 벗어나 그의 문학관에 주목한 연구,19) 우계와 함께 저술한 「은아전(銀娥傳)」의 서술 양상을 검토한 연구20) 등은 구봉의 문학 연구를 시에만 한정하지 않고 있다는 점에서 의미를 가질 수 있으며, 향후 구봉 문학 연구의 지평을 확대하는 토대로 기능할 수 있다는 점에서 유의미하다고 평가할 수 있다.21) 최근의 구봉 문학에 대한 연구는 1980년대 이전 시기의 연구자들이 보여주었던 구봉에 대한 관심의 제한적 범위, 즉 한문학사 등에서 몇몇 논자들이 구봉을 단편적으로 언급하는 것에서 벗어나 문학사에서 적절한 위상을 확보하는 것으로 이어지게 할 것이라는 점에서 기대를 모은다고 하겠다.

한편, 구봉의 사상, 특히 성리설과 예학에 관한 연구는 1990년대 이후 본격화되고 있다. 물론 퇴계나 율곡, 그리고 구봉과 도의로 우애를 나눈 우계(牛溪) 등에 대한 연구에 비해 그 연구 성과는 양적으로 부족하지만, 이전 시기에 보여주었던 구봉에 대한 연구자들의 관심이 통사류 저술에서나 간헐적으로 언급되는 수준에서 그쳤던 점을 감안한다면, 최근 20여 년간 철학 및 사학 연구자들에 의해 이루어진 성리설과 예학 등에

---

19) 이상미, 「宋翼弼의 文學觀」, 『漢文古典研究』 13, 2006.

20) 한의숭, 「성혼과 송익필의 「銀娥傳」 서술 양상과 그 의미」, 『민족문학사연구』 25, 2004.. 이 연구 이외에 김창경, 「우계와 구봉의 도의 실천 연구 – 「銀娥傳」을 중심으로」, 『牛溪學報』 34, 2016도 「은아전」에 주목한 연구이다.

21) 구봉은 시뿐만 아니라 문장에서도 일정한 평가를 받았다는 점(白鐵·李秉岐, 『국문학전사』, 511쪽, "龜峯祭栗谷文·月沙辨誣疏·燕巖擬請通疏.")에서 향후 그의 문장에 대한 검토가 필요할 것으로 보인다.

관한 연구 성과는 괄목상대할 만하다고 평가할 수 있다.

앞서 거론한 바와 같이, 구봉 연구를 주도한 배상현은 그의 박사학위 논문을 통해 구봉의 생애와 학문, 그리고 『가례주설(家禮註說)』과 『예문 답(禮問答)』 등 예서(禮書)를 중심으로 구봉의 예학사상을 검토하였으며, 이를 기반으로 기호학파의 예학 흐름을 구체적으로 정리하였다. 그는 구봉 예학을 기호학파의 예학을 계도(啓導)한 것으로 규정하였으며, 그의 예학이 김장생과 김집(1574~1656)을 통해 학문화되고, 송시열을 통해 의리화 되는 것으로 파악하였다.[22] 이 연구 이후 금장태는 구봉의 태극론과 성리학, 예학을 전반적으로 검토하는 연구를 진행하였으며, 성교진은 구봉의 사상에서 드러나는 '기(幾)'에 주목하여 연구를 진행하기도 하였다.[23]

일련의 연구들을 통해 조선 유학 연구자들에게 구봉의 존재가 어느 정도 각인되었으며, 구봉에 대한 연구자들의 관심이 구체적인 성과로 이어지는 계기가 마련되었다. 1992년 최영성의 「구봉 송익필의 사상연구: 성리학과 예학의 관련성을 중심으로」를 시작으로 구봉의 유학 사상과 관련한 2편의 석사학위논문이 제출되었으며,[24] 2011년에는 구봉의 학문과 사상만을 대상으로 한 첫 박사학위논문이 김창경에 의해 발표되었다.[25] 그리고 구봉의 학문과 사상을 비중 있게 분석한 학위논문도 잇

---

22) 배상현, 『조선조 기호학파의 예학사상에 관한 연구』, 고려대학교 민족문화연구소, 1996.

23) 금장태, 「龜峯 宋翼弼의 인간과 사상」, 『여산유병덕화갑기념 한국철학종교사상사』, 1990.; 성교진, 「구봉 송익필의 '幾'에 관한 연구」, 『한국 유학의 철학사상』, 이문출판사, 1990.

24) 최영성, 「龜峰 宋翼弼의 思想硏究 : 性理學과 禮學의 關聯性을 中心으로」, 成均館大學校 儒學大學院 석사학위논문, 1992.; 이소정, 「龜峯 宋翼弼의 禮學思想 硏究 : 祭禮를 중심으로」, 成均館大學校 大學院 석사학위논문, 2001.

25) 金昌慶, 「龜峰 宋翼弼의 道學思想 硏究」, 忠南大學校 大學院 박사학위논문, 2011. 이 논문은 저자의 수정을 거쳐 김창경, 『구봉 송익필의 도학사상』, (책미래, 2014.)로 간행되

달아 제출되어 구봉에 대한 연구 저변이 연구 성과로 구체화되었다.[26]

구봉에 대한 연구가 구체화되기 시작하면서 구봉의 학문과 사상에 대한 규모와 체계 또한 확인되고 있다. 사화기를 지나 사림정치가 본격화되는 선조 대에 주로 활동했던 만큼 구봉은 주자학의 근본 문제에 대한 깊이 있는 이해와 성찰을 바탕으로 주자학을 재구성하였으며, 이기심성론을 중심으로 한 이론적 체계뿐만 아니라 그 실천에 주목하여 특징적인 수양론과 예학 체계를 구축하고자 하였다. 이에 따라 그의 학문과 사상에 대한 연구자들의 관심은 주로 성리설과 예학에 모아졌으며,[27] 그의 학문적 위상을 구체적으로 검토하는 일련의 논문도 발표되었다.[28] 구봉에게서 연원하여 김장생을 거쳐 송시열에게서 보다 명증

었다.

26) 고영진은 조선 중기의 예설과 예서에 주목하면서 구봉의 예학사상 및 『가례주설』에 주목하였다. (「朝鮮 中期 禮說과 禮書」, 서울大學校 大學院 박사학위논문, 1992) 김선기는 김장생의 예학사상을 검토하면서 구봉에 주목하였으며(「沙溪 金長生의 學問과 禮學思想 硏究」, 연세대학교 교육대학원 석사학위논문, 2003.), 정기철은 「17세기 士林의 '廟寢制' 인식과 書院 영건」(서울대학교 대학원 박사학위논문, 1999)를 통해 구봉의 묘침제에 대한 견해를 검토하였다. 서정화는 「儒敎的 傳統婚禮의 理念과 展開過程 : 朝鮮 中·後期의 家禮書를 中心으로」(동방문화대학원대학교 박사학위논문, 2015)를 통해 조선시대 혼례를 검토하면서 구봉의 『가례주설』을 분석하였다.

27) 고영진, 「16세기 말 사례서의 성립과 예학의 발달」, 『한국문화』 제12집, 1991.; 배상현, 「조선조 예학의 성립과 발전」, 『소헌 남도영 고희기념 역사학논총』, 1993.; 이소정, 「구봉 송익필의 이기심성론 연구 : 예학과의 연관성을 중심으로」, 『한국철학논집』 10, 2001.; 도민재, 「龜峯 安翼弼의 思想과 禮學」, 『東洋古典研究』 28, 2007.; 하지영, 「龜峯 宋翼弼의 예 담론과 그 의미 – 庶母 논쟁을 중심으로」, 『東方漢文學』 32, 2007.; 김창경, 「龜峰 宋翼弼의 性理學에 대한 철학적 검토」, 『韓國思想과 文化』 54, 2010.; 이문주, 「『주자가례』의 조선 시행과정과 가례주석서에 대한 연구」, 『儒敎文化研究』 16, 2010.; 김현수, 「畿湖禮學의 形成과 學風 : 栗谷·龜峯의 特徵과 傳承을 중심으로」, 『儒學研究』 25, 2011.; 한기범, 「구봉 송익필의 예학사상」, 『韓國思想과 文化』 60, 2011.; 서정화, 「朝鮮中期 傳統婚禮의 理論的 展開」, 『東洋哲學研究』 80, 2014.; 곽신환, 「『태극문(太極問)』논변」, 『儒學研究』 33, 2015.

28) 최영성, 「龜峯 宋翼弼의 學問과 畿湖學派에서의 位相」, 『牛溪學報』 23, 2004. 황의동은 김장생의 사상 연원과 관련하여 구봉의 사상을 검토하였다. 황의동, 「沙溪 金長生 사상의 연원에 대한 검토」, 『哲學研究』 95, 2005.; 황의동, 「기호유학에서 金長生, 金集의 성

하게 드러난다고 파악하는 직(直) 사상에 주목한 연구도 발표되어 연구자들의 관심이 확장되기도 하였다.29)

이 밖에도 율곡과 우계와의 교우에 주목한 연구,30) 그들의 교유가 담긴 『삼현수간(三賢手簡)』에서 확인되는 구봉의 서체에 관현 연구,31) 지역사회와 연계한 구봉 연구,32) 구봉과 관련된 전설 연구33) 등 구봉에 관한 다양한 연구들도 제출되어 구봉의 면모를 다각도로 조명하고 있다.

성리학 및 예학에 대한 일련의 구봉에 대한 연구에 힘입어 2000년대 이후 간행된 유학 통사류 저작에서 구봉은 이전보다 상세히 다루어지고 있다. 구봉 연구자 중 한 사람인 최영성의 『한국유학통사』(2006)에서 구봉은 현상윤과 마찬가지로 퇴계와 율곡 전후의 명유(名儒)로 다루어지기는 하였지만, 그 비중이 이전에 비해 강화되었다. 또한 기호예학의 중심인물로 거론되는 등 구봉 예학에 대한 연구 성과들이 어느 정도 반영되고 있는 등 학문적 위상을 찾아가고 있다.34)

리학적 위상」, 『大同哲學』 53, 2010.

29) 김익수, 「尤庵 宋時烈의 直哲學과 교육문화」, 『韓國思想과 文化』 42, 2008.; 김창경, 「구봉 송익필 直사상의 기호유학에서의 전승연구」, 『동서철학연구』 78, 2015.

30) 홍학희, 「『三賢手簡』을 통해 본 이이와 성혼의 교유」, 『東洋古典硏究』 27, 2007.; 최영성, 「牛溪와 龜峰 宋翼弼 : 인간 관계를 중심으로」, 『牛溪學報』 30, 2011.; 金昌慶, 「『三賢手簡』을 통해서 본 구봉 · 우계 · 율곡의 道義之交와 學問交遊: 구봉을 중심으로」, 『儒學硏究』 27, 2012.; 梁勳植, 「牛溪 成渾 交遊詩 硏究 – 龜峰, 栗谷, 松江을 중심으로」, 『語文硏究』 第161號, 2014.

31) 정태희, 「구봉 송익필의 서예연구 – 『삼현수간』을 중심으로」, 『韓國思想과 文化』 81, 2016.

32) 유완상 전영준, 「西郊地域의 學問的 師承關係와 北學派 形成 一考 : 開城과의 聯關性을 중심으로」, 『地域硏究所 論文集』 10, 2001.; 이건희, 「'삼현수간'과 함께하는 역사적 장소 탐방 학습 방안 연구 : '16세기 조선시대 선비들의 삶 상상하기'를 주제로」, 경인교육대학교 교육전문대학원 석사학위논문, 2015.

33) 황인덕, 「전설로 구현된 송구봉의 인물상과 그 의의」, 『인문학연구』 101, 2015.

34) 최영성, 『한국유학통사』, 심산, 2006, 123~128쪽.; 335~341쪽.; 345쪽 등 참조. 하지만 한국구학진흥원이 기획 편찬한 『한국유학사상대계 – 철학사상편』(2005)에서는 구

구봉에 대한 연구의 진전과 더불어 구봉의 학문과 사상에 대한 대중화도 어느 정도 진행되어 왔다고 판단된다. 구봉의 파란만장한 생애를 집중적으로 조명한 『구봉 송익필』(1999)이 간행되어 대중은 물론 연구자들의 관심을 이끌었으며,[35] 광산김씨 종가에 비장되어 오던 『삼현수간』이 1989년에 처음 공개된 후 보물로 지정되고, 이에 대한 번역서가 두 차례 간행되어 세인의 주목을 받았다.[36] 구봉 시에 대한 국역을 주도한 이상미는 구봉의 시 세계를 다룬 연구 논문과 함께 구봉의 시에 대한 풀이를 담아 『학이 되어 다시 오리』(2006)을 출간하기도 하였다.[37] 이 밖에도 구봉을 역사 속 숨겨진 인물로 규정하고 비운의 천재로서 구봉의 삶을 중심으로 선조시대 정치를 분석한 『조선의 숨은 왕 – 문제적 인물 송익필로 읽는 당쟁의 역사』(2010)도 간행되어 대중의 관심을 모았다.[38]

이상과 같은 구봉에 대한 연구와 단행본 간행은 2015년을 기점으로 새로운 전환기를 맞이하였다고 할 수 있다. 앞서 밝힌 바와 같이 지난 2015년 5월에 '구봉 송익필선생 기념사업회'가 창립되어 문화관광부에 비영리단체로 등록하고 활발한 활동을 시작하였기 때문이다. 동 사업회는 2016년 전반기에 명칭을 '구봉문화학술원'으로 변경하고 문화학술 연구 및 문화콘텐츠 개발 등 구봉과 관련한 본격적인 활동에 착수하였

봉에 대한 별도의 항목 없이 「17~8세기 기호학파의 철학사상」(황의동)을 통해 구봉이 기호학파 형성에 일조한 학자이며, 예학에서 탁월한 식견을 지니고 있었음을 간략히 언급하고 있다.

35) 이종호, 『구봉 송익필 : 타고난 멍에를 짊어지고 산 철학자』, 일지사, 1999.
36) 송익필 · 성혼 · 이이 著 ; 임재완 옮김. 『세 분 선생님의 편지글(三賢手簡)』, 호암미술관, 2001.; 장주식 번역, 『삼현수간 – 율곡 우계 구봉의 산촌 편지』, 한국고전번역원, 2013.
37) 이상미, 『학이 되어 다시 오리 : 구봉 송익필의 시 세계』, 박이정, 2006.
38) 이한우, 『조선의 숨은 왕 : 문제적 인물 송익필로 읽는 당쟁의 역사』, 해냄출판사, 2010.

으며, 그 첫 성과로 2016년 5월에 기존의 연구 논문 14편을 선별하여
『잊혀진 유학자 구봉 송익필의 학문과 사상』을 발간하였다.

3. 구봉 연구의 주요 현황 및 과제

구봉에 대한 연구는 2016년 상반기 현재까지 구봉과 직간접적으로
관련된 개별 연구 논문과 학위논문을 포함하여 80여 편을 상회하는 것
으로 확인된다. 아울러 시중에 출간된 단행본도 연구서와 대중서 및 번
역서를 포함하여 10여 권에 이를 정도로 구체화되고 있다. 또한 일련의
연구 성과들이 검토한 구봉의 학문과 사상의 범위도 일찍부터 주목받았
던 구봉의 시 세계를 비롯하여 이기심성론을 중심으로 한 성리설, 『주자
가례』에 대한 본격적인 주석서로 평가받는 『가례주설』 등을 포함한 예
학사상, 그리고 율곡 및 우계 등과의 교유 관계를 비롯하여 구봉 관련
설화, 서예 등 다양한 방면으로 확대되고 있다.

하지만 각 분야별로 이루어진 연구 성과 내에는 연구자의 입장에 따
라 구봉의 학문과 사상에 대한 평가가 서로 엇갈리고 있으며, 아직 검토
되어야 할 부분도 적지 않게 산적되어 있다고 할 수 있다. 특히 특정한
개인이 제시한 학문과 사상에 대해 엇갈리는 평가가 존재한다는 것은
아직 그에 대한 연구가 체계적이고 종합적으로 이루어지지 않았음을 의
미한다. 따라서 기존 연구에서 드러나는 쟁점에 대한 검토는 과거 연구
를 반성적으로 고찰하고 향후 과제를 합리적으로 도출할 수 있는 유의
미한 방법이 될 수 있다는 점에서 조속히 이루어져야 할 필요한 작업이
라 할 수 있다. 따라서 본 장에서는 향후 구봉에 대한 연구의 발전적 진

전을 위해 현재까지 진행된 연구에서 드러나는 쟁점에 주안점을 두어 연구 현황을 연구 분야별로 검토하고, 향후 연구 방향을 가늠해 보고자 한다.

1) 구봉 성리학 연구의 쟁점과 과제

구봉이 활동하던 16세기는 조선성리학의 특징적인 면모가 구체화되던 시기였다. 사화기를 거치면서 일시적으로 정치 일선에서 물러났던 사림파 학자들은 심화된 주자학에 대한 이해를 통해 개인 및 사회의 도덕적 완성을 추구하였고, 또 그것을 현실화하고자 하였다. 이러한 과정에서 당시 학자들은 사단칠정(四端七情)이나 인심도심(人心道心)과 같은 특정한 주제를 대상으로 한 학술 논쟁을 전개하는 등 조선성리학의 특징적인 면모를 부각하였다.

구봉 또한 사림정신의 계승을 바탕으로 퇴계나 율곡, 우계 등 당시 대표적인 학자들과 마찬가지로 주자학에 대한 심화된 이해를 추구하였을 뿐만 아니라 사단칠정 및 인심도심 등 특정 주제에 대해 자신의 입장을 구체적으로 제시하였다. 비록『태극문(太極問)』이외에 성리설과 관련된 별도의 저술을 남기지는 않았지만, 구봉은 율곡 및 우계 등과 주고받은 서한 등을 통해 자신의 성리학적 입장을 구체적으로 드러냈다.

그동안 구봉 성리학에 대한 연구는 그가 남긴『태극문』과 일련의 서한 내용 분석을 통해 그의 이기론적 입장과 사단칠정 및 인심도심에 대한 논의를 정리하고 해석하는 방향으로 진행되었다. 하지만 구봉의 성리학적 입장에 대한 연구자들의 견해와 평가는 서로 일치하는 면도 있지만, 특정 학설에 대해서는 이견(異見)이 상존하는 등 구봉 성리학에 대한 정론이 정립되지 못하고 있는 상황인 것으로 파악되고 있다.

구봉 성리학에 대한 연구자들의 이견이 구체적으로 확인되는 지점은 구봉의 사단칠정론이라 할 수 있다. 미세한 차이가 있기는 하지만 구봉이 퇴계의 이기호발설을 비판하였다는 데에는 대체적으로 의견의 일치를 보고 있다. 하지만 선행 연구에서도 지적하였듯이[39] 구봉이 제시한 '이기지발(理氣之發)'에 대한 해석에 대해서는 '이기공발설(理氣共發說)'로 보는 견해, '이기일발설(理氣一發說)'로 보는 견해 등으로 나뉘고 있다. 또한 구봉의 사단칠정론과 퇴계 및 고봉, 율곡과의 동이점 분석 등에서도 연구자들의 견해가 서로 엇갈리는 면이 확인된다.[40] 이밖에 구봉의 인심도심론에 대해서도 연구자들의 이해와 평가가 엇갈리고 있다.[41] 율곡 인심도심설의 정론이 과연 무엇인가라는 문제 제기까지 결부되면서 제기된 구봉의 인심도심에 대한 해석과 평가는 아직 누구나 수긍할 만한 논의로 정리되지 못하고 있는 것으로 보인다.

이러한 점에서 비록 구봉 성리학에 대한 연구가 어느 정도 구체화되었지만, 향후 연구의 향방은 엇갈리는 연구자들의 해석과 이해를 연구의 쟁점으로 부각하여 체계적으로 논의하고, 이를 통해 정론 수립을 모색하는 방향으로 나가야 할 것으로 보인다. 이 과정에서 유의할 것은 기존의 논의틀, 즉 고봉이나 율곡의 논의 구조, 이를테면 '이기공발설'이나 '기발리승일도설' 등의 틀에 구봉의 논의를 대입하기보다는 구봉 성리

---

39) 김창경,「龜峰 宋翼弼의 性理學에 대한 철학적 검토」,『韓國思想과 文化』54, 2010.

40) 율곡과의 차별점이 드러난다고 보는 연구가 있는가 하면(금장태), 구봉과 율곡은 근본적으로 다르지 않다고 보는 견해(김현수)도 제시되고 있다. 김창경은 구봉이 율곡과 마찬가지로 퇴계의 리발 및 호발을 반대한다고 보면서도 사단과 칠정을 구분한 것은 퇴계의 정신을 담는 것으로 파악하고 있다.

41) 김현수,「畿湖脈學의 形成과 學風 : 栗谷·龜峯의 特徵과 傳承을 중심으로」,『儒學研究』25, 2011.

설 자체로서 논의 구조를 재구성하고,[42) 그 의미를 도출하는 것이 필요하다는 점이다.[43)

한편, 최근에 발표된 『태극문』과 관련된 조선시대의 논변을 정리한 연구[44)는 구봉의 성리설 근간에 대한 몇몇 과제를 제시하고 있다는 점에서 주목할 만하다. 그동안 구봉의 이기론적 입장을 검토하는 기본 텍스트로서 『태극문』은 별다른 이견 없이 연구자들 사이에서 구봉의 저작으로 수용되어 검토되었다. 하지만 이 연구를 통해 『태극문』이 한때 율곡의 저작으로 이해되었으며, 저자를 두고 노론과 소론과의 갈등이 표출되었음이 밝혀졌다. 따라서 이 연구를 계기로 구봉 저작물의 진위와 관련한 이전의 논의[45)를 포함하여 구봉 관련 전체 텍스트에 대한 전반

---

42) 『구봉집』의 '發'의 용례를 검토하면, 구봉은 퇴계와 고봉의 사칠논쟁에 대한 내용 전반에 대해 열람하지 않은 것으로 보인다. 그가 비판한 사단칠정론은 퇴계의 해석이 아닌 추만의 해석인 '四端發於理, 七情發於氣'로 확인된다.(『龜峯先生集』卷4, 30b, 「答公澤問」참조) 구봉 성리설에 대해서는 보다 예각화하여 체계적으로 검토하는 것이 필요할 것으로 보인다.

43) 이것은 성리설을 포함한 그의 학문 전체의 완정한 체계 구성과 구봉 성리설의 독자성을 구성해 내는 것과도 연관된다. 또한 구봉 성리학의 위상 정립과도 관계된다고 할 수 있다.

44) 곽신환, 「『태극문(太極問)』논변」, 『儒學研究』 33, 2015. 이 논문은 구봉문화학술원에서 간행한 『잊혀진 유학자 구봉 송익필의 학문과 사상』(책미래, 2016)에 「송익필의 『태극문』 논변」이라는 제목으로 게재되기도 하였다. 이 연구도 좀 더 세밀한 검토가 필요할 것으로 보인다. 이 연구의 저자인 곽신환은 이규경이 『태극문』의 저자를 율곡으로 믿고 있었다고 지적하였으나(228쪽), 이규경은 「太極圖源流授受辨證說」을 통해 太極圖란 말이 생긴 원인부터 그 傳受에 대한 내용과 증빙 문헌을 열거하면서 우리나라의 관련 저서로 율곡의 「太極問答」, 정구의 「太極問辨」, 그리고 한원진의 「太極圖解說」을 제시하였을 뿐만 아니라(『五洲衍文長箋散稿』(고전간행회 본) 권26, 62쪽, 「太極圖源流授受辨證說」.), 「小華叢書辨證說」에서 "李義準은 일찍이 우리나라 제현들이 저술한 것을 모아 조목을 나누어 3가지 종류를 만들었으니, 經翼·別士·子餘이다. 이를 합하여 '小華叢書'라 이름하였는데 미처 책을 완성하지 못하고 卒하였다."고 전제하고, 경익의 하나로 송익필의 『태극문답』을 제시하였다.(『五洲衍文長箋散稿』(고전간행회 본) 권18, 104쪽, 「小華叢書辨證說」.) 이것은 결국 이규경이 율곡의 『태극문답』과 구봉의 『태극문답』을 별도의 책으로 파악하였음을 의미한다고 할 수 있다. 이에 대한 보다 정밀한 검토가 요청된다.

45) 서문이 없이 『구봉집』에 실린 『가례주설』의 구봉 저술 여부가 대표적이다. 배상현, 『조선조 기호학파의 예학사상에 관한 연구』, 고려대학교 민족문화연구소, 1996.; 金昌慶, 「龜

적이고 체계적인 재검토 작업이 요청된다.

선행 연구에 따르면,[46] 박세채(1631~1695)가 주도하여 간행한 『율곡별집(栗谷別集)』에는 『태극문』[47] 이외에 구봉의 다른 저작도 수록되었음이 확인되고 있다. 『율곡별집』 권1에는 『구봉집』 권3에 실려 있는 『태극문』이 『태극문답(太極問答)』이라는 제명으로 전문이 수록되었으며, 『율곡별집』 권4에는 「구봉간첩(龜峰簡帖)」 9조, 「(구봉)예문답(龜峰)禮答問」 2조가 각각 전재되었다.[48] 하지만 여러 논란이 진행된 후 18세기에 접어들어 기호 낙론의 중심인물이었던 이재(李縡, 1680~1746)가 중심이 되어 1742년부터 1744년까지 율곡 관련 저작에 대한 편찬 작업을 진행하면서 『율곡별집』에 대한 내용을 검토하고 산삭하여 『율곡전서』를 간행하였다. 여기에서 「태극문답」은 삭제되었고,[49] 「구봉간첩」은 1, 2, 4, 8, 9조가 삭제되고 일부만 발췌되어 실렸으며, 「(구봉)예문답」은 1조가 삭제되고 일부는 발췌되어 수록되었다. 이러한 내용은 구봉 연구자들이 이제까지 주목하지 않은 부분이다. 따라서 이에 대한 보다 종합적인 검토와 확인, 그리고 체계적인 정리가 필요할 것으로 보인다.

峰 宋翼弼의 道學思想 硏究」, 忠南大學校 大學院 박사학위논문, 2011. 등 참조

46) 김태년, 「'正典' 만들기의 한 사례, 『율곡별집』의 편찬과 그에 대한 비판들」, 『민족문화』 43, 2014, 108~109쪽 참조.

47) 『율곡별집』에는 『태극문답』으로 정리되어 전문이 수록되어 있다.

48) 고영진의 연구에서 박세채가 김장생이 구봉의 실마리를 풀어 넓혔다고 하여 구봉이 사계에게 영향을 준 것으로 서술하면서도 구봉의 예서로 『禮問答』만을 언급한 것(고영진, 「16세기 말 사례서의 성립과 예학의 발달」, 『한국문화』 제12집, 1991.)은 『율곡별집』에 실린 구봉의 저술과 관련된 것으로 보인다.

49) 이재는 우암의 의견을 좇아 「태극문답」은 구봉의 저작이라고 이해하여 『율곡전서』에 수록하지 않았다. 李縡, 『陶庵集』 卷25, 7쪽(韓國文集叢刊 194, 532쪽). 「栗谷先生文集修正凡例」, "先生答門生問目及諸家撰述中關於先生平日言語者, 今皆裒集, 名之以語錄, 附于外集之下, 以倣河南程氏外書例. 而「太極問答」一篇, 則尤菴以爲出於宋龜峰, 故不敢收入焉."

아울러 구봉의 성리학과 관련하여『율곡별집』의『태극문』전재(全載)와 관련하여 송시열의 언급,50) 즉『율곡별집』에 그대로 둘 것이면 '김문경공(金文敬公)(金集)은 이것은 송구봉의 저술이라 하였으나, 이경림(李景臨, 율곡의 서자)은 역시 율곡 선생의 저술이라 하므로, 우선 여기에 이렇게 기록하여 두고 뒷사람의 결정을 기다린다.'는 것에 유의하여 보다 체계적으로 율곡의 태극론과『태극문』의 내용을 비교 검토하는 작업도 요청된다.51)

성리학 연구와 직간접적으로 관련된 구봉의 경학관과 수양론에 대한 검토도 필요할 것으로 보인다. 김장생은 일찍이 구봉의 문하에서 사서와『근사록』을 익혔고, 그 영향이 김장생의 여러 저술에 나타나고 있다. 대표적으로 김장생의 「경서변의(經書辨疑)」, 「근사록석의(近思錄釋疑)」 등에는 구봉의 경학적 입장을 확인할 수 있는 내용이 담겨져 있다. 따라서 아직 검토되지 않은 구봉의 경학 사상에 대한 검토도 가능한 시도하는 것이 바람직할 것으로 보인다. 아울러 일부 연구에서 구봉의 수양론에 대해 '직(直)'을 중심으로 이해하는 것에 대해 문제제기가 있었던 만큼52) 이에 대한 좀 더 폭넓은 검토도 요청된다고 하겠다.

---

50) 『宋子大全』卷130, 26b~37a, 「栗谷別集訂誤」 참조.

51) 이것 이외에『태극문』과 관련한 곽신환의 연구 후속 작업도 요청된다. 현재 논문이 문제 제기 수준이라면『태극문』과 관련한 기호학파 내부의 논의를 보다 체계적으로 분석하여 그 내용에 대한 검토를 진행해야 할 것이다.

52) 김현수는 기존의 연구와 달리 구봉의 직사상의 근거가 미약하다고 비판하였다. (「畿湖 禮學의 形成과 學風 : 栗谷·龜峯의 特徵과 傳承을 중심으로」,『儒學研究』25, 2011 참조.) 구봉의 직 사상을 강조하는 기존의 연구가 근거로 두는 「김은자직백설」은 자료의 가치가 낮으며, 다른 곳에서 직을 강조한 경우를 찾기 어렵다고 지적하였다. 김창경도 구봉 수양론을 직으로 파악하면서도 김현수와 마찬가지로 직을 강조한 내용이 문집에서 찾기 어려움을 지적하였다.(「구봉 송익필의 성리학에 대한 철학적 검토」,『한국사상과문화』54, 『2010, 430쪽 참조)

2) 구봉 예학 연구의 쟁점과 과제

구봉의 학문적 성취 가운데 돋보이는 것 중 하나는 예학에 관한 그의 업적이다. 그는 도의(道義)로 맺어진 율곡과 우계, 그리고 송강 정철(1536~1593) 등으로부터 예에 대한 자문을 받을 정도로 일찍부터 예학에 정통하였으며, 그의 예학 사상은 기호학파 예학의 연원이 되는 것으로 평가받아 왔다.

구봉 연구를 선도한 배상현이 제시한 일련의 연구를 비롯하여, 역사학와 철학 방면의 연구는 대개 그의 예학에 주목하였다. 이에 따라 그의 대표적인 예서인『가례주설』을 중심으로 한 내용 검토가 착실하게 이루어지면서 구봉의 예학사적 위상이 정립되어 가고 있다. 물론 기호 예학의 중심인 김장생의 예학사상을 두고 그 연원을 율곡으로 볼 것인가? 구봉으로 볼 것인가? 아니면 양자 모두로 볼 것인가를 두고 합치된 견해가 정립되지는 않았지만,53) 적어도 예학 방면에서 김장생에게 미친 구봉의 영향에 대해서는 이론의 여지가 없는 것으로 받아들여지고 있다.

구봉 예학은 다양한 측면에서 검토되어 왔다. 기호 예학 및 조선 예학의 흐름 속에서 구봉 예학의 내용과 성격을 검토하기도 하였으며,54) 구봉의 예학과 성리학의 관련성에 주목한 연구55)도 진행되었다. 그의 예

---

53) 김현수는 기호 예학의 계승이 구봉 →사계→우암으로 파악하는 견해와 율곡 →사계→우암으로 이어지는 견해 등으로 나뉜다고 보고, 이것은 성리학과 예학을 이분 혹은 연관시키는 입장과 관련된다고 파악하였다. 그리고 성리학과 예학은 구분되는 것이 아니라고 지적하고 율곡·구봉→사계→우암으로 학문 계승을 이해한다고 주장하였다.「畿湖禮學의 形成과 學風 : 栗谷·龜峯의 特徵과 傳承을 중심으로」,『儒學研究』25, 2011 참조.

54) 배상현,「구봉 송익필의 예학사상」,『동악한문학논집』2, 1984~5.;「朝鮮朝 畿湖學派의 禮學思想에 關한 연구 : 宋翼弼.金長生.宋時烈을 中心으로」, 高麗大學校 대학원 박사학위논문, 1991.; 고영진,『조선중기 예학사상사』, 한길사, 1996. 참조.

55) 최영성,「龜峰 宋翼弼의 思想研究 : 性理學과 禮學의 關聯性을 中心으로」, 成均館大學校 儒學大學院 석사학위논문, 1992.; 도민재,「龜峯 宋翼弼의 思想과 禮學」,『東洋古典研究』28, 2007.

학 사상을 제례(祭禮)와 혼례(婚禮) 등에 각각 집중하여 검토한 연구56)
이외에 율곡과의 서모(庶母) 논쟁 등 예 담론을 검토한 연구 등이 발표
되기도 하였다.57) 이러한 일련의 예학 관련 연구 속에서 구봉 예학의
체계와 의미가 밝혀지기는 하였지만, 구봉 예학에 대한 다양한 이해의
편차도 드러났다.

구봉의 예학에 대해 일각에서는 고례(古禮)를 추구하면서도 시속(時
俗)에 따른 가변적 요소를 인정하였다고 파악하였지만,58) 다른 일각에
서는『주자가례』와 고례를 철저하게 준수하고자 하였으며, 시변(時變)
에 따른 융통성은 다른 예학자에 비하여 결여된 것으로 파악하기도 하
였다.59) 구봉 예학이 고정 질서를 강조하여 가변성의 적의를 잃었다는
지적60) 이외에『주자가례』를 원칙으로 삼으면서도 세속의 예법도 어느
정도 절충했다는 다른 평가도 제시되었다.61) 이러한 엇갈리는 평가들
에 대해 가례 중심적 예학, 변례에 대해 고례적 검증, 통(統)을 중시한
명분론적 예학 등으로 구봉의 사상을 요약하여 종합하려는 입장이 제시
되기도 하였다.62) 그만큼 구봉의 예학 사상에 대한 전체적인 평가는 아
직 통일되지 않고 있는 셈이다.

---

56) 서정화,「儒教的 傳統婚禮의 理念과 展開過程 : 朝鮮 中·後期의 家禮書를 中心으로」, 동
　　방문화대학원대학교 박사학위논문, 2015.

57) 이소정,「龜峯 宋翼弼의 禮學思想 研究 : 祭禮를 중심으로」, 成均館大學校 大學院 석사
　　학위논문, 2001.; 하지영,「龜峯 宋翼弼의 예 담론과 그 의미 – 庶母 논쟁을 중심으로」,
　　『東方漢文學』32, 2007.

58) 고영진,『조선중기 예학사상사』, 한길사, 1996. 참조.

59) 하지영,「龜峯 宋翼弼의 예 담론과 그 의미 – 庶母 논쟁을 중심으로」,『東方漢文學』32,
　　2007. 참조. 김창경은 하지영의 입장에 일정 정도 동의하는 것으로 파악된다.

60) 배상현,「구봉 송익필의 예학사상」,『동악한문학논집』2, 1984~5.

61) 도민재,「龜峯 安翼弼의 思想과 禮學」,『東洋古典研究』28, 2007.

62) 한기범,「구봉 송익필의 예학사상」,『한국사상과 문화』60, 2011.

구봉 예학 전반에 대한 엇갈리는 평가 이외에 첩자(妾子) 및 서모(庶母)에 대한 구봉의 입장에 대한 연구자들의 시선도 합치되지 않는 것으로 나타나고 있다. 이 문제는 구봉의 개인사와 긴밀히 연결된 문제이자 율곡과의 논의 속에서 제시된 구봉의 학설이라는 점에서 연구자들의 관심이 일찍부터 모아졌다. 구봉은 율곡과 논변을 전개한 서모 위차 문제와 관련하여 서모의 위차를 주부 앞에 세우려는 율곡의 입장에 반대하였으며, 첩자론(妾子論)에서는 첩자의 지위를 적자에 필적한 것으로 규정하고자 하였다. 이러한 구봉의 입장에 대해 연구자들은 구봉이 고례에 기반하면서도 그 자신의 신분적 제약을 극복하기 위한 현실적 해석을 가한 것으로 규정하기도 하였고,[63] 구봉 활동 당시의 모순적 방향으로 치닫는 계급사회에 대한 비판을 위한 것이고 이를 통해 종통 질서를 확립하고자 한 것이라고 파악하기도 하였으며,[64] 부친의 죄과에 대해 속죄하고 정명(正名)과 안분을 통해 세상을 교정하는 관건으로 삼으려는 것으로 해석하기도 하는 등[65] 엇갈리는 견해들을 제시하였다. 또한 서모 위차 문제에 대한 구봉의 생각을 명분론적 정통론의 시각에서 당연한 귀결로 파악하고, 첩자에 대한 구봉의 인식을 서얼허통이라는 시대적 과제에 부응하는 측면에서 파악하려는 입장이 개진되기도 하였다.[66]

합치되지 않는 구봉 예학에 대한 평가는 선행 연구에서의 지적[67]과 같이 아직 구봉의 예학사상 전반에 흐르는 기조와 구체적인 내용에 대

63) 고영진, 앞의 책 참조,

64) 하지영, 앞의 논문 참조.

65) 최영성, 「龜峰 宋翼弼의 思想研究 : 性理學과 禮學의 關聯性을 中心으로」, 成均館大學校 儒學大學院 석사학위논문, 1992.

66) 한기범, 「구봉 송익필의 예학사상」, 『한국사상과 문화』 60, 2011.

67) 한기범, 위의 논문 참조.

한 체계적이고 종합적인 연구가 부족함을 의미한다. 따라서 향후 구봉 예학에 대한 연구는 구봉의 예학적 입장에 대한 전반적인 재검토와 아울러 구체적인 예설에 대한 내용 검토 및 평가 등 종합적인 검토가 필요할 것으로 보인다.

아울러 이제까지 구봉의 구체적인 예설이 『가례주설』과 『예문답』 등을 중심으로 한 대체적인 검토가 진행되었지만, 개별 연구로는 제례 및 혼례에 한정되어 왔다는 점에서 다양한 주제와 대상으로 확대된 개별 연구 검토도 요청된다고 하겠다. 연구 관심의 확대와 결부하여 건축공학 분야에서 제시된 '묘침제(廟寢制)'에 대한 구봉의 예학사상 검토는 향후 학제 간 연구로 이어질 가능성을 제공한다는 점에서 예학 연구자들이 유의할 필요가 있을 것으로 보인다.

이 밖에도 구봉 예학의 영향과 관련하여 보다 폭넓은 검토가 필요하다고 여겨진다. 그동안 구봉 예학의 영향 관계는 김장생에 한정하려는 경향이 강하였고, 그 내용적 검토도 『가례집람(家禮輯覽)』과 결부하여 검토하는 등 일정 정도 제한점이 두어진 것이 아닌가라는 의구심이 들게 한다. 하지만 구봉의 예설은 김장생의 『가례집람』 이외에 『의례문해(疑禮問解)』에서도 적지 않게 언급되고 있다는 점에서 김장생 예학과 관련하여 좀 더 내용적 검토의 범위를 확대할 필요가 있다고 할 수 있다.[68] 송시열의 수제자로 평가받는 權尙夏(1641~1721)의 문집에도 구봉의 예설이 인용되고 있을 뿐만 아니라[69] 19세기 기호학계의 대표적인 학자인 유중교(柳重敎, 1832~1893)의 『성재집(省齋集)』과 기호 낙론

---

68) 『沙溪全書』에 수록된 『疑禮問解』에 구봉의 예설이 다수 실려 있다. 일례로 通禮의 〈班祔〉, 喪禮의 〈上食〉, 祭禮의 〈時祭〉 등에 구봉의 예설이 담겨 있다.

69) 『寒水齋集』 卷18, 18a~b, 「答李觀之」(丙申四月) 참조.

의 적통을 계승한 전우(1841~1922)의 『간재집(艮齋集)』70) 등 적지 않은 기호학계 학자들의 문집에 구봉의 예설이 인용되는 것이 확인되고 있다는 점에서71) 기호학파의 예학에 대한 구봉의 영향이 지속적이라고 할 수 있다.72) 따라서 좀 더 폭넓게 구봉 예학의 영향 관계를 추적할 필요가 있으며, 영남학파의 예학에 끼친 구봉의 영향 관계를 보다 폭넓게 확인하고 검토할 필요가 있는 것으로 보인다. 18세기 영남학자 동암(東巖) 유진원(柳長源, 1724~1796)의 가례학 전문 저술인 『상변통고(常變通攷)』에 10여 차례 이상 구봉의 예설이 인용되고 있는 점73) 등을 고려할 때, 구봉 예설의 영향 관계를 기호학파에 한정하지 않고 보다 확대하여 검토해야만 구봉의 예학사적 위상이 보다 명확하게 위치 지워질 수 있을 것이기 때문이다.

3) 문학 연구의 현황과 과제

구봉 문학에 대한 연구는 앞서 검토한 분야의 연구에 비해 상대적으로 활발하게 이루어졌다고 할 수 있다. 구봉은 활동 당시부터 이미 이산해(李山海), 최경창(崔慶昌), 백광훈(白光勳), 최립(崔岦), 이순인(李純仁), 윤탁연(尹卓然), 하응림(河應臨)과 더불어 팔문장(八文章)의 한 사람으로

---

70) 『艮齋先生文集』 前編 卷6, 「答金駿榮」 등 참조. 田愚는 『龜峯集』 重刊 때 발문을 작성하기도 하였다.

71) 『省齋集』 卷10, 「答朴弘庵」.; 卷22, 「答濟遠」. 등 참조

72) 1801년에 洪養默이 祭禮에 관한 諸家의 說을 모아 정리한 책인 『式禮會統』에도 구봉의 예설이 인용되고 있다.

73) 『常變通攷』 卷28, 「國恤禮」에 '국휼 중 선조를 제사 지내는 복(國恤中祭先之服)'에 대한 구봉의 예설이 수록된 것을 포함하여 14곳에서 구봉의 예설이 인용되고 있는 것으로 확인된다.

평가 받았으며,74) 훗날 매월당(梅月堂) 김시습(金時習), 추강(秋江) 남효온(南孝溫)과 함께 시(詩)의 산림삼걸(山林三傑)로 불렸다75)는 점에서 구봉 문학, 특히 시 세계에 대해 연구자들의 관심이 집중되는 것은 당연하다고 하겠다.

이제까지 구봉 문학에 대한 연구는 대체적으로 그의 시를 중심으로 진행되어 왔다. 앞서 지적한 바와 같이 그의 파란만장한 생애에 주목하여 그의 시를 해석하였을 뿐만 아니라 구봉의 시에 대한 조선 시대 학자들의 평가에 기초하여 시 세계의 전모를 파악하기도 하였다. 뿐만 아니라 특정 주제를 중심으로 구봉의 시 경향을 검토하는 등 다양한 방법론을 동원하여 구봉의 시 세계를 구체화하였다. 이에 더하여 구봉의 문학관에 대한 논의도 제시되었으며, 그의 문장 중 하나인 「은아전」에 대한 검토도 이루어졌다. 문학 연구에서 특기할 만한 것은 다른 분야에서의 연구와 달리 연구의 토대가 되는 구봉 시에 대한 번역 작업이 일단락되어 연구자뿐만 아니라 대중들도 손쉽게 구봉의 문학을 접할 수 있는 토대를 구축하였다는 점이다.

이렇듯 활발하게 진행된 구봉 문학에 대한 연구도 그 성과와 결부하여 적지 않은 과제를 안고 있다고 할 수 있다. 더구나 구봉 문학의 본질과 구봉 문학이 가지는 문학사적 의미 및 위상을 굳건히 하기 위해서는 지속적인 연구가 필요할 것으로 판단된다.

향후 과제와 관련하여 주목되는 것 중 하나는 구봉의 첫 문집에 해당하는 『비선구봉선생시집(批選龜峰先生詩集)』의 비주(批注) 저자에 관한

---

74) 『宋子大全』 卷172, 13b, 「龜峰先生宋公墓碣」 참조. 팔문장은 출전에 따라 거명되는 인물이 다르지만 구봉은 항상 포함된다.

75) 南龍翼, 『壺谷詩話』 참조.

것이다. 1622년 구봉의 문인인 심종직(沈宗直)에 의해 간행된 『비선구봉선생시집』은 구봉의 시를 선별하고 비주의 형식으로 비평한 시평집이다. 최근 진행된 이 시집에 대한 연구에서 비주의 작가가 누구인지에 대해 다양한 검토를 진행하였지만, 최종적으로는 작가에 대해 유보적인 태도를 취하였다.[76] 하지만 다른 후속 연구에서는 허균(許筠)이 비어를 붙임으로서 작가로서의 구봉의 성취를 인정하였다고 하여 작가가 허균임을 명시하였다.[77] 비주 작자에 대한 유보와 확정으로 엇갈리는 연구 결과에 대해 학계의 충분한 논의가 요청되고 있으며, 나아가 다양한 시화집에 실린 구봉 시에 대한 여러 평가를 검토하여 구봉 문학의 영향도 좀 더 세심하게 검토하는 것도 필요할 것으로 보인다.

지금까지 구봉 문학 연구가 주로 구봉 시에 대한 분석과 풍격 구명 등에 치중하였다면, 향후에는 상대적으로 간과한 그의 문장도 검토가 필요한 부분이라 하겠다. 아울러 그의 시 세계와 관련하여 "제재(題材)를 성당(盛唐)에서 취했기 때문에 그 음향이 청아하고, 뜻을 격양(擊壤)에서 취했기 때문에 그 말은 이치에 맞다"[78]라는 당대의 평가에 주목하여 구봉 시의 특징적 국면을 '성당의 풍운'과 '격양의 이학(理學)'에 유의하여 검토했던 경향에 대해서도 좀 더 유의미한 논의가 필요한 것으로 보인다.[79]

---

76) 이향배, 「『批選龜峰先生詩集』의 批注 體例와 著者」, 『漢文學論集』 29, 2009.

77) 임미정, 「『國朝詩刪』 연구」, 연세대학교 대학원 박사학위논문, 2016. 68~69쪽, 143~144쪽. 이 연구에서는 허균이 비주의 작자라는 근거로 黃胤錫과 송시열의 언급을 예로 들었다. 아울러 『비선구봉선생시집』에 구사된 비어의 구법이 『국조시산』과 동일한 점도 거론하였으며, 허균이 송익필의 庶孫女을 첩으로 맞을 정도로 송익필과의 인연이 남달랐던 점도 비주의 작자가 허균이 된다는 증거로 삼았다.

78) 『龜峰先生集』 卷10, 5b, 「行狀」(李選), "以爲材取盛唐, 故其響淸, 義取擊壤, 故其辭理."

79) 김성언은 성당의 풍격이라는 평가는 미사여구의 찬사에 지나지 않고, '격양의 리학이 구봉의 시가 가지는 특징적 면모라 주장하였다.(「귀봉 송익필의 한시에 나타난 격양 이학

아울러 구봉 문학을 그의 성리학 및 예학 방면에서 드러나는 사상적
특징, 예를 들어 '격양의 이학'으로 대표되는 소옹의 문학에 대한 영향
과 주자에 보다 경도되는 사상적 경향, 예를 들어『주자가례』에 중점을
두고 태극 및 이기심성론에서 주자학설을 존숭하는 면모80) 등을 상관
하여 종합적으로 검토하는 시도도 필요하다고 할 수 있다.81) 이러한 시
도는 구봉의 사상에 대한 전체적인 특징을 포착하는 데 유용할 뿐만 아
니라 구봉의 정신 세계와 그 지향을 확인하는 데도 일정한 기여를 할 것
으로 기대된다.

4) 기타 분야의 연구 현황 및 과제

구봉에 대한 연구자들의 관심이 확대되면서 다양한 부면에서의 연구
도 속속 제출되고 있다. 구봉 연구의 다각화로 이어지고 있는 최근의 이
방면 연구는 향후 구봉의 학문과 사상이 대중과 보다 긴밀하게 만날 수
있는 토대로 작용할 수 있다는 점에서 유의미하다.

앞서 지적한 바와 같이 국가에서 보물로 지정한『삼현수간』에 대한
번역서가 두 차례에 걸쳐 간행되어 세인의 관심을 이끌었으며, 이 저술
에 기초하여 율곡 및 우계와 구봉이 나눈 도의지교와 학문교유의 면모
를 검토한 연구도 진행되었다. 아울러 이 텍스트에서 확인되는 구봉의

의 의미」,『한국한시작가연구』6, 2001.) 이와는 달리 강구율은 구봉 시의 성당의 정조
에 주목하여 구봉의 시풍을 검토하였다.(姜求律,「龜峯 漢詩에 나타난 盛唐의 情調 硏
究」,『韓國思想과 文化』10, 2000.)

80) 구봉은『朱子語類』를 背誦할 정도로 주자학에 정통하였다.『靑莊館全書』卷56,「盎葉記
三·古人勤學」, "宋龜峯翼弼, 背誦朱子語類."

81) 문학에서 주돈이의 영향이 적지 않았다는 지적과 성리학 및 예학에서 주자의 영향이 절
대적이었다는 것을 연관지어 구봉의 사상을 종합적으로 파악하는 것이 필요할 것으로
보인다.

서예에 관한 연구도 이어져 구봉에 대한 다각적인 검토 가능성을 확대하고 있다.

『삼현수간』과 관련하여 최근 연구에서 특히 주목되는 것은 삼현이 나눈 우정의 면모와 내용을 초중등 교육 현장에서 활용하고자 하는 구체적인 시도[82]가 진행되었다는 점이다. 초중등 교육 현장에서 교육 내용에 대한 이론적 이해와 더불어 강조되고 있는 탐구 활동의 좋은 소재로서 삼현이 나눈 도의지교의 내용 및 역사적 현장 탐방을 구체적으로 부각하고, 그 가능성을 검토 제시한 이 연구는 향후 구봉의 대중적 인지도 향상은 물론, 구봉의 사상과 학문의 교육적 효과를 제고하는 데 유용할 것으로 보인다.[83]

구봉의 학문 및 사상의 대중화와 관련하여 최근 발표된 구봉의 전설에 대한 검토도 향후 문화콘텐츠 개발과 관련하여 보다 체계적으로 접근해야 할 부문이라 할 수 있다. 남다른 삶을 영위하면서도 탁월한 학문적 성취를 이룬 구봉은 당시 백성에게 웅혼한 기상을 가진 비범한 인물로 인식되었으며, 그의 탁월한 면모와 행적은 민간에 수많은 이야기를 남겼다. 『청성잡기(靑城雜記)』, 『임하필기(林下筆記)』 등 각종 문헌에서 확인되는 구봉 관련 이야기뿐만 아니라 채록되지 않았지만, 유의미하게 민간에 구전되어온 이야기는 학문 외적으로 확인되는 구봉의 영향이라 할 수 있다. 따라서 구봉 관련 이야기의 집산과 정리는 향후 구봉 관련 문화콘텐츠의 개발뿐만 아니라 한국 문화자원의 개발 및 확대를 위해 필요한 작업이라 할 수 있다.

---

82) 이건희, 「『삼현수간』과 함께하는 역사적 장소 탐방 학습 방안 연구 : '16세기 조선시대 선비들의 삶 상상하기'를 주제로」, 경인교육대학교 교육전문대학원 석사학위논문, 2015.

83) 현재 중학교 도덕 교과서에 『삼현수간』에 대한 내용과 함께 이들의 우정이 소개되어 있다.

어찌 보면 황당하기까지 한 구봉 관련 이야기에 유의하여 구봉 연구
도 유학 중심에서 벗어나 좀 더 유연한 자세를 가질 필요가 있다. 구봉을
유학자, 예학자, 문장가로만 한정짓기보다는 백성들 사이에서 구봉을 수
용했던 면모에 대해 조망할 필요가 있다는 것이다. 한 언론에서도 지적
하였듯이 종교계와 단학계(丹學界) 등 수련 단체의 구봉에 대한 평가는
유학과는 다른 면이 적지 않다.[84] 특히 근대 민족종교 중 하나인 증산도
의 경전인 『도전(道典)』에서 언급하고 있는 구봉의 면모는 보통의 인물
과 다르게 나타나고 있으며, 단학계에서의 평가도 주목할 만하다. 유학
이외의 영역에서 확인되는 구봉에 대한 평가는 조선 후기 이후 백성들
에게 비친 구봉의 모습을 반영한 결과라는 점에서 보다 심층적인 연구
가 필요한 부분이다. 아울러 계룡산 일대에 전해지고 있는 '계룡구선(鷄
龍九仙)' 중 한 사람으로 구봉이 거론되는 점도 유념할 필요가 있다.[85]

4. 맺음말

구봉과 비견되는 율곡이나 우계, 그리고 구봉의 문인인 김장생에 비

---

84) 대전일보, 2011년 9월 22일자, 〈역동의 당진 역사 20장면 – 구봉 송익필〉 (http://
www.daejonilbo.com/news/newsitem.asp?pk_no=970931)

85) 증산도의 경전인 『道典』에는 "지난 임진왜란에 정란(靖亂)의 책임을 '崔風憲이 맡았으면
사흘 일에 지나지 못하고 震黙이 맡았으면 석 달을 넘기지 않고 송구봉이 맡았으면 여덟
달 만에 끌렀으리라.' 하니 이는 선도와 불도와 유도의 법술(法術)이 서로 다름을 이름이
라."고 서술되어 있으며, 단학계에서 구봉을 '조선 5백년 유교역사상 최고의 도인'이라고
평가하고 있다. 계룡산 일대에 전해지는 鷄龍九仙으로는 구봉 이외에 율곡 이이 · 우계 성
혼 · 남명 조식 · 토정 이지함 · 고청 서기 · 중봉 조헌 · 제봉 고경명 · 기허당 영규 등이
손꼽히며, 이들은 계룡산 수정봉에서 수련, 성도하고 國祖檀君이래 전해지는 國仙風流
의 도맥을 중흥시킨 장본인이며 생전에 수정봉에서 만나 7월 칠석 전후로 사흘간 선계
인들과 함께 놀았다는 전설이 전해지고 있다. 대전일보, 위의 기사 참조.

해 구봉에 대한 연구는 미미하다고 할 수 있다. 하지만 제한적이나마 구봉에 대한 연구가 최근 30여 년 가까이 진행되면서 구봉에 대한 관심의 폭이 넓어지고, 이해의 깊이가 깊어진 것은 고무적이라고 할 수 있다.

달리는 말에 채찍을 가하듯 어느 정도 구체화되고 있는 구봉 연구는 향후 보다 발전적인 면모를 갖추어 가기 위해 새로운 변화가 필요하다. 특히 한국학 전반에 걸쳐 과거의 관행적 이해에서 벗어나 새로운 구도를 정립하고자 하는 시도가 가시화되고 있는 점86)을 고려할 때, 구봉과 같이 의미 있는 학자이자 문인에 대한 연구는 그 내용을 보다 체계화하고 구체화할 필요가 있다.

구봉 연구의 발전적 미래를 위해 앞서 제시한 내용 이외에 구봉 연구의 기초가 되는『구봉집』및 관련 문헌에 대한 디지털화, 그리고 이에 대한 국역 사업 등도 조속한 시일 내에 구체적인 결실로 이어져야 할 과제라 할 수 있다. 더구나 여러 가지 제약으로 인해 문집 간행이 늦추어졌고, 그 내용적 요소도 부족한 것을 감안한다면, 구봉과 관련된 과거 자료의 수집과 정리는 구봉에 대한 입체적 연구를 위해 필요한 부분이라 할 수 있다.

또한 본고에서 처음 시도되는 연구사에 대한 반성적 검토도 각 분야별로 보다 구체적이고 체계적으로 진행될 필요가 있다. 과거 및 현재에

---

86) 예학 방면에서는 17세기를 '예학의 시대'로 규정하는 것에 대해 비판적 견해가 제시되고 있으며, 이러한 비판적 견해는 조선사상사의 흐름을 15세기 중반 이후의 지치주의 유학에서 성리학, 예학, 그리고 실학으로 이어지는 흐름으로 파악하는 것에 대해서도 비판하는 방향으로 나가고 있다.(고영진, 「16세기 말 사례서의 성립과 예학의 발달」,『한국문화』제12집, 1991.; 박종천, 「조선시대 전례논쟁에 대한 재평가」,『한국사상과 문화』11, 2001.; 장동우, 「조선시대 가례 연구를 위한 새로운 시각과 방법」,『한국사상사학』39, 2011.) 아울러 주리, 주기의 도식에서 벗어나 다양한 흐름 하에서 조선성리학을 이해하려는 시도도 지속적으로 이어지고 있다. 이러한 시도는 20세기 중반에 이루어진 조선유학에 대한 이해의 구도를 바꾸려는 것과 결부된다고 할 수 있다.

대한 비판적 성찰을 통해야만 미래의 목표가 보다 구체적으로 드러날 수 있으며, 연구의 시행착오도 최소화할 수 있기 때문이다.[87]

구봉에 대한 연구를 포함한 한국학 연구는 아직도 수많은 과제를 안고 있다. 하지만 학문 후속세대의 부족, 기존 연구자들의 이탈 등 변화하는 시대적 조건 하에서 안을 수밖에 없는 문제점 등 과제 해결을 위한 조건은 점점 열악해지고 있다. 하지만 구봉 연구를 선도할 학술 모임이 자발적으로 창립될 정도로 한국학에 대한 의지와 열정은 남다른 것 또한 사실이다. 따라서 향후 연구는 구봉에 대한 의지와 열정을 보다 집결시키고, 선현의 사상에 대한 숭모뿐만 아니라 공평무사한 태도를 바탕으로 보다 폭넓은 연구를 진행할 필요가 있다고 하겠다. 특히 구봉의 학문과 사상에 대해서는 이전 연구보다 확장된 부면에서 보다 탄력적으로 접근하는 변화된 태도를 기초로 구봉의 학문과 사상, 삶을 입체적으로 조망하고, 그의 성취를 한국학 내에서 위치 지우는 방향으로 접근할 필요가 있다고 하겠다. 머지않은 장래에 구봉에 대한 연구가 실질적인 진전을 이루어 알찬 결실로 구체화되어 되어 연구자 및 대중들과 자연스럽게 만나기를 기대한다.

---

87) 이것과 관련하여 구봉의 학문과 사상 연구를 주도하는 '구봉문화학술원'의 역할이 더욱 중요하다. 향후 각 분야에 대한 보다 치밀한 연구 현황 검토를 통해 쟁점과 과제를 부각하고, 이를 연구자의 자율적인 연구에 맡기기보다는 구봉문화학술원의 기획 연구로 진행하여 학술대회를 통해 공개적으로 논의하는 것이 바람직할 것으로 보인다. 개인적인 연구 이외에 집단 작업이 필요한 여러 사업도 함께 기획하여 보다 체계적으로 접근하는 것도 필요할 것으로 보인다.

기호성리학 계승 1세대 학자들의
구봉성리학 수용양상

- 사단칠정, 인심도심을 중심으로 -[1]

유지웅[2]

1. 들어가는 말

율곡(栗谷) 이이(李珥, 1536~1584), 우계(牛溪) 성혼(成渾, 1535~1598), 구봉(龜峯) 송익필(宋翼弼, 1534~1599)은 당시 파주 지역을 중심으로 활발한 강학활동 및 성리학 연구에 매진한 인물들로서 이들 셋은 나이도

---

1) 이 논문은 2016년 6월 4일(토), 전북대 간재학연구소, 구봉문화학술원 공동주최 전라북도, 전북은행 후원, 〈기호유학에서 구봉송익필사상의 위상과 수용〉 학술대회에서 발표하였으며, 『유학연구』 제36집, 충남대학교유학연구소, 2016에 게재한 글이다.

2) 유지웅, 전북대학교 외래교수

비슷하여 도우의 관계를 맺었을 뿐 아니라 서로간의 학문 교류도 매우 활발하게 이루어졌다.3) 이들의 학문적 교류는 그들의 문하생들에게도 영향을 미쳤는데, 그들의 문하생들은 어느 한 스승에만 한정된 것이 아니라, 이들 셋의 문하에 자유롭게 출입하여 성리학을 배웠으며, 이들 문하에서 당시 학계와 정계를 이끄는 학자들이 많이 배출된다. 대표적으로 사계(沙溪) 김장생(金長生, 1548~1631), 수몽(守夢) 정엽(鄭曄, 1563~1625), 망암(望菴) 변이중(邊以中, 1546~1611), 중봉(重峯) 조헌(趙憲), 1544~1592), 묵재(默齋) 이귀(李貴, 1557~1633) 등이 있다.

사계는 율곡 성리학을 직접 계승한 적통으로 평가받지만, 그의 성리학은 첫 스승인 구봉의 영향을 많이 받았다는 기록들도 존재한다. 이는 사계가 율곡의 '인심도심종시설(人心道心終始說)'의 의문점에 대해 구봉에게 자문을 구하고 있는 점4), 또한 예학과 관련해서는 구봉의 영향력이 지대하다는 점5), 경학, 특히 『근사록』에 대해 강조한 구봉의 영향으로 『경서변의(經書辨疑)』, 『근사록석의(近思錄釋疑)』 등을 저술하게 됨 점6) 등을 통해서 확인할 수 있다. 그리고 수몽 정엽7) 역시 율곡, 우계, 구봉의 문하에 모두 출입하여 성리학을 사사받았다. 특히 사계는 『근사록석의』를 편찬하기 전에 수몽에게 간정(刊正)을 부탁하였을 정도로 수

---

3) 김창경, 「『三賢手簡』을 통해 본 구봉·우계·율곡의 道友之交와 學問交遊 -구봉을 중심으로-」, 『유학연구』, 제27집, 충남대학교 유학연구소, 2012 참조.

4) 『沙溪全書』(Ⅰ), 卷2, 「上龜峯宋先生書」.

5) 구봉-사계-우암으로 계승되는 기호예학은 향후 예송논쟁과 관련하여 서인의 입장을 대변하는 기초 역할을 담당하였다.

6) 『沙溪全書』(Ⅵ), 卷43, 「年譜」: 從龜峯, 受四子, 近思錄等書, 專心探究, 不懈益勤, 學日益進.

7) 수몽은 조선 성리학에서 다소 생소한 인물이지만 율곡과 구봉의 문인들을 거론 할 때 사계와 더불어 반드시 언급되고 있는 학자이다.

몽은 당시 학계에서 『근사록』 연구에 조예가 깊었던 인물이다.8) 따라서 사계와 수몽이 『근사록』에 대한 연구 조예가 깊었던 것은 구봉이 『근사록』에 대한 교육을 강조한 것과 밀접한 연관이 있으며, 그 일환으로 그들이 『근사록석의』를 저술할 수 있었던 것으로 볼 수 있다.

하지만 사계와 수몽 등 기호성리학을 계승하는 대표적인 학자들 대부분이 구봉의 문하에 출입하여 성리학을 사사받았음에도 기호성리학의 계승과 관련하여 구봉에 주목한 연구는 매우 저조하며,9) 언급되더라도 매우 제한적인 논의에 머물 뿐이다. 또한, 구봉의 문인들에 대한 연구는 사계에 관해서만 집중되어 있을 뿐 다른 문인에 관해서는 짧게 언급될 뿐이다.10) 이는 사계의 문하에서 우암 송시열(1607~1681)이 배출되었다는 사상사적 의의가 있기 때문이기도 하다.

따라서 이 논문은 기호성리학의 사상사적 발전 과정에서 구봉에 주목하면서, 기호성리학을 계승하는 대표적인 1세대 학자들에게서 구봉성리학에 대한 수용 양상을 당시 학계에서 쟁점이 된 사단칠정, 인심도

---

8) 『沙溪遺稿』, 卷5, 「鄭時晦近思錄釋疑序」: 曩余讀近思錄, 到難會處, 引諸儒諸說, 間附以己見, 錄作一冊, 請時晦刊正.

9) 황의동은 사계의 학문적 연원과 관련하여 예학은 구봉, 성리설은 율곡의 영향을 받은 것으로 파악한다. 황의동, 「沙溪 金長生 사상의 연원에 대한 검토」, 『철학연구』, 제95집, 대한철학회 2005; 「기호성리학에서 金長生, 金集의 성리학적 위상」, 『대동철학』, 제53집, 대동철학회 2010 참조. 김현수는 보다 진전된 논의를 진행하는데 사계의 학문적 연원을 율곡과 더불어 구봉을 동등한 위치에서 평가하고 있다. 따라서 김현수는 율곡-사계-우암으로 이어지는 기호학파의 정통학맥을 율곡·구봉-사계-우암으로 재구성한다. 김현수, 「畿湖禮學의 形成과 學風 -栗谷·龜峯의 特徵과 傳承을 중심으로-」, 『유학연구』, 제25집, 충남대학교 유학연구소, 2011 참조.

10) 이영자는 기호성리학 연구의 편중 현상에 대해 문제가 있음을 지적한다. "기호성리학자 중 아직 발굴되지 않은 학자들에 대한 연구가 시도된다면 기호성리학은 지금보다 훨씬 질적으로나 양적으로 풍성하게 발전할 수 있을 것이다."라고 분석하고 있다. 이영자, 「기호성리학 연구의 과제와 전망」, 『유학연구』, 제24집, 충남대학교 유학연구소, 2011, 101~102쪽.

심을 중심으로 살펴보고자 한다. 사단칠정, 인심도심을 중심으로 살펴본 이유는 이 논의들을 계기로 영남학파, 기호학파와 같은 문제 중심의 학파가 형성되었다는 중요한 사상사적 의의도 지니고 있을 뿐 아니라,11) 기호학파의 특성을 가장 잘 확인할 수 있는 부분이기 때문이다. 따라서 기호성리학 계승 1세대 학자들의 사단칠정, 인심도심을 살펴봄으로써 구봉이 제시한 사단칠정, 인심도심에 대한 수용 여부 역시 확인할 수 있을 것이다. 물론 사단칠정, 인심도심에 관한 논의가 구봉 성리학의 특성, 그리고 전체적인 측면을 대변한다고 볼 수 없지만, 사단칠정, 인심도심에 관한 기호성리학 계승 1세대 학자들의 논의가 기호학파의 계승 방향을 제시하고 있음을 보면 구봉 성리학에 대한 수용 양상 여부를 일정 부분 확인할 수 있을 것이며, 이를 통해 기호학파에서의 구봉에 대한 위상 역시 확인할 수 있는 계기가 될 것이다.

2. 구봉에 대한 평가와 대표 문인들

구봉은 팔문장(八文章) 중 한사람이었으며12), 서인을 대표하는 정치가이자 기호성리학의 기반을 다진 학자였지만, 신분제 사회에서 겪어야 했던 출생적 한계, 부친인 송사련의 죄로 인해 겪어야 했던 시련, 또한 기축옥사(己丑獄事, 1589)와 관련하여 그 후 당쟁의 여파 등으로 제한적인 삶을 살아야만 했다.13) 이러한 그의 파란만장한 일생으로 인해 잊혀

---

11) 윤사순, 『한국의 성리학과 실학』, 삼인, 1998, 14쪽 참조.
12) 『宋子大全』, 卷172, 「龜峯先生宋公墓碣」: 李山海, 崔慶昌, 白光勳, 崔岦, 李純仁, 尹卓然, 河應臨也. 時人號爲八文章..
13) 박학래, 「龜峯 宋翼弼에 관한 硏究現況 및 課題 −구봉의 학문 및 사상의 위상 정립에 유

진 성리학자로 인식되며, 기호학파 안에서도 그 위상을 확인받고 있지 못하는 상황이다.[14] 그의 처신, 출생, 그리고 부친과 관련된 송사(訟事)로 인해 불거진 개인적인 상황 때문에 그의 학문을 바라보는 객관적인 시각이 제대로 이루어지지 않은 측면도 분명 존재할 것이다.

하지만 도우였던 율곡, 그리고 사계를 비롯한 우암 등 기호학파의 대표적인 학자들의 기록에 따르면 구봉은 성리학에 탁월한 재능을 발휘한 것으로 확인된다. 이에 대한 기록을 통해 기호학파에서 구봉의 위상을 가늠해 볼 수 있을 것이다.

율곡은 자신의 학문적 역량에 대해 큰 자부심을 가지고 있었지만, 우계에게 보낸 서신에서 성리에 관한 것은 구봉과 더불어 이야기 할 수 있다고 할 만큼 구봉의 학문 수준을 매우 높게 평가하고 있다.[15] 이러한 율곡의 평가는 자신과 구봉이 당시 학계의 주된 관심의 대상이었던 사단칠정, 인심도심에 관한 견해가 서로 합치하고 있다는 것을 표현한 것으로도 볼 수 있다. 그 이유는 이 말이 사단칠정, 인심도심에 관해 상반된 이론 체계를 제시한 우계에게 보낸 서신에 들어있기 때문에 어느 정도 설득력을 지니고 있다.[16] 또 구봉이 「제율곡문(祭栗谷文)」에서 "형

의하여-」, 전북대학교 간재학연구소·구봉문화학술원 공동학술대회 논문집, 2016, 1쪽 참조.

14) 구봉에 대한 학계의 연구는 여러 방면에서 주목할 만한 성과를 거두었다. 특히 구봉의 철학 사상에 한정하여 박사학위 논문이 발표되기도 하였다. 김창경, 「龜峰 宋翼弼의 道學思想 研究」, 충남대학교 대학원 박사학위 논문」, 2011. 구봉에 대한 연구현황에 관해서는 박학래,「龜峯 宋翼弼에 관한 硏究現況 및 課題 -구봉의 학문 및 사상의 위상 정립에 유의하여-」, 전북대학교 간재학연구소 · 구봉문화학술원 공동학술대회 논문집, 2016을 참고.

15) 『栗谷全書』(I), 卷10,「答成浩原」: 今之所謂窮理者, 少有可語此者. 怪且非之者, 固不足道, 見之而自謂相合者, 亦不可信其有見也. 惟宋雲長兄第, 可以語此, 此珥所以深取者也. 兄亦不可輕此人也.

16) 김현수, 「畿湖禮學의 形成과 學風 -栗谷 · 龜峯의 特徵과 傳承을 중심으로-」, 『유학연

이 평일에 내가 도체에 본 바가 있다고 허하였고, 만년에는 자주 논변하여 점차 견해가 다름이 없게 되었고, 내 학문에 있어서 혹 새로운 견해가 있으면 여러 사람들은 모두 의심하였으나 오직 형만은 나를 믿어 주었습니다.”[17]라고 하여 율곡과 구봉은 서로 동일한 학문적 입장을 가지고 있었음을 확인할 수 있다.

아울러 우암은 직접 「구봉선생송공묘갈(龜峯先生宋公墓碣)」을 작성하여 구봉에 대한 재평가와 함께 학문적 우수성에 대해서도 자세히 기록하고 있다.

구봉에 대한 학문적 평가만을 한정해 본다면 불우한 개인사와는 달리 구봉의 성리학은 당시 인물들에게 높은 평가를 받고 있었으며, 이러한 평가는 그에게 성리학을 배우려는 문하생들이 매우 많았을 거라는 짐작을 하게 된다.

구봉은 매우 이른 나이부터 강학(講學)을 시작하였다.[18] 이는 당시 구봉에 대한 학문적 평가가 널리 알려 지면서 성리학을 배우고자 하는 초학자들이 그의 문하생이 되기를 원했던 것이다.[19]

『구봉집(龜峯集)』에는 따로 「문인록(門人錄)」이 작성되지 않아서 구체적으로 구봉의 문인이 누구인지 명확하게 파악할 수 없지만, 다른 기록들을 본다면 당시 학계, 정계를 이끌던 대표적인 인물들이 다수 포함되어 있다. 송시열이 쓴 묘갈문에는 사계 김장생, 신독재(愼獨齋) 김집(金集, 1574~1656), 수몽 정엽, 약봉(藥峯) 서성(徐渻, 1558~1631)등이 구봉

구』, 제25집, 충남대학교 유학연구소, 2011, 84쪽 참조.

17) 『龜峯集』, 卷3, 「祭栗谷文」: 兄於平日, 許我以於道體有所見, 晩來所論, 漸無異同, 我於學問上, 或有新見, 家人皆以爲疑, 而惟兄獨信之.

18) 『宣祖修正實錄』, 卷23, 22년(1589, 己丑) 12월 1일(甲戌) 조.

19) 구봉문화학술원, 『잊혀진 유학자 구봉 송익필의 학문과 사상』, 책미래, 2016, 31쪽 참조.

의 문하에서 성리학을 수학하였고, 이들이 주축이 되어 학통이 후학들에게 계승될 수 있었으며, 또한 정계를 대표하는 인물들이 다수 배출되었다고 기록되어 있다.[20] 이렇듯 구봉의 문하에서 당시 학계와 정계를 대표하는 많은 이들이 배출되었는데 이 중에서도 단연 대표적인 인물은 사계이다.

사계는 13세 때에 구봉의 문하생이 되었으며[21], 이때 사서(四書)와 『근사록』을 중심으로 성리학의 기초를 다진다. 특히 동춘당은 사계 성리학이 만개(滿開)할 수 있었던 것은 율곡의 역할이 크지만 그 기초를 열어준 것은 바로 구봉[22]이라 하면서 사계의 성리학 형성에 율곡 뿐아니라 구봉도 많은 영향을 미친 것으로 평가한다.

또 다른 대표적인 문인으로는 수몽이 있다. 수몽 역시 구봉, 우계, 율곡을 차례대로 찾아가 문하생이 되었다.[23] 수몽은 『근사록』의 난해한 점을 쉽게 설명한 『근사록석의』을 저술하였는데, 『근사록석의』는 성리학의 기초서이기는 하지만 당시 성리학자들이라면 누구나 다 소지하고 있을 만큼 수준 높은 성리서(性理書)로 평가받았다.[24] 이러한 사실들을 비추어 볼 때 수몽은 『근사록』에 대한 연구는 당시 학계에서 단연 돋보

---

20) 『宋子大全』(Ⅶ), 卷172, 「龜峯先生宋公墓碣」: 惟其講明理致以修其身, 且以傳之來世, 今金先生之學, 爲世所宗, 則先生之於斯文, 亦可謂與有功焉. 其餘開導成就者, 如金文敬公集, 守夢鄭公曄, 藥峯徐公渻, 畸翁鄭公弘溟, 監司姜公澯, 許處士雨, 參判金公槃, 或以道學, 或以宦業, 傳道後生, 輔毗王家.

21) 『沙溪全書』(Ⅵ), 卷43, 「年譜」: 庚申(1560년)先生十三世, 從學宋龜峯先生.

22) 『宋子大全』, 卷172, 「龜峯先生宋公墓碣」: 文元公金先生師事栗谷李先生, 以至道成德尊, 然考其抽關啓鍵, 導迪於一簣之初, 則自龜峯先生不可誣也.

23) 『月沙集』(Ⅱ), 卷44, 「左參贊贈右議政諡文肅鄭公神道碑銘」: 鳴谷公勸公就師, 公卽訪龜峯宋公翼弼, 仍出入牛溪栗谷兩先生之門.

24) 『宋子大全』(Ⅴ), 卷137, 「守夢集序」: 其所編近思釋疑, 於學者極有功, 文元公嘗發揮參訂焉, 今學者家有之矣.

인 것으로 보인다.[25]

여기서 주목할 점은 구봉이 『근사록』에 대해 각별하게 중요시 여기며, 문인들을 교육할 때 특히 강조했다는 것이다. 구봉은 기본적으로 『소학』, 『근사록』을 매우 중시 여겼는데, 특히 『근사록』을 '송학(宋學)의 논어'라고 할 만큼 성리학의 근간을 이루고 있는 것으로 파악하여, 제자들에게 『근사록』부터 공부하도록 하였다.[26] 이를 통해 본다면 수몽이 『근사록』을 매우 중요시 하였다는 점과 당시 학자들 사이에서 『근사록』 연구에 대해 정평이 나 있었던 것은 스승인 구봉의 영향과 가르침이 있었기에 가능하였음을 알 수 있다. 그리고 사계 역시 그의 역작인 『근사록석의』를 저술할 수 있었던 것은 구봉에게 『근사록』에 대한 기초를 철저하게 수업 받았기 때문일 것이다. 특히 구봉의 경학관이 사계의 『경서변의』, 『근사록석의』 곳곳이 깃들여 있는 것을 보더라도 그 영향력을 무시할 수 없다.

그러나 사계와 수몽을 비롯한 기호학파의 대표적인 인물들이 첫 스승으로 구봉을 찾아가 수학하고[27], 학문적 수수관계와 관련한 기록들이 다수 존재하지만 학문적인 계승과 관련된 것에 한정한다면 그들은 율곡의 학통을 계승하고 있음을 명시한다. 즉, 그들의 첫 스승이 구봉이었다는 상징성에도 불구하고 학문적 계승과 관련해서는 주로 율곡을 언급하고 있다는 것이다.

율곡의 「문인록」에는 사계에 대해 "선생(율곡)을 사사(師事)하여 성학

---

25) 유지웅, 「수몽 정엽의 생애와 성리학」, 『공자학』, 18호, 한국공자학회, 2010, 81쪽 참조.

26) 구봉문화학술원, 『잊혀진 유학자 구봉 송익필의 학문과 사상』, 책미래, 2016, 49~50쪽 참조.

27) 앞서 밝혔듯이 기호성리학 계승 1세대 학자들 대부분은 율곡, 우계, 구봉의 문하생들이었는데 첫 스승이 구봉이었던 점에 주목할 필요가 있다.

(聖學)의 심오한 이치를 갖추어 듣고서 잠심하고 힘써 실천하여 자임(自任)이 몹시 중하였고, 선생(율곡)의 기대도 특별히 깊었는데 끝내는 선생(율곡)의 학통을 전수하였다."[28]라고 기록되어 있다. 또한 사계는 "퇴계가 리기를 논하면서 끝내 꿰뚫지 못한 곳이 있는데, 만약 율곡의 말을 들었다면 반드시 서로 계합(契合)되었을 것이다."[29]라고 하였으며, 사계의 문인들 역시 "리기를 변론할 때면 퇴계(陶)를 버려두고 율곡(栗)을 취하였다."[30]라고 기록되어 있다. 사계가 비록 성리학의 첫 배움을 구봉에게 전수 받았지만 그가 계승한 성리학은 바로 율곡 성리학이 중심이 되었을 뿐 아니라 율곡의 학통이 후속 세대에게 전승될 수 있도록 구심점 역할을 하였다고 볼 수 있다.

수몽 역시 사계가 연산에 세운 양성당(養性堂)의 기문인 「양성당기(養性堂記)」에서 율곡의 학통을 후학들에게 잘 전수해 줄 것을 사계에게 당부한다.[31] 이러한 기록을 통해 본다면 수몽은 구봉의 문하에도 출입하였지만 특히 율곡의 영향이 많이 깃들어 있음을 알 수 있다.

따라서 사계와 수몽이 율곡, 구봉과 직접적인 사승 관계에 있지만, 그들이 구체적으로 계승한 인물에 대해서는 율곡을 구심점으로 하고 있다는 사실 역시 확인할 수 있다. 이에 대해서는 여러 가지 분석을 통한 규명이 필요하지만, 구봉의 신분 문제, 당쟁의 여파 등과도 일정 정도 연관성이 있을 것이다. 또한 『구봉집』이 그의 사후 163년 뒤인 1762년에

---

28) 『栗谷全書』(Ⅱ), 卷34, 「門人錄」: 師事先生, 備聞聖學之奧, 潛心力行, 自任甚重, 先生期許特深, 卒傳先生之統.

29) 『沙溪遺稿』, 卷10, 「語錄」: 退溪理氣之論, 終有未透處, 若聞栗谷之言, 則必相契合矣.

30) 『沙溪遺稿』, 卷10, 「祭文(宋浚吉, 李惟泰, 宋時烈等)」: 辨理氣則捨陶而取栗.

31) 『守夢集』, 卷3, 「養性堂記」 참조.

서야 발간[32] 된 것 역시, 구봉의 성리설에 대한 충분한 논의가 당시에 제대로 이루어지지 못한 원인 중에 하나일 것이다.

기호성리학의 중심이 율곡으로 집중되지만, 구봉 성리학에 대한 문인들의 세부적인 이론 수용 및 영향력과 관련해서는 보다 객관적인 분석이 필요할 것으로 판단한다. 사계의 경우 예학, 수몽의 경우 『근사록』과 관련해서는 구봉의 영향력을 무시할 수 없기 때문이다. 다만 이 논문에서는 이에 대한 세부적인 접근 보다는 당시 학계에서 쟁점이 되었던 문제인 사단칠정과 인심도심에 관한 것을 중심으로 기호성리학 계승 1세대 학자들의 성리학을 살펴봄으로써 구봉 성리학에 대한 수용 양상을 확인하려 한다. 앞서 밝혔듯이 기호학파의 성격을 가장 잘 드러내는 사단칠정, 인심도심에 관한 이론적 수용 양상을 살펴봄으로써 구봉 성리학에 대한 계승적 측면을 보다 명확하게 확인할 수 있을 것이다.

3. 구봉 문인들의 사단칠정, 인심도심론[33]

1) 사단칠정

구봉은 사단과 칠정을 별개의 정(情)으로 구분하는 것에 대한 비판적 입장을 통해 논의를 전개한다. 구봉의 주된 관점은 정은 오직 칠정만을 가리킬 뿐 사단과 칠정을 별개의 정으로 구분하는 주장이 성립될 수 없

---

32) 김창경, 「고청 서기와 구봉 송익필 선비정신의 본질과 현대적 의의」, 『동서철학연구』, 80호, 한국동서철학회, 2016, 21쪽 참조.

33) 사계와 수몽의 사단칠정, 인심도심에 관한 내용은 정대환·유지웅 「이이 初傳門人들의 性理學(Ⅰ) -사단칠정, 인심도심에 관한 김장생, 정엽, 변이중의 계승을 중심으로」, 『유학연구』, 32집, 충남대학교 유학연구소, 2015 중 3장을 주로 참고하여 요약하였음을 밝힌다.

음을 강조한다.

> 사단은 리에서 발하고 칠정은 기에서 발한다는 말은 매우 온당치 않
> 다. 사단과 칠정이 어찌하여 리기의 발이 아니겠는가? 다만 한 쪽만을
> 말한다면 사단이며, 전체를 말한다면 칠정이다. 사단은 주로 리 일변
> 으로 한 쪽만 말한 것이고, 칠정은 리기를 겸하여 전체를 말한 것이
> 다.34)

구봉은 정이라는 것은 오직 칠정만을 가리키지만 리일변(理—邊), 즉
선만을 지칭한다면 사단이라고 할 수는 있다고 말한다. 이는 다시 말하
면 칠정 중에서 선만을 가리킨다면 사단이라고 말할 수 있지만, 사단을
리에서 발한 것, 칠정은 기에서 발한 것이라는 주장은 칠정 외에 별도로
사단이 있다는 것으로 이를 비판하는 것이다. 이와 관련하여 율곡 역시
"주자의 의도는 사단은 오로지 리만을 말하고 칠정은 기를 겸하여 말한
것이라고 한 것에 불과하다 … 사단을 주리라고 함은 옳으나, 칠정을 주
기라고 함은 옳지 않다. 칠정은 리와 기를 포함하여 말한 것이다."35)라
고 함으로써 사단은 주리(主理)라고 할 수 있지만, 칠정은 사단을 포함
하고 있는 것이기에 리기를 겸한 것으로 파악한다. 따라서 구봉과 율곡
의 사단칠정론은 '칠정포사단(七情包四端)', '사단=주리', '칠정=겸리기'
에 대해 동일한 입장을 제시하고 있다.

---

34) 『龜峯集』, 卷4, 「答公澤問」: 四端發於理七情發於氣之說, 甚未穩. 四端七情, 何莫非理氣
之發. 但偏言則四端, 全言則七情. 四端, 重向理一邊而偏言者也, 七情, 兼擧理氣而全言者
也.

35) 『栗谷全書』(Ⅰ), 卷10, 「答成浩原」: 朱子之意, 亦不過曰四端專言理, 七情兼言氣云爾耳.
… 四端謂之主理, 可也, 七情謂之主氣則不可也. 七情包理氣而言.

또한 위 글을 근거로 구봉이 퇴계의 리기호발을 비판하는 것으로 보는데, 이에 대해서는 보다 진전된 논의가 필요하다.

구봉이 퇴계의 사단칠정론에 대해 명시적으로 비판하는 언급은 하지 않는다. 즉, 율곡이 '퇴계', '호발'이라는 말을 통해 퇴계의 사단칠정론을 직접적으로 비판하지만 구봉에게서 이러한 직접적 비판은 보이지 않는다.

여기에서 구봉이 비판하는 대목은 추만(秋巒) 정지운(鄭之雲, 1509~1561)의 「천명구도(天命舊圖)」에 나오는 '사단발어리(四端發於理), 칠정발어기(七情發於氣)'36)라는 분석이 있다.37) 추만이 기록한 '사단은 리에서 발하고', '칠정은 기에서 발한다'는 사단을 사덕(四德)의 리에 연결하여 파악함으로써 발어리(發於理), 그리고 칠정은 오행(五行)의 기에 연결시켜 파악함으로써 발어기(發於氣)로 구분하고 이를 선악 개념으로 명확하게 제시한 것이다. 그리고 추만은 『천명도해(天命圖解)』에서 '발(發)'을 퇴계와 같이 '능발(能發)'38)의 의미로 사용하는 대목이 나오지 않으며, 그의 리기론 역시 리를 능동성을 가진 것으로 설명하는 부분이 없다.39) 따라서 이때 '발'의 의미는 능발의 의미가 아니라 '소발(所發)'40)의 의미라 할 수 있다. 즉, 추만이 제시한 '리에서 발하는 것', '기

---

36) 『退溪集』(Ⅱ), 卷41, 「天命圖說後敍」.

37) 박학래, 「龜峯 宋翼弼에 관한 研究現況 및 課題 –구봉의 학문 및 사상의 위상 정립에 유의하여–」, 전북대학교 간재학연구소 · 구봉문화학술원 공동학술대회 논문집, 2016, 8쪽 참조.

38) '능발'이라는 것은 직접적으로 '발하는 주체'를 말하는 것으로 퇴계는 리와 기가 각각 발하는 주체로서 역할을 하므로 리기호발, 구봉은 '발하는 주체'는 오직 기이기에 '기발'만을 주장한다. 『龜峯集』, 卷3, 「太極問」: 動靜者, 氣也, 所以動靜者, 太極也.

39) 정대환, 「秋巒 鄭之雲과 朝鮮儒學」, 『철학연구』, 82집, 대한철학회, 2002, 201쪽 참조.

40) '소발'이란 '발현되는 내용'을 말하는 것으로 퇴계는 사단의 경우 순선한 것이므로, 리가 발현 된 것, 칠정의 경우 선악이 혼재하므로 기가 발현된 것이라고 말한다. 『兩先生

에서 발하는 것'에서 '발'은 '능발'의 의미가 아니라 사단은 '리가 발현된 것', '칠정은 기가 발현된 것'으로 이해할 수 있다. 이에 대해 퇴계는 "사단은 리가 발한 것이며, 칠정은 기가 발한 것이다."[41]라고 수정을 한다. 즉 퇴계는 추만이 '사단을 리에서 발한 것', '칠정을 기에서 발한 것'으로 기재한 것에 대해 미진함을 지적하며, 리의 '능발'을 전제하기 위해 '사단을 리가 발한 것', '칠정을 기가 발한 것'으로 수정한 것이다. 물론 퇴계도 '발'을 '소발'의 의미로도 사용한다. "사단은 리에서 발한 것으로 순선하고, 칠정은 기에서 발한 것으로 선악이 모두 있다."[42]라고 하여 '발어리', '발어기'의 용법으로 '소발'을 사용한다. 하지만 퇴계의 전체적인 성리학 체계에서 '발'의 의미는 '능발'의 의미가 강조되는 것에 주목할 필요가 있다.[43] 따라서 추만과 퇴계의 차이점은 추만은 '발'을 '소발'로, 퇴계는 '능발'과 '소발' 모두 사용함을 알 수 있다.

　이러한 차이점에 의거해 본다면 구봉은 퇴계와 고봉 기대승의 왕복서를 모두 열람하지 않은 것으로 볼 수 있다.[44] 즉, '발어리', '발어기'가 '소발'의 의미에서 '리발', '기발'의 의미를 담고 있지만 리기호발의 본의가 '능발'에 주목한 점에 비추어 본다면 '발'에 대해서는 '발현'의 의미로

　　四七理氣往復書』(上篇): 四端發於理而無不善, 七情發於氣而有善惡. 율곡 역시 '소발'로서 '리발'을 인정하는데, "기가 아니면 발할 수 없고, 리가 아니면 발할 것이 없다."와 같이 발현되는 내용으로서 '리발'을 인정한다. 『栗谷全書』(Ⅰ), 卷10, 「答成浩原」: 非氣則不能發, 非理則無所發.

41) 『退溪集』(Ⅱ), 卷41, 「天命圖說後敍」: 四端理之發, 七情氣之發.

42) 『兩先生四七理氣往復書』(上篇): 四端發於理而無不善, 七情發於氣而有善惡.

43) 『退溪集』(Ⅰ), 卷19, 「答奇明彦」: 無情意造作者, 此理本然之體也, 其隨寓發見而無不到者, 此理至神之用也.

44) 박학래, 「龜峯 宋翼弼에 관한 硏究現況 및 課題- 구봉의 학문 및 사상의 위상 정립에 유의하여-」, 전북대학교 간재학연구소·구봉문화학술원 공동학술대회 논문집, 2016, 8쪽 참조.

이해한 것으로 보이며, 이때 구봉의 주된 비판점은 '발'의 의미보다는 사단은 리, 칠정은 기로 분속하여 사단과 칠정을 분개하는 것에 대해 비판하는 것이다. 이는 곧이어 구봉이 칠정 가운데 리만을 가리킨다면 사단이라 할 수 있지만 칠정은 사단을 포함하고 있는 것이기에 리기를 겸한 것으로 보아야 함을 말한 것을 통해 알 수 있다.

따라서 구봉의 이 구절을 한정해서 본다면 사단칠정에 대한 그의 논의는 '발'에 주목하기 보다는 사단과 칠정을 별개의 정으로 구분함으로서 칠정을 기로만 분속하는 것에 대한 비판이다.

그렇다면 구봉이 말한 '리기지발(理氣之發)'을 어떻게 해석해야 하는지가 문제이다. 구봉의 '리기지발'에 대해 배상현, 최영성, 도민재는 고봉(高峯) 기대승(奇大升, 1527~1572)의 '리기공발(理氣共發)'[45], 김창경은 우계의 '리기일발(理氣一發)'과 비슷한 것[46]으로 파악한 반면에 김

---

45) 배상현, 「朝鮮朝 畿湖學派의 禮學思想에 關한 연구 : 宋翼弼.金長生.宋時烈을 中心으로」, 고려대학교 대학원 박사학위논문, 1991; 최영성, 「龜峰 宋翼弼의 思想硏究 –性理學과 禮學의 關聯性을 中心으로–」, 성균관대학교 대학원 석사학위논문, 1993; 도민재, 「朝鮮前期 禮學思想 硏究」, 성균관대학교 대학원 박사학위논문, 1998.

46) 이와 관련하여 김창경은 '리기지발'을 '발현'으로 해석한다. 즉, 사단을 리가 주가 되어 발현된 것이며, 칠정은 기가 주가 되어 발현된 것이라고 설명한다. 또한 사단과 칠정을 구분한 것은 퇴계의 정신을 담는 것으로 파악하고 있다. 김창경, 「龜峰 宋翼弼의 道學思想 硏究」, 충남대학교 대학원 박사학위논문, 2011, 74~79쪽 참조. 그렇다면 우계의 '리기일발'에 대한 비교 역시 필요하다. 우계의 '리기일발'은 존재론적 차원에서 리기는 함께 발하는 것이나, 그 발하는 즈음에서 주리, 주기의 구분이 있을 수 있기에 '소발'로서의 사단을 '리발', 칠정을 '기발'로 인정한다.(『牛溪集』, 卷4, 「第六書」: 情之發處, 有主理主氣兩箇意思. 分明是如此, 則馬隨人意, 人信馬足之說也, 非未發之前有兩箇意思也. 於纔發之際, 有原於理生於氣者耳, 非理發而氣隨其後, 氣發而理乘其第二也. 乃理氣一發, 而人就其重處言之, 謂之主理主氣也.) 다만 우계는 퇴계와 달리 '능발'로서의 '리발'은 인정하지 않는다. 구봉 역시 '소발'로서의 '리발'은 인정 하지만 '칠정포사단'을 주장하는 구봉에게서 칠정을 기가 주가 되어 발현된 것이라고만 볼 수 없다는 것이다. 이는 구봉이 칠정은 '리기를 겸하여 말한 것'이라 말하기 때문이다. 즉, 구봉은 사단을 주리라 할 수 있지만, 칠정을 주기라 할 수 없다는 것이다. 따라서 구봉의 리기지발과 우계의 리기일발은 리기불상리를 전제하는 상태에서 사단칠정 모두 리기의 동시적 발동을 말하는 것이지만, 사단칠정을 주리와 주기로 구분하는 것에서는 구봉과 우계는 서로 다른 입장을 제시하고

현수47)는 '리기지발'과 '기발이승(氣發理乘)'은 표현상의 문제 일 뿐 이기묘합(理氣妙合)의 리기관에 따라 리와 기가 서로 떨어져서 발하는 것이 아님을 말하는 것으로 파악한다.48)

이와 관련하여 필자는 구봉의 '리기지발'과 율곡의 '기발리승'은 언어적 표현상 다를 뿐이지, 같은 의미를 담고 있다고 판단한다. 그리고 '소발'과 '능발' 모두 포함되어 있는 것이며, 이때 능발은 오직 '기'임은 당연하다.

먼저 율곡은 이기불상리(理氣不相離)의 리기관계를 중시하여 이 세계의 모든 것들은 리기의 합이 아닌 것이 없음을 강조한다.49) 따라서 인간의 마음 발현 현상 역시 리와 기의 합이다. 다만 이무위(理無爲), 기유위(氣有爲)에 따라 발하는 것은 기, 발하는 소이는 리50)이기에 기가 발하여 리가 탄다는 '기발리승'으로 표현한다. 따라서 율곡은 정은 오직 칠정 하나뿐이기에 사단이나 칠정 모두 '기발'만을 인정할 뿐이다. 그리고 여기에서의 '발'의 의미는 '능발'이다. 하지만 율곡 역시 '리발'을 인정한다. 이때의 '리발'은 퇴계와 같이 '능발'의 의미가 아니라, '소발'의 의미이다. 즉, 율곡은 "기가 아니면 발할 수 없고, 리가 아니면 발할 것이

있다.

47) 김현수, 「畿湖醴學의 形成과 學風 −栗谷·龜峯의 特徵과 傳承을 중심으로−」, 『유학연구』, 제25집, 충남대학교 유학연구소, 2011.

48) 리기호발, 기발리승의 경우 명확한 의미를 이해할 수 있지만, 리기공발, 리기일발, 리기지발의 경우 그 본의는 연구자 마다 서로 다르게 해석한다. 특히 우계의 리기일발의 경우 이황의 리기호발과, 이이의 기발리승을 절충한 것으로 파악하는데, 최근의 연구에 의하면 이황의 리기호발과는 전혀 연관성이 없다는 결과도 있다. 최천식, 「成渾의 人心道心共發說」, 『태동고전연구』, 제32집, 한림대학교 태동고전연구소, 2014 참고.

49) 『栗谷全書』(Ⅰ), 卷14, 「易數策」: 夫形而上者, 自然之理也, 形而下者, 自然之氣也, 有是理則不得不有是氣, 有是氣則不得不生萬物.

50) 『栗谷全書』(Ⅰ), 卷10, 「答成浩原」: 發之者, 氣也, 所以發者, 理也.

없다."51)라고 하여 '능발자'는 기이지만, 그 발한 내용이 바로 '리'이기에 이를 '소발'의 의미에서 '리발'로 사용한 것이다. 뿐만 아니라 율곡은 '소발'로서 '기발'도 인정한다. 이는 사계의 어록에 나오는데, "율곡 선생께서는 사단은 기를 따라서 발하기는 하나, 기에 가려지지 않고 곧바로 나가는 것이기에 리가 발한 것이라고 한 것이며, 칠정은 리가 타는 것이기는 하나, 혹 기에 가려지기에 기가 발한 것이라고 한 것이다."52)라고 말하였다고 기록한다. 즉, 칠정에는 선과 악이 모두 포함되어 겸리기라 할 수 있다. 하지만 기발리승의 과정에서 리가 기에 가려져 버리면 이는 악이 되기에 가치론적으로 이것을 기가 발한 것이라 할 수 있다는 것이다. 따라서 기발리승은 리와 기가 합한 가운데 각각 그 기능과 역할을 표현하기 위한 것이며, 여기에는 '능발'과 '소발'이 모두 포함되어 있다.

　구봉의 리기론 역시 율곡과 대체적으로 같다. 구봉은 리 없는 기가 없으며, 기 없는 리가 없다고 주장하여 이 세계의 모든 것들이 모두 리기의 합으로 이루어 졌음을 강조한다.53) 그리고 리기의 동정 문제에 대해서는 "움직이지 않고, 고요하지도 않으면서, 움직이고 고요함을 포함하는 것은 태극이며, 움직이고, 고요함의 두 끝이 순환하여 그치지 않는 것은 기라 하였다. 대개 움직이고 고요한 것은 기이고, 움직이고 고요하도록 하는 소이가 태극이다."54)라고 하여 리기의 합을 강조함과 동시에 작용하는 것은 오직 기 일 뿐이며, 기 작용의 소이연이 바로 리라고

---

51) 『栗谷全書』(Ⅰ), 卷10, 「答成浩原」: 非氣則不能發, 非理則無所發.

52) 「沙溪遺稿」, 卷10, 「語錄」: 栗谷以爲四端固亦隨氣而發, 然不爲氣所掩而直邃者, 故謂之理之發, 七情固亦理乘之, 然或不免爲氣所掩, 故謂之氣之發.

53) 『龜峯集』, 卷3, 「太極問」: 理之與氣, 非彼無我, 非我無所取, 所謂二而——而二者也. 彼之動靜, 卽我之動靜也, 動則動靜則靜, 何嘗少離.

54) 『龜峯集』, 卷3, 「太極問」: 不動不靜, 而含動靜者, 太極也, 動靜兩端之循環不已者, 氣也. 蓋動靜者, 氣也, 所以動靜者, 太極也.

주장한다.55) 따라서 구봉의 '리기지발'은 리기불상리를 강조하고, 율곡과 마찬가지로 발하는 것은 기, 발하게 하는 소이는 리이기에 그의 리기관에 따라 인간의 마음 발현 현상 역시 리와 기의 합으로 이루어지고 있음을 강조하기 위한 표현이라 생각된다. 물론 이때 발하는 것은 기(氣)임은 당연하다. 따라서 구봉 역시 퇴계의 리기호발에 대해 직접 언급하며 비판하는 대목은 없지만 그의 리기관에 따르면 사단은 리발, 칠정은 기발이라는 호발이 성립된다는 것을 수용할 수 없다.

또한 "사단은 발어리, 칠정은 발어기"에 대해 비판하며, 사단과 칠정 모두 '리기지발'이라고 한 것의 의미는 리기가 서로 떨어질 수 없는 가운데 사단은 리 일변, 즉 선일변(善一邊)이므로 리가 발현된 것이지만, 칠정은 선과 악을 모두 포함하고 있는 것이기에 기의 발현이라고만 할 수 없다는 것이다. 즉 칠정 중에 리가 발현된 것이 사단이며, 기가 리를 가려 발현된 것이 악이 되는 것으로 칠정 그 자체를 기에서 발현된 것으로만 볼 수 없다는 의미이다. 그래서 곧이어 구봉이 칠정은 리기를 겸한 것이라고 말한 것이다. 따라서 율곡의 '기발리승'과 구봉의 '리기지발'은 서로 다른 언어상의 표현일 뿐 동일한 것으로 파악할 수 있으며, 율곡이 '리발'을 부정하였기에 이것을 구봉과의 차이점이라 하지만 구봉이나 율곡 모두 '소발'로서 '리발'을 말하고 있음을 확인할 수 있다.56)

이러한 논의를 기본으로 구봉의 문인들에게서 사단칠정에 관한 논의가 어떻게 이루어지고 있는지 확인해보자.

먼저 사계도 사단과 칠정이 별개의 정이 아님을 주장한다. 그는 맹자

---

55) 김창경, 「龜峰 宋翼弼의 道學思想 硏究」, 충남대학교 대학원 박사학위 논문, 2011, 37~42쪽 참조.
56) 김현수, 「畿湖禮學의 形成과 學風 -栗谷·龜峯의 特徵과 傳承을 중심으로-」, 『유학연구』, 제25집, 충남대학교 유학연구소, 2011, 83쪽 참조.

가 사단을 말한 것은 당시 사람들이 성이 악한 줄만 알고 선하다는 것을 몰랐기 때문에 칠정 가운데 정의 선한 것만을 뽑아내어 사단이라 하여 당시 사람들을 깨우쳐 주려 했다는 것이다.[57] 그래서 사계는 "오성 밖에 다른 성이 없고, 칠정 밖에 다른 정이 없다. 맹자가 칠정 가운데 선한 정만을 뽑아서 사단이라 한 것이지, 칠정 밖에 별도로 사단이 있다는 것은 아니다."[58]라고 말한다. 이와 같이 기본적으로 구봉의 '칠정포사단 (七情包四端)'의 입장을 따르고 있으며, 더 나아가 사계는 주로 퇴계의 '리기호발'에 대한 비판적 입장을 통해 사단칠정론을 전개한다.

사단칠정이 과연 두 가지 정이며 리기가 과연 서로 발하는 것인가?······ 율곡이 "정의 발에서 발하는 것은 氣이며, 발하는 소이는 리이다. 기가 아니면 발할 수 없고 리가 아니면 발할 근거가 없다"라고 말하였다. 대개 리기는 혼융하여 원래 서로 떨어지지 아니하나, 만일 분리하고 결합하는 것이 있으면 動靜에 단서가 있게 되고, 陰陽에 시작이 있게 된다. 리는 태극이고 기는 음양이다. 이제 말하기를 태극과 음양이 서로 움직인다고 하며 말이 되지 않는다. 태극음양이 서로 움직이는 것이 불가능한 것인데 그렇다면 리기가 서로 발한다는 것이 어찌 잘못이 아닌가?[59]

---

57) 『沙溪遺稿』, 卷3, 「答金巘」: 孟子之時, 人只知性之爲惡, 而不知性之善. 故孟子剔出七情中情之善者, 目之以四端, 以曉時之人.

58) 『沙溪遺稿』, 卷5, 「四端七情辨·示韓士仰」: 五性之外無他性, 七情之外無他情. 孟子於七情中剔出善情, 目爲四端, 非七情之外別有四端也.

59) 『沙溪遺稿』, 卷5, 「四端七情辨·示韓士仰」: 四端七情果是二情, 而理氣果可互發乎. ······ 栗谷曰凡情之發也, 發之者氣也, 所以發者理也. 非氣則不能發, 非理則無所發. 蓋理氣混融, 元不相離. 若有離合, 則動靜有端, 陰陽有始也. 理者太極也, 氣者陰陽也. 今曰太極與陰陽互動, 則不成說話. 太極陰陽不能互動, 則謂理氣互發, 豈不謬哉.

여기에서 사계는 기호학파에서 특히 강조하는 리기불상리의 입장을 받아들여 리와 기를 바라보고 있음을 알 수 있다. 따라서 리와 기는 본래부터 떨어져 있을 수 없는 관계이며, 이 관계 속에서 발하는 것은 기, 발하는 소이는 리이기에 리기호발은 성립할 수 없다. 그러므로 사단칠정 모두 기발리승만이 옳다는 것이 사계의 주장이다. 또한 사계가 기발만을 인정하는 것은 리는 무위하고 기는 유위한 것이기 때문이다.[60]

결론적으로 사계의 사단칠정론은 구봉과 마찬가지로 칠정 중 선일변(善一邊)을 가리켜 사단이라 할 수 있을 뿐 사단 역시 칠정 안에 포함되는 '칠정포사단'의 입장을 그대로 계승하고 있으며, 리기호발을 비판하고 사단칠정 모두 기발임을 분명히 한다.

또 다른 문인인 수몽의 사단칠정론은 구암(久菴) 한백겸(韓百謙, 1552~1615)에게 답한 편지에 자세히 기록되어 있는데, 구암은 퇴계의 설을 긍정할 뿐 아니라[61], 주자의 뜻에 부합되며 후학에게 준 혜택이 크다고 평가한다.[62] 따라서 구암에게 보낸 편지를 통해서 사단칠정론에 관한 수몽의 입장이 어떠한지를 명확하게 파악할 수 있다.

수몽은 사단이란 칠정 중 선일변을 말한 것이며, 칠정에 포함되는 것으로 파악한다. 아울러 칠정포사단은 확실하기에 절대로 바뀔 수 없는 논의라고 강하게 주장한다.[63] 따라서 사계와 마찬가지로 '칠정포사단'의 입장을 계승하고 있음을 확인할 수 있다.

또한 수몽 역시 발하는 것은 기(氣), 발하는 소이는 리(理)[64]임을 주

---

60) 『沙溪全書』(Ⅱ), 卷17, 「近思錄釋疑」: 理無爲而氣有爲, 氣發而理乘.

61) 『九菴遺稿』(上), 「四端七情說」: 以形氣之發而謂之七情, 以義理之發而謂之四端.

62) 『九菴遺稿』(上), 「四端七情說」: 惟退溪理發氣發之說, 與朱子千載相符, 其惠後學大矣.

63) 『守夢集』, 卷8, 「答韓鳴吉書」: 七情之外別有四端, 此的確之見, 不易之論也.

64) 『守夢集』, 卷8, 「答韓鳴吉書」: 發之者氣也, 所以發者理也.

장하기에 퇴계의 리기호발에 대해 비판한다.

> 율곡이 말한 칠정 중 形氣의 사사로움이라는 것은 耳目口鼻를 가리킨
> 것이다. 이목구비는 감응하는 대상이 비록 다양하나 감응하는 것은 마
> 음이다. 만약 칠정을 五臟이 발하는 것으로 삼으면, 말이 되지 않는다.
> …… 사단을 인의예지가 발하는 것으로 하고, 칠정을 오장이 발하는
> 것으로 삼는다는 것과 같은 형의 말은 칠정이 사단과 분리되어 다섯
> 가지 곳에서 발하는 것이 되어버린다.65)

구암은 인의예지가 발한 것을 사단, 오장(五臟: 肝, 心臟, 肺, 腎臟, 脾)
이 발한 것을 칠정으로 구분하는데66) 퇴계의 리기호발과 같이 사단과
칠정이 각각 따로 발하는 것으로 파악한다. 이에 대해 수몽은 율곡의 본
의는 형기(形氣)의 사사로움이란 칠정이 이목구비의 형기에서 발한다는
것이 아니라 발하는 과정에서 개입된 이목구비의 사사로움을 지칭하는
것이라고 설명한다.

수몽은 "퇴계의 이발기발론(理發氣發說)은 비록 주자가 논한 것에 근
원하나, 펼쳐놓은 것에 덧붙여 말한 것으로 의미가 미진하다. 이발기수
지(理發氣隨之)에 이르러서는 후학들이 더욱 의심하기에 이르렀다."67)

---

65) 『守夢集』, 卷8, 「答韓百謙書」: 古人所謂七情中形氣之私者, 指耳目口鼻而言也. 耳目口
　　鼻, 所感雖殊, 而感之者心也. 若以七情爲五臟所發, 則恐不成說話也. …… 四端爲仁義禮
　　智之發, 以七情爲五臟之發, 若如兄說, 則是七情離四端而所發有五處也.

66) 『九庵遺稿』(上), 「四端七情說」: 仁之發爲惻隱, 禮之發爲辭讓, 義之發爲羞惡, 智之發爲
　　是非, 而信實乎其中矣. 肝之發爲喜爲愛, 心之發爲樂, 肺之發爲怒爲惡, 腎之發爲哀爲欲,
　　脾思乎其間矣. 四端七情, 相爲經緯, 無一毫參差, 妙矣.

67) 『守夢集』, 卷8, 「答韓百謙書」: 退溪理發氣發之說, 雖原於晦菴之論, 而轉展添語, 語意未
　　瑩. 至於理發氣隨之語, 則尤致後學之疑.

라고 평가한다. 이를 통해 본다면 수몽 역시 사계와 마찬가지로 '칠정포사단', '기발이승'을 충실히 계승함과 동시에 퇴계의 이기호발(理氣互發)에 대해 비판적 입장을 통해 자신의 사단칠정론을 형성하고 있음을 알수 있다. 그리고 퇴계와 사단칠정에 관해 긴 논쟁을 펼친 고봉(高峯)에 대해서도 "이치만을 본다면, 고봉의 의견이 명백, 명쾌하다."[68]고 말함으로써, 퇴계의 리기호발에 반대함을 명확하게 제시한다.

결론적으로 사계, 수몽의 사단칠정론은 구봉은 물론 율곡의 이론을 계승함과 동시에 특히 퇴계의 리기호발에 대한 비판을 통해 사단칠정론을 형성하고 있다는 것을 알 수 있다. 물론 사계와 수몽이 사단칠정론을 전개하는 과정에서 그들 주장의 정당성을 주로 율곡의 입론에 근거하고 있기에 구봉에 관한 논의가 이들에게서 직접적으로 언급되고 있지는 않다. 하지만 앞서 살펴보았듯이 구봉의 사단칠정론은 율곡과 같은 의견을 가지고 있었을 뿐 아니라, '리기지발'과 '기발리승'은 언어적 표현을 다르게 사용할 뿐 같은 의미를 담고 있다고 볼 수 있다. 뿐만 아니라, 만약 구봉의 '리기지발'이 율곡의 '기발리승'과 차이점이 있다면, 사계를 비롯한 문인들에게서 의문 혹은 반대의 의견이 언급 되어야 하지만 그어디에서도 구봉의 사단칠정론에 대해 비판하는 글은 보이지 않는다. 오히려 사계는 우계와 율곡의 사단칠정론을 평가하며 "사단칠정설은 율곡이 우계에게 보낸 편지가 무려 1만여 글자나 되며 지극히 분명하다."[69]라고 말한다. 이는 구봉과 율곡을 계승하는 사계의 사단칠정론과 우계의 사단칠정론이 다른 체계를 가지고 있다는 반증이기도 하다.

따라서 사계, 수몽 등 기호성리학 계승 1세대 학자들은 비록 자신들

---

68) 『守夢集』, 卷8, 「答韓百謙書」: 惟理是視, 以高峯所見, 爲明白直截.

69) 『沙溪遺稿』, 卷3, 「答金轂」: 四七之說, 栗谷與牛溪書, 無慮萬餘言, 極分明.

의 입론 근거를 주로 율곡의 설을 통해 제시하고 있지만 구봉의 사단칠 정론 역시 공통적으로 계승하고 있음을 확인할 수 있다.

2) 인심도심

기존의 선행 연구에 의하면 인심도심론에서 구봉과 율곡이 서로 차이가 난 것으로 파악한다.[70] 이는 구봉이 사계에게 율곡의 인심도심론을 매우 미진하다고 평가할 뿐만 아니라, 율곡이 우계와의 논쟁에서 인심의 도심화, 도심의 인심화를 주장한 것에 대해서도 잘 못된 것이라고 비판하고 있기 때문이다. 하지만 필자가 판단하기에 구봉과 율곡의 '인심도심론'은 차이가 아닌 결국 합일되는 것이며, '인심도심론'에 한정한다면 율곡 뿐 아니라, 사계 모두 구봉의 인심도심론에 영향을 받은 것으로 볼 수 있다.

먼저 구봉이 인심과 도심을 어떻게 설명하고 있는지 살펴보자.

> 두 가지(인심도심)는 단지 하나의 마음에서 발한 것으로 섞여 있다고 말한다. 聲色臭味에 의해 행한 것을 인심이라 하고, 인의예지에서 나오는 것을 도심이라고 한다. 능히 마음을 다스리면 公이 私를 이겨 도심이 주재하게 되고, 능히 이 마음을 다스리지 못하면 사가 공을 이겨 인심이 주재하게 되면, 변하여 인욕이 되면 금할 수 가 없게 된다. … 또 그대는 숙헌(율곡)이 인심에서 발하여 도심으로 된다는 말을 가하다고 하였는데, 그것 또한 불가하다. 인심 또한 성현도 당연히 있는 마음인데 어찌 반드시 변하여 도심이 되어야 하는가? 그렇다면 성인에게는 인심이 없다는 것인가?[71]

---

70) 김창경, 「龜峰 宋翼弼의 道學思想 研究」, 충남대학교 대학원 박사학위 논문, 2011.

구봉의 인심도심론은 심은 하나이지만, 무엇을 주로 하여 발하였느냐에 따라 인심과 도심으로 구분된다는 것이다. 즉 형기(形氣)를 위한 것은 인심이며, 성명(性命)을 위한 것은 도심이라고 하는 율곡의 인심도심론과 기본적인 관점과 동일하다.

사계도 기본적인 관점에서는 구봉과 동일하다. 즉, 인심과 도심의 구분은 심에 마치 두 가지가 있는 것이 아니라 발하는 것에 무엇을 주로했느냐에 따른 구분이라고 주장한다.

> 마음은 하나이지 어떻게 두 가지가 있겠는가? 단지 주로 하여 발하는
> 것에 이름만이 있을 뿐이다. 그러므로 주자가 "위태로움은 인욕의 싹
> 이며 은미한 것은 천리의 오묘함이니 마음은 하나이다"라고 말하였다.
> 옳음과 옳지 않음에 따라서 그 이름이 달라지는 것이다. 道를 하나의
> 마음으로 하고, 人을 하나의 마음으로 하는 것이 아니다. 이 말로 보자
> 면 마음은 두 가지가 아닌 것을 알 수 있다.72)

사계 역시 심은 하나이나, 주로 하여 발하는 것에 따라 인심과 도심이 구분이 있을 뿐임을 말한다. 그리고 사계는 도심은 은미한 것이기에 수양을 함으로써 도심을 확충함과 동시에 인심은 도심의 명령에 따라야 함을 강조한다.73)

---

71) 『龜峯集』, 卷4, 「答希元心經問目書」: 二者, 只一心之發, 故謂之雜. 聲色臭味之爲, 謂之人心, 仁義禮智之出, 謂之道心, 能治則公勝私而道心爲主, 不能治則私勝公而人心爲主, 轉爲人慾而莫之禁焉.

72) 『沙溪全書』(Ⅱ), 卷17, 「近思錄釋疑」: 心一也, 豈有二乎. 特以所主而發者有名耳. 故朱子曰, 危者人欲之萌也, 微者天理之奧也, 心則一也. 以正不正而異其名耳. 非以道爲一心. 觀此言則心之非二, 可知矣.

73) 『沙溪全書』(Ⅰ), 卷2, 「上龜峯宋先生書」: 道心惟微, 朱子曰微妙而難見, 栗谷先生云, 惟理

하지만 사계는 율곡의 인심도심종시설에 대해 의문을 제기한다. 인심도심종시는 인간의 노력에 따라 인심이 도심으로, 도심이 인심으로 전환될 수 있는 가변적인 것으로 우계와의 논쟁 과정에서 제출된 것이다.74) 이에 대해 사계는 구봉에게 인심도심종시설에 대한 자신의 의문을 제기한다.

"인심에서 발하였다가 도심이 되는 것이 있고, 도심에서 발하였다가 인심이 되는 것이 있다"라고 말하였으니, "인심에서 발하였다가 도심이 되었다"는 것은 옳지만, "도심에서 발하였다가 인심이 되었다"는 것은 온당치 못한 듯합니다. 만일 도심이 변하여 인심이 된다면 이는 곧 인욕이 되는 것인데, 모르겠지만 어떻습니까?75)

여기에서 사계는 인간의 수양에 따라 인심에서 도심으로의 전환에 대해서는 긍정하지만, 도심에서 발한 것이 인심으로 전환될 수 있는 것에 대해서는 의문을 제기하고 있다. 이에 대해 구봉은 "그대는 숙헌(율곡)이 인심에서 발하여 도심으로 된다는 말을 가하다고 하였는데, 그것 또한 불가하다. 인심 또한 성현도 당연히 있는 마음인데 어찌 반드시 변하여 도심이 되어야 하는가? 그렇다면 성인에게는 인심이 없다는 것인

無聲臭可言, 微而難見. 故曰微. 譬如此遠山, 本微而難見. 目暗人見之, 則微而惟微. 明者見之則微者著. 愚見, 則道心之發, 如火始然如泉始達. 所發. 者小, 故而難見. 不知所以治之, 則微者愈微, 使人心常聽命於道心, 則微者著. 所謂擴而充之也.

74) 『栗谷全書』(Ⅰ), 卷9, 「答成浩原」: 今人之心, 直出於性命之正, 而或不能順而一逐之, 閒之以私意, 則是始以道心, 而終以人心也. 或出於形氣, 而不咈乎正理, 則固不違於道心矣. 或咈乎正理, 而知非制伏, 不從其欲, 則是始以人心, 而終以道心也.

75) 『沙溪全書』(Ⅰ), 卷2, 「上龜峯宋先生」: 有發於人心而爲道心者, 有發者道心而爲人心者云云, 發於人心而爲道心則可. 發於道心而爲人心則似未穩. 若以道心而轉爲人心, 則卽爲人慾也. 未知如何.

가?"76)라고 말하였다. 즉, 구봉은 인심을 곧 인욕으로 여기지 않았는데 그 이유는 인심은 성인 역시 가지고 있는 것으로 부정적으로만 생각할 수 없다는 것이다. 따라서 인심이 도심의 주재를 받지 않으면 인욕이 되는 것이므로 인심은 도심의 주재를 받게 해야 하는 것이다. 뿐만 아니라, 구봉은 인심으로 발하였다가 도심이 된다는 것 자체도 비판한다.

하지만 이에 대한 의문은 사계가 율곡의 언어 사용에 대한 단순 의문을 제기한 것일 뿐이다. 즉,『근사록석의』,『경서변의』을 통해 본다면 충실하게 율곡, 구봉의 인심도심론을 계승하고 있다.77) 이는 율곡과 구봉의 인심도심론이 동일한 것임을 전제하고 있다는 것이기도 하며, 오히려 인심도심론에 한정해서는 율곡이 구봉의 영향을 받은 것으로도 볼 수 있다. 그 이유는 무엇인가?

이것은 율곡의 인심도심론에 대한 최종적인 입장인「인심도심도설(人心道心圖說)」의 내용을 보면 그 해답을 찾을 수 있는데, 율곡의 인심도심론은 우계와의 논쟁 과정에서 제출된 내용이 1582년 선조에게 제진한「인심도심도설」에서는 입장이 전환되는 것을 확인할 수 있다.78)

율곡은「인심도심도설」에서 도심은 천리, 선, 인심은 천리와 인욕이 공존해 있지만 인심은 언제든지 인욕으로 흐를 가능성이 농후한 것이기에 인심은 항상 도심의 명령에 따라 인심이 도심에 합일해야 함을 주장

---

76)『龜峯集』, 卷4,「答希元心經問目書」: 賢以叔獻之發於人心而爲道心之說爲可云, 亦不可. 人心, 亦聖賢合有底心, 何必變爲道心也, 然則聖人無人心耶

77) 최일범,「沙溪 金長生의 人心道心說에 관한 연구」,『유교사상문화연구』, 제19집, 한국유교학회, 2003; 김현수,「畿湖禮學의 形成과 學風 –栗谷·龜峯의 特徵과 傳承을 중심으로–」,『유학연구』, 제25집, 충남대학교 유학연구소, 2011 참조.

78) 리기용은 1582년 왕에게 제진한「인심도심도설」이 율곡의 만년정론이라고 주장한다. 리기용,「栗谷 李珥의 人心道心論 硏究」, 연세대학교 대학원 박사학위 논문, 1995 참조.

한다.79) 즉 율곡은 도심에는 천리, 선만 있으며, 인심에는 천리(善)와 인욕(惡)이 있다는 관점을 명확하게 제시하여, 수양을 하지 않으면 인욕으로 흐를 가능성이 있는 인심을 어떻게 하면 도심으로써 절제하고 합일 시킬 수 있는지에 대한 것이었다. 따라서 「인심도심도설」에서는 인심도심종시설에 대한 언급은 나오지 않으며 인심이 도심에 합일되도록 노력해야 한다는 관점만을 제시한다. 따라서 율곡의 최종 입장은 인욕으로 흐를 가능성이 있는 인심을 어떻게 하면 도심과 합일 시킬 수 있는지에 대한 관점으로 옮겨갔음을 의미한 것으로 볼 수 있다. 이를 통해 본다면 율곡의 인심도심론은 우계와의 논쟁 과정에서 제출한 것과 최종적인 입장에는 분명히 차이가 있음을 알 수 있다. 이와 관련하여 인심도심론에 대한 율곡의 만년정론과 구봉의 인심도심론은 결국 인심을 인욕시 여기지 않았다는 점, 그리고 율곡이 도심의 인심화, 인심의 도심화에 대한 언급을 하고 있지 않고, 인심이 인욕으로 흐르지 않도록 도심의 주재를 받게 해야 한다는 수양의 문제에 대해 주장하는 점을 본다면 결국 구봉의 인심도심론과 의견을 같이 한다고 볼 수 있다.

따라서 사계는 율곡이 1572년 우계와의 서신에서 제시한 인심도심종시설만을 보고 판단하여 구봉에게 질문한 것이다. 이는 구봉과 사계사이에 오간 편지는 1580년이며, 「인심도심도설」은 2년 후인 1582년에 율곡이 제진(製進)했기 때문이다. 또한 사계는 구봉에게 보낸 편지에서의 의문 이후 그 어디에서도 율곡의 인심도심종시설에 대해 언급하고 있지

---

79) 『栗谷全書』(Ⅰ), 卷14, 「人心道心圖說」, 道心, 純是天理, 故有善而無惡. 人心, 也有天理, 也有人欲, 故有善有惡. 如當食而食, 當衣而衣, 聖賢所不免, 此則天理也. 因食色之念而流而爲惡者, 此則人欲也, 道心, 只可守之而已, 人心, 易流於人欲, 故雖善亦危. 治心者, 於一念之發, 知其爲道心, 則擴而充之, 知其爲人心, 則精而察之, 必以道心節制, 而人心常聽命於道心, 則人心亦爲道心矣.

않다.[80] 따라서 사계가 구봉에게 질문 한 것은 단순히 자신의 의문점을 물어본 것 일 뿐이다.

이를 통해 본다면 구봉이 인심도심의 상호 가변적인 측면보다는 도심은 확충하고 인욕으로 흐를 가능성이 있는 인심은 항상 도심이 주재해야 한다고 강조한 점이 율곡의 「인심도심도설」에서 제시되고 있는 측면[81]을 본다면 구봉의 논의는 매우 의미 있는 작업이라 할 수 있다. 왜냐하면 구봉은 시종일관 자신의 인심도심론을 유지하고 있었으며, 이러한 입장은 오히려 율곡에게 영향을 미친 것일 뿐 아니라 사계에게도 그대로 계승되어 인심이 항상 도심의 명령을 듣도록 노력해야 한다는 수양론적 측면을 강조하여 전개하고 있기 때문이다.

다음으로 수몽의 인심도심론에 대해 살펴보자. 먼저 사단칠정과 인심도심의 관계에 대해 칠정은 선과 악이 모두 포함되어 있는 것이기에 사단을 도심이라 할 수 있지만 퇴계와 같이 칠정을 인심이라 한다면 칠정과 별도로 사단이 존재하게 되므로 칠정에는 인심과 도심이 모두 포함되어 있음을 주장한다.[82] 아울러 수몽 은 인심과 도심에 대해 의리(義理)와 형기(形氣), 공(公)과 사(私)로 나누어 구분할 수 있지만, 모두 리(理)에서 근원하며, 발하는 것은 기(氣)라고 말한다.[83] 즉, 수몽은 인심과 도심의 구분은 무엇을 주로 하였느냐에 따른 구분일 뿐 인심도심 모

---

80) 최일범, 「沙溪 金長生의 人心道心說에 관한 연구」, 『유교사상문화연구』, 제19집, 한국유교학회, 2003, 331쪽 참조.

81) 김현수, 「畿湖禮學의 形成과 學風 —栗谷·龜峯의 特徵과 傳承을 중심으로—」, 『유학연구』, 제25집, 충남대학교 유학연구소, 2011, 90쪽 참조.

82) 『守夢集』, 卷8, 「答韓鳴吉書」: 四端謂之道心則可也, 七情只可謂之人心乎. 若全以七情爲人心, 則四端別爲四端而不在七情中耶.

83) 『守夢集』, 卷8, 「答韓百謙書」: 人心道心者, 就心之知覺上, 拈出義理形氣之公私而分言之耳. 人心雖是形氣之私, 而實原於理, 道心雖是義理之公, 而發之者氣也.

두 기발임을 주장한다.

하지만 수몽은 율곡의 인심도심론에 대해 의문점이 있었던 것으로
보인다.

> 율곡은 도심이 발하는 것은 기, 인심의 근원은 리라고 말했는데, 인심
> 도심에서 '發字', '原字'는 不穩한 것 같이 보입니다. 그리고 '原人心'의
> '原'자는 더욱 그럴 수 있습니다. 율곡이 製進한 「人心道心說」은 말 사
> 이에 자못 의심할 만 것이 있을 수 있습니다.84)

즉, 수몽은 "도심이 발하는 것은 기, 인심의 근원은 리"라는 말에는 의
문점이 있다는 것이다. 이는 율곡이 인심도심을 설명하면서 '도심이 발
하는 것은 기'라는 주장과는 맞지 않는 부분이 있었기 때문인 것으로 보
인다. 예를 들어 "발하는 것은 기이고 발하는 소이는 이이다. 발하는 것
이 곧바로 정리(正理)에서 나오고 기가 용사(用事)하지 않았다면 이는
도심이고 발할 즈음에 기가 이미 용사하였다면 인심이다."85)라는 율곡
의 주장은 인심은 기가 용사한 것, 도심은 기가 용사하지 않는 것이라
볼 수 있다. 그렇다면 '도심이 발하는 것은 기'라는 율곡의 주장에서 본
다면 우계와의 서신에서 설명하는 도심과는 모순이 된다. 왜냐하면 도
심은 기발이어야 하는데 도심은 기가 용사하지 않는다고 말하기 때문이
다. 즉, 율곡이 인심도심을 설명하면서 '도심이 발하는 것은 기'라고 하
였는데 이와 같은 또 다른 설명을 통해 본다면 도심은 기와는 전혀 상관

---

84) 『守夢集』, 卷8, 「答韓百謙書」, 栗谷所謂發道心者氣也, 原人心者理也, 下發字原字於道心人
　　心上, 俱似不穩, 而原人心之原字尤不穩. 其所製進人心道心說, 辭語之間, 頗有所可疑者.
85) 『栗谷全書』(Ⅰ), 卷9, 「答成浩原」, 發者氣也, 所以發者理也. 其發直出於正理而氣不用事
　　則道心也, 發之際, 氣已用事則人心也.

이 없는 것처럼 주장을 하였기 때문이다. 이는 율곡이 인심도심을 설명하면서 사용하는 기(氣) 개념, 특히 '발하는 것은 기'에서의 '기'와 '기(不)용사'에서의 '기' 개념 차이를 명확하게 하지 않음으로써 수몽 뿐 아니라, 당시 학자들이 율곡의 인심도심론에 많은 의문을 가지고 있었던 것으로 보인다.86) 이에 대해 수몽이 의견을 제시한 부분을 찾아 볼 수는 없지만, 율곡이 사용한 '기' 개념87)과 관련하여 우암, 구천(龜川) 이세필(李世弼, 1642~1718), 명재(明齋) 윤증(尹拯, 1629~1714)사이에서 논쟁88)이 있었음을 보면 수몽은 이보다 앞서 이에 대한 문제의식을 갖고 있었으며, 논쟁의 계기를 마련하였다고도 볼 수 있다.

또한 수몽은 구암이 '발하는 것은 기, 발하는 소이는 리'라는 주장은 리가 소이연(所以然)으로서의 역할에만 그칠 뿐, 당위적 법칙인 소당연(所當然)으로서 역할은 전혀 이루어 질 수 없다고 비판하였다. 이에 대해 수몽은 "발하는 것은 기, 발하는 소이는 리이다. 소이연지리(所以然之理)는 일찍이 이미 마음이 유행(流行)하여 통하지 않음이 없다는 것이 율곡의 뜻으로 리기를 전후(未發과 已發)로 나누어, 이미 발한 후에 리가 주관하지 못한다는 것이 아니다. …… 고인(율곡)은 리기를 논하시면서

---

86) 임원빈, 「栗谷의 人心道心說」, 『연세철학』, 제2집, 1991, 63~64쪽 참조.

87) 수몽을 비롯한 당시 학자들이 율곡의 인심도심론에 대해 의문이 드는 이유는 무엇보다도 퇴계의 리기호발을 비판하는데 중점을 둔 그의 성리설에 기인한다고 판단한다. 즉, 율곡은 사단칠정과 마찬가지로 인심도심에 대해 존재론적인 차원의 분석에만 치중함으로써 그가 사용한 개념들이 혼동을 느끼게 만드는 경우가 발생하게 된 것이다. 하지만 이러한 수몽의 의문은 율곡 성리학에서 '기발의 기'와 '기용사의 기'의 개념 차이를 분석한다면 의문이 해소될 수 있다. 즉, '기발의 기'는 존재론적 차원에서 '기용사의 기'는 가치론적 차원으로 구분 지을 수 있다. 즉, 율곡이 '기'에 대해 명확한 개념을 설명하지 않음으로서 오는 혼란이다. 이는 수몽이 율곡의 인심도심론을 잘 이해하지 못한 이유이기도 하다.

88) 자세한 논의는 이선열, 「17세기 율곡학파의 인심도심논변 –이세필, 우암, 윤증의 '기용사(氣用事)' 논변을 중심으로–」, 『동양철학연구』, 제57집, 동양철학연구회, 2009를 참고.

필히 말하기를 발하는 것은 기이고, 발하게 하는 소이는 리라고 했다. 이것은 모두 리를 움직이기 전의 하나의 물(物)로만 삼은 것일 뿐 이발 후에 리가 그 위에 존재하지 않는 것이라고 말한 것인가?"[89] 라고 반문한다. 이것은 율곡이 말한 '이통기국(理通氣局)'에서 '리통(理通)'[90]을 통해 반박하고 있는 것이다. '리통'의 궁극적인 목적은 '리통'으로 선의 본체는 항상 존재하는 것이며, 또한 주재자로서의 리의 역할 역시 변함이 없음을 강조하는 것이다.[91] 즉, 수몽은 리의 역할을 등한시 했다는 비판에 대해서는 '리통'의 근거를 들어 이를 반박하고 있는데, 구봉 역시 '리통'이라는 구체적인 용어를 표현하여 제시하지만 않을 뿐 율곡과 동일하게 설명하고 있다.[92]

결론적으로 수몽은 구봉과 율곡이 제시한 기본적인 인심도심론에 대한 관점을 계승하고 있음을 알 수 있으며, 리의 역할에 대한 구암의 비판에 대해 구봉과 율곡이 제시한 '리통'을 설명하며 재반박하고 있다. 따라서 이러한 점들을 본다면 수몽이 구체적인 언급을 하지는 않지만

---

89) 『守夢集』, 卷8, 「答韓百謙書」: 發之者氣也, 所以發者理也, 而所以發之理, 未嘗不貫通流行於已發之中. 此栗谷之意也, 非以理氣分前後, 而已發之後則理不相管云云也. …… 古人論理氣處, 必曰動者氣也, 所以動者理也,. 此皆以理爲動前之一物, 而旣動之後則理不在其上云耶.

90) 『栗谷全書』(Ⅰ), 卷10, 「答成浩原」: 理通者, 何謂也, 理者, 無本末也, 無先後也, 無本末無先後, 故未應不是先, 已應不是後. 程子說是故, 乘氣流行, 參差不齊, 而其本然之妙, 無乎不在. 氣之偏則理亦偏, 而所偏非理也. 氣也氣之全則理亦全, 而所全非理也氣也. 至於淸濁粹駁糟粕煨燼糞壤汚穢之中. 理無所不在, 各爲其性, 而其本然之妙, 則不害其自若也, 此之謂理之通也.

91) 장숙필, 「이이와 人心道心논쟁」, 『자료와 해설 한국의 철학사상』, 예문서원, 2001, 489쪽 참조.

92) 『龜峯集』, 卷3, 「太極問」: 爲萬爲一者, 氣也, 所以爲萬爲一而圓無欠缺者, 理也. 自氣看之, 雖有大小離合之別, 自理看之, 都無損益盈縮之分. … 千百其狀者, 氣也, 貫乎一者, 理也. 稟得氣之偏且塞者, 物也, 正且通者, 人也. 於通正之中, 又不能無淸濁之殊, 而同得仁義禮智之理, 故聖人設敎, 欲返其理. 問, 人具五行, 而物稟一行耶, 物亦具五行耶, 其異於人者, 何也.

구봉의 이론 역시 수용되고 있다는 것을 알 수 있다.

이상 사계와 수몽의 인심도심론을 살펴보았다. 사계와 수몽의 인심도심론 역시 자신들의 이론을 형성하는데 구체적인 입론 근거는 주로 율곡에게 두고 있으며, 율곡의 인심도심론을 중점적으로 다루고 있다. 이는 사단칠정론에 대한 논의와도 동일하게 전개된다. 하지만 인심도심론과 관련해서는 그 중심적 인물은 단연코 구봉이라 할 수 있다. 율곡이 우계와의 논변과정에서 주로 인심도심을 리기론적으로 분석하는데 치중하였다면, 구봉은 인심도심을 '치심(治心)'의 문제 즉, 수양론적으로 접근하였다. 그리고 구봉은 인심을 부정적인 것으로만 치부할 것이 아니라고 말한다. 즉, 성인도 인심을 가지고 있기에 항상 인심이 도심의 주재, 명령을 받도록 노력할 것을 강조한다. 따라서 구봉은 율곡과 같이 인심도심을 존재론적인 측면에 집중하여 전개하기 보다는 수양론적 접근을 통해 인심도심론을 전개한 것으로 볼 수 있다. 이러한 구봉의 인심도심론은 사계에게 그대로 계승될 뿐 아니라, 인심도심에 관한 율곡의 최종 입장이라 할 수 있는 「인심도심도설」에서 구봉과 동일한 입장을 제시하고 있다. 따라서 인심도심론에 한정해 볼 때 구봉의 이러한 관점은 제자인 사계 뿐 아니라, 율곡이 제진한 「인심도심도설」에도 그대로 반영되어 있는 것을 본다면 오히려 구봉의 인심도심론에 영향을 받아 형성된 것으로 평가되어야 한다.

4. 결론

기호성리학의 계승적 측면에서 구봉의 위상과 평가는 그의 신분 및 행적과의 관련성은 일단 논외로 하고 학문적인 측면에서는 보다 객관적인 접근이 이루어 져야 할 것이다. 특히 도우였던 율곡이 구봉의 학문에 대해 극찬을 하고, 동시에 우계에게 오직 구봉만이 자신의 의견과 합치되고 있다는 사실을 본다면 기호성리학의 계승적 측면에서 율곡 뿐 아니라, 구봉 역시 많은 역할을 한 것으로 평가할 수 있다. 다만 향후 기호성리학이 율곡의 '기발리승', '심시기' 등을 공통분모로 하여 이를 계승 발전시키기에 상대적으로 구봉의 성리학에 대해서는 논의가 제대로 이루어지지 않은 것으로 파악된다. 또한 그의 불우한 개인사와도 연결되어 기호학파 내에서 제대로 된 평가를 받지 못하였다.

따라서 이 논문에서는 당시 학계의 최대 쟁점이었으며, 기호학파의 성격을 가장 잘 드러내는 사단칠정, 인심도심을 중심으로 구봉의 대표적인 문인인 사계, 수몽을 통해 구봉 성리설에 대한 수용 양상을 살펴보았다. 하지만 그들이 이론을 전개하면서 직접적으로 구봉을 언급하고 있는 부분이 매우 미약함을 확인할 수 있다. 비록 사계, 수몽이 자신들의 사단칠정, 인심도심론에 대한 입론 근거를 주로 율곡의 이론을 중심으로 제시하고 있지만, 율곡과 구봉은 대체적으로 리기관에서 부터 사단칠정, 인심도심에 관해 서로 같은 의견을 공유하고 있었기에 이는 곧 구봉의 사단칠정, 인심도심 역시 수용되고 있다는 의미이다.

하지만 무엇보다도 율곡의 인심도심론이 우계와의 논쟁에서 '리기호발'을 비판하기 위해 주로 리기론적 해석에 주안점을 둔 반면에 구봉의 인심도심론은 '치심(治心)'의 문제에 주목한 것이 훗날 율곡의 입장을 변화시키는데 많은 영향을 끼쳤으며, 사계 역시 구봉의 인심도심론을 직접적으로 계승한다. 따라서 인심도심론에 있어서 구봉의 이론이 끼친 영향은 매우 크다고 볼 수 있다. 이러한 측면에서 본다면 기호성리학에서 율곡의 위상 못지않게 구봉의 역할 역시 다시 한 번 생각해 보아야 할 문제이다.

마지막으로 기호성리학에서 구봉 성리학의 독자성 혹은 우수성을 보다 명확하게 확인하기 위해서는 사단칠정, 인심도심론에 한정하지 않고, 그의 전체적인 성리학 구조를 보다 면밀하게 파악하여 율곡과는 어떠한 차이점이 있는지, 그리고 사계, 수몽 뿐 아니라, 다른 문인들의 자료 수집을 통해 어떻게 전개되고 있는지 확인하는 작업 역시 필요할 것이다. 즉, 후학들에 의해 구봉의 성리학을 특성화 시켜나가는 작업이 이루어졌는지 확인해야 한다는 것이다. 또한 구봉의 예학이 사계에게 지대한 영향을 끼친 점은 기존의 많은 선행 연구에 의해 밝혀졌듯이 예학[93] 뿐 아니라, 다른 분야 즉『근사록』과 관련하여 사계, 수몽이 저술한 『근사록석의』에 관한 보다 면밀한 분석이 이루어진다면 구봉의 학문적 영향력을 보다 명확하게 파악할 수 있을 것이다.[94]

---

93) 예학방면에서의 구봉의 위상은 한말까지도 이어지는데, 한말 대표적인 도학자인 省齋 柳重敎(1821~1893)는 예와 관련해서는 구봉을 주로 언급하며 입론 근거로 제시한다. 『省齋集』(Ⅰ), 卷10,『答朴弘庵』참조.

94) 사계의 연보에 의하면 구봉의 문하에 들어가면서『근사록』을 배우기 시작하였다고 기록되어 있으며, 사계의 문인들의 기록에도 사계가 구봉의 문하에 들어가서『근사록』을 배웠다는 것을 항상 명시한다. 하지만 수몽에게 자신이 저술한『근사록석의』의 교정을 부탁하면서 보낸 편지에는 약관의 나이가 지나서 처음 스승의 문하에서『근사록』을 배웠으며, 율곡이 죽어서『근사록석의』의 시비를 考訂할 방법이 없어 근심하고 있다는 내용이 기록되어 있다.『沙溪全書』(Ⅰ), 卷2,「與鄭時晦」. 약관의 나이는 20살 때로 이때는 율곡의 문하생이 된 해이기도 하며, 사계는 율곡이 세상을 떠나게 되어 자신의『근사록석의』에 대해 시비를 묻지 못함을 탄식하고 있다. 이렇듯 서로 엇갈린 기록들이 존재하는데 이에 대해서는 진전된 논의가 필요하다.

구봉 송익필의 수양론 연구[1]

진성수[2]

1. 이끄는 말

구봉(龜峰) 송익필(宋翼弼, 1534~1599)은 조선 전기~중기로 이어지는 명종~선조대에 활동한 인물이다. 16세기 조선은 권력체제의 분열과 갈등이 심화됨에 따라 사화(士禍)에 이어 붕당이 점차 강화되었다. 정치적 불안과 권력기반의 와해는 통치기반의 약화를 초래하고, 사회·경제

---

1) 이 논문은 2016년 6월 4일(토), 전북대 간재학연구소, 구봉문화학술원 공동주최 전라북
도, 전북은행 후원, 〈기호유학에서 구봉송익필사상의 위상과 수용〉학술대회에서 발표하였으며,『동양철학연구』제87집, 동양철학연구회, 2016에 게재한 논문이다.

2) 진성수, 전북대학교 교수

적 발전을 저해했다.[3] 당시는 정치적으로 훈구벌열(勳舊閥閱) 중심에서 사림(士林) 중심으로 관료정치가 전환하며 당론이 분열되어 동·서 당쟁이 시작된 시기이다. 학문적으로는 회재(晦齋) 이언적(李彦迪, 1491~1553)·화담(花潭) 서경덕(徐敬德, 1489~1546)을 계승한 퇴계(退溪) 이황(李滉, 1501~1570)·율곡(栗谷) 이이(李珥, 1536~1584)가 등장하여 이기심성론(理氣心性論)을 발전시키며 한국 성리학이 형성되었다. 또한 이학(理學)을 내실화하는 예학(禮學) 발전이 이루어지고, 문학적으로는 풍웅고화(豊雄高華)를 구가하는 목릉성제기(穆陵盛際期)였다.

구봉은 타고난 재질이 뛰어나고 분석이 정밀하여 늙어서도 학문에 정진하여 경학(經學)에 밝았으며, 언행(言行)이 방정(方正)하여 율곡과 우계(牛溪) 성혼(成渾, 1535~1598)의 외우(畏友)가 되었다.[4] 구봉의 학문은 경전에만 국한되지 않았다. 이는 "비망기(備忘記)에 이르기를, …… 군국(軍國)의 중대한 일을 감당할 만한 사람이 없게 되었으니, 서기(徐起)와 송익필을 군중(軍中)에 두어 군기(軍機)를 참찬(參贊)하게 해야 한다."[5]라는 기록을 통해서도 알 수 있다. 그러나 구봉은 불우한 가계사(家系史)로 인해 일찍이 출사(出仕)가 원천적으로 차단된 채 평생 학문에 매진한다. 특히 예학(禮學)과 제자교육에 집중했던 그는 김장생(金長生, 1548~1631)·김집(金集, 1574~1656)을 가르쳤으며, 정엽(鄭曄, 1563~1625)·서성(徐渻, 1558~1631)·강찬(姜燦, 1557~1603)·정홍명(鄭弘溟, 1582~1650)·김류(金瑬, 1571~1648) 등도 그의 문하생이었다.

---

3) 이태진, 『조선시대 정치사의 재조명』, 범조사, 1985, p.29 참조.

4) 宋翼弼, 『龜峯集』·「附錄·行狀」: 天資透悟, 剖析精微, 人所不及云者, 澤堂李公之言也. …… 到老勉書, 學邃經明, 行方言直, 牛栗皆作畏友.

5) 『朝鮮王朝實錄』·「宣祖實錄」 선조 21년(1588) 1월 5일 己丑: 備忘記曰 …… 又曰 士奇已死, 徐益又亡, 軍國重事, 無人可堪, 請以徐起宋翼弼, 置于軍中, 參贊軍機.

그리고 율곡 사후에는 기호학파(畿湖學派)의 중심인물로 지목될 정도로 학문적 위상이 높이 평가되었다.[6]

본 논문은 구봉 송익필의 수양론을 검토하기 위한 글이다. 개인사적으로 불행한 삶을 살았던 그가 과연 어떻게 자신에게 주어진 현실적 고난과 좌절을 극복하며 학문세계를 구축했는지, 이 과정에서 진유(眞儒)로서의 자세를 잃지 않기 위해 어떻게 자신을 수양했는지를 살펴볼 것이다. 이를 위해 먼저 유학의 이상과 전통적 선비관을 살펴보고, 조선조 선비들의 진유에 대한 논의를 정리할 것이다. 또한 불행한 가족사와 현실적 좌절을 극복하기 위한 구봉 자신의 노력을 통해 고난에 대한 선비의 태도와 내적 승화 과정을 검토할 것이다.

2. 유학의 이상(理想)과 선비

유학의 궁극적 목표는 수기치인(修己治人)이다. '수기'는 사회적 실현을 최종 목적으로 하며, '치인'은 개인수양에 근거할 때 진정한 의미가 있다. '수기'와 '치인'은 선비의 삶에서 불가분의 관계이다. 왜냐하면, 유학에서 개인수양과 사회적 실현이란 두 가지 과제는 선비의 기본 임무이자 사명이기 때문이다.

유학의 근본정신은 인(仁)이다. 인은 특정한 대상에 국한되지 않는 모

---

6) 구봉의 저술은 1622년 門弟인 沈宗直이 간행한 詩集 1권과 『雜著』 1권, 율곡 · 우계 등 知友間에 왕래한 『玄繩編』 上 · 下, 『禮問答』 1권, 『家禮註說』 3권 및 부록 합 10권을 사계의 6世孫 金相聖이 1762년에 간행했으며, 그 후에 『雲谷集』을 부록으로 하여 1910년 宋鐘弼이 재간행하였다. 자세한 내용은 南伯崔根德先生華甲紀念論叢刊行委員會, 『한국인물유학사』(2), 한길사, 1996, pp.707-726 참조.

든 존재에 대한 지극한 사랑을 의미한다. 그러나 유교의 인이 기독교의 사랑이나 불교의 자비(慈悲)와 구분되는 것은 기독교와 불교에 비해 '절제된 사랑과 자비'이기 때문이다. 영혼 구원과 열반 · 해탈을 위한 무조건적인 아가페(agape)와 자비가 아니라, 시비(是非) 분별과 엄격한 절차가 있는 사랑이다. 이처럼 절제된 사랑은 그 대상을 엄격히 구분한다. 그러나 유학은 궁극적으로 타인을 평가하고 구분하는 데에 힘을 쓰기보다는 자기성찰을 최우선하는 학문체계이다.[7]

유학에서는 인의 실현 대상으로서 '나'와 '너'를 구별한다. 나에 대한 사랑이 대자적(對自的) 사랑이라면, 대자적 사랑의 완성은 '내성(內聖, [修己])의 수양론'이라고 정의할 수 있다. 또한 너[타인]에 대한 사랑이 대타적(對他的) 사랑이라면, 대타적 사랑의 완성은 '외왕(外王, [安人])의 정치학'이라고 정의할 수 있다.[8] 이렇게 볼 때, 유학에서 말하는 거경함양(居敬涵養)은 단순히 객관적 현실을 외면하는 개인적 행위가 아니라 사회적 실천을 염두에 둔 내적 충실을 위한 필수불가결한 과정임을 알 수 있다. 박시제중(博施濟衆) 역시 궁극적으로는 대중 구제를 통해 진정한 자아(自我)를 완성하는 과정이다. 이처럼 유학은 '내성의 자기완성'과 '외왕의 세계평화'라는 성속(聖俗)[9]의 지향과 합일을 통한

---

7) 『論語』 · 「里仁」 : 子曰 惟仁者, 能好人, 能惡人.

8) 『論語』 · 「憲問」 : 子路問君子, 子曰 修己以敬. 曰如斯而已乎, 曰修己以安人. 曰如斯而已乎, 曰修己以安百姓, 修己以安百姓, 堯舜其猶病諸.

9) 聖俗의 개념으로 유교를 이해하는 하나의 견해로서 공자의 유교를 '聖스러운 주술적인 힘(magic power)'과 '세속적인 도덕주의'가 공존하는 이론으로 이해하는 입장도 있다.(Robert N. Bellah 지음, 노인숙 옮김, 『공자입니다 성스러운 속인』, 일선기획, 1990.) 한편 막스 베버는 유교의 본질을 단지 윤리에 불과한 것으로 보고, 이 윤리에 있어서 道는 印度의 'Dhamma[法]'에 해당하는 것으로 보았다. 따라서 유교는 오로지 현세적인 '俗人人倫(Laiensittlichkeit)'이며, 유교의 이론체계는 현세와 그 질서 · 관습에의 적응을 위한 교양있는 세속인이 되기 위한 정치적 準則과 사회적 禮儀凡節의 거대한 法典에 불과하다고 평가했다. 막스 베버 著, 이상률 譯, 『유교와 도교(문예출판사, 1991, pp.225-227)』

인(仁)의 실현을 강조한다. 이러한 맥락에서 『대학』의 8조목 중 격물(格物)·치지(致知)·성의(誠意)·정심(正心)·수신(修身)이 나의 성스러움을 위한 '내성(內聖)의 공부'라면, 제가(齊家)·치국(治國)·평천하(平天下)는 세속적 삶에서 '외왕(外王)의 실천'이라고 말할 수 있다.[10]

그러나 유학에서 인(仁)의 또 다른 특징은 "배우는 사람은 집에 들어가서는 효도하고, 나가서는 공경하며, 매사에 삼가고 미덥게 하며, 널리 사람들을 사랑하되 어진 사람과 친해야 한다. 이것을 행하고도 남은 힘이 있으면 글을 배운다."[11] 혹은 "내 집의 노인을 노인으로 섬긴 뒤 그 마음이 남의 집의 노인에게까지 미치고, 내 집의 어린이를 어린이로 사랑한 뒤 그 마음이 남의 집의 어린이에게까지 이른다."[12] 등으로 대표되는 선후의 구분이다. 이것은 "먼저 할 것과 나중에 할 것을 알면, 곧 도(道)에 가까워질 수 있다."[13]라는 논리로서 대자적 사랑을 통해 나를 완성할 때 비로소 타인에 대한 사랑도 가능하다는 의미로 이해할 수 있다. 이러한 유학의 이상인 인을 실현하는 주체가 바로 군자와 선비이다.

3. 조선조 선비의 길

조선의 유교지식인을 지칭하는 개념으로 유자(儒者), 사(士), 선비 등

참조.

10) 진성수, 「유교의 미래와 유교지식인의 역할」, 『유교사상연구』제31집, 한국유교학회, 2008, pp.57-59 참조.

11) 『論語』·「學而」: 子曰 弟子入則孝, 出則悌, 謹而信, 汎愛衆, 而親仁, 行有餘力, 則以學文.

12) 『孟子』·「梁惠王上」: 老吾老以及人之老, 幼吾幼以及人之幼.

13) 『大學』·「經1章」: 知所先後, 則近道矣.

이 있다. 조선 후기 실학자 연암(燕巖) 박지원(朴趾源, 1737~1805)은 양반(兩班)을 사족(士族)의 존칭으로 보고, 유학자로서 독서인을 사(士), 정치하는 사람을 대부(大夫), 덕을 갖춘 사람을 군자(君子)라고 정의했다.14) 조선조 선비들이 자신의 사회적 신분을 높이기 위한 주된 방법은 과거 급제나 학덕을 쌓아 천거 받는 것이었다. 따라서 유교를 국시(國是)로 하는 조선의 선비들은 유교경전에 대한 연구와 유교의 이상적 인격을 지향하는 내면수양에 전념할 수밖에 없었다.

조선 초기 선비들은 특정인의 문하에 들어가 인맥을 활용하여 국가시책의 쟁론에 참여했다. 조선 중기 이후에는 주로 서원을 중심으로 활동하며, 중요한 현안에 대해서는 상소와 간언(諫言)의 형식으로 공론의 장을 만들었다. 그러나 사회·국가적 현안을 공론화하는 과정에서 선비들은 유배를 가거나 목숨을 잃는 경우도 많았다. 이러한 상황에서 조선의 선비들은 유교이념을 구현할 진유(眞儒, [참선비])와 군자유(君子儒)가 무엇인지에 대해 논란을 벌였다.

선비들의 자기정체성에 대한 논의에는 시대 흐름에 따라 국가시무와 관련된 구체적인 역할, 변화된 사회적 여건 등 여러 요소가 고려되었다. 예컨대 수기와 치인에 대한 선후·경중·완급의 문제, 내성과 외왕의 양립 가능성에 대한 문제, 행도(行道)를 위해 출사할 것인가 아니면 후학양성과 내적수양을 위해 은둔할 것인가의 문제, 강상윤리를 지킬 것인가 아니면 혁명대오에 함께할 것인가, 인(仁)과 의(義)가 대립할 때 어느 것을 취사선택할 것인가, 그 밖의 이단과 정통의 문제, 도학(道學)과 실학(實學)의 문제, 의리와 실리의 문제 등 다양한 문제들이 있었다.

유교의 핵심 이념은 수기치인이다. 따라서 선비들이 학문하는 궁극

---

14) 朴趾源, 『燕巖集』·「兩班傳」

적 목적은 자기수양에 머물지 않고 치국·평천하를 지향한다. 즉, 개인적 차원에서는 성인(聖人)을 목표로 한다면, 사회적 차원에서는 왕도(王道)실현을 학문의 최종 목표로 삼는다. 따라서 선비들에게 수기란, 왕도정치 구현을 위한 필수적인 단계이다. 이에 송시열(1607~1689)의 "신명(身命)을 다 바쳐 도를 행하는 것은 사람의 도리 중에서 큰 단서이다. 숨어살며 홀로 그 몸을 깨끗하게 함이 어찌 군자가 바라는 것이겠는가? 그러므로 성인이 은자에 대해 자기 몸은 깨끗이 하지만 윤리를 어지럽힌다고 꾸짖은 것이다.15)"라거나 "선비가 세상에 나와 임금을 잘 만나 도를 행하는 것이 외에 또 무슨 일이 있겠는가? 선비가 도를 배우는 것은 농부의 밭갈이하는 것과 같으니, 행도 두 글자는 선비에게 모두 해당하는 것이다."16)라는 말은 조선조 선비에 대한 통념을 잘 보여준다.

한편, 조선의 선비들에게 출사는 매우 매력적인 일이었다. 왜냐하면, 현실참여를 통해 그 동안 자신이 품어왔던 포부를 펼칠 수 있으며, 동시에 안정적인 경제적 기반을 확보할 수 있기 때문이다. 그러나 과거시험에만 얽매이는 것은 선비들에게 신랄한 비판의 대상이 되었다.

옛날의 학자는 일찍이 벼슬을 구하지 않았는데, 학문이 완성되면 윗사람이 천거해서 등용하게 된다. 대개 벼슬하는 것은 남을 위한 것이지, 자신을 위한 것이 아니다. 오늘날의 세상은 그렇지 않다. 과거로 사람을 뽑기 때문에 비록 하늘의 이치에 통달할 만큼 학식이 있거나 남보

---

15) 宋時烈, 『宋子大全』·「梅隱堂記」: 致身行道, 此人道之大端也. 隱居獨善, 豈君子之所願, 故聖人於隱者, 有潔身亂倫之譏.
16) 宋時烈, 『宋子大全』·「附錄·李橝錄」: 士生斯世, 出則得君行道之外, 更有甚事. 士之學道, 猶農夫之耕, 行道二字, 爲士者皆可當也.

다 월등히 뛰어난 행실이 있더라도 과거를 통하지 않으면 도를 행할 수 있는 지위에 나갈 수 없다. 그러므로 아버지가 아들을 가르치고, 형이 아우에게 권하는 것이 과거 이외에는 다른 방법이 없게 되었으니, 선비들의 습관이 나빠지는 것도 오로지 여기에 연유한다. 다만 요즘의 선비들은 대부분 부모의 희망과 가문의 번영을 위해서는 과거 공부로부터 벗어날 수 없다. 그렇더라도 또한 마땅히 자신의 재능을 갈고 닦으면서 때를 기다려, 과거에 합격하고 떨어지는 것을 하늘의 뜻에 맡겨야 한다. 벼슬을 욕심내는 마음에 조급해서 가슴속에 열을 내어 자기의 본심을 잃어서는 안 된다.17)

이 같은 율곡의 선비관과 과거시험에 대한 논의를 가장 신랄하게 비판한 사람은 그의 가장 친한 벗이었던 우계이다. 우계는 율곡에게 구태여 여러 차례 과거에 응할 필요가 무엇이며, 관직을 사양하지 않는 모습에 대해 비판했다. 이에 대해 율곡은 출사하여 도를 행하지 않고, 물러나 후세에 가르침을 남기지 않는다면 아무리 좋은 평판이 있다한들 진유(眞儒)로 인정할 수 없다는 입장을 고수한다.

그러나 조선의 선비들이 모두 관직에 나갈 것을 주장하지는 않았다. 한훤당(寒暄堂) 김굉필(金宏弼, 1454~1504)은 『소학』과 『효경』 같은 실천적 가르침이 담긴 경전을 평생 공부의 핵심으로 삼았다. 퇴계의 경우에도 『심경』을 신명(神明)처럼 여겼으며, 남명(南冥) 조식(曺植, 1501~

---

17) 李珥, 『栗谷全書』·「擊蒙要訣·處世」: 古之學者, 未嘗求仕, 學成則爲上者, 擧而用之, 蓋仕者爲人, 非爲己也. 今世則不然, 以科擧取人, 雖有通天之學, 絶人之行, 非科擧, 無由進於行道之位. 故父教其子, 兄勉其弟, 科擧之外, 更無他術, 士習之偸, 職此之由. 第今爲士者, 多爲父母之望, 門戶之計, 不免做科業, 亦當利其器, 俟其時, 得失付之天命, 不可貪躁熱中, 以喪其志也.

1572)도 관직을 사양하고 지리산 산천재(山天齋)를 벗어나지 않았으며, 우암 송시열도 생애 대부분을 화양동(華陽洞)에서 보냈다. 그렇다고 이들이 은거하며 독선(獨善)의 길만을 고집한 것은 아니다. 이들은 모두 향촌에서 강학을 통해 후학을 양성하거나 서원을 열어 학파를 형성하는 데 기여했기 때문이다. 이러한 분위기는 산림의 막강한 학파 형성이 현실 정치에서의 권력보다 더욱 매력적인 것으로 인식되는 주된 원인이 되었다. 이에 산림에 은거하여 산림학자로 평가받은 것이 과거시험에 나가는 것보다 더 높은 벼슬에 오를 수 있는 지름길로 인식되기도 했다. 학문적·도덕적 권위가 현실에서 정치적 권위를 능가한다는 의식이 형성된 것이다.18) 구봉 역시 이러한 시대상황에서 산림학자로서 선비의 길을 걸었다.

4. 구봉의 불우한 가계사(家系史)

구봉은 타고난 재질과 학문적 성취에도 불구하고 비극적 가계사로 인해 유학자로서 경세(經世)의 뜻을 펼치지 못한 조선 중기 대표적인 비운의 선비이다. 구봉은 나이 7~8세에 이미 시(詩)에 소질을 보여 '산속의 초가지붕에 달빛이 흩어지네'라는 시구를 읊었고, 조금 자라서는 아우 한필(翰弼)과 함께 초시(初試)에 높은 등수로 합격(發解高等)이 되어 명성을 얻었다.19) 부친 송사련(宋祀連)과 연일 정씨(延日 鄭氏) 사이에

---

18) 곽신환 지음, 『조선조 유학자의 지향과 갈등』, 철학과 현실사, 2005, pp.17-27 참조.

19) 宋時烈, 『宋子大全』·「墓碣·龜峯先生宋公墓碣」: 年七八歲, 詩思淸越, 有山家茅屋月參差之句, 稍長, 與弟翰弼俱發解高等, 自是聲名著聞.

서 4남 1녀 중 3남으로 태어난 그는 특별한 사우(師友)의 도움 없이 1558년(25세, 명종 13)에 아우 한필과 함께 별시(別試)에 합격한다.[20] 그러나 불행하게도 사관(史官)이었던 이해수(李海壽)에 의해 과거 응시 자격 박탈에 해당하는 정거(停擧)를 당하게 된다.[21] 그 이유는 조모(祖母)인 감정(甘丁)이 천첩소생(賤妾所生)이라는 이유였다. 당시 구봉은 이미 과거시험인 〈천도책(天道策)〉의 해답에 대해 율곡이 구봉을 추천함으로써 선비들 사이에서 문장과 학식이 널리 알려지기 시작한 시기였다. 1560년(27세, 명종 15), 결국 그는 구봉(龜峯)에 은거하여 학문 연구와 후학 양성에 전념하기로 결심한다. 이때부터 그는 '구봉선생'이라 불리면서 인근에 살던 율곡과 우계와도 학문적 교류를 지속하게 된다.[22]

1566년(33세, 명종 21)에 안처겸(安處謙)의 아들인 안윤(安玧)의 노력으로 안당(安瑭)이 신원·복권되면서 부친 송사련의 죄가 세상에 알려지게 되었다. 1569년(36세, 선조 2), 부친 송사련의 무고로 일어난 신사무옥(辛巳誣獄, 1521, 중종 16)[23]에 대한 추국이 시작되면서 구봉의 삶

---

20) 구봉은 일찍이 李純仁·李山海·崔岦·崔慶昌·白光弘·尹卓然·李珥와 벗이 되어 '八文章'으로 일컬어졌다(『朝鮮王朝實錄』·「宣祖修正實錄」18권, 선조 17년(1584) 2월 1일 戊申: 純仁少與李山海崔岦慶昌白光弘尹卓然宋翼弼及李珥爲友, 號八文章). 또 다른 기록에는 '八文章'을 구봉을 포함하여 李山海·崔慶昌·白光弘·崔岦·李純仁·尹卓然·河應臨이라고 적고 있다(『朝鮮王朝實錄』·「宣祖修正實錄」23권, 선조 22년(1589) 12월 1일 甲戌: 翼弼初有詩名, 與李山海崔慶昌白光弘崔岦李純仁尹卓然河應臨等, 號八文章). 그러나 宋時烈의 「墓碣」에 따르면, 李山海·崔慶昌·白光勳·崔岦·李純仁·尹卓然·河應臨을 구봉과 함께 '八文章'으로 지칭한 것을 알 수 있다(宋時烈, 『宋子大全』·「墓碣·龜峯先生宋公墓碣」: 首與友善而推許者, 李山海崔慶昌白光勳崔岦李純仁尹卓然河應臨也, 時人號爲八文章).

21) 宋翼弼, 『龜峯集』·「附錄·行狀」: 史官李海壽等, 以爲祀連旣爲罪人, 褫其賞職, 其子乃孼孫也. 不當冒法赴擧, 與同僚議停擧以錮之, 山海等求釋不得.

22) 年譜에 따르면, 1564년(31세, 명종 19)에는 우계 성혼의 부친 聽松 成守琛의 輓詞를 지어줄 정도로 가깝게 지냈다. 자세한 내용은 구봉문화학술원 편저, 『잊혀진 유학자 구봉 송익필의 학문과 사상』, 책미래, 2016, pp.475-479 참조.

23) 辛巳誣獄은 己卯士禍(1519, 중종 14)의 여파로 일어난 사건이다. 기묘사화로 사림 세력

은 더욱 어려운 상황에 놓이게 되었다. 1575년(42세, 선조 8)에 결국 부친 송사련이 죽자, 죽은 안당에게는 정민(貞愍)이라는 시호가 내려졌다. 이런 암울한 상황에서도 구봉은 율곡의 서모위차(庶母位次)에 대한 예(禮)에 관한 논변(43세)24), 율곡의 『격몽요결』의 잘못을 논변(44세), 율곡의 『소학집주』의 잘못을 논변하거나 우계의 부탁으로 『은아전(銀娥傳)』 저술(46세), 율곡의 『순언(醇言)』에 대한 비판(47세), 계미삼찬(癸未三竄, 1583, 선조 16) 사건으로 동인 계열의 박근원(朴謹元)·송응개(宋應漑)·허부(許篈) 등이 율곡을 몰아내려 할 때 우계에게 도와주도록 편지로 당부한 일(50세), 율곡이 죽자 「제율곡문(祭栗谷文)」을 지어 애도한 일(51세)까지 도우(道友)였던 율곡·우계와 학문적 교류를 지속했다. 이 밖에도 김장생과 '인심도심설'에 대한 논변(47세)25)을 하는 등 당시에 이미 학문적으로는 널리 인정을 받고 있었다.

1586년(53세, 선조 19)에는 안당의 아들 안처겸이 신원되고, 부친 송사련의 관직이 삭탈된 후 구봉의 식솔 70여 명은 노비로 환천되어 뿔뿔이 흩어지게 되었다. 구봉 자신도 정철(鄭澈, 1536~1593)의 도움으로 전라도 광주로 간신히 피신하게 된다. 당시 동인들은 대사간 이발(李潑)과 대사헌 이식(李植)을 통해 심의겸(沈義謙)을 논죄할 때, '율곡과 우계는 심의겸의 친구로서 조정을 어지럽힌 장본인'이라고 탄핵했다. 이 때 율

을 제거한 沈貞·南袞 등이 조정을 장악했다. 己卯士禍 때 趙光祖 일파를 두둔하였다는 혐의로 파직된 좌의정 安瑭의 아들 安處謙은 李正叔·權磧 등과 함께 심정·남곤 등이 士林을 해치고 國事를 어지럽힌다고 하여 그들을 제거하기 위해 모의하였다. 여기에 참석했던 宋祀連은 鄭鑌과 결탁하여 안처겸 모친상 때의 弔客錄을 근거로 안처겸 일당이 大臣들을 제거하려 했다고 告變하였다. 그 결과 안당·안처겸·安處謹 三父子를 비롯하여 권전·이정숙·李忠楗·趙光佐·李若水·金珌 등 많은 사림이 연루되어 처형되고 송사련은 30여 년간 권세를 누렸다.

24) 宋翼弼, 『龜峯集』·「禮問答·與浩原論叔獻待庶母禮」 참조.

25) 宋翼弼, 『龜峯集』·「玄繩編上·答希元心經問目書」 참조.

곡의 제자 이귀(李貴)가 스승의 죽음에 대한 억울함을 상소하자, 문장과 논리가 정연한 것을 본 동인들은 구봉이 문장을 기초한 것이라고 간주하여 그를 서인(西人)의 모주(謀主)라고 비난했다. 이후에도 구봉은 정여립(鄭汝立)의 난과 연루되어 체포되거나 정철의 왕세자 책봉문제에 연루되어 구봉 자신은 평안북도 희천, 아우 송한필은 전라도 이성(利城)으로 유배를 가기도 했다.26) 이후 도우였던 송강의 죽음(60세), 중형 송부필과 아우 송한필의 죽음(61세), 오랜 벗이었던 우계의 죽음과 부인 창녕 성씨와의 사별(65세)을 맞이하게 된다. 이 과정에서도 구봉은 『주자가례(朱子家禮)』를 자신의 견해로 재해석한 『가례주설(家禮註說)』을 완성(65세)하고, 1599년(66세, 선조 32)에 생을 마감한다.

구봉이 세상을 떠난 후에는 1624년(인조 2)에 제자인 김장생과 그의 아들 김집이 스승의 억울함을 풀고자 갑자소(甲子疏)를 올렸으며, 1752년(영조 28) 구봉 사후 153년 만에 드디어 면천(免賤)되어 신원(伸冤)이 되고 통덕랑행사헌부지평(通德郎行司憲府持平)에 추증되었다. 구봉이 면천된 직접적인 계기가 되었던 1751년 홍계희(洪啓禧)의 상소 내용은 다음과 같다.

홍계희가 또 徐起・宋翼弼에게 증직할 것을 청하니, 임금이 말하기를, "마땅히 상세히 진달해야 할 것이다."하였다. 홍계희가 말하기를, "……
송익필은 바로 先正臣 李珥・成渾가 道義로 사귄 벗이고, 先正臣 金長

---

26) 『朝鮮王朝實錄』・「宣祖實錄」23권, 선조 22년(1589) 12월 16일 己丑: 傳曰 私奴宋翼弼 翰弼兄弟, 畜怨朝廷, 期必生事. 奸鬼趙憲陳疏, 無非此人指嗾云, 極爲痛憤云. 況以奴背主, 逃躱不現, 係關綱常, 尤爲駭愕. 捉囚窮推事, 捧承傳于刑曹. 『朝鮮王朝實錄』・「宣祖實錄」25권, 선조 24년(1591) 12월 1일 癸巳: 翼弼亦自現於鴻山縣, 械送于刑曹, 納招. 上以刑推則必死, 死則過重, 竝命配于外方. 翰弼配濟州, 翼弼配南海. 上敎曰 倭賊出沒之時, 此人等配于絶島, 似非遠慮, 改配爲可, 於是翰弼配利城, 翼弼配熙川.

生의 스승입니다. 그 經學이 一世의 표준이 되어 지금까지도 학자들이 龜峯先生이라 일컫고 있습니다. 이 두 사람은 學行이 뛰어난데도 그 집안과 출신이 미천한 까닭에 아직까지 褒贈의 恩典이 없었습니다."하니, 임금이 말하기를, "마땅히 어떤 직책을 추증해야 하겠는가?"하매, 홍계희가 말하기를, "先賢의 증직은 執義를 하기도 하고 持平을 할 경우도 있으니, 굳이 높은 관직으로 할 필요는 없습니다."라고 하자, 임금이 옳게 여기고 世子에게 覆達하게 할 것을 허락하였다.27)

위의 내용으로 볼 때, 구봉의 학문은 조선 중기 이후 많은 선비들이 널리 인정했음을 알 수 있다. 뿐만 아니라 구봉은 조정에서 인재를 등용할 때마다 미천한 신분임에도 뛰어난 재능을 가진 인물로 『조선왕조실록』에 종종 등장하거나,28) 경상·충청·전라도의 유생 3,272명이 서얼(庶孼)의 상서치록(庠序 齒錄, [과거에 급제한 사람의 신상을 적어놓은 책자])을 요구하는 '삼남유생(三南儒生) 황경헌(黃景憲) 등의 상소'에도 등장하는 등 서얼 출신의 대표적인 뛰어난 학자로 인정받았다. 그 결과 구봉은 1910년(순종 30)에 문경(文敬)이란 시호(諡號)를 받고 규장각제학(奎章閣提學)으로 추증되었다.

---

27 『朝鮮王朝實錄』·「英祖實錄」74권, 영조 27년(1751) 12월 11일 癸卯: 啓禧又請徐起宋翼弼贈職, 上曰 宜詳陳之. 啓禧曰 …… 宋翼弼卽先正臣李珥成渾之道義交, 而先正臣金長生之師也. 其經學爲一世標準, 至今學者稱以龜峰先生. 此兩人學行卓然, 而以其門地卑微, 尙無褒贈之典. 上曰 當贈何職乎. 啓禧曰 先賢之贈職, 或執義或持平, 不必高官也. 上可之, 許令覆達於世子.

28) 『朝鮮王朝實錄』·「英祖實錄」115권, 영조 46년(1770) 6월 14일 戊子: 命洪世泰子光緖入侍, 上曰 惜才之心, 今猶不衰, 令軍門調用. 世泰微賤, 而以能詩, 名於世者也. 藥房都提調金相福因奏, 贈持平宋翼弼地處, 與世泰無異, 而文行名於世, 先正李珥與之爲友矣, 上命訪問其孫以奏.

5. 현실적 좌절의 극복 노력

구봉은 정거(停擧) 사건 2년 후인 1560년에 27세의 나이로 은거하여 평생 도학자와 교육자의 삶을 살고자 결심한다. 그러나 구봉의 은거생활 역시 평탄치 않았다. 동·서의 대립이 극심하던 때에 구봉은 뜻하지 않게 당쟁에 연루되어 유배를 가거나 안씨 집안과의 구원(舊怨)으로 인해 평생을 떠돌며 생활한다. 이에 구봉은 한 곳에 정착할 수 없는 자신의 삶을 통해 당시 현실세계를 부정적인 공간으로 인식하고, 자유의 땅인 천상의 공간인 자연(自然)을 추구했다. 구봉이 염원했던 자유의 땅이란, 공사후박(公私厚薄)이 없는 공평한 세계로서 청정(淸淨)하고 적요하게 수기(修己)할 수 있는 공간이었다. 구봉은 이러한 이상적 경지인 자유의 공간을 '소나무 사이로 밝은 달이 지나가는 산(山)'으로 묘사했다.29)

조선조 유학자들에게 자연이란 자기성찰과 학문연마의 공간이었다.30) 따라서 자연을 대표하는 산은 혼탁한 현실과 대비되는 청정의 공간으로 인식되었다.

드리운 주렴 사이로 들어온 山色이 여전히 푸른데, 종일토록 가늘게 읊조리며 대나무 사립을 닫아 두네. 누워서는 흰 구름이 일정한 모양이 없음을 비웃으니, 이미 서쪽으로 갔다 무슨 일로 또 동쪽으로 돌아오나.31)

---

29) 宋翼弼, 『龜峯集』·「雲庵次友人韻」: 連宵寒雪壓層臺, 僧到何山宿未廻, 小榻香消靈籟靜, 獨看晴月過松來.

30) 이민홍, 「朝鮮前期 自然美의 追求와 漢詩」, 『한국한문학연구』 제15집, 한국한문학회, 1992, p.109 참조.

31) 宋翼弼, 『龜峯集』·「獨臥」: 入簾山色碧依依, 盡日微吟掩竹扉, 臥笑白雲無定態, 旣西何事

위의 시에서 구봉은 표면적으로는 한가하게 자연의 정취를 느끼는 듯하지만, 속세와 청정의 공간을 절묘하게 대비시키고 있다. 먼저 푸른 산을 바라보며 사립문을 닫는 것은 속세와의 차단을 상징적으로 보여준다. 반면 흰 구름이 일정한 모양을 취하지 않는 것과 동·서로 왔다가다 하는 모습은 당시 붕당의 부도덕성과 폐단을 비유적으로 비판한 것으로 해석할 수 있다. 이처럼 구봉에게 산은 부정(不淨)한 현실을 떠난 청정한 은둔의 공간을 상징한다.

구봉은 자신이 이상적으로 생각했던 산(山)을 좀 더 세분화하여 설명하기도 한다.

산 위의 맑고 맑은 물, 산을 나오면 혼탁해지네. 산 속에서는 사슴과 벗하더니 산 밖에서는 먼지만 하늘에 가득하네. 이익을 찾는 소란함이 어떻게 이르겠는가, 거문고 술동이에 道가 저절로 玄妙해지네. 풀은 한가로이 아침이슬에 젖고, 꽃은 고요하여 한낮의 새가 잠들었네. 흐릿한 것은 인간 세상의 꿈이요, 가벼이 걷는 것은 만물 밖의 신선일세. 몸은 비록 秦·漢 후에 태어났으나, 정신만은 禹·湯보다 이전 시대라네.[32]

이 시에서 산상(山上)은 맑은 물이 나오는 곳으로서 가장 깨끗하고 이상적인 곳이다. 깨끗한 물은 산중에서도 유지될 수 있다. 이런 깨끗함은 아침이슬에 젖은 풀과 한낮의 잠든 새, 거문고와 술동이, 신선 등으로

又東歸.

32) 宋翼弼, 『龜峯集』·「山中」: 山上洽洽水, 出山爲濁泉, 山中鹿爲友, 山外塵滿天, 功利聲何及, 琴樽道自玄, 草閑朝露濕, 花靜午禽眠, 怳忽人間夢, 逍遙物外仙, 身生秦漢後, 神合禹湯先.

표현된다. 그러나 산 밖으로 나오게 되면, 물은 다시 오염되고 혼탁해진다. 구봉은 자신이 비록 진·한 이후의 혼탁한 시대에 태어났으나, 정신만은 우·탕 시대보다 더 앞선 순수한 상태를 유지하고 있음을 자신있게 노래하고 있다.

구봉은 이러한 자유의 경지에 도달하기 위한 방법으로 무욕(無慾)과 주정(主靜)의 수양론을 제시했다.33) 정(靜)이란 무욕을 통해 도달할 수 있는 정신적 경지이다. 따라서 구봉에게 무욕이란 자연스러운 절제라는 의미에서 자족(自足)과 자락(自樂)의 뜻도 담겨있다.

남쪽 뜰 경계를 벗어나지 않고, 편안히 노닐면서 관조함은 오직 하늘을 공경함이니, 마음에 한 물건이라고 없는 것은 고요하여 형태가 생기기 이전이라네.34)

구봉은 위의 시에 대해 자주(自註)에서 '유관유경(천遊觀唯敬天)'은 꿈속에서 얻은 구절임을 밝힌다. 그리고 하늘을 공경함[敬天]이란, 만물이 아직 생기기 전에 본받는 것을 의미한다고 말한다. 아울러 편안히 노닐면서 관조함은 오직 하늘을 공경하는 때[만물의 형태가 생기기 전]에 있음을 강조한다.35)

---

33) 구봉의 詩文學에 관한 연구 중 구봉을 淸淨·閑靜과 無慾·自樂하는 達人의 면모를 강조한 연구로는 안병학의 「송익필의 詩世界와 靜의 의미」(『민족문화연구』 제28집, 고려대학교 민족문화연구회, 1995), 최영희의 『송익필 詩의 心象과 靜의 문제』(고려대학교 석사학위논문, 2003), 강구율의 『구봉 송익필의 詩世界와 詩風 연구』(경북대학교 박사학위논문, 2000), 김성언의 「구봉 송익필의 漢詩에 나타난 擊壤 理學의 의미」(『한국한시작가연구』, 韓國漢詩學會 太學社, 2001) 등이 있다.

34) 宋翼弼, 『龜峯集』·「靜坐」: 不出南庭畔, 遊觀唯敬天, 心中無一物, 默契未形前.

35) 宋翼弼, 『龜峯集』·「靜坐」: 遊觀唯敬天, 夢中所得句也, 謂敬天則萬象森然於未發之前, 遊觀之樂, 唯在於敬天時也, 因足成一聯.

구봉은 「태극문(太極問)」에서 정(靜)은 치우친 것이며, 경(敬)은 동정(動靜)을 관통하는 것이라고 말하고, 정과 경의 관계에서 정을 근본으로 보아야 한다고 주장한다.36) 이처럼 미발(未發)의 때에 관물(觀物)해야 한다는 구봉의 생각은 소옹(邵雍)에게 많은 영향을 받았다. 주정(主靜)의 수양론은 동정의 은미함과 선악의 분기점인 심기(審幾)로 연결된다.37) 특히, 정관(靜觀)을 통해 자연에 내재한 이법(理法)을 체득하여 자연과 합일하고, 절대자유의 정신적 경계를 추구하는 구봉의 시에 대해 노장(老莊) 계열의 시구나 시어를 빈번하게 사용하는 것에 주목하여 도가적(道家的) 성격을 분석한 연구도 있다.38)

구봉은 자신의 삶에서 계속 부딪치게 되는 불운한 상황을 세속과의 단절과 내면세계에 침잠하는 것으로 돌파구를 마련하려고 했다. 이 과정에서 안분지족(安分知足)하는 은둔자의 삶을 택한 그의 인생관은 '명자실지빈시(名者實之賓詩)'를 통해 잘 드러나 있다.

…… 아! 나는 일찍이 內外의 分數를 정하여 진흙 속에서 꼬리를 끌듯이 隱淪을 즐기니, 밭을 갈아도 莘野에는 들어가지 않으며 낚시를 해도 磻溪 가에는 이르지 않으리라. ……39)

---

36) 宋翼弼, 『龜峯集』·「太極問」: 靜則偏而敬, 乃通貫動靜, 然必以靜爲本, 平居湛然虛靜, 如秋冬之祕藏, 應事方不差錯, 如春夏之發生, 物物得所.

37) 최영희, 「송익필 詩의 心象과 靜의 문제」, 고려대학교 석사학위논문, 2003, pp.40-56 참조.

38) 이상미, 「구봉 송익필의 道家的 성격고찰」, 『한문고전연구』 제14집, 한국한문고전학회, 2007.

39) 宋翼弼, 『龜峯集』·「名者實之賓詩」: …… 嗟我早定內外分, 曳尾塗中樂隱淪, 耕田莫入有莘野, 垂釣不到磻溪濱, …….

여기에서 구봉은 『장자(莊子)』에 나오는 '거북 이야기'[40]를 인용하며 세속에 대한 미련을 버리고 은자(隱者)의 삶을 추구하는 자신을 거북으로 묘사한다. 더욱이 이윤(伊尹)이 농사를 짓던 신야(莘野)와 태공망(太公望)이 낚시를 하던 반계(磻溪) 근처에는 가지도 않겠다는 말로 출사하지 않겠다는 굳은 의지를 표현한다. 구봉의 은둔은 당시 사대부들이 당화·사화 등으로 자기 뜻과는 무관하게 벼슬에서 잠시 물러나 재등용의 기회를 기다리며 개인수양에 매진하던 것과는 성격이 달랐다. 당시 사림들이 잠시 향촌에 머물렀던 것과는 달리 구봉은 애초부터 세상과의 완전한 단절을 선언했기 때문이다.

또한 구봉은 자신의 바른 처신을 염두에 두고 '직(直)'사상을 생활신조로 삼았다.[41] 구봉의 직사상은 「김은자직백설(金隱字直伯說)」을 통해 잘 드러난다.

> 모든 사람의 태어남이 直이다. 直은 하늘이 것이요, 物이 받은 것이다. 이것이 소위 천지사이에 亭亭堂堂하여 상하가 모두 곧은 正理이다. 혹 不直한 것이 있음은 氣稟物欲이 그렇게 시켰기 때문이다. …… 直하지 않으면 道가 드러나지 않는다. 진실로 直하고자 하면 直하는 道는 그 것이 隲에 있지 아니한가? 隲은 무엇인가? 九容은 그 모습이 直한 것 이고, 九思는 그 思가 直한 것이다. 敬以直內는 그 속마음을 直하게 하는 것이요, 義以方外는 그 행동을 直하게 하는 것이다. 청소하고 응대

---

40) 『莊子』「秋水」: 莊子釣於濮水, 楚王使大夫二人往先焉曰 願以境內累矣. 莊子持竿不顧曰 吾聞楚有神龜, 死已三千歲矣, 王以巾笥而藏之廟堂之上. 此龜者, 寧其死爲留骨而貴乎. 寧其生而曳尾於塗中乎. 二大夫曰 寧生而曳尾塗中. 莊子曰 往矣, 吾將曳尾於塗中.

41) 김창경, 『구봉 송익필의 도학사상연구』, 충남대학교 박사학위논문, 2010, pp.121-123 참조.

하는 것으로부터 盡心知性에 이르기까지 한 가지 일도 直 아닌 것이 없다. 어린 아이가 항상 어머니를 보아도 속임이 없는 것이 直의 시작이요, 七十에 법도에 어긋남이 없는 것이 直의 끝이다. …… 부모를 모심에 直으로써 하고, 임금을 섬김에 直으로써 하고, 친구를 사귐에 直으로써 하고, 처자식을 대함에 直으로써 하여서, 直으로 살고 直으로 죽는다. 直으로써 天地를 세우고, 直으로써 古今을 관통하니, 이보다 더 큰 다행이 없다.42)

여기에서 구봉은 『논어』를 인용하여 사람이 태어나서 살아가는 이치는 오직 '직(直)'이라고 말한다.43) 구봉은 '직은 하늘이 준 것이요, 만물이 받아야 하는 정리(正理)'라고 보았다. 그럼에도 불구하고 사람들이 불직(不直)하게 되는 것은 타고난 기질의 욕심을 극복하지 못했기 때문이라고 말한다. 따라서 사람이 직을 통해 천지의 도를 드러내기 위해서는 구용(九容)과 구사(九思)에 직을 유지하고, 경9敬)과 의(義)로써 내면[마음]과 외면[행동]을 직하게 만들어야 함을 강조한다. 이것이 바로 『논어』에서 말하는 '인지생야직(人之生也直)'의 진정한 의미라는 것이다.

「김은자직백설」은 구봉이 사계의 첫째 아들 김은(金檗)에게 직백(直伯)이라는 자를 지어주며 그 이유에 대해 설명한 글이다. 이글은 지금까지 구봉의 수양론에 관한 대부분의 연구에서 그의 직사상을 설명하는

---

42) 宋翼弼, 『龜峯集』・「金檗字直伯說」: 民之生也直. 直者, 天所賦, 物所受者也. 此所謂天地之間, 亭亭堂堂直上直下之正理也. 有或不直者, 氣稟物欲之使然也. …… 不直則道不見, 苟欲直之, 直之之道, 其不在檗乎. 檗之如何, 九容, 直其容也, 九思, 直其思也, 敬以直內, 直其內也, 義以方外, 直其外也. 自灑掃應對, 以至盡心知性, 無一事非直也. 幼子常視母誑, 直於始也, 七十不踰矩, 直於終也. …… 事親以直, 事君以直, 接朋友以直, 待妻子以直, 以直而生, 以直而死. 立天地以直, 貫古今以直, 不勝幸甚.

43) 『論語』・「雍也」: 人之生也直, 罔之生也, 幸而免.

거의 유일한 자료로 인용되어 왔다.[44] 그러나『구봉집』의 다른 곳에서는 그의 직사상을 거의 찾을 수 없다. 따라서 구봉 수양론의 특징을 직사상으로 규정하기에는 다소 무리가 있다.[45] 오히려 구봉 수양론의 특징을 '실천' 중심이라고 말할 수 있을 것이다. 왜냐하면, 구봉은 직을 얻기 위한 방법으로서『소학』과『대학』을 중요하게 생각했으며,[46] 실제적인 직의 적용 대상으로 구용과 구사를 강조한 것도 이와 무관하지 않기 때문이다. 이것은 추상적 이론보다는 예를 통한 구체적인 실천과 실제 상황에서의 권도(權道)를 강조했던 구봉 학문의 특징과도 관련이 깊다.[47]

구봉이 30대 중반에 은거하기를 결심하고 구봉산으로 가는 도중에 지은 시 '귀산도중(龜山道中)'은 세상의 시비를 벗어나 자연에 귀의하고자 하는 자신의 심정을 고스란히 담고 있다.

---

44) 관련 선행 연구성과는 배상현의「구봉송익필과 그 사상에 대한 연구」(『논문집』제1집, 동국대학교 경주대학, 1982)·「구봉 송익필의 예학사상」(『東岳漢文學論輯』제2집, 동악한문학회, 1985)·『조선조 기호학파의 예학사상에 관한 연구』(고려대학교 박사학위논문, 1991)와「畿湖禮學의 성립과 발전」(『유학연구』제2집, 충남대학교 유학연구소, 1994), 도민재의「구봉 송익필의 사상과 예학」(『동양고전연구』제28집, 동양고전학회, 2007), 최영성의『구봉 송익필의 사상 연구』(성균관대 유학대학원 석사학위논문, 1993), 이소정의『구봉 송익필의 예학사상 연구』(성균관대 석사학위논문, 2001), 김창경의『구봉 송익필의 도학사상 연구』, 충남대학교 박사학위논문, 2010 등이 있다. 이 밖에 고영진의『조선중기 예학사상사』(한길사, 1996), 최영성의『한국유학통사(中)』(심산, 2006) 등이 있다.

45) 구봉의 '直'사상에 관한 문제제기는 김창경의「구봉 송익필의 성리학에 대한 검토」(『한국사상과 문화』제54집, 한국사상과문화학회, 2010, p.430)와 김현수의「畿湖禮學의 형성과 학풍」(『유학연구』제25집, 충남대학교 유학연구소, 2011, pp.77-78) 참조.

46) 宋翼弼,『龜峯集』·「太極問」: 氣質之與本然, 卽一性也. 物得氣之塞, 故無變化之理. 人得氣之通, 故濁可以爲淸. 愚可以爲智, 而此大小學之所以設也.

47) 宋翼弼,『龜峯集』·「玄繩編上」: 不得其常爲變, 處變爲權, 在聖人有處變之權.
宋翼弼,『龜峯集』·「太極問」: 夫不得其常爲變, 處變爲權, 在聖人有處變之權.

나아가 취할 마음이 없어서 앉아있으며 가기를 잊은 채, 소나무 그늘에서 말을 먹이며 물소리를 듣네. 나를 뒤로하고 몇 명이나 이 길을 먼저 갔던가? 각각 제 갈 곳으로 가는데 또 무엇을 다투겠는가! 앞 시냇물 다 건너자 오랜 비가 개이니, 해당화의 꽃빛이 점점 분명해지네. 울타리 곁의 잔풀 위에 누런 송아지 졸 적에 때때로 태평을 희롱하는 목동의 피리소리 듣노라.[48]

구봉은 시의 전반부에서 자신이 출사할 마음이 없기 때문에 소나무 그늘에서 한가로이 말을 먹이며 물소리를 듣는다고 표현하면서 한가하고 자유로운 은자의 삶을 노래한다. 그리고 자신의 처세관이 이미 선배들이 갔던 길이라는 것을 상기하면서 자신에게 주어진 좌절과 고난을 객관화하여 애써 마음의 평안을 되찾으려는 모습을 보여주고 있다. 후반부에서는 시냇물을 건너는 것으로 속세와의 단절을 비유하고, 자신의 눈에 비친 해당화의 꽃빛이 점점 분명해진다는 것으로 귀의할 구봉산이 가까워졌음을 암시하고 있다. 마지막 부분에서는 한가한 농가의 정경을 한 폭의 그림처럼 묘사하며 자신이 청한한 삶을 실현할 수 있는 이상적인 공간에 와있음을 표현하고 있다.

한편, 구봉은 '낙천(樂天)'이란 시에서 인간의 수양이 완성되는 경지를 지극히 어질고 사사로움이 없는 하늘로 비유하고, 수양의 결과로 군자와 소인을 대비하여 설명한다.

오직 하늘은 지극히 어질어 하늘은 본래 사사로움이 없네. 하늘을 따

---

48) 宋翼弼, 『龜峯集』·「龜山道中」: 無心進取坐忘行, 秣馬松陰聽水聲, 後我幾人先此路, 各歸其止又何爭. 過盡前溪宿雨晴, 海棠花色漸分明, 籬邊細草眠黃犢, 牧笛時聞弄太平.

르는[順天] 자는 편안하고, 하늘을 거스르는[逆天] 자는 위태롭네. 재
앙과 복록은 하늘의 이치가 아님이 없도다. 근심하는 이는 小人이요,
즐거워하는 이는 君子로다. 군자는 즐거움이 있어 구석진 누추한 곳에
서라도 부끄럽지 않네. 修身하여 기다리면 두 번 과오를 범하지 않고
요절하지도 않을 것이네. 내가 여기에 더하지도 덜지도 않으니, 하늘
이 어찌 厚하고 薄함이 있겠는가? 성실함을 보존하여 하늘의 이치를
즐긴다면, 하늘을 우러러 보거나 땅을 내려 보아도 부끄러움이 없으리
라.49)

이 시에서 하늘은 인간이 따라야 하는 궁극적 도덕표준을 상징한다.
따라서 순천(順天) 여부에 따라 편안함과 위태로움이 나뉜다고 보았다.
구봉은 수신한 군자는 항상 떳떳한 일을 하기 때문에 하늘이 복을 주어
항상 즐거움이 있지만, 소인은 길흉화복에 얽매어 살기 때문에 항상 근
심하게 된다고 보았다. 따라서 수신을 해야만 과오를 반복하지 않을 수
있으며, 천수를 누릴 수 있다고 주장한다. 특히 하늘이 그런 것처럼 인
간 자신도 더하지도 덜하지도 않는 중용과 한결같은 성실함을 유지하는
것이 복의 근원임과 하늘을 즐길[樂天] 수 있는 유일한 방법이라고 말
한다. 이처럼 낙천과 지족에 대한 태도에 따라 군자ㆍ소인으로 구분되
기 때문에 욕심을 줄이고 만족할 줄 아는 것이 삶의 진리임을 강조한 시
는 여러 편이 있다.50)

49) 宋翼弼, 『龜峯集』ㆍ「樂天」: 惟天至仁, 天本無私, 順天者安, 逆天者危, 痾癢福祿, 莫非天
理, 憂是小人, 樂是君子, 君子有樂, 不愧屋漏, 修身以俟, 不貳不夭, 我無加損, 天豈厚薄,
存誠樂天, 俯仰無怍.

50) 宋翼弼, 『龜峯集』ㆍ「天」: 君子與小人, 所戴惟此天, 君子又君子, 萬古同一天, 小人千萬天,
──私其天, 欲私竟不得, 反欲欺其天, 欺天天不欺, 仰天還怨天, 無心君子天, 至公君子天,
窮不失其天, 達不違其天, 斯須不離天, 所以能事天, 聽之又敬之, 生死惟其天, 旣能樂我天,

구봉은 만년에 건강이 매우 좋지 않았다. 여러 약을 처방해 보았으나 큰 효험이 없었다. 당시 우계에게 보낸 편지에 '때때로 마음이 안정되며, 병이 몸에서 떠난 듯하다'라거나 '마음을 다스리는 것이 곧 병을 다스리는 것'이라는 내용을 통해 어느 정도 짐작할 수 있다. 한편, 만년에 우계에게 보낸 다른 편지를 보면, 구봉 자신도 수기의 어려움을 직접 언급하는 구절이 보인다.

> 저는 몸의 질병과 마음의 병이 짝이 되어 괴롭혀 하루 내내 혼미하고 정신이 맑지 못합니다. 욕망이 그치고 마음이 안정된 상태에서 손을 잡고 묵묵히 앉아 있으니 때에 따라 얻는 것이 있습니다. 一物이 와서 부딪쳐도 곧 흩어짐을 느낍니다. 動에서 靜으로 가는 경지를 끝내 터득하지 못했습니다. 이른바 收斂이란, 도리어 禪學과 같습니다. 理는 氣를 이기지 못합니다. 쇠약함이 老年에 또한 절박하게 다가옵니다.[51)]

위의 시를 통해 구봉 자신이 수기를 통해 도달한 경지와 병약한 몸으로 무욕과 정의 수양 방법을 유지하는 것의 어려움을 고백한 것을 알 수

___

與人同樂天. / 『龜峯集』·「足不足」: 君子如何長自足, 小人如何長不足, 不足之足每有餘, 足而不足常不足, 樂在有餘無不足, 憂在不足何時足, 安時處順更何憂, 怨天尤人悲不足, 求在我者無不足, 求在外者何能足, 一瓢之水樂有餘, 萬錢之羞憂不足, 古今至樂在知足, 天下大患在不足, 二世高枕望夷宮, 擬盡吾年猶不足, 唐宗路窮馬嵬坡, 謂卜他生曾未足, 匹夫一抱知足樂, 王公富貴還不足, 天子一坐不知足, 匹夫之貪羨其足, 不足與足皆在己, 外物焉爲足不足, 吾年七十臥窮谷, 人謂不足吾則足, 朝看萬峯生白雲, 自去自來高致足, 暮看滄海吐明月, 浩浩金波眼界足, 春有梅花秋有菊, 代謝無窮幽興足, 一床經書道味深, 尚友萬古師友足, 德比先賢雖不足, 白髮滿頭年紀足, 同吾所樂信有時, 卷藏于身樂已足, 俯仰天地能自在, 天之待我亦云足.

51) 宋翼弼, 『龜峯集』·「玄繩編上」: 弱形體之疾與心性之病, 爲朋相煽, 昏昏終日, 未見淸明, 止定之界, 控手默坐, 有時收聚, 一物來觸, 便覺散渙, 動上之靜, 竟不可得, 其所謂收斂, 反同禪學, 理不勝氣, 衰老又迫.

있다. 구봉은 육체와 정신, 몸과 마음의 상호관계를 비교적 진솔하게 말하고 있다. 또한 작은 일에도 마음이 흩어짐을 느낀다는 것에서 마음을 관조하는 높은 경지를 짐작할 수 있다. 그러나 구봉이 고백하고 있듯이 동에서 정으로 가는 과정은 자신도 터득하지 못했다고 말할 정도로 매우 높은 경지이며 어려운 과정임을 알 수 있다. 이에 리는 기를 이기지 못한다고 말하며 노년의 쇠약함이 극심했음을 말하고 있다.

6. 맺음말

이상에서 살펴본 바와 같이 구봉의 수양론은 그의 독자적인 저술이나 체계적인 논리로 정리되어 있지 않다.[52] 사변적인 이론보다 구체적이며 실제적인 예론(禮論)을 강조했던 구봉의 학문적 특징을 감안할 때, 수양론의 특징도 어느 정도 짐작할 수 있다. 그러나 여전히 구봉의 수양론에 대해 한 마디로 정의하기는 어렵다. 다만 「김은자직백설」을 통한 직사상이나 구용·구사·권도의 실천 중시, 그리고 그의 시를 통해 안분지족, 무욕·주정, 청정·한정·자락하는 선비의 면모를 단편적으로 엿볼 수 있을 뿐이다.

시란, 마음의 감동을 축약된 글로 표현한 것이다. 한유(韓愈, 768~824)의 말대로 만물은 그 마음에 평정을 잃으면 소리를 내게 된다. 이것이 한유의 '불평즉명(不平則鳴)'론이다. '초목에는 소리가 없지만 바람

---

52) 구봉의 修己論이 程朱學의 전통적 이론에 충실히 따르고 있으며, 반면 체계적인 논리로 정리되어 있지 않다는 주장에 대해서는 김창경, 「구봉 송익필의 道學的 修己論」(『유학연구』 제24집, 충남대학교 유학연구소, 2011)을 참조.

이 흔들어 소리를 내며, 물에는 소리가 없지만 바람이 움직여 소리를 내게 만든다'는 것이다.53) 이렇게 볼 때, 시를 쓴다는 것은 마음에 무언가 평안하지 못한 것이 있다는 증거이다. 구봉의 경우에도 마찬가지다. 자신과 전혀 무관한 일로 일생일대의 좌절과 고통을 겪은 구봉으로서 당시의 불합리한 신분제도와 불공평한 예제는 그의 마음에 평정을 잃게 만들었다. 그러나 구봉은 자신이 처한 불운한 상황과 현실적 여건을 시로 승화시켜 마음의 불평을 글로 표현했다. 자신의 이상과 진유로서의 삶의 태도에 대해 정제된 언어로 마음을 다스리고 내면의 평정(平靜)에 도달하고자 했던 것이다. 이렇게 볼 때, 구봉의 학문에서 예론(禮論)이 중요한 부분을 차지하게 된 것은 불운한 그의 인생을 바탕으로 사회·제도적 모순을 해결하기 위해 그가 나름대로 제시한 하나의 해결책이었을 지도 모른다. 적어도 그의 예론은 개인사적인 좌절과 고난에 대한 깊은 고뇌와 성찰의 결과였을 것이다. 더욱이 유학의 이상이자 선비의 궁극적 목표인 수기치인 중 '치인'이 원천적으로 봉쇄된 상황에서 구봉이 선택할 수 있는 길을 매우 제한적이었다. 왜냐하면, 구봉 자신에게 가장 큰 좌절과 고통을 주었던 서얼제도를 직접 언급하거나 비판한다면, 그것은 당시 정치상황에서 용납될 수 없을 뿐만 아니라 불우한 자신에 대한 개인적 변론에 지나지 않기 때문이다. 결국 구봉이 선택할 수 있는 길은 오로지 은둔으로 안정된 수기의 공간을 확보하고, 이를 통해 무욕(無欲)과 주정(主靜)의 수양을 실천하여 군자로서의 지족(知足)하는 삶을 영위하는 것뿐이었을지도 모른다.

---

53) 韓愈, 『韓昌黎全集』·「送孟東野序」: 大凡物不得其平則鳴, 草木之無聲, 風撓之鳴, 水之無聲, 風蕩之鳴.

구봉 송익필 「태극문」의 태극에 관한 연구[1]

손흥철[2]

<차 례>

1. 서론

성리학에서 태극 개념은 주돈이(周敦頤, 1017~1073. 호 濂溪)가 『태극도설(太極圖說)』에서 그 원형을 정립하고, 성리학 이론을 집대성한 주희(朱熹, 1130~1200. 호 晦庵)는 이 태극 개념에 매우 깊이 천착(穿鑿)하였다. 주희의 태극에 대한 이론은 『태극해의(太極解義)』에 잘 나타난다. 그는 여조겸(呂祖謙, 1137~1181)과 함께 편찬한 『근사록(近思錄)』의 첫머

---

1) 이 논문은 2016년 6월 4일(토), 전북대 간재학연구소, 구봉문화학술원 공동주최 전라북도, 전북은행 후원, <기호유학에서 구봉송익필사상의 위상과 수용>학술대회에서 발표하였으며, 『남명학연구』 제51집, 경상대학교 남명학연구소, 2016에 게재한 논문이다.

2) 孫興徹, 안양대학교 교수

리에서도 태극을 언급하였고, 제자들과 태극에 관하여 주고받은 많은 문답들은『주자어류(朱子語類)』에 실려 있다. 그리고『사서집주(四書集註)』와『태극도설해(太極圖說解)』등에도 태극(太極)의 의미를 자세하게 서술하였다.

주희는 아호사(鵝湖寺; 江西省 鉛山縣 소재의 書院)에서 육구연(陸九淵, 1139~1193. 호 象山) 등과 두 차례의 치열한 논쟁을 벌였다.3) 여조겸의 주선으로 이루어진 이 논쟁이 아호지회(鵝湖之會) 혹은 주륙논쟁(朱陸論爭)이다. 이 논쟁에서 주희는 노·불(老佛) 이론까지 수용해 태극 개념을 이해하려고 하였다. 반면에 육구연은 태극이 유가의 정통개념이 아니라고 보고, 주희를 이단을 신봉한다고 비판하였으며, 모든 존재의 인식과 실천을 일심(一心)으로 수렴하여 해석하였다. 이 논쟁은 태극 개념과 그 의미에 대한 해석 문제가 핵심이었다. 이로부터 주자성리학과 육왕심학이 분기(分岐)하는 계기가 되었다. 한편 주희는 이 논쟁을 통해 태극에 대한 해석의 지평을 넓힘으로써 태극의 개념적 외연을 확장하였다.

성리학은 태극(太極)·리(理)·기(氣)·심(心)·성(性) 등의 개념을 중심으로 이론체계가 정립된다. 여기서 태극은 다른 개념들을 정립하는 가장 핵심 개념이다. 성리학에서 태극 개념은 우주자연의 근원이면서 발생론과 변화 운행의 원리일 뿐만 아니라, 인간 본성과 그 도덕적 통일성을 설명하는 중심개념으로 발전하였다.

성리학을 수용하여 국가이념으로 정립한 조선의 성리학자들도 태극을 매우 중요한 개념으로 보았고, 많은 학자가 태극을 설명하는 개념

---

3) 주희와 육구연이 논쟁을 벌인 해는 보통 1175년과 1188년이라고 보지만 이견(異見)도 있다.

논쟁을 벌였다.4) 구봉(龜峯) 송익필(宋翼弼. 1534~1599)의 『구봉집(龜峯集)』에 수록된 「태극문(太極問)」은 학자간의 논쟁으로 진행되지는 않았지만, 태극과 리기·심성(心性)·음양·동정(動靜)의 문제를 종합적으로 정리하고 해설한 저술이다. 이 「태극문」에는 현재 두 가지 문제가 제기되고 있다.5) 하나는 「태극문」의 원저자가 누구인가의 문제이다. 즉 송익필과 율곡(栗谷) 이이(李珥. 1536~1584) 가운데 누구의 작품인가? 혹은 다른 작자가 있는가의 문제이다. 그것은 이미 송시열(宋時烈) 등이 제기한 문제가 「태극문」 총 81개 항 가운데 42개항목이 된다.6) 다른 하나는 「태극문」의 내용에 대한 문제다. 『태극문』의 내용이 율곡이 썼다고 보기에는 부실하거나 조리가 없다는 평가도 있다. 그러나 필자는 이 두 가지 문제제기에 대한 진위의 판단은 일단 유보하고 구봉의 저작으로 보고자 한다. 왜냐하면 율곡의 저작인가 아닌가의 문제제기는 분명하게 증명된 것이 아니며, 또한 그 반론도 가능한 부분이 많기 때문이다. 그리고 내용이 부실하다는 지적도 보는 관점에 따라 다를 수 있다. 필자의 생각에 당시 『주자어류(朱子語類)』나 『주희집(朱熹集)』을 읽고 그 가운데 태극의 개념과 성리학적 이론과 관련된 부분을 81개

---

4) 조선시대의 태극논변에 대한 연구로는 황준연, 「이언적의 무극태극설 논변」(『동양철학연구』 제24집, 2000). 임헌규, 「思庵·栗谷 太極論辯과 栗谷의 太極論」(『한국사상과 문화』 제29집.). 곽신환, 「조선유학의 太極 解釋 논변」(동양철학연구회, 『동양철학연구』 제47집, 2006.08) 등이 있다.

5) 곽신환, 「『태극문(太極問)』 논변」(충남대 유학연구소, 『儒學硏究』 第33輯, 2015. 11). 여기서 필자는 조선시대 여러 학자들이 「태극문」에 대하여 제기한 문제들의 내용을 자세하게 정리하였다.

6) 宋時烈의 「太極問訂誤」에 19개 조항, 林泳의 「栗谷集疑義」에 17개 조항, 韓元震의 「栗谷集付籤」에 7개 조항, 沈潮의 「太極問答箚疑」에 16개조, 이현익의 「太極問答記疑」에 10개 조항이 있다. 중첩된 내용을 빼면 39개 조항만 시비의 대사이 되지 않는다. (위 곽신한 논문 7~8쪽 참조) 그러나 朴世采는 『太極問』을 아예 율곡의 저작이라 보고 「太極問答」이라는 제목으로 『栗谷集』에 수록하였다.

항으로 추출하고 종합하고 정리할 수 있었다면 그 자체로도 충분히 의미가 있고, 당시의 성리학의 이해의 수준을 충분히 알 수 있기 때문이다.

특히 구봉(龜峯)은 그의 연보(年譜)에 따르면, 『주자어류(朱子語類)』전부를 암송할 만큼 주자학 전반에 조예가 깊었다. 「태극문」에 있는 문답 내용도 대부분 『주자어류』와 『주희집(朱熹集)』에 근거한다. 구봉은 "리는 하나일 뿐이다. 태극에 대한 문답이 이리저리 변하여 달라짐이 비록 다르지만 끝내는 일리(一理)로 돌아가니 또한 나 자신의 사론(私論)은 아니며, 모두 주자의 말이고 뜻이다."[7]라고 한다. 이러한 기록으로 보면 『구봉집』 수록된 「태극문」이 구봉의 저술로 볼 수 있는 부분적 근거도 될 수 있다고 생각된다.

그리고 송시열(宋時烈. 1607~1689. 尤庵), 임영(林泳. 1649~1696. 호 滄溪) 등 5명이 오류가 있다고 제기한 42개 항목의 변석 내용을 일일이 비교대조해 볼 필요는 있으나, 이 글에서는 「태극문」에 나타난 무극과 태극, 태극과 리기(理氣), 그리고 태극과 음양의 움직임과 정지(靜止)함 등과의 관계와 그 철학적 의미를 있는 그대로 살펴보는 것이 목적이다.

이를 위해 먼저 태극 개념과 무극과의 관계를 살펴볼 것이다. 여기서는 태극과 무극의 본체론적 의미를 중심으로 파악하며, 다음으로는 태극과 리기의 관계를 알아 볼 것이다. 태극을 리(理)와 기(氣) 어느 개념으로 이해하는가에 따라 성리학의 기본적 내용이 달라질 수 있기 때문이다. 여기에서 태극을 리로 이해하는 이론적 특징에 초점을 둔다. 세 번째는 태극과 기의 '움직임과 정지함'의 관계를 살펴볼 것이다. 이를

---

7) 『龜峯集』 권3, 雜著, 「太極問」 이하 「太極問」으로만 표기
　理一而已° 太極問答° 變轉雖殊° 終歸一理° 亦非自家私論也° 皆朱子語意也°

통해 구봉이 음과 양 두 기(氣) '움직임과 정지함'의 주체라고 보고, 태극을 움직임과 정지함의 까닭으로 이해하는 구체적인 내용을 검토할 것이다.

이상의 연구를 통하여 태극론에 대한 구봉의 철학적 특징을 검토하고, 율곡의 태극관과 비교하여 「태극문」이 구봉의 저술이라는 근거를 찾아 볼 것이다. 또한 구봉의 태극론이 조선성리학사에서 어떤 의미가 있으며, 이러한 태극에 대한 견해가 현대사회에서 어떤 의미가 있는가를 검토하고자 한다.

2. 태극(太極)과 무극(無極)의 개념

「태극문」의 내용과 형식은 주렴계(周濂溪)의 『태극도』와 「태극도설」의 내용순서에 따라 자문(自問)하고 자답(自答)의 형태로 서술되어 있다. 중심 내용은 무극·태극·리기·음양·'움직임과 정지(靜止)함'의 개념과 상호간의 관계에 대한 설명이다. 물론 이들 문제들에 대한 설명이 구봉 자신의 개인적 견해가 중심이지만, 문헌적 전거(典據)는 『주역(周易)』, 사서(四書) 및 주희와 이정(二程) 소강절(邵康節) 등의 주장과 견해를 중심으로 한다.

「태극문」에 있는 총 81개 항목 가운데 태극에 관한 내용은 리기와 '움직임과 정지함' 및 음양의 관계 등으로 언급되고 있는 반면, 무극에 대한 설명은 많지 않다. 왜냐하면 구봉은 기본적으로 무극과 태극을 하나로 보기 때문이다. 먼저 이 글의 전개를 위해 「태극도」와 「태극도설」의 내용을 살펴보자.

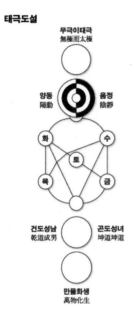

태극도설

無極而太極
무극이태극

陽動 陰靜
양동 음정

화　수
토
목　금

乾道成男　坤道坤道
건도성남　곤도성녀

萬物化生
만물화생

무극(無極)이면서 태극(太極)이다. 태극이 움직여 양을 생출하고, 움직임이 다하면 정지(靜止)하며, 정지하여 음을 생출하며, 정지함이 다하면 다시 움직인다. 한번 움직이고 한번 정지함이 서로 그 근본이 되며, 음으로 나뉘고 양으로 나뉘어 양의(兩儀)가 확립된다. 양이 변하고 음이 합해져서 수(水)·화(火)·목(木)·금(金)·토(土)를 생출하고, 다섯 가지 기가 순리대로 펴져 사시(四時)가 운행된다. 오행은 하나의 음양이며, 음양은 하나의 태극이며, 태극은 본래 무극이다. 오행이 생겨남에 각각 그 성(性)을 하나로 한다. 무극의 진(眞)과 음양·오행의 정기가 오묘하게 합치고 응결하여 건도(乾道)는 남성을 이루고 곤도(坤道)는 여성을 이루니, 두 기가 서로 감응하여 만물을 변화생성하고, 만물이 생겨나고 생겨나서 변화가 끝이 없다.

오직 사람만이 그 빼어난 기를 얻어 가장 신령하다. 형체가 생긴 뒤에 정신이 지혜를 드러내며, 오성(五性)이 감응하여 움직여서 선(善)과 악(惡)이 나뉘고 만사가 나타난다. 성인이 중정(中正)과 인의(仁義)로 그것을 정하고, 정지함을 위주로 사람의 표준을 세웠다. 그러므로 성인은 천지와 그 덕이 합하며, 일월과 그 밝음을 합하며, 사시와 그 순서를 합하며, 귀신과 그 길흉을 합한다. 군자는 그것을 수양하여 길하며, 소인을 그것을 어겨서 흉하다. 그러므로 (『周易』에서) "하늘의 도를 세움은 음과 양이며, 땅의 도를 세움이 유와 강이며, 사람의 도를 세움이 인과 의다."라고 하였으며, 또 "근원을 원찰하고 마침을 유추하니 그러므로 생사(生死)의 도리를 안다."고 하였다. 위대하도다! 역이여! 이처럼 그것이 지극하구나![8]

주돈이를 성리학의 비조(鼻祖)로 여기는 까닭은 위 「태극도」와 「태극도설」 때문이다. 이 「태극도」와 「태극도설」에 대해서 주희(朱熹)가 재해석을 함으로써 태극·리기·음양·동정 등 성리학의 중요 개념이 정립되었다. 이에 반해 「태극도」와 「태극도설」에 대한 이견과 해석의 문제가 제기되었다. 그 가운데 가장 논란이 많았던 부분이 첫머리 '무극이태극(無極而太極)'에 대한 해석의 문제였다. 이 문제는 대략 세 가지로 요약된다. 첫째, 무극의 개념이 무엇인가? 둘째, 태극 이외에 왜 무극이 필요한가? 셋째, 무극과 태극의 선후(先後) 등의 관계는 어떠한가? 구봉은 제기된 질문에 대하여 자세하게 설명한다.

먼저 구봉은 무극의 개념에 대한 설명하는데, 이를 직접 설명하기 전에 유(有)와 무(無)의 개념을 설명한다. 구봉은 1번 항목에서 두 가지 질문을 한다. 하나는 노자(老子)·장자(莊子)의 유와 무, 불교의 공(空)을

---

8) 『周敦頤集』卷一, 太極圖.
太極圖無極而太極. 太極動而生陽, 動極而靜, 靜而生陰. 靜極復動. 一動一靜, 互爲其根 ; 分陰分陽, 兩儀立焉. 陽變陰合, 而生水火木金土. 五氣順布, 四時行焉. 五行, 一陰陽也 ; 陰陽, 一太極也 ; 太極, 本無極也. 五行之生也, 各一其性. 無極之眞, 二五之精, 妙合而凝. 「乾道成男, 坤道成女」, 二氣交感, 化生萬物. 萬物生生, 而變化無窮焉. 惟人也, 得其秀而最靈. 形旣生矣, 神發知矣, 五性感動, 而善惡分, 萬事出矣. 聖人定之以中正仁義, 而主靜立人極焉. 故聖人與天地合其德, 日月合其明, 四時合其序, 鬼神合其吉凶. 君子修之吉, 小人悖之凶. 故曰: "立天之道 曰陰與陽, 立地之道 曰柔與剛, 立人之道 曰仁與義." "原始反終, 故知死生之說." 大哉易也, 斯其至矣!
** 太極圖는 '두산백과 인터넷 판'에서 轉載함.

선유(先儒)들이 옳지 않다고 본 이유가 무엇인가? 다른 하나는 유종원 (柳宗元. 773~819. 河東先生)이 말한 무극, 소강절이 말한 '무극의 이전' 에서의 극(極)이 주렴계 「태극도」의 '무극이태극'에서의 극(極)과 다른 이유가 무엇인가?

이에 대해 구봉은 "소강절은 기를 말했고, 주돈이는 리를 말했으며, 노자·장자·유종원·불교는 모두 기를 말했다. 다만 소강절은 리를 알 고 기를 말하였다."9)고 대답한다. 구봉은 여기서 무극과 태극을 유와 무, 리와 기로 설명하려고 하며, 또한 도가사상이나 불교는 리를 이해 하지 못하고 기만 알았음을 비판한다.

그리고 구봉은 "태극이 무성(無聲)·무취(無臭)하고 무극인 것은 무 성·무취의 오묘함이다. 무성·무취는 그 가운데서 무(無)를 말하였다. '無極而太極'은 그 가운데에서 유(有)를 말하였다."10)고 설명한다. 무는 무성·무취함과 같이 형체나 흔적이 없음을 형용하는 말이며, 유는 '무 극이면서 태극'이 본체의 존재를 의미한다. 여기서 구봉은 극(極)의 의 미를 "사물이 지극하여 더 이상 더할 것이 없는 것, 그것을 '극'이라고 이름하며, 예전에 극한 곳을 지칭한 것은 각각 가리키는 바가 있다."11) 고 하였다. 극이라는 말은 사물이나 어떤 원리의 궁극적 실체를 의미한

---

9) 『구봉집(龜峯集)』 권3, 「太極問」 1
   邵子言氣, 周子言理° 老莊佛柳, 亦皆言氣° 但邵子知理而言氣°
   여기서 항목의 일련번호는 한국고전번역원, 한국문집총간, 『龜峯集』에 탑재된 원문의 항
   목을 순서대로 매김한 것이며, 「태극문」에는 이러한 구별이 없다. 이하 「태극문」에서의 인
   용은 "「태극문」 ○○"으로 표기하고, 질문과 답변에 대한 인용문은 필요할 때만 원문을 표
   기한다.

10) 「太極問」 9
    太極無聲無臭而無極者, 無聲無臭之妙也. 無聲無臭者, 就其中說無也. 無極而太極者,
    就其中說有也.

11) 「太極問」 6
    物之至極而莫能有加者, 其名爲極. 古之稱極處, 各有攸指.

다고 할 수 있다. 그리고 무극·태극 등 '극'자가 있는 개념들은 그 나름의 의미가 있다는 것이다.

다음으로 왜 태극 이외에 무극이 필요한가? 구봉은 "무(無)와 태(太) 두 글자는 더함과 들어냄(添減)이 불가능한 것이다. '이(而)'자는 경(輕)하며, 차근차근 쌓음이 없으며, 선후도 없고 방위도 없다. 하나의 '이(而)'자의 가벼움을 모르기 때문에 곧 육씨(陸氏; 陸九淵)의 의론이 생겼다."[12]고 설명한다. 무극의 무(無)와 태극의 태(太)는 그것이 가장 근원적이고 궁극적 의미임을 나타내는 말이다. 그리고 '무극이태극'에서의 '이(而)'는 가볍게 보아야 한다는 말은 무극과 태극이 둘이 아니라 하나라는 뜻이다. 따라서 '무극이면서 태극이다.'는 뜻으로 해석해야 한다는 말이다. 아호지회(鵝湖之會)라고 부르는 주륙논쟁(朱陸論爭)의 주제는 '무극태극논쟁'이었다. 이 논쟁은 육구연이 주돈이의 『태극도』에는 본래 무극(無極)이 없었고, 주희가 무극을 더한 것은 태극 위에 또 하나의 실체를 더한 것으로 무의미한 것이라고 비판하면서 시작되었다. 그런데 구봉은 육구연이 무극과 태극을 서로 다른 두 개념의 개념으로 보았다고 비판한다.

마지막으로 그렇다면 무극과 태극은 어떤 관계인가? 구봉은 17번 항목에서 "이른바 무극의 진(眞)이 곧 태극이다.(所謂無極之眞, 便是太極也.)"라고 한다. 그러나 이 말은 "무극이면서 태극이다.(無極而太極)"이라는 태극도설의 말과 차이가 있다. '무극이태극'은 무극과 태극이 하나의 실체에 대한 다른 이름이라는 뜻이다. 그런데 '무극지진(無極之眞)'은 두

---

12) 「太極問」5
　　無·太二字, 添減不得者也. 而字, 輕無積漸, 無先後, 無方位. 因不知一而字之輕,
　　便生陸氏議論.

가지 의미로 해석될 수 있다. 하나는 무극이 있고 그 '무극 가운데의 진수(眞髓)'라고 해석하면, 무극과 '무극지진'은 두 가지 실체가 있게 된다. 다른 하나는 '무극지진'의 '진(眞)'을 무극의 특성을 가리키는 개념으로 보아 '무극이라는 진수'의 의미로 해석할 수 있다. 이에 대한 구봉의 명확한 다른 설명이 없다. 다만 의미상으로 보면 후자의 입장으로 추정된다. 왜냐하면 주희는 "무극의 진(眞)에는 이미 마땅히 태극이 그 가운데 있다. 진(眞)자는 곧 태극이다."[13]라고 하였기 때문이다.

이와 함께 구봉은 무극과 태극은 모두 가장 근원적 실체이며 하나의 실체에 대한 두 가지 이름이라는 의미로 해석한다.

> 주자는 "태극의 위에 따로 무극이 있는 것이 아니다."라고 하였다. 무극과 태극은 차제(次第)가 없다. 소자(邵子)가 무극의 이전을 말한 것은 단지 기의 순환을 논한 것이다. 정자가 '말할 수 없다.'고 한 것은 말하기 어려움을 말한 것이지 말하지 않음이 아니다. 장자는 허공에다 시렁을 얹었으니 굳이 변론할 필요가 없으나 역시 오로지 기를 가리켜 한 말이다.[14]

즉 구봉은 주희가 '태극 위에 따로 무극이 있는 것이 아니다.'고 한 말을 '무극과 태극은 차제(次第)가 없다.'는 말로 바꾸어 말한다. 여기서 차

---

13) 『朱子語類』 卷第九十四 「周子之書」 〈太極圖〉 94:68
"無極而太極', 先生謂此五字添減一字不得. 而周子言'無極之眞', 卻又不言太極?" 曰: "無極之眞', 已該得太極在其中. '眞'字便是太極." 이와 비슷한 내용은 94:6 항에도 있다. (이하 『주자어류』의 인용은 전자판(電子板)의 일련번호만 표시한다.)

14) 「太極問」 41
無極太極, 無次第. 邵子說到無極之前, 只論氣之循環. 程子不容說, 謂難言也, 非不言也. 莊子架虛, 不須爲辨, 亦專指氣爲言.

제(次第)는 순서 혹은 차례의 의미를 내포한다. '차제'가 있다는 말은 순서와 차례가 있고, 동시에 하나가 아닌 두 개라는 뜻이 된다. 만약 차제가 있다고 하면 무극과 태극은 서로 시간적으로 선후가 있게 되고 또한 하나의 실체(實體)가 아닌 두 개의 실체가 있다는 뜻이다. 따라서 무극과 태극이 '차제가 없다'는 말은 무극과 태극이 두 개의 실체가 아닌 하나의 실체를 설명하는 다른 이름이라는 뜻이다. 이에 구봉은 소강절이 「선천도(先天圖)」에서 무극지전(無極之前)이라고 한 것은 단지 기의 순환을 논한 것이고 또 다른 실체가 있다는 뜻이 아니라고 보았다. 실제로 소강절은 "무극의 전에는 음이 양을 포함하고 있다. 형상이 있게 된 후에는 음이 나누어진다. 음은 양의 어머니며 양은 음의 아버지다."[15]라고 하였다. 무극의 이전에는 아직 음과 양이 형상을 갖춘 구체적인 사물로 드러나지 않으며, 단지 음이 양을 포함하고 있으며, 사물의 형상을 가진 후에는 음과 양으로 나누어져서 서로 어머니와 아버지의 역할을 한다는 말이다. 이것은 곧 음과 양의 기가 순환하는 원리를 말한 것이라고 할 수 있다. 이 내용을 비교하여 보면 소강절에 대한 구봉의 이해가 정확하다고 할 수 있다.

한편 구봉은 장자(莊子)가 말한 무극은 궁극적 실체 위에 따로 또 하나의 '실체'를 더한 것이므로 무의미하다고 보았다. 이렇게 소강절과 장자의 관점이 서로 다르기는 하지만 결국 소강절이나 장자는 무극을 기로 이해한 것이기 때문에 무극에 대한 올바른 이해를 하지 못하였다는

---

15) 『황극경세서(皇極經世書)』「先天象數」二; 无极之前, 阴含阳也. 有象之后, 分阴也. 阴为阳之母, 阳为阴之父.
   소강절의 『선천도』 곧 伏羲 先天八卦圖

선천팔괘

말이다. 왜냐하면 구봉은 무극지진(無極之眞)과 태극을 리로 이해하기 때문이다.

이와 같은 입장에서 구봉은 리와 기, '움직임과 정지함', 음양 개념을 태극으로 설명한다. 그렇다면 이 태극은 어떻게 존재하는가? 태극은 형체가 없는 추상적 존재인데 어떻게 그것이 존재함을 알 수 있는가?

> 사물이 없는 이전에 있으나 사물이 있게 된 이후에는 아마도 확립되지 않음이 없으며, 음양의 밖에 있으나 아마도 음양의 가운데서 행하지 않음이 없다. 드러나고 존재하고 밝혀지고 나타남이 이에 불과한데 어찌 알지 못하겠는가?16)

태극은 구체적 사물이 생기기 이전에 존재하며, 사물이 생긴 후에는 그 사물이 자신의 특성을 유지하도록 작용하며, 음양을 초월해서 존재하지만, 음양이 작용하는 그 속에서 음양이 작용하도록 한다. 따라서 사물이 생기고 변화하는 것을 보면 그 속에 태극이 존재하고 있음을 알 수 있다는 말이다.

마지막으로 구봉은 태극 곧 리를 자연의 원리와 인간의 도덕성을 아우르는 개념으로 설명한다.

> 태극은 천지만물의 리를 총합해서 하는 말이다. 리가 하늘에 있으면 원·형·리·정(元亨利貞)이라고 하고 리가 사람에게 있으면 인·의·예·

---

16) 「太極問」 61
  在無物之前, 而未嘗不立於有物之後, 在陰陽之外, 而未嘗不行於陰陽之中. 著存明顯, 無過於此, 何爲不知.

지(仁義禮智)라고 한다.17)

태극이 곧 리다. 이 리가 하늘에 있다는 말은 곧 자연법칙을 말한다. 이 자연법칙이 원·형·리·정이다. 리가 사람에게 있다는 말은 사람의 윤리도덕을 말하며 그것이 곧 인·의·예·지이다. 이러한 구봉의 사상에서 천인합일(天人合一)이라는 유학의 전통적 천인관(天人觀)을 확인할 수 있다. 이상에서 살펴본 것처럼, 구봉은 '무극지진'이 곧 태극이며, 만리(萬理)의 총합이 태극이며, 이 만리의 구체적인 내용이 원·형·리·정이며, 이 원·형·리·정이 사람에게 갖추어진 것이 인·의·예·지라고 하였다. 다시 말하면 자연의 원리인 원·형·리·정과 인간의 원리인 인·의·예·지가 같다는 말이다. 이러한 구봉의 태극관은 바로 '천인합일'의 사상을 그대로 드러낸 것이라고 할 수 있다.

3. 태극과 리기(理氣)

리기론(理氣論)은 성리학의 철학적 체계를 이루는 근간이다. 리기론은 리와 기의 개념, 태극과의 관계, 리와 기 상호간의 관계, 존재양태, 유행(流行)의 방법, 심성(心性) 등에 대한 설명으로 구성된다. 현재 전하는 『구봉집』에는 「태극문」을 제외하면 리기론에 대한 내용은 많지 않다.

먼저 구봉은 태극과 리를 다음과 같이 설명한다.

---

17) 「太極問」 78
　太極, 是總言天地萬物之理. 理在天曰; 元亨利貞, 理在人曰; 仁義禮智.

천지만물의 리를 총합하여 태극이라 한다. 그러나 일물 가운데 또 일
태극(一太極)이 있다. 그러므로 천하공공(天下共公)의 리가 있고, 일물
(一物)에 갖추어진 리가 있으니 동일한 리이다.18)

태극은 리의 존칭(尊稱)이다.19)

구봉은 태극을 리로 해석한다. 그리고 태극은 총합으로서의 태극과
개별적 사물에 내재된 태극이 있다. 이에 대응해서 천지만물의 총합으
로서의 리가 있으며 그것이 '천하공공(天下共公)의 리'이며, 또 각각의
사물에 갖추어진 개별적 리가 있다. 그러나 '천하공공의 리'와 '개별적
사물에 내재된 리'는 서로 다른 별개의 리가 아니라 하나의 리이다.

그런데 위에서 말한 '천지만물의 리의 총합'에 대하여 율곡은 통체일
태극(統體一太極)으로 설명하는데20), 이에 비하여 주희(朱熹)는 '통체
일태극'이라는 용어는 쓰지 않고 "태극(太極)"으로 표기한다.21) 그리고
'통체(統體)'라는 말은 인(仁)을 설명하는 개념으로 사용한다.22) 구봉이
태극으로 '천지만물의 리의 총합'을 설명하는 것은 율곡보다는 주희와

---

18) 「太極問」 7
　　總天地萬物之理, 爲太極也. 然一物之中, 亦有一太極, 故有天下共公之理, 有一物所具之
　　理, 同一理也.
19) 「太極問」 8
　　太極, 理之尊號也.
20) 『栗谷先生全書』 卷之十, 書 二. 答成浩原, 壬申而天地之理, 卽萬物之理, 萬物之理, 卽吾
　　人之理也. 此所謂統體一太極也.
21) 『朱子語類』 1:1
　　太極只是天地萬物之理. 在天地言, 則天地中有太極; 在萬物言, 則萬物中各有太極.
　　未有天地之先, 畢竟是先有此理"
22) 『朱熹集』, 56-21, 答方賓王 3
　　夫仁者, 天理之統體, 而存乎人者, 蓋心德之合, 而流動發生之端緒也.

같은 맥락으로 보인다.

따라서 이러한 용어사용을 보면 「태극문」이 율곡의 저작이 아니라고 볼 수 있다. 문제는 태극이라는 실체를 리로 보는가 기로 보는가에 따라 리기론의 특징이 정해진다. 명백하게 구봉은 '태극은 리'라고 규정한다. 마찬가지로 율곡도 "리는 태극이며, 기는 음양이다."[23]라고 하였다. 이로써 보면 구봉이나 율곡의 리기론을 주기론(主氣論)이라고 보기는 어렵다.

정리하면, 태극은 리이며, 태극으로서의 리는 만물이 가진 각각의 리의 총합이며, 태극은 물질이 아닌 무형의 실체라는 말이다. 나아가 구봉은 "사물이 그 형체가 있고 그 이름이 있는 것은 기로써 형체를 이룬 것이다. 사물이 그 형체가 없는데 그 이름이 있는 것이 리이다. 태극은 리의 존칭이며, 형체가 없는데 어찌 네모나고 둥글고 크고 작음이 있겠는가?"[24]라고 하였다. 즉 리는 형체가 없으며, 기는 형체가 있다는 말이다. 즉 구봉은 리를 원리적 실체로 보며, 기는 현상의 사물을 이루는 존재로 본 것이다.

구봉은 리와 기의 작용을 다음과 같이 설명한다.

리가 미묘하지 않고 기가 왕성하지 않다면 성현이 또 무엇으로 가르치겠는가? 리는 비록 미묘하나 갈수록 드러나고, 기는 비록 왕성하나 변할 수 있다. 이것은 성현이 할 수 없는 때가 없고 교화하지 못하는 사

---

23) 『栗谷先生全書』, 卷之十九 聖學輯要 二
　　發之者, 氣也, 所以發者, 理也. …… 理者, 太極也, 氣者, 陰陽也.
24) 「太極問」 8
　　物之有其形有其名者, 氣以成形者也. 物之無其形有其名者, 理也. 太極, 理之尊號也.
　　無形則何方圓大小之有.

람이 없는 까닭이며, 천지가 자리 잡고 만물이 화육(化育)함에 이르면 기는 항상 리의 명령을 듣게 되는 것이다. 물음에서 '이 뿐만 아니라' 의 이상에서 미묘함과 왕성함은 모두 기(氣)를 말하였으며, '이 뿐만 아니라'의 이하는 미묘함은 리(理), 왕성함은 기이다. 상하의 말의 기 세가 또한 조금도 차이가 없음을 알지 않으면 안 된다. 대개 생(生)하 는 것은 기이며, 생하게 하는 이치는 리이다.25)

먼저 구봉은 만물이 생하는 것은 기(氣)에 의존하며, 만물이 생장하는 이치는 리라고 보았다. 그런데 만물이 생장하는 이치라는 것은 만물이 각각의 특성에 따라서 생장하게 되는 원리를 의미한다. 그러므로 만물 은 비록 기에 의해서 생장하지만 결국은 그 생장의 원리인 리에 순응하 지 않을 수 없다. 또한 사람도 그 사람의 도리는 리를 따라야 한다. 이 리는 비록 미묘하지만 현상의 사물에 모두 분명하게 내재되어 있기 때 문에 만물이 이 리를 따라 화육(化育)하고 천지가 제대로 자리 잡는다. 그리고 성현은 이 리를 통하여 교화를 할 수 있다.

그렇다면 리와 기는 어떤 양태로 존재하는가?

리기는 이미 서로 떨어질 수 없으니 진실로 선후를 가를 수 없다. 그러 나 주자는 "형이상하로부터 말하면 어찌 선후가 없겠는가?"라고 하였 다. 반드시 그것을 말하고자 하면 선후를 또한 생각할 수 있다. 태극은

---

25) 「太極問」 70

理不微氣不盛, 則聖賢又何爲敎? 理雖微而益著, 氣雖盛而可變.
此聖賢之所以無不可爲之時, 無不可化之人, 而至於天地位萬物育, 氣常聽命於理者也.
問之不特此以上, 微與盛皆言氣也, 不特此以下, 微是理而盛是氣. 上下言勢,
亦有毫髮之異, 不可不知. 蓋生亦氣也, 而生之理, 理也.

리(理)이며, 음양은 기다. 형이상에 어찌 기가 있겠는가? 기에는 리가 일찍이 있지 않은 적이 없으며, 리에는 간혹 기(氣)가 아직 용사(用事)하지 않은 곳이 있다.26)

리는 기와 더불어 저것이 아니면 내가 없고 내가 아니면 취할 바도 없다. 이른바 둘이면서 하나고 하나이면서 둘인 것이다."27)

정리하면, 첫째, 리와 기는 서로 떨어질 수 없는 '불상리(不相離)'의 관계이며 따라서 선후를 구별할 수 없다. 둘째, 그러나 형이상과 형이하의 관계로 보면 선후가 있으며 이때는 리선기후(理先氣後)라고 할 수 있다. 셋째, 태극은 리며, 음양은 기이다. 기에는 리가 항상 같이 있으며, 리는 기가 발동하지 않을 때도 존재한다. 넷째, 리와 기는 상호 존재의 근거가 되며, 따라서 둘이면서 하나고, 하나면서 둘이다. 즉 리와 기는 서로 독립적으로 따로 존재할 수 없다. 왜냐하면 리와 기는 항상 서로 짝이 되어 함께 있기 때문이다. 이것을 리와 기는 동시(同時)·동소(同所)로 존재한다고 할 수 있다.

그리고 '둘이면서 하나며, 하나면서 둘'이라는 말은 원래 주희가 쓴 말이지만 구봉은 다른 용례로 사용한다.

대개 심(心)과 성(性)은 하나면서 둘인 것 같고, 둘이면서 하나인 것 같

---

26) 「太極問」 12
理氣旣不相離, 則固不可分先後. 而然朱子曰; "自形而上下者言, 豈無先後?" 必欲言之, 則其先後亦可想矣. 太極, 理也, 陰陽, 氣也. 形而上, 豈有氣哉? 於氣, 理未嘗不在, 而於理, 或有氣未嘗用事處.

27) 「太極問」 11
理之與氣, 非彼無我, 非我無所取, 所謂二而一, 一而二者也.

다. 이곳을 가장 마땅하게 체인(體認)해야 한다.28)

위의 예문에서 보듯이 주희는 심과 성의 관계를 '이이일(二而一), 일이이(一而二)'로 표현한다. 적어도 『주자어류』에는 리와 기의 관계를 이렇게 표현하는 구절은 보이지 않는다.

한편 구봉과 동학(同學)인 율곡도 리기의 관계를 '이이일(二而一), 일이이(一而二)'로 설명한다.

> 무릇 리는 기의 주재(主宰)이다. 기는 리가 타는 바이다. 리가 아니면 기는 근저(根柢)가 없으며, 기가 없으면 리는 의착(依著)할 곳이 없다. 처음부터 두 가지 사물도 아니며 또한 하나의 사물도 아니다. 하나의 사물이 아니므로 하나면서 둘이며, 두 가지 사물이 아니므로 둘이면서 하나며 하나의 사물이 아니다.29)

리기의 관계에 대한 구봉과 율곡의 견해는 차이가 없다고 볼 수 있다. 이와 같이 리와 기의 관계에 대한 구봉과 율곡의 견해는 이후 율곡학파의 전형적 리기관이라고 할 수 있다. 리와 기의 관계에 대한 이러한 관점은 주자성리학이 조선에서 이론적으로 더 정치(精緻)해졌음을 나타낸다고 할 수 있다. 왜냐하면 리기의 관계는 일반적으로 '서로 떨어지지 않고, 서로 섞이지 않음(不相離, 不相雜)'으로 표현된다. 다시 말하면 리

---

28) 『주자어류』 5:56
  　大抵心與性, 似一而二, 似二而一, 此處最當體認.

29) 『栗谷先生全書』 卷之十, 書二 答成浩原 壬申.
  　夫理者, 氣之主宰也, 氣者, 理之所乘也. 非理則氣無所根柢, 非氣則理無所依著. 旣非二物,
  　又非一物, 非一物, 故一而二, 非二物, 故二而一也, 非一物者.

와 기는 존재양태로서는 서로 떨어져 독립적으로 존재하지 않지만, 개념과 기능적으로는 결코 같은 것이 아니라는 말이다. 이러한 관계를 함축적으로 표현한 말이 '이이일(二而一), 일이이(一而二)'라고 할 수 있다.

다음으로 리기론에서 갖추어져야 할 중요한 문제가 보편과 특수의 관계와 소통에 대한 형이상학적 이론의 구축이다. 보편의 문제는 우주적 존재로서의 인간이해이며, 특수로서의 문제는 개별적 존재로서의 인간이해이다. 세상의 사물들의 존재양태는 상하(上下)·좌우(左右)·고저(高低)·장단(長短)·심천(深淺) 등 천태만상(千態萬象)으로 참치부제(參差不齊)하다. 그리고 사람마다 각자의 주관과 이견(異見)이 있다. 그러나 이러한 물상(物像)과 인간의 가치가 조화와 통일을 유지하기 위해서는 개별적 존재원리와 통일적 존재원리가 서로 그 소통가능성을 가지고 있어야 한다. 성리학에서 보편과 특수의 관계와 소통의 원리가 리일분수(理一分殊)이다. 이 리일분수는 정이(程頤. 1033~1107. 호 伊川)가 처음 제시한 논리이며 이는 주희를 거쳐 율곡의 리통기국(理通氣局)으로 연결된다. 이러한 리통기국의 논리는 「태극문」에서도 찾아 볼 수 있다.

> 그 상태가 천 가지 백 가지인 것은 기(氣)이고, 하나로 관통하는 것은 리(理)다. 기(氣)가 치우치고 막힌 것을 품부받은 것은 사물이며, 바르고 통한 것은 사람이다. 통(通)하고 정(正)한 것 가운데도 또 청(淸)·탁(濁)의 다름이 없을 수 없으나, 함께 인·의·예·지의 리를 얻었기 때문에 성인이 교육을 베풀어 그 리(理)로 돌이키도록 하였다.[30]

---

30) 「태극문」 20
千百其狀者, 氣也. 貫乎一者°理也. 稟得氣之偏且塞者, 物也, 正且通者, 人也. 於通正之中,

'현상의 사물이 다양하게 다른 것은 기'라는 말은 율곡이 말한 '기국(氣局)'의 의미이다. '하나로 관통하는 것은 리(理)'라는 말은 리통(理通)과 같은 뜻이다. 또한 사물의 편(偏) · 색(塞)과 사람의 정(正) · 통(通)도 기국과 리통을 의미한다. 이처럼 현상이 천태만상으로 다른 다양성이 생기는 원인은 기가 각각의 사물에서 다양하게 치우치고 막혔기 때문이다. 반면에 다양한 특수성을 가진 개별성을 하나의 보편적 원리로 통할 수 있도록 하는 것은 리이다. 그리고 기에는 청 · 탁(淸濁)의 다름이 있는데, 사물은 탁한 기를 품부 받았으나, 사람은 기 가운데서도 가장 바르고 통철(通徹)한 기를 얻었기 때문에 인 · 의 · 예 · 지를 실천할 수 있다는 말이다. 이로써 구봉은 리통기국을 인간의 자기 수양과 실천을 통한 윤리도덕의 완전한 실천을 추구하는 논리로 귀결시킨다. 그러나 현상의 다양성이 하나의 근원으로 소통할 수 있는 것은 리(理)의 소통성 때문이다.

> 만(萬)이 되고 하나가 되는 것은 기(氣)이며, 만이 되고 하나가 되어도 둥글고 흠결(欠缺)이 없게 하는 소이(所以)가 리(理)이다. 기로부터 보면 비록 대소(大小)와 이합(離合)의 구별이 있으며, 리로부터 보면 모두 덜고 더하고 차고 축소되는 구분은 없다.31)

만약 이 구절도 율곡의 저술이라면 '만이일(萬而一), 일이만(一而萬)'이라고 표현하였을 것이다. 그러나 내용은 같지만 표현은 같지 않다. 요

又不能無淸濁之殊, 而同得仁義禮智之理. 故聖人設敎, 欲返其理.

31) 「太極問」 72
爲萬爲一者, 氣也. 所以爲萬爲一而圓無欠缺者, 理也. 自氣看之, 雖有大小離合之別, 自理看之, 都無損益盈縮之分.

약하면 만물은 기로 인해서 만수(萬殊)의 다양함이 생기지만, 리통으로 인하여 하나가 될 수 있다는 말이다.

나아가 구봉은 "만물의 이체를 관찰하면, 기는 오히려 서로 근사(近似)하나 리는 결코 같지 않다."[32]는 구절에 대하여 다음과 같이 해석한다.

> 리는 결코 같지 않은 것은 사물이 얻은 기가 편벽하고 리(理)가 그 편벽한 가운데 있어서 막혀서 같지 않기 때문이다. 기(氣)는 서로 근사(近似)하다는 것은 추위와 따뜻함을 알고 배고프고 배부름을 인식하고, 생(生)을 좋아하고 죽음을 싫어하며, 이로움을 쫓고 해로움을 피하는 것처럼 사람과 사물이 서로 근사하다.[33]

현실의 구체적 사물에 있는 리는 개별적 사물이 생길 때 품부 받은 기의 영향을 받는다. 그러므로 막히고 편벽된 기를 받은 각각의 구체적 사물에서는 그 리가 결코 같을 수 없다. 그러나 기(氣)의 관점에서 보면 개개의 사물에 내재된 기가 편벽하고 막혔다는 점에서는 오히려 서로 비슷하다는 말이다. 그런데 구봉은 이러한 기의 다른 특성이 오히려 사물과 사람과의 동질성으로 해석한다. 즉 사람이 배부름을 좋아하고 생을 좋아하며, 죽음과 해로움을 싫어하고 이로움을 추구하는 것은 사람이나 사물이 오히려 서로 비슷하다고 해석하였다.

---

32) 『주희집』46-18(2220쪽)(69세) 答黃商伯4
　　論萬物之一原, 則理同而氣異, 觀萬物之異體, 則氣猶相近, 而理絶不同也. 氣之異者, 粹駁之不齊; 理之異者, 偏全之或異. 幸更詳之, 自當無可疑也.

33) 「太極問」49
　　理絶不同, 物得氣之偏, 而理在偏中, 塞而不同也. 氣相近, 如知寒煖識飢飽, 好生惡殺, 趨利避害, 人與物相近也.

사람이 성인(聖人)이 되기 위해서는 사람에게 갖추어진 태극 즉 리(理)를 온전하게 실천해야 한다. 그러기 위해서는 사람에게 보편적으로 그 실천근거가 있어야 한다. 앞에서 구봉은 원·형·리·정의 자연원리가 사람에게 갖추어진 것이 인·의·예·지라고 하였다. 사람이 이러한 인·의·예·지를 실천할 수 있는 형이상학적 근거가 있어야 하는데 그것이 곧 '정통(正通)의 기(氣)'다.

4. 태극과 음양(陰陽)·동정(動靜)

구봉은 주희나 율곡에 비하여 태극(太極)의 능동성을 강조한다. 그렇다고 해서 태극 그 자체가 직접 운동한다고 보지는 않는다. 왜냐하면 태극이 곧 리(理)이므로 태극이 움직이고 정지(靜止)한다고 하면 리가 직접 움직이고 정지하는 것이 되며, 이렇게 되면 기본적인 리기론의 틀이 무너지기 때문이다.

현상의 세계와 사물들은 '움직임과 정지(靜止)함'의 두 상태에 있다. 문제는 이 '움직임과 정지함'과 태극은 어떤 관계에 있는가이다.

> (스스로) 움직이지 않고 정지하지 않으면서 움직임과 정지함을 포함하고 있는 것이 태극이다. '움직임과 정지(靜止)함'의 양단이 순환하여 그치지 않는 것이 기(氣)다. 대개 움직이고 정지하는 것은 기(氣)이고 움직이고 정지함의 소이(所以)가 태극이다.[34]

---

34) 「太極問」10
　　不動不靜, 而含動靜者, 太極也. 動靜兩端之循環不已者, 氣也. 蓋動靜者, 氣也.

구봉은 태극을 '자기 스스로는 움직이거나 정지하지 않으면서 움직임과 정지(靜止)함을 포함한다.'고 보았다. 그리고 '움직임과 정지(靜止)함이 끝없이 순환하는 것은 기(氣)이며, 만물을 동정하게 하는 소이(所以)가 태극'이라는 말은 마치 Platon의 Idea론에서 최고의 Idea가 자신은 움직이지 않으면서 모든 사물을 움직이게 하는 '부동의 동자(不動의 動者. Unmoved Mover)'와 같은 의미이다. 또한 도가(道家)에서 말하는 최고 원리로서의 도(道)와도 같은 의미이다.

그리고 '정지함'이란 어떤 움직임도 없는 상태가 아니라 그 자체도 움직임의 한 부분으로 이해한다.

> 주자는 "한 번 움직이고 한 번 정지함은 모두 명(命: 천명)의 유행이다."라고 하였고, 또 "정지(靜止)함도 역시 움직임이 정지(停止)한 것일 뿐이다."라고 하였다. 이 논의가 옳다.35)

그리고 구봉은 태극과 움직임과 정지함의 현상은 선후가 있는 것이 아니라고 보고, "먼저 태극이 있은 이후에 곧 움직이고 정지할 수 있는 것이 아니다. 움직임과 정지함에 즉(卽)하여 태극을 안다."36)고 하였다. 즉 태극이 현상 속에서 존재하고 있음은 움직임과 정지함의 원리로 인하여 알 수 있다는 말이다.

그렇다면 움직임과 정지함은 어떻게 운행되고 있는가? 구봉은 천

所以動靜者, 太極也.

35) 「太極問」 42
朱子曰: "一動一靜, 皆命之行." 又曰: "靜亦動之息爾." 此論爲是.

36) 「太極問」 15
非先有太極而後, 乃能動靜也. 卽動靜而知太極也.

(天)·지(地)로 나누어 설명한다.

> 사물 가운데 하늘에 속한 것은 움직이며, 땅에 속한 것은 정지하여 있
> 다. 수·화·목·금(水火木金)은 땅에 속한 것으로 마땅히 정지해야
> 하지만, 수·화(水火)가 간혹 능히 움직일 수 있는 것은 기(氣)를 떠나
> 지 않음으로써 이다. 대개 움직이되 정지함이 없는 것은 천(天)이며,
> 정지하되 움직임이 없는 것은 땅이다. 움직이고 정지하는 것은 기다.
> 움직이고 정지하되 움직임과 정지함이 없는 것은 리며, 움직이고 정지
> 함에 그 리를 거스르는 자는 걸왕(桀王)과 도척(盜跖)이다. 움직이고
> 정지함에 그 중(中)에 합당하는 사람은 요순(堯舜)이다.37)

하늘 곧 우주의 운행은 움직임이며, 땅에 속한 것은 정지함이다. 그러
나 땅에 속한 것도 동할 수 있으니, 곧 물과 불이 그것이다. 그러나 기본
적으로 끊임없이 움직이는 것은 우주의 운행이며, 땅에 속한 것은 정지
(靜止)하되 움직임이 없다. 구봉은 여기서도 리를 '움직이고 정지하되
움직임과 정지함이 없는 것'이라고 표현한다. 즉 리 그 자체는 움직이지
않지만 만물을 움직이게 하는 원리라는 말이다. 또한 '움직이고 정지함
에 그 리를 거스른다.'는 말은 인간으로서 도덕적 행위를 제대로 하지
않는 사람을 가리킨다. 사람으로서 행동함에 리를 따라 중용을 행하는
사람이 곧 요·순과 같은 성인이다. 구봉은 사람에게서의 움직임과 정
지함을 도덕적 행위로 이해한 것이다.

---

37)「太極問」19
　　物之屬乎天者動, 屬乎地者靜. 水火木金, 屬地者也. 宜靜而水火之或能動者,
　　以不離於氣也. 大抵動而無靜者, 天也. 靜而無動者, 地也. 動靜者, 氣也, 動靜而無動靜者,
　　理也. 動靜之反其理者, 桀跖也. 動靜之合其中者, 堯舜也.

간혹 '태극이 움직임과 정지함을 포함한다.(太極含動靜) 38)'고 할 때 포함한다는 말이 혹시 '움직이고 정지한다'는 뜻으로 볼 수 있고, 『주역』 「계사」의 "역에는 태극이 있다.(易有太極)"는 말에서 '있다'의 의미가 '포함한다'는 뜻으로 볼 수 있으므로 태극이 직접 움직이는 실체라고 볼 수 있다는 질문에 대하여 구봉은 "포함한다는 말은 본체로써 말하고, 있음(有)은 유행으로써 말하였다. '포함한다.'와 '있음(有)'은 의미가 따로 있으니, 주자가 한 말이 정밀한 곳이다." 39)라고 하였다. 즉 포함한다는 것은 본체로서 동정의 원리를 말하며, 그 원리로서의 태극이 유행하는 만물 속에 있다는 말이다.

그렇다면 움직임과 정지(靜止)함의 시작과 상호관계는 어떠한가?

아직 움직이기 전은 곧 음이며, 또한 '움직여서 양(陽)을 생한다.(動而生陽)'는 구절을 시작으로 삼은 것이 아니다. 그러므로 주자는 "이제 또한 '動而生陽'이라고 한 곳에서부터 보아야 한다."고 하였으며, 또 "動而生陽은 그 처음은 정지함이며, 정지함 이전은 또 반드시 움직임이다."고 하였다. 대개 움직임과 정지함이 단서(端緖)가 없고 음양은 시작이 없음은 천도(天道)이다. 양에서 시작하고 음에서 이루어지며, 정지함에 근본하고 움직임으로 유행함은 인도(人道)이다. 40)

---

38) 『朱熹集』45권, 答揚子直 1.

39) 「太極問」24
　　含以本體而言. 有以流行而言, 含之與有, 義有所在, 朱子下語之精密處也.

40) 「太極問」25
　　未動之前, 便是陰, 亦非以動而生陽爲始也. 故朱子曰; "今且自動而生陽處看去." 又曰; "動而生陽, 其初是靜, 靜之上, 又須動." 蓋動靜無端, 陰陽無始, 天道也. 始於陽成於陰, 本於靜流於動, 人道也.

앞의 「태극도설」을 참조하면, "태극동이생양(太極動而生陽)"이라고 하였는데, '동이생양(動而生陽)'을 시작으로 보면 안 된다는 말이다. 왜냐하면 아직 움직이기 전은 음이기 때문이다. 그렇다면 당연히 그 음 이전은 다시 움직임이 되며 이러한 반복은 끝이 없이 계속 반복된다. 여기서 구봉은 '움직임과 정지함', '시작과 반복'을 천·인(天人)으로 나누어 설명한다. 즉 움직임과 정지함이 서로 그 시작과 마침의 단서가 없고 음양도 시작과 마침의 단서가 없는 것은 천도(天道)이며, 양에서 시작하여 음에서 이루어지고 정지함에 근본하여 움직임으로 유행하는 것은 인도(人道)라고 하였다.

본체론상에서 보면 음양과 '움직임과 정지함'은 그것의 시작과 끝이 없음이 마치 태극의 형상과 같다. 그러나 사람이라는 개체에는 각각 시작과 끝이 있다. 구봉은 사람에게서 시작은 양(陽)에서 출발하여 음(陰)으로 완성되고, 사람의 행위는 기본적으로 정지함에 근본하여 행동으로 드러낸다고 본 것이다.

구봉은 태극에 이 움직임과 정지함의 리(理)가 있기 때문에 태극이 공허한 것이 아니라고 본다.

태극은 음양오행의 리가 있으며 공허한 물사가 아니다. 만약 공허하다면 석씨가 말한 성(性)과 무엇이 다르겠는가? 석씨는 인사(人事)를 모두 버렸으며, 노자의 청허(淸虛)는 인사를 싫어한다. 인사가 천리임을 몰라서 대개 밑바닥의 조잡(粗雜)한 것으로 보았다. 이것은 정자(程子)가 말한 바 '器亦道, 道亦器'를 모르고, 도리(道理)를 사물의 머리 꼭대기 위의 현묘(玄妙)한 사물로 보려는 것이다. 이러한 공허함은 태극과 다르다. 그리고 결국 군신과 부자의 도리를 기라고 본 것이다. 처음부

터 리(理)를 모르면 끝내 또한 기(氣)도 모른다.[41]

태극은 음양과 오행의 리가 있다는 말은 태극에는 음양과 오행이 움직이고 정지하는 이치를 포함하고 있다는 말이다. 이 동정(動靜)하는 이치가 있기 때문에 태극이 공허한 개념이 아니다. 그런데 불교의 성(性)과 노자의 청허(淸虛)는 그 속에 현상의 구체적인 이치를 드러내는 인사(人事)가 없기 때문에 공허하다. 즉 인사(人事) 그 자체가 천리임을 모른다는 말이다. 결국 이들은 모두 기로 생각하였기 때문에 리도 모르고 마치 리를 구체성이 없는 모호하고 아득한 개념으로 이해하였다. 따라서 결과적으로 리를 모르기 때문에 기도 몰랐다는 말이다.

나아가 구봉은 태극이 움직이고 정지하는 원리가 곧 천명으로서의 성(性)과 그 성의 도덕적 본질이 된다고 본다.

이미 움직임의 시작이라고 하였으면 이것은 곧 움직임이다. 이것은 소자(邵子)의 이른바 '일양(一陽)이 처음 움직이는 곳이며, 만물이 아직 생겨나지 않았을 때'[42]라고 한 말은, 곧 주자(朱子)가 말한 '정·원(貞元)의 사이'[43]이다. 계승은 곧 인(仁)이니 '인'은 원(元)이다. 원(元)은 비록 네 가지 덕의 으뜸이기는 하지만 그러나 원(元)은 '원'에서 생기지 않고 정(貞)에서 생긴다. '정'은 지(智)다. '지'가 능히 마침이 되고

---

41) 「太極問」 26
　　太極有陰陽五行之理, 不是空底物事. 若空則與釋氏說性, 何以異? 釋氏屛棄人事,
　　老氏淸虛厭事, 不知人事是天理. 皆下面粗底看, 是不知程子之所謂器亦道道亦器.
　　欲把道理做事物頂頭玄妙底物. 此空之與太極異, 而竟將君臣父子之理, 爲氣者也.
　　初坐不知理, 而終亦不知氣.

42) 邵雍, 『擊壤集』18권, 「冬至吟」참고.

43) 『朱子語類』71:58. 참고.

시작도 된다.44)

음양이 움직임과 정지함을 처음 시작하는 그 순간이 정·원(貞元)의
사이이다. 여기서 정(貞)은 음양의 움직임과 정지함이 순리대로 이루어
짐을 의미하며, 원(元)은 그 처음 혹은 시작을 의미한다. 음양이 순리대
로 시작하는 그 처음의 상태를 이어받는 것이 선(善)이며, 그 선의 으뜸
이 곧 인(仁)이다. 그런데 이 인(仁)으로서의 원(元)은 정(貞)에서 생긴
다. 왜냐하면 정(貞)은 움직임과 정지함이 순리대로 진행됨을 의미하기
때문이다.

이에 따라 구봉은 태극이 움직임과 정지함을 따라 드러나는 것을 천
명의 유행으로 이해한다. 구봉은 「태극문」 66번45) 항목에서 다음과 같
이 설명한다.

질문 : 주자는 "정(靜)은 성(性)이 확립되는 소이(所以)이며, 움직임은
명(命)이 유행하는 소이이다. 그러나 사실은 정지함 또한 움직임의 쉼
일 뿐이다. 그러므로 한 번 움직이고 한 번 정지하는 것이 모두 명(命)
의 유행이며, 움직임과 정지함을 행하는 것이 곧 성(性)의 진수(眞髓)

---

44) 「太極問」 43
　　　既曰動之始, 則是乃動也. 此邵子所謂一陽初動處, 萬物未生時, 卽朱子所謂貞元之間也.
　　　繼乃仁也. 仁, 元也. 元雖四德之長, 然元不生於元而生於貞. 貞, 智也. 智能成終成始.

45) 「太極問」 66
　　　問. 朱子曰; "靜者, 性之所以立也, 動者, 命之所以行也. 然其實則靜, 亦動之息爾. 故一動
　　　一靜. 皆命之行而行乎動靜者, 乃性之眞也. 故曰; 天命之謂性." 動靜, 天理也. 而朱子之以
　　　動靜, 皆屬乎動, 而却欠了靜一邊, 何意乎? 程子之動亦定, 靜亦定, 周子之主靜, 又却欠了
　　　動一邊, 亦何意也?答. 太極之有動靜, 天命之流行也. 其靜, 亦命之行也. 主天命而爲言也.
　　　聖人合動靜之德, 而常本於靜, 主修道而爲言也.

다. 그러므로 '하늘이 명(命)한 것을 성이라고 한다.'"46)고 하였다. 움직임과 정지함은 천리다. 그런데 주자는 움직임과 정지함을 모두 움직임에 속하게 하여 도리어 정지(靜止)함의 일변이 부족하게 한 것은 무슨 뜻인가? 정자가 움직임도 안정되며, 정지함도 안정된다.'47)는 말과, 주자(周子)의 정지(靜止)함 위주의 말은 또한 도리어 움직임 일변을 모자라게 한 것이니 또한 무슨 의미인가?

답 : 태극에 움직임과 정지함이 있음은 천명의 유행이다. 그 정지(靜止)함도 역시 명(命)의 유행이니, 천명을 위주로 한 말이다. 성인은 움직임과 정지함의 덕을 합하여 항상 정지함에 근본하니 수도(修道)를 위주로 한 말이다.

질문의 요지는 '주희가 정지함을 움직임에 속하게 하여 해석한 것은 정지함을 소홀하게 본 것이며, 반면에 주돈이(周敦頤)는 정지함을 위주로 말한 것은 무슨 의미가 있는가?'이다.

이에 대하여 구봉은 움직이고 정지(靜止)한다는 것이 곧 천명의 유행(流行)이므로 정지함도 천명의 유행이라고 보았다. 이에 주희의 말은 천명을 위주로 하였기 때문에 정지함을 움직임에 속하게 하였다고 이해하였다. 그리고 주돈이가 정지함을 위주로 하였다는 것은 「태극도설」의 "성인이 중정(中正)과 인의(仁義)로 그것을 정하고, 정(靜)을 위주로 사람의 표준을 세웠다.(聖人定之以中正仁義, 而主靜立人極焉.)"는 구절을 두고

---

46) 『주희집』67-19「太極說」
　　　靜者, 性之所以立也. 動者, 命之所以行也. 然其實則靜亦動之息爾. 故一動一靜, 皆命之行而行乎動靜者, 乃性之眞也. 故曰: 天命之謂性.
47) 「二程遺書」明道, 「答橫渠先生定性書」참고.

한 말이다. 이에 구봉은 주돈이의 말을 수도(修道)를 중심으로 그렇게 한 말이라고 해석하였다. 즉 『중용』의 "수도지위교(修道之謂敎)"에서 수도는 움직이고 정지하는 덕을 합하는 것이며, 움직임과 정지함의 덕을 합하는 것은 움직임이 아니라 정지함을 중심으로 한다고 해석하였다.

5. 맺음말

이상 「태극문」에 나타난 구봉의 철학을 정리하면 다음과 같다. 2장에서 '무극이태극'이라는 구절의 해석 문제와 구봉의 대답을 살펴보았다. 구봉은 무극 개념을 유(有), 무(無)의 개념으로 설명하였는데, 주돈이는 태극을 리로 해석하였다고 보았다. 반면 장자나 불교는 기만 보고, 리를 이해하지 못하였다고 하였다. 그리고 태극 이외에 왜 무극이 필요한가에 대하여 구봉은 무극의 무(無)와 태극의 태(太)는 가장 근원적이고 궁극적 의미를 나타낸다고 설명하였다. 무극과 태극은 결국 하나의 실체에 대한 두 가지 측면의 이름으로 해석된 것이다. 더불어 태극이 곧 리이며, 리는 자연법칙이자 원·형·리·정(元亨利貞)으로 사람의 윤리도덕인 인·의·예·지(仁·義·禮·智)라고 보았다. 곧 천인합일 (天人合一)의 사상을 잘 드러낸 것이라고 할 수 있다.

제3장에서 태극과 리기의 개념 및 관계를 알아본 결과, 구봉은 태극이 사물의 리를 총합하는 개념이며, 각 사물의 개별적 리를 뜻하는 일태극(一太極)이 있다고 하였다. 일태극은 온전히 자연 법칙으로서의 독창적 의미를 담고 있다. 구봉은 리를 원리적 실체로 보며, 기를 현상의 사물을 이루는 존재로 보았다. 또한 리와 기가 서로 떨어질 수 없는 '불상

리(不相離)'의 관계에 있기 때문에 선후를 구별할 수 없다고 했다. 구봉은 성리학의 보편과 특수 및 보편과 특수간의 소통의 논리로서 리통기국(理通氣局)을 설명하고, 또한 이를 인간의 자기 수양과 윤리도덕의 완전한 실천을 추구하는 논리로 귀결시켰다..

제4장에서 태극과 음양·움직임과 정지함의 관계와 법칙을 살펴본 결과, 구봉은 주희나 율곡에 비하여 태극의 능동성을 강조한 특징이 있다. 그는 태극을 '자기 스스로는 움직이거나 정지하지 않으면서 움직임과 정지(靜止)함을 포함한다.'고 주장하였다. 특히 움직이고 정지한다는 것이 곧 천명의 유행(流行)이므로 정지함도 천명의 유행이라고 보았다.

「태극문」은 몇 가지 특징이 있다. 첫째, 81개 항목의 많은 부분에서 태극과 리기 등의 본체론적 설명과 인간의 도덕윤리적 원리와 실천방법을 함께 설명하였다. 이를 통해 구봉이 태극을 중심으로 한 본체론과 함께 사람의 인성론도 일관되게 이해하고 있음을 알 수 있다. 둘째, 구봉은 「태극문」에서 주희의 초년설과 만년설을 구분하고 있다. 이러한 구분은 「율곡집」에도 대략 3회[48] 정도 나오며, 이 부분은 연구가 더 필요하다고 생각된다. 이를 통하여 「태극문」의 내용을 더 자세하게 이해할 수 있고 또한 태극문의 저자가 구봉임을 확인할 수 있는 계기가 될 수 있기 때문이다.

한편 구봉이 제기한 태극의 문제는 다른 여러 성리학자들의 태극논쟁과 더불어 중요한 의미가 있다고 생각된다. 구봉의 『태극문』은 율곡학파의 태극관과 함께 리기론의 특징을 나타내는 동시에 주자가 남긴

---

48) 栗谷先生全書卷之二十, 聖學輯要 二, 窮理章第四
　　栗谷先生全書卷之二十, 聖學輯要 二, 正心章第八
　　栗谷先生全書卷之三十八 附錄 六 諸家記述雜錄 a_045_418a 前後辨誣章疏
　　a_045_431b

문제를 종합적으로 정리하였다고 할 수 있다.

그리고 조선성리학에서 제기된 태극의 이해와 철학적 사유는 현재 대한민국의 국가의 상징으로 사용되는 태극기와도 관련이 있다. 세계화 시대의 국제경쟁에서는 국가의 이미지와 그 이미지브랜드의 상품가치는 매우 중요하다. 현재 한국을 대표하는 문화적 국가브랜드를 만들어야 한다면 이 태극(太極)이 가장 의미 있는 내용이 될 수 있을 것이며, 이에 대한 연구개발이 필요하다.

앞으로 남은 문제는 「태극문(太極問)」이 누구의 저술인가에 대한 분명한 결론이 선행되어야 한다. 이 문제는 아마도 『율곡집(栗谷集)』의 판본에 대한 정확한 연구가 진행되면 자연히 해결될 문제가 생각하며, 다음 과제로 남긴다.

조선성리학사에서 어떤 의미가 있으며, 이러한 태극에 대한 견해가 현대사회에서 어떤 의미가 있는가를 검토하고자 한다.

구봉과 사계 김장생의 학문전승[1]

김문준[2]

1. 구봉과 사계

구봉(龜峰) 송익필(宋翼弼, 1534~1599)과 사계(沙溪) 김장생(金長生, 1548~1631)은 17세기 한국 유학사에 큰 영향을 남긴 인물들이다. 특히 사계는 17세기 한국의 대표적인 예학자로서, 구봉의 학문을 전수하고 율곡(栗谷) 이이(李珥), 1536~1584)의 적통(嫡統)을 이어받아 예학을

---

1) 이 논문은 2016년 11월 4일 제1회 구봉문화학술원 정기학술대회, 구봉문화학술원 주최 파주시청, 파주문화원, 율곡학회, 우계문화재단 후원, 파주시민회관, 〈기호유학의 산실 파주와 구봉송익필〉학술대회에서 발표한 논문이다.

2) 金文俊, 건양대학교 교수

정비한 한국 예학의 종장이라고 일컬어진다. 사계의 예학은 정암 조광 조의 재지(材志), 퇴계의 덕학(德學), 율곡의 학문(學問), 사계의 예교(禮 敎), 우암의 의리(義理)와 더불어 조선조 5현(五賢)으로 추앙받았고,[3) 예로서 동국제일(東國第一) 인재로 인식되었다.[4) 또한 신독재 김집 (1574~1656), 동춘당 송준길(1606~1672), 우암 송시열(1607~1689), 초 려 이유태(1607~1684), 시남 유계(1607~1664) 등 조선 후기 도학과 예 학을 대표하는 인물들에게 학문과 도학정신을 전수했다.

13세에 구봉을 찾아가 학문을 배우기 시작한 사계는 구봉과 기질이 전혀 달랐다고 한다. 구봉은 호방(豪放)하고 호연(浩然)한 성격이었으 며, 사계는 거경(居敬)하고 계신(戒愼)하는 인품으로서 '서기(瑞氣) 어린 태양과 같고 온화한 바람'[瑞日和風] 같은 인격을 지니고 있었다고 한 다.[5) 이런 사계가 구봉을 스승으로 모시고 학문을 전수했다.

구봉은 타고난 자질이 뛰어나고 노년이 되어서도 학문에 정진하여 경학(經學)에 밝았고, 『주자대전』(朱子大全) 1질을 모두 외울 정도로 학 문에 조예가 깊었으며,[6) 언행이 방정(方正)하여 율곡과 우계(牛溪) 성혼 (成渾, 1535~1598)의 외우(畏友)가 되었다.[7) 그러나 구봉은 불우한 집안

---

3) 『五賢粹言』
4) 『五洲衍文長箋散稿』, 권5, 經史篇/論史類, 人物, 東國第一人材辨證說, "我東第一人材 誰能 品定 而嘗得王考所鈔於夾帒中者 復謹錄于長箋中 容俟後人作小傳或小贊以寓景仰之心退 溪德 挹翠軒朴公闇詩 崔簡易立文 柳磻溪馨遠經綸 李忠武公舜臣略 金淸陰尙憲節 南怡勇 徐花潭敬德天文 朴埯樂 黃公圖聰 金沙溪先生禮 鄭北窓仙 興嶺算 李圓嶠匡師筆 金河西鱗 厚風采 宋圭庵眉壽孝."
5) 『송자대전』, 부록 17권, 어록 4, 崔愼錄[上]
6) 위의 책, 위의 곳
7) 『龜峯集』, 附錄 · 行狀, "天資透悟, 剖析精微, 人所不及云者, 澤堂李公之言也. …… 到老勤 書, 學邃經明, 行方言直, 牛栗皆作畏友."

일로 인해 세상에 출사(出仕)하지 못하고 학문과 교육에 매진했다.[8]

그러나 구봉의 생애는 파란만장했다. 송사련(宋祀連)의 아들로 태어나 25세(1558, 명종 13)에 아우 송한필(宋翰弼)과 별시(別試)에 합격하였지만,[9] 부친이 죄인이고 조모(祖母)가 천첩(賤妾) 소생이라는 이유로 정거(停擧)를 당했다.[10] 그는 1560년(27세, 명종 15)에 경기도 고양군 구봉산 아래에 은거하면서 학문과 교육에 전념하였고 그곳과 가까운 지역인 경기도 파주에 살던 율곡·우계와 교류했다.[11]

구봉은 33세(1566)에 조모의 친정인 안당(安瑭)이 신원·복권되면서 부친 송사련의 무고가 세상에 알려지게 되었다. 36세(1569, 선조 2)에 신사무옥(辛巳誣獄, 1521, 중종 16)[12]에 대한 재조사가 시작되었고, 42세(1575, 선조 8)에 부친 송사련이 죽었다. 이런 상황에서도 구봉은 율곡과 6년간 서모(庶母) 위차(位次)에 대한 예 논변(43세, 1577)[13], 율곡의 『격몽요결』의 문제 논변(44세), 율곡의 『소학집주』의 문제 논변, 우계의 부탁으로 『은아전(銀娥傳)』 저술(46세), 율곡의 『순언(醇言)』을 비판(47세)

---

8) 구봉은 많은 제자를 양성했는데, 金長生·鄭曄·宋爾昌·金集·沈宗直·金槃·徐渻·姜燦·鄭弘溟 등으로 이들은 율곡·우계 문인이기도 했다.

9) 『선조수정실록』 23권, 선조 22년(1589) 12월 1일 甲戌: 翼弼初有詩名, 與李山海崔慶昌白光弘崔岦李純仁尹卓然河應臨等, 號八文章

10) 『龜峯集』, 附錄·行狀, "史官李海壽等, 以爲祀連旣爲罪人, 褫其賞職, 其子乃孽孫也. 不當冒法赴擧, 與同僚議停擧以錮之, 山海等求釋不得."

11) 구봉문화학술원 편저, 『잊혀진 유학자 구봉 송익필의 학문과 사상』, 책미래, 2016.

12) 기묘사화(1519, 중종 14) 이후 사림 세력을 제거한 沈貞·南袞 등이 조정을 장악하자, 기묘사화 때 조광조를 두둔하였다고 파직된 좌의정 安瑭의 아들 安處謙은 李正叔·權磌 등과 함께 심정·남곤 등을 제거하기 위해 모의하였다. 여기에 참석했던 宋祀連은 鄭鑌과 함께 안처겸 일당을 고변하였다. 그 결과 안당·안처겸·安處謹 三父子를 비롯하여 권전·이정숙·李忠楗·趙光佐·李若水·金珌 등 많은 사림들이 연루되어 처형되었다. 송사련은 그 공으로 30여 년간 권세를 누렸다.

13) 『龜峯集』 「禮問答·與浩原論叔獻待庶母禮」 참조.

하기도 했다. 계미삼찬(癸未三竄, 1583, 선조 16) 사건으로 동인이 이이를 공격하자 우계에게 편지를 보내 율곡을 도우라고 당부하기도 했다(50세). 사계와 '인심도심설'에 대한 논변(47세)[14]을 하는 등 학문 활동을 지속했다.

53세(1586, 선조 19)에 안당의 아들 안처겸이 신원되고, 부친 송사련의 관직이 삭탈된 후 구봉의 가족들은 노비로 환천 되어 뿔뿔이 흩어졌다. 구봉 자신도 송강(松江) 정철(鄭澈, 1536~1593)의 도움으로 전라도 광주로 피신했다. 53세에 기축옥사가 일어났는데, 이때 동인인 이발(李潑)과 이식(李植)이 심의겸을 탄핵하면서 '율곡과 우계가 조정을 어지럽힌 장본인'이라고 탄핵하자, 율곡의 제자 이귀(李貴)가 스승이 억울하다는 상소를 올렸는데, 동인들은 구봉이 그 문장을 기초한 것이라고 공격하고 구봉을 서인의 모주(謀主)라고 지목하여 구속되었다가 다음 해에 석방되었다. 이후에도 구봉은 정여립(鄭汝立)의 난과 연루되어 체포되기도 하고, 1591년 정철의 왕세자 책봉문제에 연루되어 홍산에서 압류되어 평안북도 희천(熙川)으로 유배가기도 했다.[15] 임진왜란이 일어나자 해배되었고, 이후 송강의 죽음(60세), 중형 송부필과 아우 송한필의 죽음(61세), 우계의 죽음과 부인 창녕 성씨와의 사별(65세)을 맞이했다. 구봉은 이곳저곳을 옮겨 살다가 63세(1596)에 충청도 면천(당진) 마양촌(김장생의 3남 김반의 장인 김진려의 별장)에 은거하면서, 65세(1598, 선

---

14) 『龜峯集』, 玄繩編上 · 答希元心經問目書, 참조.
15) 『선조실록』 23권, 선조 22년(1589) 12월 16일 己丑: 傳曰 私奴宋翼弼翰弼兄弟, 畜怨朝廷, 期必生事. 奸鬼趙憲陳疏, 無非此人指嗾云, 極爲痛憤云. 況以奴背主, 逃躱不現, 係關綱常, 尤爲駭愕. 捉囚窮推事, 捧承傳于刑曹.
『선조실록』 25권, 선조 24년(1591) 12월 1일 癸巳: 翼弼亦自現於鴻山縣, 械送于刑曹, 納招. 上以刑推則必死, 死則過重, 竝命配于外方. 翰弼配濟州, 翼弼配南海. 上敎曰 倭賊出沒之時, 此人等配于絶島, 似非遠慮, 改配爲可, 於是翰弼配利城, 翼弼配熙川.

조 31)에 『주자가례』를 재해석하여 평생의 역작으로 펴낸 『가례주설』(家禮註說)을 완성하고, 다음 해에 사망했다.

구봉은 이순인(李純仁)·이산해(李山海)·최립(崔岦)·최경창(崔慶昌)·백광홍(白光弘)·윤탁연(尹卓然)·이이(李珥) 등과 더불어 팔문장(八文章)으로 일컬어졌다.16) 또는 백광홍·이이를 빼고 백광훈(白光勳)·하응림(河應臨)을 더해 '팔문장'이라고 하기도 했다. 「구봉묘갈(龜峯墓碣)」에 따르면, 송익필은 옛 도(古道)를 자처하여, 비록 정승이라고 할지라도 벗하면 평등한 예를 행하여 자(字)를 부르고 관직명을 쓰지 않아 사람들이 많이 욕하였으나 또한 개의하지 않았다고 한다.17) 조헌(趙憲)은 "공은 학문이 깊고 경서(經書)에 밝아서 부친의 허물을 덮을 수 있었다. 그러므로 성혼과 이이 두 현인이 모두 외우(畏友)로 삼았으며, 서기(徐起)도 그 문인들에게 이르기를, '너희들이 제갈공명(諸葛孔明)을 알고 싶으냐. 오직 송구봉을 보는 것이 옳다'고 하였다"고 말할 정도로 학식과 식견이 남다른 인물이었다.18)

이에 비해 김장생의 일생은 비교적 평탄했다. 김장생은 구봉과 율곡으로부터 학문을 전수하였으며, 율곡학의 적전(嫡傳)으로서 김집(金集), 송시열(宋時烈), 송준길(宋浚吉) 등 대학자를 양성하여 큰 학파를 이루었다.

구봉이 큰 스승 없이 독학으로 일가를 이루었다면, 김장생은 13세(1560)에 구봉 송익필을 찾아가 수학하였고, 19세(1566)에 혼인한 후, 20세(1567)에 율곡 이이 선생을 찾아가 수학하였으며, 토정 이지함 선

---

16) 『선조수정실록』18권, 선조 17년(1584) 2월 1일 戊申
17) 『연려실기술』, 18권, 선조조 고사본말(故事本末) 선조조의 명신, 宋翼弼
18) 『연려실기술』, 제18권, 선조조 고사본말(故事本末) 선조조의 명신, 宋翼弼

생을 보령으로 찾아가 뵈었다. 30세(1577)에 율곡 이이 선생을 석천으로 찾아가 뵈었다. 35세에 부친상을 치루고 이듬해인 36세(1583)에 『상례비요(喪禮備要)』를 완성했다. 이 책은 사계의 최초 예서(禮書)이다. 37세(1584)에 율곡 선생이 사망하자 영전에 곡하였고, 아버지의 복을 마쳤다. 42세(1589)에 송강(松江) 정철(鄭澈) 선생을 고양으로 가서 뵈었다. 51세에는 『근사록석의(近思錄釋疑)』를 지었다. 52세(1599)에 안성 군수가 되었고, 구봉 송익필 선생이 사망하여 조문했다. 이해 9월에 『가례집람(家禮輯覽)』을 완성했다.19)

2. 사계의 율곡 · 구봉 학문 전수

사계는 구봉과 율곡으로부터 학문을 배우고 학통을 계승했다. 사계는 경학과 성리학으로 『경서변의(經書辯疑)』 8권, 『근사록석의(近思錄釋疑)』 1권, 『서소잡록(書疏雜錄)』 약간이 있고 예에 관한 저술은 『가례집람(家禮輯覽)』 3권 『상례비요(喪禮備要)』 1권, 『의례문해(疑禮問解)』 8권, 『전례문답(典禮問答)』 등이 있다. 『근사록석의』는 사계가 13세에 구봉을 찾아가 『근사록(近思錄)』을 배우기 시작하여 82세에 정시회(鄭時晦)가 지은 『근사록석의』의 서문을 지을 때까지 평생 연구한 책으로 그의 성리학과 예학의 기초였다. 『가례집람』은 『주자가례』에 제가의 설을 이끌어다 주석을 덧붙인 것으로 사계는 이후에도 평생 수정을 가했다. 『상례비요』는 전국으로 널리 보급되어 상용되었다. 배상현은 구봉이 사계의

---

19) 사계 김장생 선생 연보

학문에 끼친 영향을 세 가지로 보았다.[20]

첫째, 사계는 박문보다 실천궁행을 중요하게 여겼다. 사계는 이론 부석(剖析)보다는 함양(涵養) 천리(踐履)에 힘쓰는 태도로 박문약례(博文約禮)를 성문(聖門)의 지결(旨訣)로 삼았다.[21] 사계는 "율곡이 박문(博文)에의 공은 가장 크나, 약례(約禮)는 지극하지 못한[未至] 바가 있다"고 평했는데,[22] 이러한 점에서 사계의 예학은 율곡보다는 구봉에게 가까운 것이다.

둘째, 사계의 교학(教學)의 차서(次序)는 구봉의 가르침을 따랐다. 구봉과 사계의 교학 차서는 주자나 율곡의 그것과 약간 다르다. 사계는 『소학(小學)』과 『주자가례』부터 학문을 시작하여 『심경(心經)』과 『근사록(近思錄)』을 배우고, 사서(四書)와 오경(五經)을 배우도록 했다. 『소학』과 『주자가례』를 먼저 배워서 예를 실천하는 주체로서 수신(修身)과 제가(齊家)를 중시하였고, 『소학』과 『주자가례』에 이어 『심경』과 『근사록』을 배우도록 하여 마음을 다스려 학문에 나아가게 했다. 이러한 사계의 교학 차서는 주자나 율곡과 약간 다른 것이다.

朱子: 小學 → 近思錄 → 大學 → 論語 → 孟子 → 中庸 → 六經 → 史子

栗谷: 小學 → 大學 → 論語 → 孟子 → 中庸 → 五經 → 性理諸書
　　　(近思錄·家禮·心經·二程全書·朱子大全·朱子語類)

沙溪: 小學 → 家禮 → 心經 → 近思錄 → 大學 → 論語 → 孟子 →
　　　中庸 → 五經[23]

---

20) 배상현, "宋翼弼과 그 思想에 대한 연구" 58쪽

21) 『沙溪全書』, 권50, 21: 夫聖門之旨訣 不過曰博文約禮 二者廢一則非學也.

22) 『沙溪全書』, 권45, 7: 栗谷於博文之功最多而約禮猶有所未至也.

23) 『沙溪全書』, 권43, 23.

주자나 율곡과 사계의 교학 차서는『소학』에서 사서·오경으로 이어지는 순서는 같으나, 주자가『소학』에서『근사록』을 매개로 사서(四書)에 입문하는데, 율곡은『소학』에서 직접 사서(四書)로 들어갔다. 김장생은『소학』에서『주자가례』와『심경』·『근사록』을 거쳐 사서로 들어가도록 했다.『주자가례』는 이풍역속(移風易俗)을 도모하는 것으로『소학』과 표리를 이루는 예서(禮書)이다.

김장생이 독서 차서(次序)에서 중시한『소학』과『주자가례』는 구봉이 제시한 독서 차서와 일치한다. 이는 김굉필(金宏弼)의『소학』, 조광조(趙光祖)의『근사록』, 이황(李滉)의『심경』(心經), 이이(李珥)의 사서(四書) 등 이전 선현이 중시한 서적과는 다르며, 사계의 학통을 이은 우암 송시열 역시『소학』과『주자가례』를 중시했다.24)『소학』과『주자가례』를 존숭하는 구봉·사계·우암은 소학을 실천 진지(眞知)의 기반으로 삼았고,『주자가례』를 통하여 통(統)을 수립하고 명분을 밝혀 윤리를 보편화하고자 하였다.25)

셋째, 구봉은 직(直)의 정신을 중시했다. 구봉은 직의 정신을 강조하여 직을 예행의 기본 원리로 인식했다. 구봉은 직을 천리(天理)로 보아 사물을 낳는 힘도 직이요, 부여한 것도 직이며, 인간이 처세하는데 일관한 것도 직으로 보았다.26) 구봉의 직의 정신은 주자에서 나온 것이며, 구봉의 직의 정신은 김장생에게 전수되었다.『소학』과『주자가례』의 실천을 통하여 천리(天理)을 행하려던 김장생의 학문태도 역시 직(直)

---

24)『宋子大全』, 7책, 語錄, 권15, 31: 我東儒賢 寒暄堂尊小學 靜庵尊近思錄 退溪尊心經 栗谷尊四書 沙溪尊小學家禮 門人問先生所尊信 先生曰鄙意則恐當從沙溪(斯文學會刊 1971).

25) 배상현, 59~60쪽

26)『龜峰集』, 권3: 以直而生 以直而死 立天地以直 貫古今以直.

을 중시했다.27) 직의 정신은 사계를 거쳐 우암에게 전수되었으니, 구봉은 주자의 설을 들어 직(直)은 공(孔)·맹(孟)·주(朱) 삼성(三聖)에게 일관된 도통이요, 구봉·사계·우암으로 일관된 기호예학의 심법이라고 했다.28)

이처럼 사계는 학문 계승에서 구봉의 영향을 많이 받은 양상을 보인다.

3. 사계 예학의 연원

조선의 유학은 『소학』과 『가례』를 대단히 중시했다. 이를 바탕으로 도를 실현하려던 김굉필(金宏弼)과 조광조(趙光祖), 그들의 정신을 이어 도학(道學)을 정립한 이황(李滉)과 이이(李珥)를 거쳐 한강(寒岡) 정구(鄭逑, 1543~1620)와 사계 김장생의 기호 예학으로 발전했다.

성리학은 도와 덕을 행하는 이유를 연구하는 학문이며, 예학은 도와 덕을 실천하는 방법을 연구하는 학문이다.29) 그러므로 이학(理學)과 예학(禮學)은 그 바탕이 같은 것이다. 예(禮)는 추상적인 이(理)를 구현하는 구체적인 방법으로서 학자마다 천리(天理)와 인정(人情)을 참작하여 예행에 적용한다. 예학자들은 실제 생활에 부적합한 고례(古禮)를 비판적으로 계승하여 천리(天理)에 근거를 두고 인정(人情)에 바탕한 예행

---

27) 『宋子大全』, 권131, 27: 沙溪先生之學 專出於確之一字 而每以直之一字 爲立心之要.

28) 上同, 附錄, 권13, 1: 又曰天地之所以生萬物應萬物 直而己 孔孟以來相傳 惟是一直字.
배상현, 위의 논문, 60~61쪽 재인용

29) 『星湖僿說』, 儒術: 世之曰以儒術者有兩岐 讀書談道 謂之理學 考據于冠昏喪祭之儀者 謂之禮學.

을 추구했다.

사계는 구봉과 율곡으로부터 성리학과 예학을 전수하였으며, 율곡학의 적전(嫡傳)으로서 김집(金集) · 송시열(宋時烈) · 송준길(宋浚吉) 등에게 성리학과 예학을 전수했다. 사계는 조선의 도학자들이 모두 그러했듯이 성리학을 바탕으로 예를 합리적으로 이해하고 실천하려고 했다.

그동안의 사계에 관한 연구는 사계 학문의 연원을 성리학은 율곡 → 사계, 예학은 구봉 → 사계로 구분하여 이해하기도 하고, 예학 성리학 모두 율곡 · 구봉 → 사계로 이해하기도 한다. 배상현[30]은 구봉 연구의 초기 연구로 예학의 경우 구봉 → 사계로 보았다. 한기범[31], 김현수[32] 등 최근 연구는 율곡 · 구봉 → 사계로 파악하고 있다.

성리학과 예학은 표리관계이고,『소학』과『주자가례』중시는 모든 조선 도학자들이 중시하는 기본 서적이다. 이렇게 본다면 사계의 학문 연원은 성리학이든 예학이든 율곡 · 구봉 → 사계로 이해해도 무방하다. 그런데 엄밀하게 보자면 성리학도 예학도 학자마다 조금씩 견해가 다르다. 율곡과 구봉의 각기 다른 학문성격을 비교하면 사계의 예학에 더 영향을 준 내용을 판단할 수 있을 것이다. 예학의 전수 과정은 율곡 · 구봉 · 사계의 예학에서 율곡 · 구봉의 학문 차이가 무엇이며, 사계 예학에 어떻게 전수되었는지를 살펴보아야 이해될 수 있을 것이다.

율곡과 구봉의『주자가례』및 시속(時俗)의 예 적용 논의는 사계를 비롯한 예학의 가장 중요한 논의 내용이다. 선비들이 행한 예행은『주자가

---

30) 배상현, 「구봉 송익필과 그 사상에 대한 연구」,『논문집』제1집, 동국대 경주, 1982.

31) 한기범, 「구봉 송익필의 예학사상」, 한국사상문화학회, 〈한국사상과 문화〉 60권, 2011.

32) 김현수, 「기호예학의 형성과 학풍 –율곡 · 구봉의 특징과 전승을 중심으로」, 충남대 유학연구소, 〈유학연구〉 25집, 2011

례』를 기본으로 하고 미비점은 고례의 고증으로 보완하였으며, 또한 당시의 시속(時俗)을 참작하여 절충하기도 했다. 율곡은 『주자가례』에 시속(時俗)이나 인정(人情)을 감안한 예행(禮行)을 좋다고 보았다. 이에 비해 구봉은 시속(時俗)이나 인정(人情)을 가급적 배제해야 한다고 보았다.

사계는 율곡과 『격몽요결』의 예설을 참고하였지만, 예행(禮行)의 기본 입장은 구봉의 견해와 통하는 경향이 크다고 보여 진다. 사계는 『주자가례』의 의례 수정을 조심스러워 했다. 구봉은 사계에게 예행은 송대의 선유들의 설과 『주자가례』로 정해야 한다고 하였고, 사계의 예학은 기본적으로 『주자가례』 우선, 고례(古禮) 고증 보완, 가능한 시속(時俗)과 사정(私情) 배제 등 구봉의 예학과 통한다.

사계 예학은 율곡과 구봉의 예학의 범위와 깊이를 넘어 선 것으로 조선 예학의 종장이라고 할 만한 것이다. 사계의 예학은 율곡과 구봉의 한쪽만을 계승했다고 평가하거나, 양자의 예학을 절충했다고 평가하는 것은 사계 예학을 과소평가하는 것이다.[33] 율곡과 구봉의 예설이 다른 입장을 보이듯이, 사계 예학 역시 율곡과 구봉의 가르침 속에서 자기의 예학을 세운 것이었다.

4. 구봉 예학의 특징

구봉은 주자가례의 학문적 이해와 실천을 위해 공을 들인 인물이다.[34] 구봉은 조선유학이 성리학 중심에서 예학 중심으로 변화하는 시

---

33) 김현수, 위의 논문 109쪽.
34) 배상현, 「宋翼弼과 그 思想에 대한 연구」57쪽.

기에 그 선두로서 예학을 선도한 인물이다. 구봉은 예학으로 일가를 수
립하였으며 학문적으로 각종 문헌과 제가(諸家)의 예설을 궁구하고 고
증(考證)과 변정(辨正)을 통하여 정오(正誤)를 가리고 각종 저서를 열람
하여 예학을 학문화했다. 이러한 예학의 계승자가 사계 김장생이다.[35]
구봉의 예서는『가례주설』과『예문답』이 중심인데,『가례주설』은 조선
최초로『주자가례』에 대한 본격적인 주석서이고, 이들 예서는 김장생의
『가례집람』과『의례문해』의 선도적 역할을 하였다.

먼저 구봉 예학의 특징을 알아보기 위해 구본과 율곡 예학의 특징을
비교해 보기로 한다. 율곡의 예 인식과 예행의 입장은『격몽요결(擊蒙要
訣, 1577)』과「제의초(祭儀抄, 1577)」를 통해 이해할 수 있다. 그 특징은
첫째,『주자가례』에 의거하여 예를 행할 것을 강조한 것이다. 둘째, 그러
면서도 율곡은 당시 조선의 현실 상황과 인정(人情)을 고려하고자 했다.

이에 비해 구봉의 예 인식과 예행의 입장은 대체로 당시의 시속(時
俗)을 절충하지 않고『주자가례』를 원칙적으로 준행할 것을 강조했
다.[36] 구봉 예학의 특징은『주자가례』준행에 충실하다는 것이다. 배상
현은『가례주설(家禮註說)』은 기본적으로『주자가례』를 기반으로 하고
그 다음에는 고례(古禮)를 참고하면서 시속을 참작하였다고 평가 했
다.[37] 고영진은『가례주설』이『주자가례』를 충실히 따르면서 그 범위
안에서 해석하지 못하였던 부분들을 고례나 기타 예서에 입각하여 주
석한 결과물이라고 평가했다.[38] 김현수는 구봉 예학의 특징은『주자가

---

35) 배상현, 위의 논문, 58쪽
36) 김현수, 96쪽
37) 배상현, 위의 논문
38) 고영진,『조선중기 예학사상사』, 한길사, 1995, 233쪽

례』를 충실히 따르면서 그 범위 안에서 해석하지 못하였던 부분들은 자주(自註)와 다른 언급(『주자대전』, 『주자어류』 등)을 통해 고증하며, 만일 주자의 다른 언급에도 없을 경우 고례 등을 참작했다고 평가했다. 고례도 주자의 이해를 바탕으로 하여 고려했다고 보았다.39) 구봉의 「예문답(禮問答, 1572~1589)」, 「현승편(玄繩編, 1599)」의 내용은 예문답을 주고받은 송강·율곡·우계의 견해에 비해 구봉은 『주자가례』의 원칙과 의례를 준행(遵行)하여 명분(名分)을 지키고 혐의(嫌疑)를 분별하려 한 경향이 강하다. 그는 당시의 시속을 예제에 참작하여 반영하기보다는 『주자가례』를 원칙대로 준수하여 시속(時俗)을 바로잡으려는 인식이 강했다. 그는 『주자가례』에 의심나는 부분이나 미비한 점이 있으면, 다른 예서를 살피기보다는 우선 주자의 다른 언급(『주자대전』, 『주자어류』 등)을 통해 고증하려 했다. 또한 구봉은 정명(正名)을 예학의 요체로 인식하고 예제에서 통(統)의 수립을 중시했다. 이처럼 구봉의 예학은 『주자가례』 중심 예학, 변례(變禮)에 대한 고례 검증, 소극적인 속례 수용, 통을 중시한 명분론적 예학이었다.40)

율곡과 구봉의 예행에 관한 견해는 '서모 위상 논의', '묘제 논의' 등을 통해 어느 정도 입장의 차이가 나타난다. 우선 율곡과 구봉의 예행 견해 차이는 제사 때 서모(庶母) 위차(位次) 문제에서 큰 차이를 보였다. 율곡과 구봉은 제사 때 서모의 위차에 대해 6년간이나 논의했다. 서모 위차 논의는 1575년에 우계 성혼이 율곡에게 제사 때 서모의 위차(位次)에 대해 문의하자, 율곡은 자신의 집에서는 서모가 주부 앞 서쪽에 선다고 했으며, 만일 첩자가 대를 이을 경우 그 첩은 이 위치에 서도 무방할 것

---

39) 김현수, 위의 논문 97쪽
40) 한기범, 위와 같은 논문

이라 답했다. 이에 대해 우계는 구봉에게 다시 문의하였고, 구봉은 율곡 의견을 조목조목 반박했다. 이로 인해 율곡과 구봉의 서모 위차에 대한 논의가 일어났다. 구봉은 우계에서 보낸 서신에서 '예는 명분을 지키고 혐의를 분별하는 것을 중시했는데, 예서에서 서모의 위치를 언급하지 않은 것은 바로 적서(嫡庶)를 분별하기 위해서' 라고 말했다. 이에 대해 율곡은 4가지 난점을 언급하는데, 대략 서모를 부녀 뒤에 서게 하면 적 부는 물론 그 소생의 자부의 뒤에 서게 됨을 면치 못한다고 비판하고, 혹 예의 혐의와 여러 이유로 아예 참석치 못하게 하는 것은 또한 인정상 불가하다는 의견을 제시했다. 율곡은 시속(時俗)과 인정(人情)을 참작하 여 서모를 모자(母子)라는 측면에서 이해하려 하고, 구봉은 예의 원칙을 중시하여 적서(嫡庶) 분별이라는 측면에서 의견을 주장했다[41].

율곡과 구봉의 예행에 관한 견해는 반혼(返魂) 및 여묘제(廬墓制)에 대해서도 차이를 보였다. 율곡은 『주자가례』 대로 반혼하는 것이 옳으 나, 당시 현실 문제를 지적하면서 부분적으로 여묘제를 긍정했다. 이에 대해 구봉은 『주자가례』에 따라 반곡하고 여막을 만들어 때때로 성묘하 면 된다고 했다. 묘제도 율곡은 시속에 따라 한식과 추석에 성대한 제사 를 지내고 초하루와 단오에는 간략하게 지내고자 하였고, 구봉은 주자 가례 대로 한식만 성대하게 지내고 나머지는 언급이 없다.[42] 사계는 『주자가례』 묘제 의례를 수정한 율곡의 주장에 대해 좋기는 하나 구봉 의 견해에 따라 주자가례를 따랐다.[43]

이처럼 구봉은 『주자가례』를 준행하여 시속(時俗)보다는 고례에 따른

---

41) 김현수, 앞의 논문 97~99쪽 참조
42) 김현수, 위의 논문, 105~106쪽 재인용
43) 김현수, 위의 논문, 107쪽 재인용

예행을 강조했다. 율곡은 예 시행에 있어 『주자가례』에 의거하지만 현실 상황을 고려하기를 주장했고 무조건적인 고례에 따른 준행을 비판했다. 구봉은 시속 보다는 『주자가례』의 원칙과 고례를 따를 것을 주장했다. 구봉은 사계에게 답한 서신에도 『주자가례』의 강조와 『주자가례』에 바탕한 고례 인식을 보여준다. 구봉은 "고례는 그 시대와 가까웠던 선비들이라도 혹 알기 어려웠는데, 지금 수 천 년 뒤에 태어나서 사사로운 견해를 옳다하기 어려우니 마땅히 송대의 선유들의 설과 『주자가례』로 정해야 한다."고 했다.[44]

5. 사계 예학의 특징

『주자가례』는 송대 저술로서 고례를 비판적으로 계승하여 송대 사회에 적용한 것이었다. 조선은 송대와 여러 면에서 민속(民俗)과 인정(人情)이 달랐으며, 때문에 조선 학자들은 『주자가례』의 내용을 그대로 조선 사회에 적용할 수 없었다.

이 때문에 조선 예학자들은 예문답과 고증을 통해 이런 문제를 해소하고자 했다. 사계는 『가례집람(家禮輯覽)』·『의례문해(疑禮問解)』·『상례비요(喪禮備要)』 등에서 예문(禮文)을 변정(辨訂)하면서 고금의 여러 예서들과 퇴계(退溪) 이황(李滉)·회재(晦齋) 이언적(李彦迪)·하서(河西) 김인후(金麟厚) 등 조선학자들의 예설도 많이 인용하고 있다.[45] 김장생이 『가례집람』에서 인용한 한국학자는 퇴계 32회, 회재 7회, 하서 8회,

---

44) 『구봉집』, 권 6, 禮問答 答金希元論小祥練服.
45) 배상현, 위의 논문, 94쪽

이암(頤菴) 송인(宋寅) 7회, 구봉 5회, 한강(寒岡) 정구(鄭逑) 4회, 우복(愚伏) 정경세(鄭經世) 2회, 기타 이이, 신식(申湜), 한백겸(韓百謙), 심수경(沈守慶), 정렴(鄭磏) 등의 예설을 인용했다.46) 사계가 가장 공을 들인 저서는 『가례집람』과 『의례문해』인데, 만년까지 이를 보완하는 노력을 기울였다. 이 저서는 조선예학의 기반을 이룩하였고 후속한 모든 예서(禮書)의 이정표가 되었다.

사계의 예학은 조선후기 사상계에 큰 영향을 미쳤다. 조선 선비들은 예치주의와 의리정신에 입각하여 예속(禮俗) 순화와 백성 교화에 노력을 기울였다. 김장생의 예학정신은 명분과 도학 이념이 내재해 있다. 김장생은 예를 시행하는데 있어서 '극기복례'라고 하는 예학의 기본 정신과, '종법'사상 실현이라는 과제를 시대정신으로 지니고 있다.

첫째, 김장생 예학은 '억정종례'(抑情從禮) 정신을 근간으로 한다. 김장생의 예학과 예론은 '극기복례(克己復禮)' 정신에 입각하여 사정(私情)을 절제하여 예를 따르고자 했다. 성리학의 핵심명제를 '존천리 거인욕'이라고 한다면, 예학의 핵심명제는 '억정종례'라고 요약할 수 있다. 예행은 자신의 명(名)과 분(分)을 넘치거나 허식으로서의 예는 의리에 벗어나는 비례(非禮)가 된다. 또한 극기(克己)라는 심성 수양과 인정(人情)의 절제에서 이루어지는 것이다. 극기(克己)하는 가운데 사욕과 사정을 제어하고 천리에 따라야 진정한 예행이 된다. 사욕과 사정은 비례가 되므로 극기하여 엄한 자율 의지를 지니고 자기의 사회적 관계 속에서 예를 행하여 인심을 바르게 하고 천리를 보존한다는 것이 예학 정신이다. 이에 예행은 각별히 '억정종례'하도록 요구되었다. '극기복례' '억정종례' 정신은 조선학자들의 공통부분이므로 특별히 구봉 예학의 영향이라고

---

46) 배상현, 위의 논문, 95쪽

할 수는 없지만, 구봉은 특히 이를 강조하였고, 사계 역시 이러한 경향을 따랐다.

둘째, 현실의 구체적인 예란 구체적으로 종법(宗法)이다. 성리학자들은 예란 천리(天理)의 인정(人情)에 근본 하는 것이어야 한다고 여겼고, 그것을 예제화한 것이 종법(宗法)이라고 생각했다. 송대 성리학자들은 종법을 주목하고 당시대에 재생하려고 하였으며, 천리이자 천하의 공법(公法)인 종법을 기본체제로 하는 사회를 만들어 가고자 하였다. 또 조선 성리학자들은 려말선초에 『주자가례』를 도입하고 임진왜란 이후 더욱 강화하여 적용하려고 했다. 사계는 종법제도와 종통을 중시하였으며, 가부장적인 종법질서로 운영되는 향촌질서는 지방행정이 수세(收稅)나 공역(貢役)에도 도움이 되어 국가 행정력과 종법은 상호의존 관계에 있다고 이해했다.47) 종법을 통한 행정은 덕치(德治)와 일치함으로써 『소학(小學)』과 『주자가례』를 근간으로 하는 덕치사상을 계승한 구봉과 사계의 종법을 통한 통(統)의 수립을 주제로 삼았다. 종법을 통한 통 수립의 첫 과제는 복제(服制)를 바로잡아 상하(高祖에서 玄孫까지 9代)와 좌우(同高祖인 8촌형제자매간)에 위계를 바로잡는 것이 통(統) 확립의 근간이다.48)

셋째, 김장생의 예학 특성은 예학을 학문화했다는 것이다. 김장생은 조선 예학에 기여한 점은 생활의례인 주자가례를 학문 대상으로 삼아, 예학의 요건인 이학(理學)·경학(經學)·고증(考證)을 모두 겸하여 조선 예학의 기반을 수립하였다는 점이다. 사계 이전의 예학은 문헌 고증을 통해 변정한 것이 아니라 확실한 전거 없이 사견(私見)에 의한 문답으로

---

47) 『沙溪全書』, 권35, 33: 凡理財則先輸貢賦 拱徭役 後及家事.
48) 배상현, 위의 논문, 79쪽

행하여지는 경우가 많았다. 사계는 이학과 경학을 바탕으로 논거를 찾고 고금(古今)의 예서를 통한 변정(辨正)을 통해 미비점을 보완하고, 어려운 변례(變禮) 문제에 대하여 사우(師友)나 제자들과 의례(疑禮)를 문답하여,『주자가례』의 정신에 입각하여 행례(行禮)하도록 기여했다.

김장생의 이러한 예학 요소들은 모두 구봉의 예학에서 전수한 학문 내용이라고 할 수 있다.

6. 맺는말

조선후기 사상사에 있어서 구봉과 사계의 역할은 예 연구의 수준을 높여 예학을 하나의 학문영역으로 만들었다는 점에 있다. 구봉과 사계 이전의 예학이 각종 의례를 준수하기 위한 실용적 연구였다면, 구봉과 사계의 예학은 사람들이『주자가례』의 여러 의례를 행하는 이유를 알고 준행할 수 있도록 학문화한 것이다.[49]

사계는 전대의 선유(先儒)들보다 더욱 합리적이고 비판적인 예학에 전념하여 체계적이고 방대한 예서를 편찬했다. 그것들은『주자가례』를 기본으로 하여 중국과 한국 선유들의 설을 고증하고 당시의 속례(俗禮)를 보완하여 실정에 맞는 예제를 제정한 노력의 소산이었으며, 이러한 합리적이고 비판적인 예 실천정신은 구봉에게서 비롯된 것으로 조선후기 예 실천의 전범이 되었다.

사계의 스승인 율곡과 구봉의 예행 태도는 기본적으로 모두『주자가례』를 중시하지만, 율곡은『주자가례』를 강조하되 시속(時俗)과 인정(人

---

49) 李丙燾,『韓國儒學史』, 297쪽.

情)을 참작해야 한다고 보았으며, 구봉은『주자가례』의 예를 시속에 적용하고 시속 변화를 이끌려는 '이풍역속'의 태도를 강하게 보인다.[50] 구봉의 예학은『주자가례』에 따라 준행하며,『주자가례』의 미비한 점은 고례를 고증하여 보완하며, 시속(時俗)이나 개인의 사정(私情)은 대체로 억제해야 한다고 보았다. 구봉의 예학은 예학의 기본정신인 '억정종례', '이풍역속'에 주안점이 있다고 요약할 수 있다. 구봉은 이러한 예학의 근본정신을 일관되게 견지하였으며, 조선예학의 선구로서 그의 예학 정신은 사계에게 그대로 전수되었다.

사계의 예학은 구봉의 영향을 많이 받은 것이며, 조선 후기 학문계에 큰 영향을 미쳤다. 사계는『주자가례』를 중심으로 하는 예 시행을 중시했는데, 이러한『주자가례』중심의 예 시행은 조선후기 예행의 기반이었다. 사계는 성리학과 경학을 통해 논거를 찾고 고금의 예서(禮書)를 통한 변정(辨正)을 통해 미비점을 보완하고, 각종 변례(變禮) 문제에 대하여 스승 선배나 문인 동학들과 의례(疑禮)를 문답하고 정리하여 예를 보급하는데 기여하였다. 사계는 정밀한 고증을 통하여 예 시행을 뒷받침하는 본원을 정립하기 위해 노력했는데, 구봉은 그러한 예학의 초석을 놓았다. 사계가 저술한『가례집람』과『의례문해』는 조선의 예서 가운데 학문적 여건을 구비한 초기적인 위치에 있는 것이며, 예를 학문적으로 연구하는 방향을 제시한 업적으로 평가된다.[51] 사계가『주자가례』에 대하여 경서(經書)를 통한 고증으로 변정한 학문적 기여는 조선 학술사에서 대단히 중요한 일이다. 이러한 예학은 구봉에게서 시작된 것이다. 구봉은 사계에 앞서 이학·경학·고증을 모두 겸하여 예에 관한 연

---

50) 김현수, 위의 논문, 105쪽

51) 黃元九,「李朝禮學의 形成過程」,『연세논총』, 1963, 247쪽.

구를 학문의 위치로 올려놓았다. 이러한 예학 태도는 한국 예학의 기반을 이룩하였고 조선후기 예학의 이정표가 되었다.[52]

---

52) 裵相賢,「沙溪 金長生의 禮學思想考」,『沙溪思想硏究』, 沙溪愼獨齋兩先生紀念事業會, 1991, 71~78쪽 참조

구봉 송익필 직사상의 기호유학에서의 전승연구[1]

김창경[2]

1. 서론

직(直)에 대한 문헌의 출처는 먼저 『주역』에서 찾을 수 있다.[3] 공자도 『논어』에서 "인간의 삶은 직"[4]이라는 말을 하면서 직은 유가의 종지(宗旨)라 일컬어지기도 한다. 그만큼 직이 함유하고 있는 철학적 의미는 인간존재의 삶을 대변하는 것으로 읽혀진다. 또한 공자에 이어 맹자가 부

---

1) 이 논문은 2015년 9월 18일(금), 당진문화원 주최 〈역경속의 진유 구봉송익필의 현대적 재조명〉학술대회에서 발표하였으며, 『동서철학연구』 제78호, 한국동서철학회, 2015.12 에 게재한 글이다.

2) 金昌慶, 충남대학교 외래교수

3) 『周易』, 「坤卦」, 〈文言, (六二)〉

4) 『論語』, 「雍也」: "人之生也 直 罔之生也 幸而免"

동심(不動心)을 기르는 방법으로서 호연지기를 말하였는데, 그 호연지기를 기르는 방법으로 직을 들어 말하고 있다.[5] 정명도(程明道)도 '직상직하의 정정당당'한 직을 말하였으며,[6] 주자는 유가 성현들이 상전한 심법은 직 한 글자라 하여 문인들에게 유언으로 남기고 있다.[7] 이처럼 유가의 성현들이 서로 전한 심법(心法)이라 일컬어지는 직에 대하여, 조선의 성리학자들 가운데 본격적이면서 학술적으로 언급한 유학자로 구봉 송익필을 들 수 있다.

구봉(龜峯) 송익필(宋翼弼, 1534~1599)은 조선중기의 학문적 융성기라 지칭하는 목릉성세(穆陵盛世)시대에 율곡 이이와 우계 성혼과 도의지교(道義之交)를 나누고 학문을 절차탁마한 유학자이다. 구봉은 당대 조선성리학의 양대 산맥이라 불리어진 율곡이 '성리를 같이 논할 수 있는 사람은 구봉형제뿐'[8]이라고 하여, 성리학적 경지를 인정한 유학자이다. 이처럼 성리학에 뛰어났던 구봉의 직에 대한 자료는, 그의 제자 사계 김장생에게 지어 준 「김은자직백설(金㕍字直伯說)」[9]에서 찾을 수 있다. 아울러 김장생에게 전해진 직은 송시열에게 전해졌고, 송시열은 유언으로 권상하를 비롯한 제자들에게 남기고 있으며, 윤병구, 김원행, 박윤원, 홍직필, 전우 등 근대의 문인들에게까지 전해지고 있음이 나타나고 있다.

---

5) 『孟子』, 「公孫丑」: "夫志 氣之帥也 氣 體之充也 夫志至焉 氣次焉 我 善養吾浩然之氣 … 以 直養而無害 則塞于天地之間"

6) 『近思錄』, 권1, 「道體類」: "中者 天下之大本 天地之間 亭亭當當 直上直下之正理"

7) 『朱子大全』, 부록, 권4, 「年譜」, 〈寧宗慶元6年 庚申條〉: "爲學之要 惟事事審求其是 決去其 非 積集 久之 心與理一 自然所發 皆無私曲 聖人應萬事 天地生萬物 直而已矣"

8) 『栗谷全書』, 권10, 「書2」, 〈答成浩原〉: "惟宋雲長兄弟 可以語此. 此珥所以深取者也"

9) 『龜峯集』, 권3, 「金㕍字直伯說」: "民之生也直 直者 天所賦 物所受者也 此所謂天地之間 亭 亭堂堂直上直下之正理也 有或不直者 氣稟物欲之使然也"

이로 볼 때, 기호유학에서의 직은 기호유학의 심법으로 전해져 내려간 것이라 할 수 있고, 조선유학사에서 그 맥은 구봉 송익필로부터라고 말할 수 있겠다. 이러한 추론의 근거로써,

첫 번째로 구봉의 직에 관한 자신의 학문적 견해를 학술적으로 언급하고 있는 부분이 조선의 다른 학자들보다 『논어』에서 설파하고 있는 공자의 직에 닿아 있고, 포괄적이며 심도 깊이 피력하고 있다는 점을 들 수 있다.

두 번째로 기호유학의 후학들에게서 보여 지는 직에 대한 글들이, 구봉의 직에 대한 설명구조와 흡사하다는 점이다.

세 번째로 구봉을 비롯한 기호유학 후학들의 직에 대한 언급이 『주역』과 『심경』에 대한 소개 또는 설명 정도에서 그치지 않고, 자신의 견해를 학술적인 면에서 피력하고 있다.

네 번째로 이와 같은 직에 관한 견해들이 학술적인 양식을 지니면서도, 스승에서 제자에게로 이름이나 호 또는 자(字)로서, 명명(名銘)의 형식으로 서로 전해지는 전승의 형식을 지니고 있는 특성이 있다.

이처럼 여러 가지 학문적인 특수성을 지니고 있음에, 구봉의 직사상은 기호유학의 심법으로 전승되어졌다고 보며, 이를 구명하고자 함이 본 연구의 궁극적 목적이다.

물론 기호학파의 율곡에게서도 직에 대한 심도 있는 학술적 견해를 찾아볼 수 있다.[10] 그리고 영남학파에서 퇴계는 『심경』을 평생 중시하였다고 하며, 직에 대한 언급[11]을 찾아볼 수 있다. 또 퇴계의 문인인 한

---

10) 『栗谷全書』, 권27, 「擊蒙要訣」, 〈持身〉: "靜坐收斂此心 使寂寂無紛起之念 惺惺無昏昧之失可也 所謂敬以直內者如此 當正身心 表裏如一 處幽如顯 處獨如衆 使此心如靑天白日"

11) 『退溪集』, 권36, 「書」, 〈答李宏仲〉: "心經敬義章註所引程子敬以直內 必有事焉處 詳其語意 非以其下語釋此上句也 只是稱易語曰敬以直內 羅爲尼 係以己意論之曰 有主於內云云

강 정구12)나 갈암 이현일13)에게서도 찾아볼 수 있으며, 근대의 면우 곽
종석14)에서도 직에 대한 언급을 찾아 볼 수 있다. 그러나 대부분『주역』
과『심경』에 대한 해석 설명에 지나지 않아서, 구봉의 경우처럼 본격적
이면서 학술적인 특성을 지니지는 않는다고 할 수 있다. 이에 본 연구에
서는 직과 관련하여 고려 말에서 조선초중반 유학자들과, 기호유학에서
근대학자로 이어지는 문헌자료들을 연구범위로 삼고, 학술적인 견해들
을 피력한 부분들을 중심으로 분석하여 구명하고자 한다.

구봉의 직사상이 기호유학의 심법으로 전승되었다는 학계의 선행 연
구결과들은 그동안 계속 이어져 왔다. 배상현은 구봉사상의 요체는 직
의 체현에 있어서, 자신의 신명(身命)뿐만 아니라 가족의 생사를 염두에
두지 않으면서 고수한 것이 바로 직의 실천이라고 평가하였다.15) 도민
재는 직의 이념은 구봉에게서 연원하여 김장생, 송시열을 거쳐 이후 기
호학파의 심법으로 자리 잡게 되었다고 말하고 있다.16) 김문준은 공맹
과 주자를 이어 직의 철학을 수립한 송익필의 사상은 김장생에게 전수
되었고, 직을 이어받은 김장생은 마음을 세우는 요체로 삼았으며, 이러

又稱孟語曰必有事焉"

12)『寒岡集』續集, 권4「雜著」; "其爲氣也配義與道 道有沖漠之氣像 主一無適 敬以直內 便有
浩然之氣 浩然 須要實識得他剛大直 不習無不利"

13)『葛庵集』, 권22,「箴銘贊」,〈歲除自警箴 幷序〉; "莫怪之行 莫隱之索 先民有程 尚奚其適
道始孝悌 學原方直 日月云邁 夙夜朝夕 右戒不專"

14)『俛宇集』, 권131,「雜著」,〈權會卿字說 乙巳〉: 곽종석은 '회경'이란 자를 설명하면서 직
에 대해 언급하고 있으며, 이외 문인들에게 주는 편지글 20여 곳에서 '경이직내'에 대해
언급하고 있다.

15) 배상현,「구봉 송익필과 그 사상에 대한 연구」,『논문집』제1집, 동국대 경주대학,
1982, 20-21쪽.

16) 도민재,「기호학파의『주자가례』수용양상」,『국학연구』제16집, 2010, 510쪽.

한 직의 정신은 송시열에게 전수되었다고 말하고 있다.[17] 고영진은『구봉집』이 구봉 사후 163년 후(영조38년, 1762)에 발표되어 그의 사상에 대한 인식부족으로 인해 정상적인 평가를 받지 못했다고 분석하고 있으며,[18] 특히 최영성은 구봉 철학사상의 기저(基底)를 이루는 직사상이 김장생·송시열에게로 계승되어 그들의 사상적 핵심을 이루었다고 밝히고 있다.[19] 이처럼 그동안의 학계 연구에서는 구봉의 직사상이 기호유학의 심법으로 전승되어진 것이라고 언급한 연구가 많이 있었다.

그러나 한국유학사상사에서 직사상의 전승에 대한 구체적인 분석과정과 결론도출을 제시한 연구는 찾아보기 드물다. 또 기호유학에서 기존의 연구들은 송익필과 김장생의 직에 대한 자료들만 제시하고 있거나, 김장생과 송시열의 직에 대한 것만 언급하고 있다. 무엇보다 송익필-김장생-송시열 이후의 후학으로 이어진 직사상에 대해서 언급되어진 연구는 결여되어서, 종합적인 결론으로 정립되기에는 부족한 부분이 있다고 할 수 있다.

이에 본 연구에서는 16세기 이전 유학자들의 직사상에 대한 고찰과, 17세기 이후 즉, 송익필 – 김장생 – 송시열 이후 간재 전우 등, 근대 기호유학자들에게까지 이어지고 있는 직사상에 대한 전반적인 고찰을 통하여 분석 정리할 것이다. 그리하여『주역』과 공자로부터 언급된 직사상이 조선에서 구봉과 기호유학의 철학적 기반으로 전승되어간 흐름을 고찰해 볼 것이다. 이를 통해서 기호유학사에서의 구봉 송익필철학에 대

---

17) 김문준, 「기호유학에서의 우암송시열의 위상」, 『유학연구』 제16집, 충남대 유학연구소, 2007, 203쪽.

18) 고영진, 『조선중기예학사상사』, 한길사, 1995, 218쪽.

19) 최영성, 「구봉송익필의 학문과 기호학파에서의 위상」, 『우계학보』 23호, 우계문화재단, 2004, 172쪽.

한 새로운 위상정립의 계기가 될 것이라고 기대해 본다. 더불어 기호유학에서 뿐만 아니라 한국유학사에서 구봉 직사상의 전승이 갖는 학술적 의의를 정립해보고자 한다.

2. 본론

직(直)이라는 개념은 유가철학에서 공자와 맹자가 언급하였고, 주자가 성현(聖賢)들이 서로 상전한 심법이라고 하였듯이, 유가철학의 근본 정신이자 핵심사상이라 할 수 있다. 이러한 직의 글자가 갖는 뜻과 개념에 대해 간략히 살펴보기로 하자.

『설문해자』에서는 '정견(正見)', 『옥편』에는 '불곡(不曲)', 『주역』의 「곤괘」에서는 '직기정야(直其正也)',[20]라고 풀이하고 있다. 이로 미루어보면 직은 바르며, 굽지 않으며, 굽은 것을 바로잡는 것, 펴는 것, 바르게 보는 것이라는 사전적 의미를 찾을 수 있다. 또 직과 같은 의미를 가진 한자를 찾아보면, '정(亭)'은 바르고 곧다, '은(檃)'은 '굽은 나무나 뒤틀린 활을 바로잡아주는 틀'이란 뜻으로 직과 같은 의미이다. 그리고 '필(弼)'은 '틈이 생기거나 뒤틀려 굽은 활을 바로잡는 틀'을 뜻하는 것을 살펴볼 수 있다.[21] 그리고 본 논문에서 연구하고자 하는 구봉 송익필의 끝 이름이 필(弼)이고, 김장생의 아들 김은의 은(檃)자가 '도지개 은'자이다. 두 사람 이름이 모두 굽은 것을 바르게 잡는다는 의미로 직과 같은 뜻이라서 흥미롭기도 하다.

---

20) 『周易』, 「坤卦」〈文言〉: "直其正也 方其義也 君子 敬以直內 義以方外"
21) 『漢韓中辭典』, 동아출판사, 1998.

학문의 요체이자 심법으로 일컬어지며 중요시 했던 유가철학에서의 직(直)에 대한 이해를 『주역』에서 살펴보면, "직은 바른 것이고 방은 의라서 군자는 경(敬)하여 안을 직하고, 의하여 밖을 방하게 한다. 또 경과 의가 서면 덕은 외롭지 않다"[22]고 하였다.

『논어』에서는 공자가 "인간의 삶은 직"[23]이라고 하였다. 여기서 직은 주자에 의하면 사사로움이 없는 것임을 알 수 있다.[24] 『맹자』를 살펴보면, 인간본연의 마음을 기르는 방법에 대해서 맹자는 '부동심'을 말하였는데, 인간의 주체적 의지와 기(氣)가 가장 중요하다 하였다.[25] 이러한 기를 기름에 있어서 호연지기를 직으로써 잘 기른다고 말하였다.[26] 그리고 주자는 "학문하는 요체는 마음과 이치가 하나가 되어 사사로움과 굽어짐이 없게 하는 것으로서, 성인이 만사에 응하는 것과 천지가 만물을 낳는 이치는 모두 직(直) 하나일 따름"[27]이라고 하였다.

이처럼 직은 유가의 바람직한 인간상인 군자가 내면의 사사로운 인욕을 제거하는 수기의 방법이 되며, 공자의 말을 통해 인간의 천부적인

---

22) 『周易』,「繫辭傳」: "直其正也 方其義也 君子敬以直內 義以方外 敬義立而德不孤 直方大 不習無不利 則不疑其所行也" 유가에서는 인간이 본래 순선한 성품을 품수 받았지만, 기질의 청탁으로 인하여 사사로운 욕심이 생겨 선한 성품이 가려지고 드러나지 못한다고 전제한다.(노사광 지음, 정인재 옮김, 『중국철학사』, 宋明篇, 탐구당, 1987, 219쪽.) 그러므로 인욕을 제거하고 천리를 보존하여 순선한 본성으로 돌아가고자, 내외의 直과 義로써 敬과 義의 수양방법론을 제시하고 있는 것이다.

23) 『論語』,「雍也」: "人之生也 直"

24) 『論語』,「憲問」: "子曰何以報德 以直報怨 以德報德"의 글 주석에서 "於其所怨者 愛憎取舍 一以至公而無私 所謂直也"

25) 『孟子』,「公孫丑」: "夫志 氣之帥也 氣 體之充也 夫志至焉 氣次焉"

26) 위의 글: "我 善養吾浩然之氣 … 以直養而無害 則塞于天地之間"

27) 『朱子大全』, 附錄, 권4,「年譜」,〈寧宗慶元6年 庚申條〉: "爲學之要 惟事事審求其是 決去其非 積集 久之 心與理一 自然所發 皆無私曲 聖人應萬事 天地生萬物 直而已矣"

본심 내지 자연한 본질로 규정28)되었다고 할 수 있다. 이는 다시 증자의 '스스로 반성해서 곧으면 비록 천만인이라도 나는 나간다'는 말29)과, 맹자의 '직으로 길러 해침이 없으면 기는 천지 사이에 꽉 찬다'30)는 호연지기의 말로 계승되었다. 또 정명도의 천지사이에 정정당당함31)으로 이어졌으며, 주자가 임종할 때 문인들에게 남긴 유언으로 이어지고 있음을 알 수 있다.32)

1) 구봉의 직(直)사상

조선성리학이 본격적으로 성립되기 이전, 고려 말의 유학자와 조선중기 유학자들에게서도 직에 대한 언급을 찾아볼 수 있다. 그러나 이들은 유교경전을 공부하는 과정에서 선유의 경전을 소개하는 정도에서 그치고 있다. 대부분 『주역』의 「곤괘」에 실려 있는 "경이직내(敬以直內) 의이외방(義以方外)"에 관한 설명과, 송나라 진덕수(眞德秀)가 경전과 도학자들의 저술에서 심성 수양에 관한 격언을 모아 편집한 『심경(心經)』을 설명하는 정도이고, 직에 대한 자신의 학술적 견해를 논한 자료는 찾아보기 드물다고 할 수 있다.

구봉 이전의 직에 대한 학술적 견해를 표명하고 있는 유학자들을 살펴보면, 고려 말엽의 학자들 가운데, 안축(安軸, 1282~1348)33), 이곡(李

---

28) 『論語』, 「雍也」: "子曰 人之生也直 罔之生也 幸而免"
29) 『孟子』, 「公孫丑章句」: "曾子謂子襄曰 子好勇乎 … 自反而縮 雖千萬人 吾往矣"
30) 위의 글: "浩然之氣 … 其爲氣也. 至大至剛 以直養而無害 則塞于天地之間"
31) 『近思錄』, 권1, 「道體類」: "中者 天下之大本 天地之間 亭亭當當 直上直下之正理"
32) 김창경, 『구봉 송익필의 도학사상』, 책미래, 2014, 251쪽.
33) 『謹齋集』, 권4, 「附錄」, 〈集錄〉

穀, 1298~1351)34)과 이색(李穡, 1328~1396)35), 정도전(鄭道傳, 1342~1398)36) 이 언급하고 있음을 살필 수 있다. 또 조선시대 초기의 유학자들 가운데, 정암(靜菴) 조광조(趙光祖, 1482~1519)는 임금과의 경연석상의『근사록(近思錄)』강연에서 '조사존망(操舍存亡)'에 대한 물음에 대하여, 마음은 활물로서 외부사물을 접하였을 때 흩어지지 않고 한 곳으로 모으게 할 수 있는 것이 직으로써 안을 경하게 하는 것이라고 언급하고 있다.37) 회재(晦齋) 이언적(李彦迪, 1491~1553)은 '존양'을 설명하는 글에서 '경이직내'를 짧게 설명하였고,38) 고봉(高峯) 기대승(奇大升, 1527~1572)은 성(誠)과 경(敬)을 비교하기 위한 말을 하면서 직에 대해 언급하고 있으며,39) 한강(寒岡) 정구(鄭逑, 1543~1620)도『이정전서(二程遺書)』에서 호연지기와 관련된 내용을 간추려 뽑은 「양호첩」에서

---

34) 『稼亭集』, 권7, 「說」, 〈敬父說〉

35) 『牧隱集』, 「牧隱文藁」, 권10, 〈說〉, (直說三篇): "善保者 孔顏思孟是已 行之以政事 述之以文章 於是乎其用也費矣 其隱而不可見者 又非窈冥昏黙之地也 昭乎日月也 盛乎鬼神也 其亦求之方寸間而已矣 聞善言 見善行 油然而生者 心之端也 持其端而不失焉者 敬義而已 其拳拳焉 其拳拳焉"

36) 『三峰集』, 「佛氏雜辨」, 〈佛氏心跡之辨〉: "程子曰 佛氏之學 於敬以直內則有之矣 義以方外則未之有也 故滯固者入於枯槁 疏通者歸於恣肆 此佛之敎所以陷也 然無義以方外 其直內者 要之亦不是也"

37) 『靜菴集』, 권5, 「筵中記事」, 〈筵中記事一 戊寅十月五日〉: "中廟御不時經筵 副提學趙光祖, 右承旨金正國, 修撰尹衢, 注書沈達源, 翰林蔡世英, 權軏等入侍 進講近思錄 講訖 上曰 此書言 操則存 舍則亡 書曰 惟聖罔念作狂 惟狂克念作聖 操存省察之功 豈不難乎 光祖曰 上敎聖狂之說 甚爲要切 心是活物 若有感而動 則事爲之主 有似不亂 未接物時 常人之心 尤爲散亂 若欲着於一處 則是以敬直內 非操存之道也 所謂操存者 非必每存善念也 但矜持虛靜 敬以直內 雖非應事接物之時 而常惺惺之謂也"

38) 『晦齋集』, 권5, 「雜著」, 〈答忘機堂第一書 戊寅〉: "且如存養之云 只是敬以直內 存之於未發之前 以全其本然之天而已 若曰遊心於無極之眞 使虛靈之本體 作得吾心之主 則是使人不爲近思之學 而馳心空妙 其害可勝言哉"

39) 『高峯集』續集, 권2, 「雜著」, 〈三解〉: "誠者 天之道 敬者 聖之道也 苟能敬以直之 誠而遂之 則聖人之道 亦可學矣然 則所謂敬與誠者 又若何而用力耶 曰 審思明辨 自强不息者 思誠之實 整齊嚴肅 戰兢自持者 主敬之實也"

40) '경이직내'를 언급하고 있을 뿐이다. 포저(浦渚) 조익(趙翼, 1579~1655)도 직에 대해 언급하고 있지만, 주자가 말한 경(敬)에 대한 글들을 요약해서 언급하고[41] 있을 따름이다.

율곡(1536~1584)은 『격몽요결』, 〈지신〉장에서 배우는 이의 마음가짐과 몸가짐에 대하여 '구용구사(九容九思)'의 예를 들어 설명하면서, "정좌하여 마음을 가다듬어 고요한 가운데 복잡하게 일어나는 생각이 없이 항상 깨어 있어 멍청해지는 일이 없어야 할 것이다. 이른바 "경으로 마음을 곧게 하라"는 말이 이와 같은 뜻"[42] 이라고 말하고 있다.

이처럼 직에 대한 견해들을 조선시대 구봉 이전의 학자들 가운데서도 찾을 수 있지만, 구봉처럼 직에 대한 궁리로서의 의의와 효용, 실천상의 뜻 등을 시종일관 자기의 견해로 풀어쓴 유학자는 찾아보기 드물다. 이제 구봉의 직사상에 대해서 살펴보고, 그로부터 전해진 제자 김장생의 직과, 또한 김장생으로부터 전승되어진 기호유학자들의 직에 대한 자료들을 고찰하여 분석해보기로 하자.

구봉의 직사상은 「김은자직백설(金檃字直伯說)」에 잘 나타나 있는데, 이 글은 구봉이 사계 김장생의 장남이었지만 조졸한 김은[43]의 자(字)를 '직백'으로 지어 주면서 쓴 글이다.

---

40) 『寒岡集』續集, 권4, 「雜著」: "其爲氣也配義與道 道有沖漠之氣像 主一無適 敬以直內 便有浩然之氣 浩然 須叓實識得他剛大直 不習無不利"

41) 『浦渚集』, 권19, 「雜著」, 〈朱子가 敬에 대해서 논한 중요한 말들〉: "涵養 須用敬 處事 須是集義 敬義只是一事 如兩脚立定是敬 繾行是義 合目是敬 開眼見物便是義 方未有事時 只得說敬以直內 若事物之來 當辨別一箇是非 不成只管敬去 敬義不是兩事"

42) 『栗谷全書』, 권27, 「擊蒙要訣」, 〈持身〉: "靜坐收斂此心 使寂寂無紛起之念 惺惺無昏昧之失可也 所謂敬以直內者如此 當正身心 表裏如一 處幽如顯 處獨如衆 使此心如靑天白日"

43) 『愼獨齋遺稿』, 권11, 「行狀」, 〈皇考沙溪先生行狀〉: "先妣生不與榮 卒後四十年乙丑 追封貞夫人 生三男三女 男長檃早夭 次集持平 次槃典翰" 金檃은 김장생의 조졸한 첫아들이다.

모든 사람의 태어남은 直이다. 직은 하늘이 준 바요, 物이 받은 것이다.

이것이 소위 천지사이에 亭亭堂堂하여 상하가 모두 곧은 正理이다. 혹

不直한 것이 있음은 氣稟物欲이 그렇게 시킨 때문이다.44)

여기서 구봉은 『논어』에서 공자가 한 말을 인용하여 백성의 태어남이

직하다고 말한다.45) 직은 하늘이 준 바요 물이 받은 것이라 함은 『중

용』의 '천명지위성'에 대한 해석에서 정이천이 "천이 준 것이 명이요, 사

람과 물이 받은 바가 성이다"46)라고 한 말과 같은 맥락이다. 또 구봉은

직이란 천지간에 정정당당하고 위아래가 곧고 바른 정리라고 하여 정명

도의 직에 대한 이해47)를 이어받고 있음을 알 수 있다.

　다음으로 직의 도(道)에 대한 구봉의 견해를 살펴보자.

直하지 아니하면 道가 드러나지 않는다.……부모를 모심에 直으로써

하고, 임금을 섬김에 直으로써 하고, 붕우를 접함에 直으로써 하고, 처

자를 대함에 直으로써 하여서, 直으로 살고 直으로 죽는다. 48)

이로 볼 때 구봉의 직사상은 직이 아니면 도(道)가 드러나지 않고 실

---

44) 『龜峯集』, 권3, 「金隲字直伯說」: "民之生也直. 直者 天所賦 物所受者也 此所謂天地之間
　　亭亭堂堂直上直下之正理也 有或不直者 氣稟物欲之使然也"

45) 『論語』, 「雍也」: "人之生也直 罔之生也 幸而免"

46) 『中庸』"天命之謂性"에 대한 주석 "命猶令也 性卽理也 天以陰陽五行 化生萬物 氣以成形
　　而理 亦賦焉 猶命令也 於是 人物之生 因各得其所賦之理 以爲健順五常之德 所謂性也"

47) 『近思錄』, 권1, 「道體類」: "中者 天下之大本 天地之間 亭亭當當 直上直下之正理"(程明
　　道)

48) 『龜峯集』, 권3, 「金隲字直伯說」: "不直則道不見……事親以直 事君以直 接朋友以直 待妻
　　子以直 以直而生 以直而死 立天地以直 貫古今以直"

현되지 않는 것이고, 직은 도가 실현될 수 있는 근저가 된다. 또 직은 충효우애의 인륜을 실천하는 도리가 되는 것이며, 삶과 죽음의 벼리가 되는 것이라고 할 수 있다. 그러므로 구봉은 김장생에게 직의 공정이 『소학』과 『대학』 책에서 다 했으니, 두 책으로써 날마다 자식을 가르치고 그 자(字)는 '직백'으로 하라고[49] 지어주고 있음을 알 수 있다.

또 구봉은 직의 방법으로 '구용(九容)'[50]과 '구사(九思)'[51]를 말하고 있다.[52] 구봉은 율곡이 『격몽요결』에서 의론한 주석에 대하여, '직기용(直其容)' '직기사(直其思)'를 말하면서 율곡의 잘못을 지적하고 있다.[53] 그리고 구봉의 직도(直道)에 대한 이해는 그의 시[54]와 중봉 조헌에게 주는 글에서 찾아 볼 수 있다.[55]

이상에서 구봉의 직사상은 「김은자직백설」과 시와 구용구사의 글 등을 통해 드러나는데, 『주역』과 공자, 맹자, 정명도, 주자의 가르침을 함축하고 있으며, 『소학』으로부터 『대학』까지 배움의 시종, 충효의 도리, 인간의 태어남부터 성인의 만물응사와 천지만물의 도리가 모두 직으로

49) 『龜峯集』, 권3, 「金隱字直伯說」: "直之 功程 小而小學書備矣 大而大學書盡之 希元以大小二學 日敎其子 則名以隱而字以直伯 不亦宜乎"

50) 『禮記』, 「玉藻篇」: "足容重, 手容恭, 目容端, 口容止, 聲容靜, 頭容直, 氣容肅, 立容德, 色容莊"

51) 『論語』, 「季氏篇」: "視思明, 聽思聰, 色思溫, 貌思恭, 言思忠, 事思敬, 疑思問, 忿思難, 見得思義"

52) 『龜峯集』, 권3, 「金隱字直伯說」: "苟欲直之 直之之道 其不在隱乎 隱之如何 九容直其容也 九思 直其思也"

53) 『龜峯集』, 권6, 「禮問答」, 〈答叔獻書論叔獻所述擊蒙要訣非是〉: "尊兄所論如九容註云 足容重者 不輕動也 若趨于尊丈之前 則不可拘此 此註非是 凡用足不輕 而不蹎不蹶 周旋中規 折旋中矩 當趨則趨以采齊 當行則行以肆夏 是足容重也"

54) 『龜峯集』, 권2, 「詩」, 〈春晝睡起〉: "直道難容曾愧柳 曲肱爲樂晩希顔"

55) 『龜峯集』, 권2, 「詩」, 〈聞趙憲倡義兵勤王〉: "直道曾囚楚 先吾已着鞭 堂中辭鶴髮 腰下撫龍泉"

부터 시작하여 직으로써 마친다고 밝히고 있다. 곧 유가 선현들의 직사상에 대해 통괄 함축하여 간략하면서도 명철히 밝히고 있는 것이라 하겠다. 이런 점에서 구봉의 직사상이 유가철학의 요지(要旨)를 계승하고 있으면서도 독자적인 학술적 견해를 지니고 있다고 할 수 있다.

2) 구봉 직사상의 기호유학에서의 전승 고찰

이와 같이 구봉의 직은 그의 시와 조헌에게 준 글에서 직도로써 언표하고 있으며, 「김은자직백설」을 통해 김장생에게 전승되었음을 보았다. 그리고 김장생은 송시열에게 "주자가 공자와 맹자의 서통(緒統)을 이은 것은 오직 직 한 글자뿐이다."[56]라고 전승하고 있으며, 이어서 송시열은 제자 권상하(權尚夏, 1641~1721)에게 다음과 같이 유언을 남겼다.

공자·맹자이래로 相傳은 오직 이 한 直자 뿐이며, 주자도 세상을 떠날 때 문인들에게 말한 것도 이를 벗어나지 아니 하였다.[57]

이렇게 전승된 조선에서의 직사상은 구봉에게서 비롯하여 이후 김장생과 송시열을 거쳐 기호학파의 심법(心法)으로 자리 잡게 되었으며[58], 또 구봉의 예학적 바탕이 되는 직사상은 김장생과 송시열에게 전

---

56) 『宋子大全』, 권136, 「贈李景和說」: "朱子之實承孔孟之統者 唯直一字而已"

57) 『宋子大全』, 부록 권11, 「年譜10, 숭정62年, 己巳」, 〈先生83歲條〉
『宋子大全』, 권89, 「書」, 〈奉訣致道, 己巳五月十四日〉: "朱先生嘗以切要一言 敎門人曰 只取孟子道性善求放心二章 爲用力之地 又於易簀時 授門人以直之一字…… 而亦以直之一字 爲養之之要 朱子又以大英雄 必從戰兢臨履做出 聖人傳授心法 斷然可知矣"

58) 도민재, 「기호학파의 『주자가례』 수용양상」, 『국학연구』 제16집, 2010, 510쪽.

승되어 기호예학으로 전개되었던 것59)이라고 할 수 있다.60)

이제부터 직사상이 이후 기호유학으로 전승되어진 내용들을 구체적으로 살펴보기로 하자. 직에 대한 언급은 김장생61)과 그의 아들 신독재 김집62)의 문헌에서도 살펴볼 수 있다. 그리고 동춘당(同春堂) 송준길(宋浚吉, 1606~1672)은 송시열과 함께 어려서 부친인 송이창(宋爾昌)에게서 배웠으며, 이후 김장생의 문하에서 수학하였다. 송이창과 김장생은 구봉과 율곡의 문하에서 같이 수학하였다. 송준길의 「경연일기」를 살펴보면, "성상이 이르기를, '의이외방'의 방은 쉽게 이해할 수 있으나 '경이직내'의 직은 의심이 없을 수 없다." 하니, 준길이 아뢰기를, "이 직 자는 바로 정자가 말한 '정정당당(亭亭當當)하여 직상직하(直上直下)한다.'라는 직입니다." 하였다.63) 이는 정명도가 말한 천지사이의 정정당당64)하다고 말한 직을, 구봉이 '직상직하 정정당당'이라 언표한 내용과 같은 것임을 알 수 있다.

송시열이 유언으로 직 한글자를 내려준 수암(遂庵) 권상하(權尙夏, 1641~1721)의 문헌을 살펴보자. 권상하는 글 읽는 서실의 이름을 '직암(直菴)'이라 명명하면서 직에 대한 글을 전하고 있다.

---

59) 김문준, 「기호유학에서의 우암송시열의 위상」, 『유학연구』 제16집, 충남대 유학연구소, 2007, 203쪽

60) 그러나 위의 두 논문연구는 송시열 이후의 기호유학 후학들에게 나타나는 직에 대한 구체적 자료 제시와 학술적 논구가 되지 않았다.

61) 『沙溪全書』, 권18, 「近思錄釋疑」, 〈학문하는 大要에 대한 總論〉, (敬以直內)

62) 『愼獨齋遺稿』, 권17 「附錄」, 〈再祭文(尹宣擧)〉: "敬以直內, 義以方外은 《역경》에서 배운 것."

63) 『同春堂集』 別集, 권2, 「經筵日記」, (효종 9년(1658) 1월 16일)

64) 『近思錄』, 권1, 「道體類」: "中者 天下之大本 天地之間 亭亭當當 直上直下之正理"

"선생께서 긴요한 말로 제 암자에 이름을 붙여주셨으면 좋겠습니다."
하기에, 내가 마침내 우리 선사에게서 받은 말씀을 들어 보이며 以直
으로 명명하였다……주 선생이 작고하기 수일 전에 諸生에게 이르기
를 '학문하는 요점은 오직 일마다 옳은 도리를 살펴 구하고 그른 것은
결단코 버려서, 이것을 오래오래 쌓아 가면 마음과 이치가 서로 하나
가 되어 몸에서 발현되는 것이 자연히 모두 사곡함이 없게 되는 것이
다. 성인이 만사에 응하는 것과 천지가 만물을 생하는 것이 直일 뿐이
다.' 하였는데, 대체로 우리 선사의 학문은 일체 주 선생에게서 나왔기
때문에 그 말씀이 이와 같았던 것이네. 또 坤卦 文言에 이르기를 '경으
로써 안을 곧게 하고 의로써 겉을 바르게 한다.' 하였고, 『논어』에는
'사람이 사는 이치는 곧은 것이니, 곧지 않고도 사는 것은 요행으로 면
한 것일 뿐이다.' 하였으며, 또 『맹자』에는 '그 氣가 지극히 크고 굳세
니, 直으로 이것을 길러 해치지 않는다면 천지 사이에 가득찰 것이다.'
하고, 또 이르기를 '스스로 반성해 보아서 자신이 곧았으면 비록 천만
인이 앞에 있어도 내가 가서 대항할 것이다.' 하였으니, 이 여러 설들
을 의거한다면 이른바 直 자는 실로 孔孟이후 서로 전해 온 旨訣로서
사람으로서는 하루도 이것을 떠나서는 안 되는 것이다.65)

권상하도 역시 공·맹·정·주가 설파한 학문하는 요체를 직이라 본받
으면서, 직은 공·맹이 상전한 '지결(旨訣)'이라고 언표하고 있다.

---

65)『寒水齋集』, 권22,「記」,〈以直菴記〉: "子以喫緊語名吾室可乎 余遂以所受於先師者 擧似
曰以直……朱先生於易簀前數日 語諸生曰爲學之要 唯事事審求其是 決去其非 積累久之
心與理一 自然所發皆無私曲 聖人之應萬事 天地之生萬物 直而已矣 蓋先師之學 一出於朱
先生 故其言也如是矣 且夫坤之文言曰 敬以直內 義以方外 魯論曰人之生也直 罔之生也幸
以免 又鄒書曰其爲氣也 至大至剛 以直養而無害則塞乎天地之間 又曰自反而縮 雖千萬人
吾往矣 據此諸說則夫所謂直字者 實孔孟以來相傳旨訣 而人所不可一日離者也"

송시열의 문인이지만 소론의 영수로 송시열과 학문적 견해를 달리 했던, 명재(明齋) 윤증(尹拯, 1629~1714)은 박화숙과의 편지에서,[66] 그리고 나현도와의 『심경(心經)』에 대한 문답편지에서 존양과 성찰에 대해 문답하면서 '경이직내'를 말하고 있다.[67]

직재(直齋) 이기홍(李箕洪, 1641~1708)은 송시열의 문인으로 권상하와 이희조(李喜朝) 등과 교유하였는데, 그의 호는 직재이다. 이기홍은 스승 송시열이 가르쳐준 직의 의미를 새기고자 글을 읽는 서재를 '직재(直齋)'라 이름하고 공부하는 마음의 경계로 삼았다는 내력을 말하고 있다.[68] 여기에서 송시열이 유언으로 직을 말한 것과, 공자의 직에 대한 내용과, 심(心)과 행(行)과 만사에 직으로 한다는 내용을 말하고 있다.

박세채(朴世采)의 외손이며, 김간(金榦)과 이희조의 문인이었던 직암(直菴) 신경(申曔, 1696~1766)은, 호를 '직암(直菴)'이라 하였으며, 〈김종 직자설(金鍾直字說)〉에서 청풍에 사는 김종직이 관례를 올리게 돼서 자를 '숙방'으로 지어주는 글에서 '경이직내 의이방외'를 설파하고 있다.[69] 그런데 흥미로운 것은 구봉이 김장생의 아들 김은의 자를 "직백

---

66) 『明齋遺稿』, 권11,「書」,〈與朴和叔 壬戌至月二十八日〉

67) 『明齋遺稿』, 권14,「書」,〈答羅顯道 十二月二十日〉: "來教敬以直內 心不外馳則慾無由自 染 此固然矣 然持心屬存養 窒慾屬省察 古人之言 皆作兩項工夫 使之交致其功 幸更加體 驗如何"

68) 『直齋集』, 권8,「銘」,〈直齋銘〉: "余於丁卯冬 往拜老先生于興農之書室 一日先生呼余字而 敎之曰 朱夫子屬纊時 招門人誨之曰 天地之所以生萬物 聖人之所以應萬事 直而已 此與論 語人之生也直 罔之生也幸而免 可參看 君其勉之 余於是已敬受書紳 今遭患難 尤覺此誨之 切實 名其所居室曰直齋 遂爲之銘 心也直行以直 行也直事以直 行不行行不直 事不事事不 直 斯直也一字符 人於直勉矣夫 諟有受而永懷 懼或墜名吾齋"

69) 『直菴集』, 권11,「雜著」,〈金鍾直字說〉: "易曰 敬以直內 義以方外 兩言實爲萬世爲學之要 朱夫子平生眷眷表章 以戒愼恐懼 爲持敬之本 以格物致知 爲明義之端 至著於名堂室記 蓋 戒懼則敬有以立 格致則義有以形 敬立則心無私邪之累而內可以直 義形則事事物物 各得 其分而外可以方 直故胃中洞然 徹上徹下而表裏如一 無纖芥非僻之干矣 方故見是處 決定 做去 見不是 決定不做 無毫髮枉曲之雜矣 夾持交修 德乃不孤 工夫至到 則可以保直方大"

(直伯)"이라 지어준 글(「金櫟字直伯說」)과 그 문장구성이 거의 흡사하며, 직에 대해서 상전하는 전승방식도 동일하다는 점이다.

수암 권상하의 제자인 병계(屛溪) 윤봉구(尹鳳九, 1683~1767)는 〈직암명병서(直菴銘幷序)〉에서 친구인 신명윤의 서재를 '직암(直巖)'이라 명명하고 있는데, 공자 맹자 등의 성인이 만사에 응하는 것은 오직 직뿐이라는 가르침을 받아서 이를 새기고자 한다고 적고 있다.70) 윤봉구의 글도 직에 대한 공·맹·정·주의 내용과 이를 본받아 친구에게 상전하는 전승방식이 구봉의 글과 같다.

농암(農巖) 김창협(金昌協, 1651~1708)은 낙론(洛論)의 종장으로 추숭되기도 하였던 학자이다.71) 김창협은 "학문을 다 체득한다는 것은 안과 밖을 합하고 처음과 끝을 꿴다는 말이니, 잡아서 지키는 공부는 '마음을 정직하게 하는 데(直內)'만 쓸 것이 아니라 '행동을 방정하게 하는 데(方外)'도 써야 하며, 비단 초학자의 급선무일 뿐만 아니라 또한 끝을 이루는 요긴한 방법도 된다는 말이다."72) 라고 직에 대해 언급하고 있다.

미호(渼湖) 김원행(金元行, 1702~1772)은 낙론을 지지한 학자로서 조

之本體矣 淸風金鍾直之冠也 余爲之字曰叔方 盖取諸此也 余於叔方 忝爲先大夫執友 則叔方實余故人子也 欲望其爲學成德 宜莫余切 故其兄伯剛請有說而戒之 乃書命名之義而遺之 惟叔方內省外儆毋怠毋忽"

70) 『屛溪集』, 권44, 「銘」, 〈直菴銘幷序 甲辰〉: "吾友平山申明允名其居曰直菴 蓋取孔子所謂人生直 孟子所謂以直養之義 而亦嘗敬服於晦翁夫子天地之生萬物 聖人之應萬事 直而已之訓矣 嗚呼 天地無私 其生之也能直 聖人循天理 其養之也能直 故其應之也 亦能直 吾人同稟生之之直 而旣不能養之以直 以至應之不能以直 則豈所謂幸而免者非耶 不知明允之所以取於三聖賢者 其亦顏子淵舜我何人之意耶 不然 非吾之所望於吾明允者也 明允甫要余敷其義 於是作直菴銘"

71) 배종호, 『한국유학사』, 연세대학교 출판부, 1997, 205쪽.

72) 『農巖集』, 別集, 권3, 「附錄2」, 〈語錄〉(吳大濬 錄): "先生曰 此事 謂此學也 統體 謂合內外貫始終也 蓋言操存之功 不但用於直內 亦須用於方外 不但爲初學之急務 亦爲成終之要道也 若只用於直內而不用於方外 但作成始之務而不作成終之功 則內外始終 判作兩段耳"

부인 김창협의 학설을 이어받아, 심(心)을 이기(理氣)를 겸하는 의미를 지닌 것으로 여겨, 주리와 주기의 절충적인 입장을 취한 학자이다.[73] 구봉과 율곡이 모두 직과 관련하여 구용구사(九容九思)를 언급하였는데, 김원행도 서묵수에게 주는 편지글에서 다음과 같이 언급하고 있다.

> "구용은 비록 외면을 다스리는 것이기는 하지만 외면이 다스려지면 내면도 다스려집니다. 예컨대 程子가 이른바 "정제하고 엄숙하면 마음이 전일해지고, 마음이 전일하면 자연히 그릇되고 간사한 생각이 범하지 못할 것이다."라는 것과, "두 다리를 쭉 뻗고 걸터앉아 있으면서 마음이 태만하지 않은 자는 있지 않다."는 것과 같은 몇 구절의 말씀은 모두 이 뜻입니다.[74]

구용구사를 들어 직을 언급하고 있는 것은 앞서 살펴보았듯이 율곡과 구봉이 서로 강마한 내용과 동일한 점에서 학문적 전승이 이어지는 것임을 알 수 있다.

그리고 김원행의 문인 가운데 근재(近齋) 박윤원(朴胤源, 1734~1799)은 그의 제자 매산(梅山) 홍직필(洪直弼, 1776~1852)의 이름과 자(字)를 개명(改名)하여 주었다. 홍직필의 처음 이름과 자는 각각 긍필(兢弼)과 백임(伯臨)이었는데, '직필(直弼)'과 '백응(伯應)'이라 박윤원이 바꿔주었던 것이다. 그러면서 박윤원이 그 의미를 설명하여 홍직필에게 지어준

---

73) 한국철학사연구회, 『한국철학사상사』, 심산출판사, 2010, 245쪽.
74) 『渼湖集』, 권9, 「書」, 〈答徐默修〉: "口容止 本註已得之 何必別生他解耶 且九容雖是治外 而外治則內亦治矣 如程子所謂整齊嚴肅則心便一 則自無非僻之干 如未有箕踞而心不慢 數語 皆是此意 朱子答何叔京書亦然 但勿疑依此 用力自驗如何然後 更來商量儘佳 九思甚好 栗谷亦與九容幷說矣"

글을 살펴보자.

성인이 萬事에 응하는 도리는 直일 따름이다. 이외에 다른 말은 없다.
무릇 두 기운이 유행하여, 날고 헤엄치고 움직이고 자라나는 여러 형
체의 각각 바른 성명을 부여한 것은 天地의 직이요, 한 마음의 虛明하
고 만 가지 변화에 따라 희로애락과 절도의 중을 함유하는 것은 聖人
의 직이다. 성인과 천지는 더불어 똑같은 하나의 직이다. 천하의 이치
는 직에서 나오지 아니한 것이 없다……그러므로 군자의 배움은, 기질
을 변화시켜 물욕을 없애고, 本然의 직을 회복하는 것일 따름이다. 나
무는 굽으면 반드시 곧아지길 기다리며, 마음은 조잡해져 굽어지면 반
드시 바르게 펴지길 기다리는 것이다.……반드시 먼저 窮理에 있어서
는 曲直을 변별하여야 하고, 力行에 있어서는 굽은 것을 버리고 곧은
것을 취해야 하며, 居敬에 있어서는 직을 이루는 것을 시종으로 삼아
야 한다. 이 세 가지를 잘해야지만 직도를 다하는 것이다. 천지의 이치
는 진실하여 속임이 없는 것이다. 속임이 없다는 것은 바로 직이다. 堯
舜임금이 상전한 精一執中의 中은 바로 직이다.[75]

박윤원은 이 글 속에서 공·맹·정·주가 말한 직에 대해 설명하고 있

75)『近齋集』, 권22,「說」,〈洪伯臨改名說〉: "洪君伯臨 初名兢弼 後欲改之 問於余 余遂引尙
書益稷其弼直惟動丕應徯志之文而曰 名以直弼 字以伯應 何如 洪君曰 可 歸而告其王父牧
使公 牧使公曰 直字ᄂᆞ是千聖相傳旨訣 汝名定矣 洪君又請余爲說 以資顧思 余嘉其志 遂爲
說以贈 朱子曰 天地之生萬物 聖人之應萬事 直而已矣 而已矣者 外此無他之辭也 夫二氣
流行 賦與蠢形 飛潛動植 各正性命者 天地之直也 一心虛明 酬酢萬變 喜怒哀樂 咸中節度
者 聖人之直也 聖人與天地同一直也 天下之理 無有不出於直者……故君子學焉 以變化氣
質 消去物欲 復其本然之直而已 木必待揉而直 心必待操而直……必先窮理以辨別曲直 力
行以棄曲取直 居敬以成直之始終 能斯三者 則直道盡矣 天地之理 眞實無妄 無妄便是直也
堯舜精一執中 中便是直也"

는데, 유가학문의 요체인 거경, 궁리, 역행의 세 가지를 하는데 반드시 먼저 직을 시종으로 삼아야 하며, 이를 잘해야 직도를 다하는 것이라 하였다. 곧 학문의 시종을 직으로써 한다는 구봉의 설과 동일하다. 속임이 없는 것이 직이라는 점에서 구봉의 설명과 같다. 무엇보다도 유가의 심법인 '정일집중(精一執中)의 중(中)이 직'이라고[76] 밝히고 있는 점이 가장 특징적이라 할 수 있다. 또한 '직도(直道)'라 언급한 점에서도 학문적 특수성을 지닌다고 할 수 있다.

이와 같이 스승 박윤원에게서 이름과 자를 통해 직도에 대한 가르침을 받은 홍직필의 제자에는 임헌회가 있는데, 임헌회와 그의 문인 간재(艮齋) 전우(田愚, 1841~1922)는 근대 기호학파의 낙론계열로 분류된다.[77]

전우는 제자에게 '직경(直卿)'이라는 자를 지어주면서 직에 대해 언표하고 있다.[78] 이 글에서 전우는 공·맹·정·주의 직에 대한 내용과 더불어서 '품성의 직', '존심의 직', '양기의 직' 세 가지 직의 종류를 말하고 있다. 또한 '위곡의 직'과 '본연의 직'을 설하고 있는 점이 큰 특징이다. 직경이라는 호에 대해 설명 하면서 제자에게 직절(直截)로서 항상 신중함을 다하라고 가르치고 있다. 전우의 글 또한 공·맹·정·주의 직에 대한 유가적 가르침을 본받고, 호에 대한 내용을 제자에게 전승하

---

76) 김창경,『구봉 송익필의 도학사상』, 책미래, 2014, 120쪽.

77) 황의동,『역사의 도전과 한국유학의 대응』, 책미래, 2015, 351쪽.

78)『艮齋集』前編, 권3,「書」,〈答李直卿(鍾萬,乙未)〉: "直從大易,論, 孟中來 如云人之生也 直 以稟性之直言也 敬以直內 以存心之直言也 自反而直 以養氣之直言也........此皆委曲 之直也 若乃葉公之以證父爲直 司敗之以隱君爲黨 則又皆似直之直 而非本然之直 此亦不 可不知者也 然以委曲而成直者十一 直截以行直者十九 若未達此理 每事必欲委曲 而回避 直截 則又反害於心性浩氣之直 而與乞醯市恩之微生 謂紅恐黃之楊榮同歸也必矣 此又不 可以不之戒也 直卿其欽念而愼擇之哉"

는 방식을 지니는 점을 살필 수 있다.

이상을 종합하여 고찰해 볼 때, 구봉이 직도(直道)에 대한 글을 김장생에게 전승한 것으로부터 비롯하여, 근대 기호유학자들에게까지 이름(名)과 자(字)나 호(號), 또는 서재(書齋) 이름에 직을 넣어 명명하는 전승방식을 가지면서 공·맹·정·주로 이어지는 심법내지는 지결(旨訣)로서 그 맥이 이어져 내려오고 있음을 살펴볼 수 있었다.

3. 맺음 말

인간은 정신과 육체를 겸전한 존재이다. 유가철학에서는 인간의 존재를 천(天)으로부터 그 성품을 온전히 품수 받은 존재라고 설파하고 있다.[79] 곧 태어남이 직(直)한 온전한 존재인 것이다. 그러나 유기체인 육체로부터 사사로움이 생겨나기 시작하기에 직하지 못하고, 사사로우며 치우치고 왜곡되어 굽어진 삶을 살게 된다. 그러므로 사람은 그 마음을 품수 받은 온전한 상태의 직이 되도록, 굽은 것을 펴고 바르도록 닦아야 한다. 이에 직은 유가철학에서 가장 근저가 되는 도리가 되는 것이다. 이는 『주역』과 공·맹·정·주를 통해 유가의 종지이며 심법으로서 전승되어 왔다.

직에 대해 고려 말 유학자와 조선 유학자들도 언급하고 있지만, 대부분 『주역』이나 『심경』의 해설에 그치고 있다고 할 수 있다. 그러나 구봉 송익필은 성현들이 전한 직의 의미를 통괄 하여 일관(一貫)하면서도 명철히 밝히고 있다. 아울러 조선의 유학자들 가운데 구봉의 뒤를 잇는 김

---

79) 노사광著 정인재譯, 『중국철학사』, 탐구당, 1987, 216~220쪽

장생을 중심으로 기호유학자들이 직을 특히 중시 여겨서, 학문의 시종으로 삼고 후학들에게 서로 전하고 있는 것이 문헌을 통해 드러나 있다. 무엇보다도 본 연구를 통한 종합적인 분석 결과 직사상을 후학들에게 전해준 방식이 여타의 직에 대해 언급한 유학자들과 달리, 구봉을 비롯한 기호유학의 후학들이 서로에게 근사하면서도 일정한 전승 형식을 보이고 있는 점에서 다음과 같이 그 특성을 찾을 수 있다.

첫째, 서로에게 일정한 방식으로 전하고 있는 직사상에 대한 전승의 내용이, 공·맹·정·주의 사상을 언급하고 있다는 점에서 유가철학의 맥을 본받고 있다고 할 수 있다.

두 번째, 문인제자들에게 직사상에 대한 가르침을 설명하는데 그치지 않고, 이름이나 호, 또는 자나 서재이름 등을 명명하면서 서로에게 계승하고 있는 전승방식을 갖고 있음을 고찰할 수 있다. 이것은 스승이 제자에게 가르침을 주는 교수 방식이며, 스승으로부터 배움을 받아서 또 후학들에게 가르침을 주는 학문적 수수(授受)형태를 보여주고 있는 것이다.

세 번째, 위의 두 가지 특성을 지닌 채 구봉으로부터 비롯하여 송익필 – 김장생 – 송시열, 윤증 – 권상하, 신경, 이기홍, 윤병구, 김창협 – 김원행 – 박윤원 – 홍직필 – 전우까지, 기호유학의 근대 학자들에게까지 면면히 전승되어오고 있다.

이로 볼 때, 이는 성현들이 학문의 지결(旨訣)을 상전하면서 보여주고 있는 엄연한 유가전통의 학문적 전승형식이면서도 사승(師承)방식이라 할 수 있다. 또한 그 전승내용이 요·순이 상전한 심법인 정일집중의 중(中)을 직이라 설명하고, 학문의 지결이라 설하고 있는 직도(直道)인 것임에서 학술적 중요성이 지대함을 알 수 있다.

이상을 종합 분석해 보면, 유가철학의 종지이자 심법내지는 지결이 되는 직사상에 대하여, 조선의 유학자 가운데 김장생의 말처럼 공·맹·정·주의 서통(緖統)을80) 잇고 있는 것은 구봉 송익필이며, 그로부터 사승되어진 기호유학이라고 할 수 있겠다. 본 연구에서 구명(究明)한 구봉 송익필의 성리학에 있어서 궁리의 핵심원리이자 지결이 되는 직사상은, 조선유학자 가운데 가장 특징적인 것이라 할 수 있다. 또한 구봉은 실천의 예학 측면에서도 조선예학사상 최초로 본격적이며 학술적인 저술인『가례주설』을 완성하였고, 예학의 종장이라 불리는 김장생을 길러냈다. 아울러 김장생81)과 송시열82)의 학문하는 독서체계는 율곡83)이 아니라, 구봉의 독서체계를 따르고 있는 것84)을 살펴볼 때, 김장생과 송시열로 이어지는 기호유학의 학문적 연원이 구봉에게 있음

---

80)『宋子大全』, 권136,「贈李景和說」: "吾平生所爲雖有不善 未嘗不以告人 雖發於心而未見
   於外者 苟有不善 未嘗不以語人 汝須體此心 此一直字 朱子實有所受 … 朱子之實承孔孟
   之統者 唯直一字而已"

81) 김장생은 교수(敎授)하는 차례를『소학』-『주자가례』-『근사록』-『심경(心經)』- 사
   서(四書) - 오경(五經) 순으로 정하여 그 단계를 엄격히 하였다.(『사계전서』, 권48,「행
   장(行狀)」: "其授書次第 則始以小學家禮 次以心經近思以培其本根 以開其門路然後 及於
   四子五經 循循有序 階級甚嚴")

82) 송시열이 말하길, 김굉필은『소학』을, 조광조는『근사록』을, 퇴계는『심경』을, 율곡은
   사서를, 김장생은『소학』과『주자가례』를 중시하였다고 하는데, 자신은 김장생의 독서법
   과 학문과정의 순서인 위학공정(爲學工程)를 따르겠다고 하였다.(『송자대전』, 부록, 권
   16,「어록(語錄)2」: "我東儒賢 寒暄堂尊小學 靜庵尊近思錄 退溪尊心經 栗谷尊四書 沙溪
   尊小學家禮 門人問先生所尊信 先生曰 鄙意則恐當從沙溪 (鄭纘輝記)")

83) 율곡은 독서체계를『소학』-사서-오경-『근사록』-『주자가례』-『심경』 등의 순으로 규
   정하였다.(『격몽요결』,「독서장(讀書章)」제4: "先讀小學 … 次讀大學 … 論語 … 孟子 …
   中庸 … 詩經 … 禮經 … 書經 … 易經 … 春秋 … 如近思錄 家禮 心經 二程全書 朱子大
   全 語類 及他性理之說宜間間精讀")

84) 최영성,「구봉 송익필의 학문과 기호학파에서의 위상」,『우계학보』제23호, 우계문화재
   단, 2004, 171쪽. 유가에서는 학문하는 순서에 대해서 전통적으로 중요시 여겨 왔는데,
   송익필은『소학』으로 자신을 규율하고『근사록』으로 성리학의 터전을 닦았으며,『주자가
   례』로 생활법도를 삼았다. 특히『소학』과『주자가례』를 위학(爲學)의 근간으로 여겼다고
   밝히고 있다.

을 부정할 수는 없다고 하겠다.

이러한 정황으로 살필 때, 구봉의 직에 대한 철학사상이 한국유학사에서 다시 재조명되어야 하며, 더불어 기호유학의 철학적 기반에 구봉의 직사상이 엄연히 전승되고 사승(師承)되어 왔음을 한국유학사상사(韓國儒學思想史)에서 바르게 정립해야할 필요성이 요청되어진다.

기호유학의 산실 파주(坡州)와 구봉 송익필[1)]

황의동[2)]

1. 시작하는 말

파주는 기호유학의 산실(産室)이며, 구봉(龜峰) 송익필(宋翼弼, 1534~
1599), 율곡(栗谷) 이이(李珥, 1536~1584), 우계(牛溪) 성혼(成渾, 1535~

---

1) 이 논문은 2016년 11월 4일 제1회 구봉문화학술원 정기학술대회, 구봉문화학술원 주최 파주시청, 파주문화원, 율곡학회, 우계문화재단 후원, 파주시민회관, 〈기호유학의 산실 파주와 구봉송익필〉학술대회에서 발표한 논문이다.

2) 黃義東, 충남대학교 명예교수

1598) 삼현(三賢)이 우정을 나누며 학문을 절차탁마하던 고장이다. 그럼에도 파주가 조선 유학에서 어떤 위치에 있는지, 특히 구봉이 왜 훌륭한지 몰라 안타깝기만 하다. 경상북도 안동에 들어서면 '한국 정신문화의 수도'라는 큰 간판을 보게 된다. 안동 나름대로 조선유학의 본고장이 안동이고 한국 정신문화의 중심적인 도시가 안동이라고 자부하는 것이다.

사실 조선유학은 기호유학과 영남유학, 기호학파와 영남학파의 양대 산맥으로 전개되었다. 각기 형성된 배경과 전개된 양상이 다르며 학파적 특성도 다르다. 그럼에도 안동은 우리나라 유교문화의 중심도시로 자리 잡고 있다. 이에 비하면 기호지역의 전통문화에 대한 인식과 자긍심은 매우 안이하고 부족한 것 같다. 기호유학의 중심지로서는 파주와 충남·대전지역이 거론될 수 있을 것이다. 파주는 기호유학의 씨를 뿌린 곳이라면, 충남·대전지역은 그 씨앗이 싹터 열매를 맺은 곳이다. 이런 점에서 파주의 유교 문화적 위치는 매우 중요하다. 기호유학을 파종하고 기호유학을 심고 가꾸는데 가장 중심적 위치에 있었던 이가 율곡, 우계, 구봉 삼현이다. 그들이 모두 파주 출신이라는 점은 주목할 만하고, 파주의 입장에서는 참으로 자랑스러운 일이다. 실제인물도 아닌 홍길동, 춘향이를 놓고도 자기 지역인물이라고 다투는 지역 문화콘텐츠 설립 양상 추세에 율곡, 우계, 구봉을 낳은 파주는 얼마나 다행한 일인가?

본고는 파주가 유교문화에서 얼마나 중요한 곳이며, 구봉이 율곡, 우계와 더불어 왜 중요한 인물인지를 소개하는데 목적이 있다. 물론 삼현 가운데 율곡과 우계는 이미 많은 연구가 되어있고, 또 그들의 학문과 인품에 대한 소개가 나름대로 많이 이루어졌다고 볼 수 있다. 조금 더 구체적으로 살펴보면 율곡에 대한 연구가 가장 활발하고, 우계가 그 다음이고, 구봉은 불모지나 다름없다. 율곡은 이미 1973년 '율곡문화원'(유택

형)이 설립되어 연구 활동이 시작되었고, 1978년 또 '율곡사상연구원'(김동현)이 또 설립되어 『율곡학』 논문집을 간행하고 국내외 학술대회를 열고 학술총서를 발간하기도 했다. 그 후 1991년 강릉 주관으로 '율곡학회'가 창립되고, 부설 율곡평생교육원이 설립되어 본격적인 연구 활동과 현창사업이 진행되었다. 또한 오죽헌(烏竹軒)은 오랫동안 율곡의 유적지로 온 국민의 사랑을 받아왔고, 2015년 율곡 묘소와 자운서원(紫雲書院)이 국가사적으로 승격되었고, 파주시에 의해 율곡문화제를 비롯한 율곡 현창사업이 활발하게 추진되고 있다.

우계에 대한 연구 사업은 1987년 문중 중심으로 우계문화재단이 설립되어 1990년부터 『우계학보』를 매년 발간하고, 몇 편의 학술총서를 간행하기도 했다. 또 2012년 우계 묘소 아래에 우계기념관을 설립하여 일반 시민들에게 우계를 널리 알리고 있다.

이에 비해 구봉의 경우는 파주에 부실한 유허비(遺墟碑, 권태훈 설립) 하나만 덜렁 서 있을 뿐, 그에 대한 유적이나 현창 노력이 전혀 없다. 겨우 묘소가 있는 충남 당진의 뜻있는 유림들에 의해 '문경공구봉송익필선생선양회'가 만들어져, 추모행사와 학술행사를 거행하고 있는 정도다. 이러한 차제에 구봉과 관련한 전문적인 학술문화 활동을 위한 단체로서 '구봉송익필기념사업회'가 2015년 파주에 본부를 두고 창립되었으며, 보다 포괄적인 활동을 위해 명칭을 '구봉문화학술원'으로 변경하여 학술 활동과 현창사업을 본격적으로 추진하고 있는 것이 현실 정황이다.

본고는 이와 같이 세상에 알려지지 아니한 파주의 유학자 구봉 송익필, 학문과 덕망에 비해 과소평가된 구봉 송익필, 율곡과 우계에 가려 빛을 보지 못하고 있는 구봉 송익필을 세상에 알리는데 목적이 있다.[3]

───────

3) 본고는 기 발표된 「역경속의 진유 구봉 송익필」(『잊혀진 유학자 구봉 송익필의 학문과 사

구봉은 파주의 인물일 뿐 아니라 조선유학을 빛낸 큰 유학자이며, 학문적으로 올바르게 평가되어야 할 지적 보고인 것이다.

2. 기호유학의 산실(産室)'파주'

파주는 기호유학의 산실(産室)이다. 기호유학은 영남유학과 더불어 한국유학의 양대 산맥이다. 경기도, 충청, 호남을 아우르는 유교문화권이 기호학파이다. 영남학파 내지 퇴계학파는 매우 단조롭다. 성리학 중심의 유교문화이며 그것도 퇴계의 주리적(主理的) 학풍이 굳건히 남아 있다. 매우 보수적이고 경직된 학풍을 보여준다. 이에 대해 기호학풍은 매우 개방적이고 다채로운 모습으로 전개되었다. 불교, 도가, 양명학 그리고 화담(花潭)의 기학(氣學)까지도 폭넓게 수용하는 개방성을 보여준다. 성리학내에서도 퇴계 성리학을 수용하기도 하고 절충론이 나오기도 하고 유리론적(唯理論的) 사유가 등장하기도 한다. 또 성리학, 예학, 실학, 양명학, 의리학 등이 다채롭게 전개되기도 했다.

이러한 기호학파의 유학이 둥지를 튼 곳이 바로 파주지역이다. 이제 파주가 낳은 유학자들을 통해 한국유학에서 파주의 위상에 대해 검토해보고자 한다. 기호유학의 씨를 뿌린 율곡, 우계, 구봉의 삼현이 16세기 파주에서 활동했다면, 이들에 앞서 사화(士禍)시대에 파주에 연고를 갖고 활동한 선구적인 유학자가 청송(聽松) 성수침(成守琛, 1493~1564)과 휴암(休庵) 백인걸(白仁傑, 1497~1579)이다. 이들 청송과 휴암은 율곡, 우계, 구봉 삼현이 조선유학의 거유(巨儒)로 성장하는데 선하(先河)가

상』, 책미래, 2016)을 보완한 것임.

된 인물들이다. 먼저 청송과 파주와의 연고에 대해 살펴보고 청송의 위상에 대해 검토해 보기로 하자.

청송 성수침의 자는 중옥(仲玉), 호는 청송(聽松), 죽우당(竹雨堂)이며, 본관은 창령(昌寧)으로 우계 성혼은 그의 아들이다. 율곡이 쓴 「행장(行狀)」에 의하면, 본래 청송은 서울에서 태어났지만 22살 때(1514년) 부친 사숙공(思肅公) 성세순(成世純)의 상을 당하여 파주 향양리(向陽里)에서 3년 동안 시묘살이를 했다. 동생 수종(守琮)과 함께 정암(靜庵) 조광조(趙光祖)의 문하에서 수업을 했다. 집은 백악산(白岳山) 기슭에 있었는데 동산의 북쪽 모퉁이 송림(松林) 속에 몇 칸의 서실을 짓고 편액을 '청송(聽松)'이라 하였다. 혼자 거처하면서 날마다 『대학』, 『논어』를 외우고 손수 「태극도(太極圖)」를 그려놓고 음미하면서 조화의 근원을 탐색하였다. 또 『통서(通書)』부터 그 이하 정주(程朱)의 글을 다 모아 베껴서 늘 좌석 옆에 두고 학문을 낙으로 삼았는데, 외물이 그 마음을 더럽히지 않았다고 한다. 조정에서 유일(遺逸)로 여러 번 천거되었지만 나아가지 않았다. 1543년 경 처가가 파평산(坡平山) 밑 우계(牛溪) 옆에 있어서 여기에 집을 짓고 죽우당(竹雨堂)이라 하고, 한 평생을 마치려 하였으나 모친 때문에 돌아갈 수가 없었다. 아우 수영(守瑛)이 청송의 뜻을 알고 적성현감(積城縣監)으로 바꿔 주기를 구하자, 선생은 비로소 우계로 가서 살게 되었는데, 이때가 1544년이었다. 아우가 적성현감을 그만두게 되자 청송은 모친을 모시고 우계로 돌아와 살았는데, 자호(自號)를 '파산청은(坡山淸隱)', '우계한민(牛溪閑民)'이라 불렀다. 청송은 사화시대의 불의에 항거하면서 과거를 포기하고 산림처사(山林處士)로서 고고한 일생을 살다가 72세로 세상을 마치고 파주 향양리에 묻혔다. 사화시대를 당해 조정에 나아가기를 꺼려하고 산림에 묻혀 도학을 닦은 대표적 인물이 화담 서경덕, 청송 성수침, 대곡(大谷) 성운(成運), 남명(南冥) 조식(曺植), 용문(龍門) 조욱(趙昱), 일재(一齋) 이항(李恒), 동주(東洲) 성제원(成悌元) 등이다. 이들은 정주학(程朱學) 전환기에 있어서 그 방향을 '은거자수(隱居自守) 성현자기(聖賢自期)'의 도학군자풍(道學君子風)으로 돌려놓는데 중추적 역할을 하였다.4) 청송의 행장은 율곡이 쓰고, 묘지명은 고봉(高峰) 기대승(奇大升)이 썼으며, 묘갈명은 퇴계(退溪) 이황(李滉)이 썼으니, 청송의 위상을 가히 짐작할 수 있다. 청송은 우계의 부친으로 우계의 학문형성에 지대한 영향을 미쳤다. 우계는 성리학자이지만 그의 도학풍은 부친의 가학(家學)과 멀리 포은(圃隱), 야은(冶隱) 이후 정암의 도학을 계승한 것이다. 청송의 이러한 도학풍은 우계와 도의지교(道義之交)를 맺어 대유(大儒)가 된 율곡에게도 영향을 미쳤다.

휴암 백인걸의 자는 사위(士偉), 호는 휴암(休庵)인데, 서울에서 태어나 서울에서 세상을 떠났지만 그가 주로 활동한 무대는 파주였다. 1519년 23살 때 김식(金湜)의 문하에서 수업하고, 정암을 사사(師事)하여 그 옆집에 서실을 꾸미어 그를 배웠다. 그 해 12월 정암이 기묘사화로 억울하게 희생되고 기묘명현(己卯名賢)들이 희생되자 금강산으로 들어갔다. 그 이듬 해 돌아와 두문불출(杜門不出)하고 구용구사(九容九思)로 3개월 동안 수양에 정진하였다. 1537년 41세에 식년문과(式年文科)에 급제한 이후 벼슬에 나아가 봉직하였다. 1543년 도처에 학교를 일으키고 스승을 세워 유학을 융성하게 하였다. 1545년 49살 때 윤원형(尹元衡) 일파가 문정왕후(文定王后)의 밀지(密旨)를 빙자하여 윤임(尹任) 일파를 제거하려 하자, 그 밀지의 잘못을 논하고 윤원형 등의 죄상을 논박하다가 하옥 파직되어 귀향하였다.

---

4) 김충렬, 「우율사칠논변평의」, 『성우계사상연구논총』, 우계문화재단, 1988, 16쪽.

1547년 51세 때 양재역벽서(良才驛壁書)사건으로 안변(安邊)으로 유배를 갔다가, 1551년 55세 때 순회세자(順懷世子) 탄생으로 대사면령이 내려져 파주로 방환(放還)되었다. 이때 우계가 휴암의 문하에서 수업하게 되고, 이후 약 15년 동안 경서와 성리학을 연구하고 많은 제자들을 길러냈다. 1568년 정암의 문묘종사를 청하고 성학(聖學)을 권면하였다. 이어 성균관대사성을 제수 받고 파주에 돌아갔다. 그 후 대사헌, 공조참판, 병조참판, 홍문관부제학 등의 벼슬을 지냈다. 1572년 76세에 관직에서 물러나 파주에 머물면서 성리학에 전념하며 율곡, 우계와 틈틈이 학문을 논하다 82세로 기로소(耆老所)에 든다. 1579년 83세에 지중추부사로 봉사(封事)를 올려 동서분당(東西分黨)의 폐단을 극론(極論)하고, 율곡과 우계를 인재로 추천하고 정암의 문묘종사를 청원하였다.

1628년 파주 월롱산(月龍山) 동쪽 휴암(休庵) 밑 서원촌(書院村)에 휴암의 사당을 창건했는데, 이곳은 그가 물러난 후 은거하던 곳이며, 집 뒤에는 큰 바위가 우뚝 솟아 석인(碩人)의 홀(笏)을 안고 있는 형상 같고 천 길의 벽을 깎아 세운 것 같아서, 그는 이를 취해 '휴암'이라는 호를 만들었으므로 이곳에 사우(祠宇)를 짓게 되었으니 이것이 용주서원(龍洲書院)이다.

휴암이 뒷날 청송과 가까이 지냈고, 청송의 아들인 우계를 제자로 맞아 가르쳤던 것도 거주지가 파주였음과 아울러 청송 역시 정암의 문인이었기 때문이다. 우계와 친우인 율곡 역시 정암을 숭모하였음은 물론 같은 파주지역의 휴암을 존모하였던 까닭에 휴암에게 찾아와 학문을 논하고, 심지어는 휴암의 상소문을 대필(代筆)할 만큼 시국관에서도 일치를 보였다.[5]

---

5) 윤사순, 「휴암의 도학사상」, 『휴암 백인걸의 생애와 사상』, 휴암선생기념사업회, 1997,

우계는 30여년 동안 휴암의 문하에서 수학하였다. 『우계집(牛溪集)』에 의하면 우계는 17살 때 55세의 노령인 휴암의 문하에서 『상서(尚書)』를 비롯한 유교경전을 배웠다. 『휴암선생실기(休庵先生實記)』에 의하면 휴암이 청송으로부터 아들인 우계의 교육에 관한 요청을 받고, 휴암의 문하에서 우계가 수학하는 동안 경전을 명확하게 이해하는 우계의 재능과 노력이 어느 누구보다도 탁월하여 휴암은 우계를 외우(畏友)로 대했다는 기록도 보인다.

또한 율곡은 휴암이 별세한 1579년 「경연일기(經筵日記)」에서 도학에 관한 휴암의 진지하고 꾸준한 관심과 토론을 높이 평가하면서도, 그 이론의 전개는 그러한 토론보다 월등하지 못하다는 지적을 하고 있다.[6] 『휴암선생실기』의 「제가기술(諸家記述)」에서 고봉은 자신이 저술한 「논사록(論思錄)」에서 우계와 율곡이 휴암에게서 도학을 배웠다고 하지만,[7] 현존하는 고봉의 「논사록」에는 이 기사가 보이지 않는다. 이렇게 볼 때, 휴암이 우계에게 미친 영향은 지대하다 할 수 있고, 율곡의 경우는 비록 문인은 아닐지라도 당시 도학에 밝고 불의에 맞서 싸웠던 휴암에 대해 많은 존경을 했던 것은 사실이다. 이렇게 볼 때, 청송과 휴암은 율곡과 우계에게 도학을 전수하였고, 그 활동의 무대가 바로 파주였음을 알 수 있다.

또한 율곡 이이의 자는 숙헌(叔獻), 호는 율곡(栗谷), 본관은 덕수(德水)인데 강릉 외가에서 출생했다. 부친은 이원수(李元秀)공이고 모친은 신사임당(申師任堂)이다. 파주 율곡촌은 아버지 이원수의 고향이고 선

140쪽.

6) 『栗谷全書』, 卷30, 「經筵日記」, 3, 萬曆 7年 己卯 條.

7) 『休庵先生實記』, 卷4, 附錄, 「諸家實記」, 365쪽.

조들이 대대로 살던 곳이다. 그러므로 율곡은 어려서부터 부친을 따라 파주 친가에 자주 드나들었다. 율곡은 1564년 29세에 명경시(明經試)에 합격하여 호조좌랑에 임명된 이후 여러 관직을 지냈다. 율곡의 활동무대는 대체로 서울, 강릉, 파주, 해주였다. 중앙 관직에 근무할 때는 주로 서울에 살았고, 외가인 강릉과 처가인 해주에서도 살았다. 1572년 37살 때 병으로 사직하고 파주에 돌아와 우계와 성리논변을 벌렸고, 그 이듬 해에 홍문관 직제학에 임명되어 사퇴했으나 허락을 못 받아 부득이 올라와 세차례나 상소를 올려 허락을 받고 8월에 파주 율곡으로 들어갔다. 또 1575년 40살 때 병으로 파주 율곡으로 다시 돌아왔고, 그 이듬 해 2월 다시 파주 율곡으로 돌아갔다. 또한 1583년 6월 동인으로부터 탄핵을 받고 파주 율곡으로 돌아왔다가 1584년 49세를 일기로 서울 대사동에서 별세 파주 자운산(紫雲山)에 안장되었다. 오늘날 파주에는 율곡의 묘소와 자운서원(紫雲書院), 화석정(花石亭)이 남아있다. 2015년 이들 파주의 율곡유적이 국가사적으로 지정되었다.

율곡은 스승 없이 자득(自得)하여 퇴계와 쌍벽을 이루는 조선 최고의 유학자가 되었다. 율곡은 문묘에 종사되어 '동국18현'으로 추앙되었으며, 기호학파의 조종으로 조선후기 실학의 선구자가 되었다. 기발이승일도설(氣發理乘一途說), 이통기국설(理通氣局說), 이기지묘설(理氣之妙說) 등 그의 성리학은 퇴계와 구별되어 조선 성리학의 특성을 보여주고 있으며, 그의 경세론과 개혁론은 조선후기 실학사상의 선구가 되고 있다. 율곡은 19살 때 우계, 구봉과 도의지교를 맺어 평생 변함없는 교유를 하였고, 서로 절차탁마하며 대성하여 조선의 거유로 성장하였다.

우계 성혼은 청송 성수침의 아들로 서울에서 태어났다. 자는 호원(浩原), 호는 우계(牛溪), 묵암(默庵)이며 본관은 창령이다. 10살 때 아버지가 파주로 이사하면서 우계도 아버지를 따라 파주로 가서 살았다. 17살 때에는 파주에서 휴암의 문하에 들어가 『상서』를 비롯한 유교 경전을 배우고 성리학을 배웠다. 우계는 과거시험을 단념하고 윤원형의 미움을 받아 안변으로 유배되었다가 풀려나 고향인 파주 월롱에 머물던 백인걸에게 부친의 소개로 가르침을 받았다. 율곡도 20살 때 금강산에 돌아와 우계와 함께 휴암의 문하를 출입하기도 했다. 이 시기에 우계는 율곡, 구봉과 학문적 교유를 한 것으로 보인다. 이들은 직접 만나기도 했지만 편지 왕래를 통해 학문과 우정을 나누었으니, 삼현이 주고받은 편지를 묶어 구봉은 『삼현수간(三賢手簡)』을 만들기도 했다. 27살 때 어머니를 여의고 30살 까지 여읜 우계는 3년간 어버이를 추모하는 일로 세월을 보냈다. 1570년 36살 때 적성현감을 사양하고 고향으로 돌아온 우계는 후학교육에 힘을 쏟기로 결심하고, 돌아온 직후 죽우당의 동쪽에 3칸 정도의 우계서실을 지어 학생들을 가르쳤다. 30살 때부터 중봉(重峯) 조헌(趙憲)을 비롯하여 원근의 선비들이 우계의 학덕을 듣고 배우기를 청하므로 서당을 만든 것이다. 우계는 임진왜란 때 고향을 떠난 기간을 제외하고 우계서실에서 죽을 때까지 약 24년 동안 후학을 가르쳤는데, 그 문도들이 무려 90여명에 이르렀다. 문하의 대표적인 인물로는 사위인 윤황(尹煌), 아들 성문준(成文濬)을 비롯하여 조헌(趙憲), 오윤겸(吳允謙), 권극중(權克中), 최기남(崔起南), 강황(姜沆), 이시백(李時白), 황신(黃愼), 김상용(金尙容), 이정구(李廷龜), 이귀(李貴), 정엽(鄭曄), 안방준(安邦俊), 신응구(申應榘), 김덕령(金德齡) 등이 있다. 그리하여 우계의 학통은 17세기 우암 송시열과 명재 윤증의 갈등과 함께 소론파로 분기(分岐)되었으니 이것이 우계학파(牛溪學派)이다. 우계학파에서 조선 양명학이 잉태하였고 무실(務實)학풍이 진작되었다. 기호유학의 양대 산맥이 율곡학파와 우계학파라고 한다면, 파주의 율곡, 우계에 의해 이러한 학파가 발전되어 나갔던 것이다.

구봉(龜峰) 송익필(宋翼弼)의 자는 운장(雲長), 호는 구봉(龜峰), 본관은 여산(礪山)인데, 서울에서 태어나 파주에서 살다가 만년에 충남 당진에서 은거하여 그곳에서 생애를 마쳤다. 그는 부친 송사련(宋祀連)과 어머니 연일(延日) 정씨(鄭氏) 사이에서 태어났다. 구봉은 신분문제로 불우한 역경 속에서 살았고 타고난 재주와 웅지(雄志)를 펴보지도 못한 불운의 천재였다. 그의 조부 송린(宋麟)은 중종 때 좌의정을 지낸 안당(安塘)의 서매(庶妹)인 순흥(順興) 안씨(安氏) 감정(甘丁)과 결혼하여 송사련을 낳았다. 구봉의 할머니인 안감정은 안돈후(安敦厚)의 첩 중금(重今)의 딸이었기 때문에 결국 서얼(庶孽)의 신분에 놓이게 된 것이다. 이후 송린은 잡직인 직장(直長)을 지내고 관상감 판관에 까지 올랐으며, 송사련도 외가인 안씨 집안의 도움으로 관상감 판관을 지내고 안씨 문중의 크고 작은 일을 맡아 보았다. 그런데 1521년 구봉의 아버지 송사련은 안당의 아들 안처겸(安處謙) 등이 당시 정권의 실세였던 남곤(南袞), 심정(沈貞) 등을 제거하려 도모한다고 고발하여, 안당, 안처겸 등 안씨 집안과 수십명의 선비들이 희생을 당하게 되었으니 이것이 신사무옥(辛巳誣獄)이다.

그러나 1586년 송사련의 무고가 밝혀지고, 간신들은 물러나고 안당의 신원이 이루어지게 됨에 따라 이미 죽은 송사련의 관작이 삭탈되고 그 집안은 노비의 신분으로 전락하게 되었다. 안씨 집안에서는 송익필까지 노비를 삼겠다고 하자, 53세의 송익필은 은둔과 도피생활을 하게 되어 정철, 김장생, 이산해 등 지인들의 보호를 받으며 간신히 연명하게 되었다. 1590년 구속에서 풀려나고 그 이듬 해 동생 송한필(宋翰弼)과 함께 자수를 하고 평안도 희천(熙川)으로 유배되었다. 1593년 유배에서 풀려나 1596년 충남 당진 마양촌에 정착하여 살면서 제자들을 가르치다가 1599년 66세로 세상을 떠나 당진 북면 원당동에 묻혔다.

구봉은 서울에서 태어났지만 파주에서 부모를 모시고 살았다. 21살 때 동년배의 율곡, 우계와 도의지교를 하여 평생 우정을 변치 않았다. 구봉은 율곡, 우계가 죽고 난 후 만년(1599년)에 아들 취대(就大)를 시켜 세 사람이 주고받은 편지를 모아 『삼현수간(三賢手簡)』이라 이름하여 발간하였으니, 모두 파주를 배경으로 세 분 유학자들의 우정 이야기이다. 구봉은 서얼이라서 과거 금지를 당해 평생 벼슬에 나아갈 수 없었다. 그러자 구봉은 27살 때부터 파주 교하읍 심학산 구봉자락에 서당을 차리고, 사계 김장생을 비롯한 많은 제자들을 가르쳤다. 이렇게 볼 때, 구봉은 율곡, 우계와는 다른 삶을 살았고, 50대 이전은 주로 파주를 중심으로 살았고 그 이후는 은둔, 도피생활을 하다 만년에 충남 당진에서 제자를 가르치다 세상을 떴다. 구봉의 제자가 바로 김장생, 김집이라는 점에서 율곡과 함께 율곡학파의 씨를 파종한 셈이다.

3. 왜 구봉 송익필인가?

1) 율곡도 인정한 높은 경지의 성리학

구봉은 성리학에 있어서 높은 경지에 있었던 것으로 짐작된다. 그것은 단적으로 당대 성리학의 이론가로 불리었던 율곡이 구봉의 성리학적 식견을 인정하였고, 어떤 측면에서는 구봉이 율곡의 성리학을 비판하기도 하고 율곡은 구봉을 외우(畏友)로 대하였기 때문이다. 율곡이 23살 때 과거시험에서 「천도책(天道策)」으로 장원급제하자, 응시생들이 찾아와 질문을 하였다. 그러자 율곡은 "송구봉의 학식이 높고 넓으니 그에게 자세히 물어보라" 하였다고 전해진다.[8] 이미 20대에 율곡이 친우인 구봉의 성리학적 식견에 대해 인정하고 있음을 말해주는 대목이다.

중봉 조헌은 구봉에 대해 "늙어서까지도 한 번 책을 붙들면 불철주야 읽고 연구하는 태도를 간직하였으므로 특히 경(經)에 밝았다."고 평가하고 있으며, 실학자 이덕무(李德懋)는 "우리나라 학자 가운데 근학(勤學)한 사람으로 송익필은 『주자어류』를 배송(背誦)하였다."고 전하고 있다. 이 말은 구봉의 근실한 학문태도를 말하는 것이며 성리학의 대표적인 교과서라 할 수 있는 『주자어류』를 모두 외웠고 이해했다는 말이다.

율곡은 우계에게 보낸 편지에서 구봉 형제의 학문에 대해서 다음과 같이 평가하고 있다.

> 지금 세상에 궁리한다는 사람으로서 이것을 말할 수 있는 자가 적습니다. 괴이하게 여기 고 그르게 여기는 자는 본래 말할 것도 없지만, 이것을 보고 서로 합치된다고 말하는 사람 도 역시 그 견해를 믿을 수가 없습니다. 오직 宋雲長 형제만은 이것을 말할 수 있습니다. 이것이 내가 깊이 사귀게 된 이유입니다. 형께서도 이 사람들을 가볍게 여기지 마십시오.[9]

여기서 율곡은 성리학(性理學)의 오묘한 경지를 제대로 이해하는 사람이 별로 없다 하고, 오직 구봉 형제만은 성리를 함께 논할 수 있는 인

---

8) 『龜峰集』, 卷10, 附錄, 「墓碣文(宋時烈)」.
9) 『栗谷全書』, 卷10, 書2, 「答成浩原」.

물임을 말하고 있다. 그리고 이런 이유에서 구봉을 깊이 사귀는 것이라 하고, 우계에게 이들을 가볍게 여기지 말라고 당부한다. 이를 통해 율곡이 구봉의 학문적 역량에 대해 얼마나 높이 평가하고 있는가를 알 수 있다.

구봉은 율곡에게 바치는 제문에서 자신과 율곡의 학문적 이해에 관해서 진솔한 고백을 하고 있다.

> 아! 슬프도다. 형이 평일에 내가 道體에 본 바가 있다고 許與하였고, 만년에는 자주 논변 하여 점차 견해가 다름이 없게 되었소. 내가 학문에 있어서 혹 새로운 견해가 있으면 여러 사람들은 모두 의심하였으나 오직 형만은 나를 믿어 주었소⋯⋯내가 말할 적에 화답할 이가 누구이겠으며, 내가 행할 적에 酬酌할 이가 누구이겠소. 이는 주자가 이른바 "왼쪽 팔에만 맡기다가 오른 쪽 팔을 잃어버렸다"는 격이오. 이것이 슬퍼 부르짖고 몹시 애통함이 홀로 여러 사람과 다른 까닭이오.10)

구봉은 율곡이 평소 자신을 학문적 상대로 인정해 주었다는 점을 분명히 하면서, 이제 토론하고 대화할 짝을 잃었다고 아쉬워하고 애통해하였다. 여기서 율곡이 구봉에게 허여한 도체(道體)의 인식이란 성리의 심오한 경지를 말하는 것은 물론이다. 구봉은 자신의 학문적 경지를 알아주었던 율곡이 그리웠고 함께 성리의 오묘한 경지를 토론할 수 있었던 동지가 그리웠던 것이다.

율곡은 그 스스로 성리학에 대한 자부심이 대단하였다. 그는 우계에

---

10) 『栗谷全書』, 卷37, 附錄, 「祭文2(宋翼弼)」.

게 말하기를, "견해를 따진다면 내가 조금 낫다할 수 있으나, 확고한 조리(操履)에 대해서는 내가 미칠 수 없다"[11]고 하여 성리의 이론에 대해서는 자신이 낫다고 자부하였다. 또 인심도심설(人心道心說)을 우계에게 설명하면서 '천백의 웅변지구(雄辯之口)로도 자신의 견해를 돌이킬 수 없다'[12]고 하는가 하면, '발(發)하는 것은 기(氣)요 발하게 하는 것은 리(理)라' 하여, 퇴계의 이발(理發) 불가를 '성인이 다시 일어나도 이 말은 바꿀 수 없다'고 자신하였다. 율곡은 또 우계에게 말하기를, "형이 학문에 뜻을 둔지 어언 20년에 성현의 글을 읽지 않음이 아니겠지만, 아직도 심성정(心性情)에 대한 적실한 견해가 없는 것은, 아마도 이와 기 두 글자에 대해 투철하지 못한 데가 있는 까닭인 듯하다"[13]고 하였다. 이 말은 율곡이 우계에게 20여년이나 성리학을 공부하고도 아직까지 이기(理氣) 개념도 이해하지 못하느냐는 힐책이었으니 율곡의 교만과 자신을 알 수 있다. 이처럼 성리학에 대해 자신만만하고 이론에 대해 밝다고 자부한 율곡이지만 구봉에게는 용납되지 않았다. 이처럼 자신만만한 율곡에게 구봉은 성리학에 있어 유일한 상대로서 상호 신뢰와 존경이 있었다.

무엇보다 구봉의 성리학에 대한 이해와 경지는 그의 대표적 저술인 「태극문(太極問)」을 통해서도 입증된다.[14] 이 글은 이름이 「태극문」이지 실제로는 성리학에 관한 체계적인 이론서로서 문답의 형식으로 되어

---

11) 『牛溪先生年譜』, 20세조.

12) 『栗谷全書』, 卷10, 書2, 「答成浩原」.

13) 『栗谷全書』, 卷10, 書2, 「答成浩原」.

14) 곽신환은 「송익필의 「태극문」 논변」(『잊혀진 유학자 구봉 송익필의 학문과 사상』, 책미래, 2016)에서 박세채의 율곡의 작이라는 주장과 우암의 구봉의 작이라는 주장 등 저자에 관한 논란에 대해 자세히 소개하고 있다. 필자는 이에 불구하고 이 「태극문」은 구봉의 작이라는 입장에 서고자 한다.

있다. 구봉은 이 글을 쓰면서 『노자』, 『장자』, 불교, 『주역』, 공자, 맹자, 『한지(漢志)』, 유종원(柳宗元), 정이천(程伊川), 소강절(邵康節), 주렴계(周濂溪), 주희(朱熹), 육상산(陸象山), 북계 진씨(北溪 陳氏), 남헌 장씨(南軒 張氏), 동래 여씨(東萊 呂氏), 이연평(李延平), 『통서』, 『태극도설(太極圖說)』, 『악기(樂記)』, 한유(韓愈) 등 중국의 각종 저술과 학자들의 견해를 인용하여 성리설을 전개하고 있다. 즉 유학의 경전은 물론 송대 성리학, 양명학, 당송(唐宋)문학, 불교, 도가를 비롯한 제자학(諸子學)에 이르기까지 광범한 학문을 섭렵하고 있다.

또한 내용면에서는 「태극도설(太極圖說)」의 '무극이태극(無極而太極)', 『주역』의 '역유태극(易有太極)', 도(道)와 태극, 태극의 체용, 태극과 무극(無極), 태극의 동정(動靜), 태극과 음양, 이기(理氣)의 선후이합(先後離合), 심성(心性)의 이기론적 분석, 음과 양, 이기(理氣)의 관계, 오행론(五行論), 기화형화론(氣化形化論) 등 다양한 이론을 담고 있다.

이렇게 볼 때, 「태극문」은 회재(晦齋) 이언적(李彦迪, 1491~1553)이 태극에 관한 논쟁을 벌인 이후 태극문제에 대한 체계적 해석을 하였던 선구적인 업적이다.[15] 율곡의 경우도 별도의 성리학 전반에 관한 전문적인 저술은 없다. 다만 우계와의 논변을 통해 자신의 성리이론이 소개되었고, 『성학집요(聖學輯要)』속에서 일부 성리학이 소개되고 있다. 우계의 경우도 율곡과의 논변과정에서 성리학이 소개되고 있다. 퇴계의 경우도 고봉과의 논변에서 자신의 성리이론이 정밀하게 소개되고 있다. 이렇게 볼 때, 구봉이 성리이론을 체계적으로 하나의 저술로 의도한 것은 매우 의미 있는 일이다. 「태극문」은 구봉의 성리학에 관한 식견과 깊

---

15) 금장태, 「구봉 송익필의 인간과 사상」, 『한국철학종교사상사』, 원광대종교문제연구소, 1990, 596쪽.

이를 짐작하는데 중요한 근거가 된다.

그러므로 우암(尤菴) 송시열(宋時烈, 1607~1689)은 구봉의 총명하고 기민한 재주는 견줄만한 사람이 없었다 하고,『주자대전』한 질을 모두 외우는 것만 보아도 학문에 대한 조예가 깊은 것을 알 수 있는데, 용모와 거동이 매우 준엄하여 남들이 가볍게 여기지 못하였다고 평하였다.16) 율곡이 왜 구봉을 학문적 동지로 삼았고 그를 외우(畏友)로 보았는지, 그리고 구봉에 대해서만은 율곡이 왜 어려워했는가를 짐작할 수 있다. 이런 점에서 구봉의 성리학적 특성이 무엇이며,「태극문」의 의의가 무엇이며, 조선조 유학사에서의 위상이 어떤가를 구체적으로 검토해 나가야 할 것이다.

2) 사계(沙溪), 신독재(愼獨齋)에게 예학을 가르치다.

구봉은 16세기 후반 조선에서 예학의 최고 권위자였다.17) 그는『가례주설(家禮註說)』을 저술했는데, 이 책은『주자가례(朱子家禮)』의 각 조목에 대한 근거를 제 이론으로 주석을 집대성하고 자신의 의견을 안설(按說)로 붙이며, 주석의 보충과 보완 설명을 하고 있다.『주자가례』에 대한 연구는 구봉에 앞서 하서(河西) 김인후(金麟厚, 1510~1560)의『가례고오(家禮考誤)』가 있으나 일부에 대한 고증으로 생활화를 위한 작업은 되지 못했다.『주자가례』의 생활화를 위한 이해과정으로서 전반에 걸쳐 자세한 주석을 한 것은 구봉의『가례주설』이 처음이다.18)

또한 그의『예문답(禮問答)』은 율곡, 우계, 송강 등 친우들과의 의례

---

16)『宋子大全』, 附錄, 卷17,「語錄4(崔愼 錄)」.

17) 최영성,「구봉 송익필의 학문사상과 한국유학사에서의 위상」,『잊혀진 유학자 구봉 송익필의 학문과 사상』, 책미래, 2016, 43쪽.

18) 배상현,「구봉 송익필의 예학사상」,『동악한문학논집』, 제2집, 동국대, 1985, 25쪽.

문제에 대한 정밀한 토론을 담고 있는데, 여기서 예학에 관한 한 구봉이 가장 권위적 위치에 있었음을 보여준다. 구봉은 율곡의『격몽요결(擊蒙要訣)』에 대해서도 '속례(俗禮)' 부분은 문제가 있다고 보고, 한 집안의 자제들이 참고하는 의미는 있을지 몰라도 한 나라의 준거가 되는 예로서는 부족하다고 혹평하였다.19) 율곡의 입장에서 보면 불쾌할 만큼 가혹한 평가라고 할 수 있다. 이에 대해 율곡은 말하기를, "『격몽요결』의 잘못을 지적해 준 것은 매우 수긍이 가는 곳이 있습니다. 서서히 다시 생각하여 보겠습니다.『소학집주』도 마땅히 형의 지시에 따르겠습니다." 라고 하여, 율곡의 구봉에 대한 학문적 신뢰와 존경이 어떠하였는가를 짐작케 한다.

그리고 송강이나 우계와의 예 문답을 보면 상호 대등한 예 논쟁이 아니라, 거의 송강이나 우계가 묻고 이에 대해 구봉이 답하는 형식으로 되었다. 이런 점에서 당시 사우(師友)간에도 구봉의 예학에 대한 전문적 능력을 인정받고 있었던 것이며 권위를 갖고 있었음을 알 수 있다.

이처럼 구봉의 예학은 그의 예서(禮書)인『가례주설』과『예문답』으로 대변된다. 전자는『주자가례』에 대한 체계적이고 본격적인 주석서로서 조선 최초로 시도된 가례 전문 학술서이고, 후자는 예서에 없는 속례나 또는 예서들의 규정이 서로 모순되는 변례적(變禮的) 문제들에 대하여 사우(師友)가 문답한 것으로 기호예학에서의 최초의 예문답서라는 위상을 갖는다. 이들 예서들은 이후 그의 적전인 사계 김장생이 가례 주석서인『가례집람(家禮輯覽)』과 변례의 예 문답서인『의례문해(疑禮問解)』를

---

19)『龜峰集』, 卷4,「與叔獻書」, "聞兄許印擊蒙要訣 要訣中俗禮處 某常多不滿之意 未知兄其 加删正耶 不然則只可爲一家子弟之覽 恐不可爲通行之定禮也 小學之印 更須十分商議 無 如擊蒙之易 千萬幸甚."

저술하는 데 선도적인 역할을 하였다. 따라서 구봉의 예학은 조선 예학의 수준을 '행용(行用)으로서의 예의 단계'에서 '인식으로서의 예의 단계'로 한 단계 더 발전시키는 데 선구적인 역할을 하였다.[20]

특히 구봉은 기묘사화 후 단절된 『소학』과 『주자가례』를 탐구하여 실천 중심의 예학파를 수립케 하고 직(直)의 철학을 수립하였다. 그의 사상은 문인 김장생, 김집을 거쳐 송시열의 직의 철학으로 발전하였다.[21] 이렇게 볼 때, '조선 예학의 종장(宗匠)'으로 일컫는 김장생의 예학이 구봉에 연원하고, 김집을 거쳐 송준길(宋浚吉), 송시열, 윤선거, 이유태(李惟泰), 유계(兪棨)를 통해 기호예학을 활짝 열었던 것이다. 따라서 구봉이야 말로 조선조 성리학과 예학의 선하(先河)[22]로서 인정받기에 부족함이 없다 할 것이다. 그럼에도 이러한 구봉의 학문적 위상이 알려지지도 않고 인정받지도 못하는 현실은 매우 안타까운 일이다.

3) 조선의 제갈공명(諸葛孔明)으로 나라와 백성을 걱정하다.

조선시대 학문을 한 선비가 과거시험도 볼 수 없고, 벼슬에 나가지도 못해 경세의 꿈을 펴지도 못한다면 얼마나 불행한 일이고 불공평한 일인가? 구봉은 당대 조선의 제갈공명으로 불리기도 했고, 당쟁의 와중에서 동인들은 그를 '서인의 모주(謀主)'라 부르기도 했다. 이와 같이 구봉은 성리학과 예학에 밝은 유학자였지만, 다른 한편으로는 율곡 못지않은 경세의 포부와 방략을 가진 인물이었다. 그는 자신의 신분상의 문제로 경세의 전면에 나아가지 못하고 항상 배후에서 율곡의 후견인으로

---

20) 한기범, 「구봉 송익필의 예학사상」, 『잊혀진 유학자 구봉 송익필의 학문과 사상』, 책미래, 2016, 196쪽.

21) 배상현, 「구봉 송익필의 예학사상」, 『동악한문학논집』, 제2집, 동국대, 1985, 12쪽.

22) 금장태, 「구봉 송익필의 인간과 사상」, 596쪽.

역할 하였다. 구봉은 율곡에게 다음과 같이 삼대(三代)의 정치를 당부하였다.

> 형께서 이미 文衡(대제학)을 맡았고, 또 장차 정승이 될 것이라 들었습니다. 문형의 책임 은 斯文을 扶植하는데 있으니, 어찌 詞華만 숭상하여 세상의 풍조에 응할 뿐이겠습니까? 三代 이래 儒者로서 정승이 된 사람이 없었으니, 이 때문에 삼대 이하로 다시 삼대의 정치 가 없었던 것입니다. 儒者가 만약 정승이 된다면 어찌 삼대의 다스림이 없겠습니까? 유자 에게 귀한 것은 한 번 행하고 한 번 그치는 것을 반드시 그 道로써 해야 하고, 한 터럭이 라도 이익을 꾀하고 功을 계산하는 생각이 없어야 하는 것입니다. 삼대의 사업으로 자기의 책임을 삼지 않는다면 감히 그 자리에 있어서는 안 됩니다.[23]

구봉은 삼대의 정치를 이상으로 제시하였다. 유학자가 만약 정승의 자리를 맡게 된다면 하은주(夏殷周) 삼대의 왕도정치를 반드시 실현해야 된다고 보았다. 구봉은 친우인 율곡에게 삼대의 사업으로 책임을 삼지 않는다면 감히 그 자리에 있어서는 안 된다고 충고하였다. 구봉은 그 자신은 비록 경세의 뜻이 있고 자질이 있더라도 나아갈 수 없는 불우한 현실을 감내하고 친우인 율곡으로 하여금 자신이 품고 있는 경세의 이상을 실현해 줄 것을 기대하였다.

구봉의 경세에 관한 탁월한 역량과 자질에 대해서는 여러 가지 모습으로 전해진다. 고청(孤青) 서기(徐起, 1523~1591)는 심충겸(沈忠謙, 沈義謙의 아우)의 종이었는데, 학문이 뛰어나 면천(免賤)되고 처사(處士)로

---

23) 『龜峰集』, 卷5, 「答叔獻書」.

불리었다. 어느 날 서기가 제자들에게 말하기를, "너희들이 제갈공명의 모습을 알고자 하면 모름지기 송구봉을 보라. 구봉이 제갈공명과 흡사할 뿐만 아니라 제갈공명이 구봉과 흡사하다"[24]고 하였다. 서기가 구봉을 제갈공명에 비유하여 문인들에게 소개하고 있다는데서 그의 경세적 역량을 짐작할 수 있다. 또한 중봉 조헌은 구봉을 가리켜 군국기무(軍國機務)를 맡길 만한 드문 인재로 천거하기도 했다.[25] 이처럼 구봉은 단지 성리학자 내지 예학자일 뿐만 아니라 율곡처럼 경세의 큰 웅지와 경륜을 갖춘 진유(眞儒)였던 것이다. 참고적으로 구봉의 경세에 관한 식견의 단면을 소개해 보기로 하자. 구봉은 목민관(牧民官)이 준수해야할 10개조를 말한 바 있는데, 여기서도 그의 선견과 탁월한 경륜을 볼 수 있다.

1. 정치와 교화는 목민관의 一心에 있으니, 治人의 근본은 自治에 있고 正物은 正己에 있음을 힘써라.

2. 酒色 두 가지는 百行의 적이니, 道를 잃어서는 안 되고 경계하라.

3. 감사에서 邑宰, 吏胥, 里正에 이르기까지 위계를 분명히 하고 직무한계를 규정하여 실적을 이루어야 한다.

4. 새로 만들어야 할 법과 개혁해야 할 법을 위해 민의를 수렴하라.

5. 각 지방의 志學者, 隱逸, 有行者, 有才者 등 인재를 천거하게 하라.

6. 70세 이상의 남녀 노인, 鰥寡孤獨, 廢疾者, 飢寒者, 20세 이상으로 미혼 처녀와 이미 죽은 眞儒, 隱士, 名宦, 忠臣, 義士, 孝子, 烈婦의 자손 및 妻妾 및 墳塋이 있는 곳은 연대와 원근을 불문하고 일일

24) 『龜峰集』, 卷10, 李選, 「行狀」

25) 『宣祖修正實錄』, 卷22, 21年 戊子 正月 己丑 條.

이 기록하여 제사하고 후손에 대해 賑恤하라.

7. 정치를 하는 데는 民情 파악이 급하고 공평한지 살펴야 한다.

8. 지성으로 마땅하면 복종하지 않음이 없다.

9. 관리로 재능이 있는 자가 횡포하는 자가 많으므로 嚴明하여야 하고, 正大光明하여 조금이라도 偏向하지 말아야 한다.

10. 부지런하고 염치를 밝히면 가히 일을 이룰 수 있는데, 염치를 밝히는 요령은 사심이 없는데 있다.26)

구봉은 정치와 교화가 목민관의 한 마음에 달려 있고, 또 치인(治人)의 근본이 바로 자치(自治) 즉 자기수양에 달려있다 하였다. 또 주색(酒色)을 백행(百行)의 적으로 규정하고 이를 경계하라 하고, 목민관의 위계 확립과 직무의 실적을 제고하라 하였다. 아울러 각 지방에 묻혀있는 인재를 천거하라 하였다.

그리고 각 고을로 하여금 남녀 70세 넘은 노인, 홀아비, 과부, 고아, 독신자 그리고 병이 들었거나 추위에 굶주려 돌아갈 곳이 없거나 의탁할 곳이 없는 자, 그리고 혼기가 지난 20세 넘은 처녀를 찾아서 방문하게 하고, 그리고 이미 죽은 진유, 은사, 명신, 충신, 의사, 효자, 열부의 자손과 처첩들의 무덤이 있는 곳을 연대의 멀고 가까움을 따지지 말고 일일이 상세히 기록해서 보고해야 한다고 하였다. 그리고 혹은 제사상을 차려 제사를 지내주고, 혹은 때때로 구호품을 주어 구제해 주고, 혹은 예물을 도와주어 혼인을 하도록 장려하고, 혹은 술과 음식을 보내 주고, 혹은 부역을 면제해 표창해 주고, 혹은 제사에 올릴 술과 음식을 준비하여 끊어진 제사를 잇게 해 주는데, 이 모든 것을 등급에 따라 알맞게 해

---

26) 『龜峰集』, 卷5, 「李仲擧別紙」.

야 한다고 하였다.27) 이는 현대사회가 완벽한 사회복지를 추구하는 것과 일맥상통하는 것이며, 나라에 충성하고 사회에 모범이 되었던 역사적 인물들의 발굴과 현창 그리고 그 후손들에 대한 배려를 강조하였다. 이러한 구봉의 생각들은 시대를 앞서는 선구적인 것이며, 오늘날 현대에서도 배워야 할 점이 많다고 볼 수 있다. 율곡은 자타가 인정하는 국방의 전문가였는데, 구봉에게 다음과 같이 군사대비에 대한 자문을 요청하기도 하였다.

> 변방의 성이 함락을 당했으니 나라의 수치가 큽니다. 文武의 관원이 安逸과 遊戱에 젖어온 지 백 여 년이 넘는 탓으로 군사도 없고 먹을 것도 없어, 백 가지로 꾀해 보아도 계책이 나 오지를 않으니, 참으로 이른바 '잘 하는 이가 있더라도 어찌 할 수 없다'는 격입니다......이 런 때에 계책이 있으면 진언할 수 있으니, 형은 갖고 있는 생각을 모두 말해 주기 바랍니 다.28)

이처럼 율곡 자신이 군사에 상당한 경륜을 가지고 있었는데도, 구봉에게 국방대비책을 묻고 있는 것을 보면 율곡이 구봉의 경륜에 대해 얼마나 신뢰하고 있는가를 잘 보여준다. 이러한 구봉의 경세 경륜이 신분적 제약으로 전혀 실현되지 못한 것은 참으로 안타까운 일이고 아쉬운 일이다.

---

27) 『龜峰集』, 卷5, 「答李仲擧別紙, 山甫時按嶺南」.
28) 『栗谷全書』, 卷11, 「與宋雲長」.

4) 교육을 통해 기호유학의 씨를 뿌리다.

구봉은 학문연구를 통해 성리학과 예학에 선구가 되었고, 경세 경륜의 대가로 높이 평가되었다. 이에 못지않게 새롭게 재인식해야 할 바가 있으니 교육을 통한 기호유학의 파종이다. 삼현 가운데 구봉은 신분 때문에 벼슬에 나아갈 수 없었고 우계는 그 스스로 처사의 길을 걸은데 비해 율곡은 굴곡은 있으나 평생 정치에 참여하였다.

구봉은 이미 27살 때 13살의 사계(沙溪) 김장생(金長生, 1548~1631)에게 사서(四書)와 『근사록(近思錄)』을 강의하고 성리학을 가르쳤다. 이는 사계의 아버지 김계휘(金繼輝)의 추천에 의한 것이었다. 김장생이 율곡의 문하에 들어간 것은 20살 때로 이보다 7년 후가 된다. 사계에게 있어서 첫 스승이 구봉이요 도학의 기초를 가르쳐 준 이가 바로 구봉이었다. 그래서 송시열은 구봉의 「묘갈문」에서 송준길(宋浚吉)의 말을 인용하여 "사계 김선생이 율곡선생을 사사하여 도(道)를 이루고 덕(德)을 높이게 되었지만, 그가 빗장을 빼고 열쇠를 열수 있도록 기초를 다져준 사람이 바로 송익필 선생이었음은 숨길 수 없는 사실이다."[29] 라고 적고 있다. 송시열의 이 말을 보더라도 사계의 학문형성에 있어서 구봉의 역할이 얼마나 컸고 구봉의 학문연원을 결코 간과해서는 안 된다는 점을 확인할 수 있다. 여기서 우리는 율곡의 적전을 김장생이라고 보는 사상사적 평가에 대해 균형적인 시각이 필요하며, 구봉의 입장에서 보면 객관적인 평가가 아니라는 이론(異論)이 있을 법하다. 그것은 율곡이 정치적으로, 역사적으로, 학문적으로 성공한 유학자였음에 비해, 구봉의 경우는 이와 달리 신분상의 문제가 자리하고 있었기 때문이다.

또한 송강(松江) 정철(鄭澈, 1536~1593)은 기명(起溟), 종명(宗溟) 두

---

29) 『宋子大全』, 卷172, 「龜峰先生宋公墓碣」.

아들을 구봉에게 맡기면서 다음과 같이 훈계하였다.

> 지금 네가 宋龜峰 선생의 글방을 다니는데, 송 선생이 반드시 『近思
> 錄』으로써 배우도록 권하는 것이 어찌 우연한 일이랴. 이는 장차 사람
> 된 이치를 강하여 너로 하여금 착한 사 람이 되게 하려는 것이다. 만
> 일 벼슬이나 구하며 이익이나 좇을 것을 생각하고, 과거공부 에 전심
> 하여 글 짓는 데에만 주력할 양이면, 내가 하필 너를 송 선생의 문하에
> 서 배우도록 권하며, 송 선생 역시 너에게 義理之學으로써 요구하겠
> 느냐. 너는 아비가 스승을 가린 뜻 을 생각하고 또 네 스승이 착한 데
> 로 지도하는 성의를 보아……일체 옛 것을 배우고 성현 을 바라는 이치
> 로서 자신의 임무를 삼는 것이 상쾌한 일이 아니랴.30)

구봉, 율곡, 우계, 송강은 막역한 학문적 동지요 친우였다. 이미 앞에
서 김계휘가 김장생, 김집 두 아들을 구봉에게 교육을 맡겼듯이, 송강도
두 아들을 구봉에게 맡기고 있는 것이다. 정철은 아들에게 만일 벼슬이
나 구하며 이익이나 좇을 것을 생각하고, 과거공부에 전심하여 글 짓는
데만 주력할 양이면 하필 구봉 문하에서 배우도록 권했겠느냐 하였다.
아울러 아비가 스승을 가린 뜻을 이해해 학문에 전념할 것을 당부하고
있다. 여기서 정철도 왜 하필 구봉에게 두 아들을 맡겼을까하는 의문이
생기게 된다. 물론 당시 율곡이나 우계가 강학을 할 수 없는 이유가 있
었겠지만, 김계휘, 정철이 두 아들들을 구봉의 문하에 보낸 것은 주목할
만한 일이다. 이는 그만큼 구봉의 학문적 역량과 스승으로서의 자질을
인정받았다는 예증이다.

---

30) 『松江集』, 原集, 卷2, 「戒子帖」.

구봉의 문인으로는 김장생을 비롯하여 신독재 김집(1574~1656)(율곡 문인), 수몽(守夢) 정엽(鄭曄, 1563~1625)(율곡, 우계 문인), 기옹(畸翁) 정홍명(鄭弘溟, 1592~1650)(사계 문인), 약봉(藥峰) 서성(徐渻, 1558~1631)(율곡 문인), 동곽(東郭) 강찬(姜燦, 1557~1603)(율곡 문인), 허우(許雨, ?~?), 허주(虛舟) 김반(金槃, 1580~1640), 북저(北渚) 김류(金瑬, 1571~1648), 청좌와(靜坐窩) 송이창(宋爾昌, 1561~1627),(율곡, 고청 문인), 지강(芝岡) 유순익(柳舜翼, 1559~1632), 죽서(竹西) 심종직(沈宗直), 윤담(尹聃), 홍백순(洪百順) 등이 있다. 물론 이들 중에는 문하가 겹치는 경우도 있지만 구봉의 문하가 융성했음을 잘 보여준다.

학자의 길은 연구와 강학인데, 이상에서 보듯이 구봉은 매우 일찍 강학(講學)의 길에 나섰다. 그러므로 『선조수정실록』에서는 "1560년 그의 나이 27세 때 이이, 성혼을 다시 좇아 도학을 강론하고, 식견이 통투(通透)하고 논의가 영발(英發)하여 문을 열어 문도들을 받으니, 학문을 좇는 자가 날로 성하여 구봉(龜峰)선생이라 칭하였다."[31]고 적고 있다.

금장태 교수는 구봉의 일생에 가장 보람 있는 일 두 가지를 지적하면서, 하나는 일찍부터 당대의 석학인 명사들과 어울릴 수 있는 기회가 주어졌다는 것이고, 또 하나는 다음 시대의 학풍을 이끌어 갈 인재들을 그의 문하에서 가르쳤다는 것이라고 말하고 있다.[32]

구봉이 교유한 인물로는 율곡 이이, 우계 성혼, 토정 이지함, 고청 서기, 송강 정철, 중봉 조헌, 만전당(晩全堂) 홍가신(洪可臣), 풍애(楓崖) 안민학(安敏學), 명곡(明谷) 이산보(李山甫), 황강 김계휘 등 당대의 명유석

---

31) 『선조수정실록』, 권23, 22년(1589, 기축) 12월 1일(갑술) 조.
32) 금장태, 「구봉 송익필의 인간과 사상」, 『한국철학종교사상사』, 원광대종교문제연구소, 1990, 593쪽.

학(名儒碩學)들이 망라되어 있다. 그리고 일찍부터 강학에 나서 김장생, 김집 등 많은 제자들을 양성하여 율곡, 우계와 함께 기호학파의 씨를 뿌리고 가꾸었던 것이다. 그러므로 송시열도 그의 「묘갈문」에서 "그의 한 몸은 비록 세상에서 곤궁하였지만, 그의 도(道)는 빛이 없었다고 말할 수는 없다"[33]고 평가했던 것이다. 교육을 통해 기호유학의 씨를 파종해 먼 훗날 조선유학의 발전에 선구적 역할을 한 이가 바로 구봉 송익필임을 새삼 인식해야 할 것이다.

5) 민중의 희망으로 전설이 되다.

위에서 살펴보았듯이 구봉은 분명 큰 유학자였다. 천하의 율곡이 외우로 대하고 어려워 한 이가 구봉이다. 『주자대전』 또는 『주자어류』를 달달 암송할 만큼 성리학에 대가로 정평이 있고, 율곡이 23살 때 「천도책」으로 과거시험에 장원으로 합격했을 때 응시생들이 질문을 하자 송구봉의 학식이 높으니 그에게 물어보라고 말했다 한다. 일찍이 『태극문』을 써서 성리학의 구경지(究境地)를 밝히기도 했다.

또 당대 최고의 예학자로서 『가례주설』을 써서 조선 예학의 기초를 세웠고, 사우(師友)간의 예 문답과 강학을 통해 사계예학(沙溪禮學)으로 전승시켰다. 당시 율곡, 우계, 송강 등과 주고받은 예문답과 글에서 구봉의 예학적 권위를 실감하게 된다. 친우들의 예 물음에 구봉은 마치 제자들에게 가르쳐 주듯이 대하고 있다. 특히 율곡 『격몽요결』의 속례 부분과 『소학집주』에 대해 민망할 만큼 혹독한 평가를 하는데 대해서도 율곡은 별다른 이의 없이 경청하는 태도를 볼 수 있다. 또한 율곡이 쓴 『순언(醇言)』에 대해서도 세도(世道)에 어긋난다고 탄식하고 '기이한 것을

---

33) 『龜峰集』, 卷10, 「墓碣銘」, "先生之身 雖困於世 而其道 則不可謂不有光矣."

굴복시키고자 하면서도 도리어 같게 되려고 한' 혐의가 있으며, 주석 또한 견강부회(牽強附會)했다고 혹평하였다.[34] 그런가 하면 그는 16세기 후반 조선의 위기에서 율곡 못지않은 경세가로 추앙된다. 비록 벼슬길에 나아갈 수 없었지만 그의 나라와 백성에 대한 우환의식은 투철했고, 나라를 구하고 백성을 살릴 방책을 준비하고 있었다. 이러한 경세의 경륜은 그의 글 속에 단편적으로 소개되어 있지만, 항상 친우인 율곡으로 하여금 그 이상을 펴고자 했다. 이처럼 구봉은 성리학, 예학에 해박한 천재형의 유학자였고, 친우들이 자제를 믿고 맡길 만큼 스승으로 존경받으며 기호유학의 씨를 파종하였다. 학자로 경세가로 교육자로 도학자로 존경받았지만, 그는 항상 변방이요 비주류였다. 그러기에 그를 존경하고 아쉬워하고 안타까워한 사람들은 오랜 세월 동안 그에 대한 추숭(追崇)의 노력을 아끼지 않았고, 신분의 질곡과 잘못된 정치에 실망한 민중들은 구봉을 영웅으로 추앙하고 전설로 얘기를 만들어 갔다.

1586년, 1587년 중봉 조헌은 연이어 상소를 올려 구봉의 억울함을 호소하고 신원회복을 위해 노력하였다. 1624년 문인 김장생과 김집은 「갑자소(甲子疏)」에서 "신 등이 어렸을 때 송익필에게 수학하였는데, 송익필의 문장과 학식은 당대에 당할 이가 없었고, 이이와 성혼과는 서로 강마(講磨)하는 사이였습니다."하고 스승의 억울함을 호소하고 신원(伸寃)을 요청하였다. 1625년 김장생, 서성, 정엽, 유순익, 심종직 등이 연명(連名)으로 상소를 올려 다시 스승의 억울함을 풀어달라고 신원소(伸寃疏)를 올렸다. 그 후 숙종 때 이종신 등 2백 여명의 성균관 유생들이 상소를 올리는가 하면, 영조 때의 이주진, 정조 때의 삼남 유생 황경헌 외 3272인이 상소를 올려 송익필의 신원을 호소하였다. 그 내용은 "경학이

---

34) 『龜峰集』, 卷4, 「與叔獻書」.

일세(一世)의 표준이 되고 도학과 실제의 덕행이 모두 배향할만한데, 문벌이 미천하다는 이유로 아직까지 포증(襃贈)의 은전(恩典)이 없는 것은 실로 만고에 부끄러운 일이다"라고 하였다.35) 송시열은 그의 「묘갈문」에서 "선생의 육신은 비록 세상에서 시달림을 받았지만, 그의 도(道)는 빛을 냈다고 말하지 않을 수 없다"고 기렸다. 토정 이지함은 "천지의 이치를 가슴속에 간직하였으니, 공자, 맹자의 도(道)도 진실로 멀지 않았다"고 기리고 있고, 홍계희(洪啓禧)는 「청포증장(請襃贈狀)」에서 구봉을 가리켜 '일대(一代)의 유종(儒宗)이요 간세(間世)의 위인(偉人)'이라 평가하였다.36)

또한 구봉은 시작(詩作)에도 탁월하여 매월당(梅月堂) 김시습(金時習), 추강(秋江) 남효온(南孝溫)과 더불어 '산림삼걸(山林三傑)'로 불리었으며, 또 이산해(李山海), 최경창(崔慶昌), 백광훈(白光勳), 최립(崔岦), 이순인(李純仁), 윤탁연(尹卓然), 하응림(河應臨)과 더불어 '팔문장가(八文章家)'로 불리기도 했다.37) 아울러 그의 글씨 또한 서예 미학적 관점에서 새롭게 조명되고 있다.38)

이러한 구봉의 학문과 인물됨에 대해 아쉬워하고 안타까워하는 사람들은 그의 억울한 처지와 불우한 역경과 맞물려 억압받는 민중의 입장에서 영웅으로 회자된다. 그에 관한 수많은 일화와 전설들이 이를 잘 뒷받침 해 준다.39)

---

35) 김창경, 『구봉 송익필의 도학사상』, 책미래, 2014, 48~49쪽 참조.

36) 『龜峰集』, 卷10, 附錄, 「請襃贈狀」.

37) 김창경, 『구봉 송익필의 도학사상』, 책미래, 2014, 24쪽.

38) 정태희, 「구봉 송익필의 서예연구」, 『잊혀진 유학자 구봉 송익필의 학문과 사상』, 책미래, 2016, 323~354쪽 참조.

39) 황인덕, 「전설로 구현된 송구봉의 인물상과 그 의의」, 『잊혀진 유학자 구봉 송익필의 학문과 사상』, 책미래, 2016, 67~118쪽 참조.

특히 단학(丹學)계통에서는 율곡과 우계가 구봉을 사실상 스승으로 모셨다고 주장하기도 한다.[40] 증산교(甑山敎)의 경전인 『도전(道典)』에서는 "지나간 임진란을 최풍헌(崔風憲)이 맡았으면 사흘에 불과하고, 진묵(震默)이 당하였으면 석 달을 넘기지 않고, 송구봉(宋龜峰)이 맡았으면 여덟달 만에 평안하였으리라. 이것은 다만 선(仙), 불(佛), 유(儒)의 법술이 다른 까닭이니라."하고 흠모하고 있다.[41] 또한 근대 단학 사상가인 봉우(鳳宇) 권태훈(權泰勳, 1900~1994)은 다음과 같이 조선의 사상계를 단학의 입장에서 평가하고 있다.

> 退溪 그 양반은 丹學 고단자입니다. 선조 때 영의정으로 있던 東皐 李浚慶 그 양반도 고 단자입니다. 佔畢齋 金宗直, 이조국도 丹學家로 고단자입니다. 이제 그 뒤에 그 제자들로 梅月堂 같은 이, 徐花潭 같은 이가 있고 그 다음에 鄭北窓 같은 이, 宋龜峰, 栗谷, 土亭, 도황명, 徐居正 죽 있는데, 거기서 도황명은 宋龜峰만은 못해도 고단자입니다……이 근년에 내려와서는 鄭茶山 그가 丹學家입니다.[42]

> 살아서 목적을 달성 못하면 古人의 말씀과 같이 도가 오늘날 사용함에 어긋남이니, 이름 이나 뒷사람에게 알게 할 것인가. 그도 그렇지 않다. 이 말씀을 남기신 龜峰 宋翼弼 선생 같으신 이는 道를 이루고 德을 세우신 분으로, 다만 道가 행해지지 않음을 탄식하신 것이 나, 우리 같

---

40) 최영성, 「구봉 송익필의 학문사상과 한국유학사에서의 위상」, 『잊혀진 유학자 구봉 송익필의 학문과 사상』, 책미래, 2016, 42쪽 주)3 참조.

41) 최영성, 「구봉 송익필의 학문과 한국유학사에서의 위상」, 『잊혀진 유학자 구봉 송익필의 학문과 사상』, 책미래, 2016, 42쪽.

42) 정재승 편, 『봉우일기2』, 정신세계사, 1998, 421~422쪽.

은 범부야 無名野草나 다를 것이 없는 인물들이라 헛되이 雄心을 품는 것이 무 슨 효과가 있을 것인가.[43]

권태훈은 생전에 구봉이 제대로 평가받지 못하는 안타까움을 갖고 파주에 구봉의 유허비(遺墟碑)를 손수 세웠던 것이니, 구봉에 대한 존숭의 뜻을 잘 알 수 있다. 구봉은 유학자였지만 조선의 역사 속에서 민족의 영웅으로 각색되어 전설로 이어져 갔다. 작가 이한우는 『조선의 숨은 왕』이라는 책에서 송익필이 인조반정이후 조선 후기의 정치를 주도한 서인-노론정권의 원조격으로, 사실상 '숨은 왕'이라고 평가하기도 한다.[44]

이와 같이 구봉은 자신의 탁월한 학문적 능력과 범상치 않은 인물됨에도 불구하고 신분상의 질곡으로 정당한 평가를 받지도 못하고 역사 속에서 소외되어 왔다. 그의 억울함, 원통함을 민중들은 구봉을 통해 표출하였고, 그것이 전설적 애기로 확대 재생산되고 민중의 희망으로, 영웅으로 회자(膾炙)되었던 것이다.

4. 맺는 말

파주는 안동과 함께 우리나라 유교문화의 중심지다. 조선유학의 양대 산맥인 기호유학의 발상지가 바로 파주인 것이다. 율곡학파의 조종(祖

---

43) 정재승 편, 『봉우일기1』, 정신세계사, 1998, 180~181쪽.
44) 최영성, 「구봉 송익필의 학문사상과 한국유학사에서의 위상」, 『잊혀진 유학자 구봉 송익필의 학문과 사상』, 책미래, 2016, 41쪽.

宗)인 율곡과 구봉, 우계학파의 조종인 우계가 학문 활동을 하던 곳이 파주다. 그럼에도 오늘날 파주는 이에 걸 맞는 역할이 미흡하여 안타깝기만 하다. 내 고장의 역사와 문화를 모른다면 그것은 무지의 소치이고, 알면서도 노력하지 않는다면 그것은 직무유기다. 다행스럽게도 최근 파주시 행정당국과 지역의 뜻있는 인사들이 파주의 전통문화에 대해 새롭게 인식하고 관심을 갖는 것은 매우 다행한 일이다. 특히 율곡, 우계에 비해 소외된 구봉의 유적 발굴과 학술적 연구 그리고 그의 삶과 가르침에 대한 현대적 접목작업이 활발하게 이루어져야 할 것이다.

구봉을 새롭게 조명하고 발굴하고 재인식해야 할 이유가 무엇인가? 첫째는 조선조를 대표하는 훌륭한 유학자라는 점이다. 구봉은 율곡, 우계와 어깨를 함께할 만큼 학문적 위상을 가지고 있다. 그는 율곡도 인정한 성리학의 이론가였고, 당대 예학의 최고 권위자였으며, 학덕을 겸비한 진유(眞儒)로서 도학자였다. 아울러 그는 율곡과 함께 탁월한 경세경륜을 가졌던 유학자였다. 그럼에도 구봉은 율곡, 우계에 가려 정당한 평가를 받지 못했다.

둘째는 훌륭한 스승으로 교육에 전념하여 사계 김장생, 신독재 김집을 비롯한 많은 제자들을 양성하여 기호유학 내지 율곡학파의 씨를 파종하였다. 우리는 흔히 기호학파 내지 율곡학파하면 율곡만 생각하게 된다. 물론 율곡의 역할과 위상이 중요하지만 그 옆에 서서 기호학파, 율곡학파의 기반을 마련하는데 중요한 역할을 한 이가 구봉임을 잊어서는 안 된다.

셋째는 선유(先儒)의 균형적 발굴과 객관적인 평가가 필요하기 때문이다. 누차 강조하지만 구봉은 그의 위상에 비해 너무도 초라하다. 그것은 그의 신분상의 문제와 무관하지 않고 억울한 측면이 많다. 그동안 율곡, 우계에 치우쳐 정당한 평가를 받지 못한 구봉을 이제 당당하게 신원시켜 주어야 한다. 더욱이 구봉의 학문적 위상과 그의 훌륭한 인품을 생각할 때 더욱 그렇다. 조선조 역사에서 민중의 희망으로, 민중의 영웅으로 그를 추앙한 뜻도 헤아릴 필요가 있다. 이제 구봉의 유적지를 발굴하고 사당을 짓고 유허비를 세우고 기념관을 만들어야 한다. 그리고 그의 학문을 다양하게 조명하는 학술사업도 활발하게 추진되어야 한다.

넷째는 구봉은 문화사업의 상품적 가치가 매우 크다는 점이다. 우선 신분의 불운을 딛고 성공한 유학자라는 점, 율곡, 우계도 어려워한 인물이라는 점, 삼현의 우정과 학문에 얽힌 이야기, 파란만장한 그의 인생 역정, 성리학, 예학, 경세학, 문학, 서예 등 다양한 학문의 폭과 깊이, 그리고 수많은 전설과 얘기로 이어온 민중의 영웅담 등은 구봉에 대한 문화콘텐츠 개발에 훌륭한 소재가 될 것이다.

제2부 | 구봉 송익필의 학문과 교유

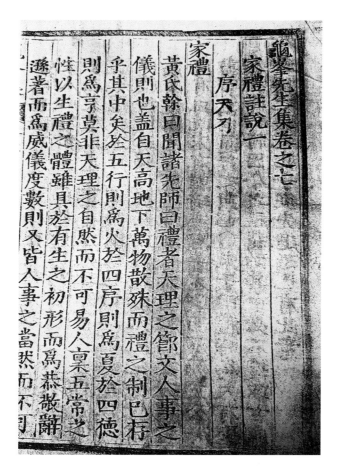

조선 최초의, 사례(四禮, 관혼상제의 禮)를 모두 갖춘, 본격적 예학서(禮學書)
『구봉집(龜峯集)』권7, 권8, 「가례주설(家禮註說)」

우연히 쓰다(偶題 二首)

백발에 푸른 산은 멀기만 한데

병란 속에 세월은 빠르게 흘러가네.

한 소리 강위에 피리소리 들리는데

달 가운데 천리 길을 떠나는 배로다.

한잔 술에 요순(堯舜)임금의 뜻을 생각하니

남은 경전들은 세상의 근심이로다.

매화를 꺾어도 줄 사람이 없는데

은하수는 멀고도 멀기만 하네.

꾀꼬리 소리에 낮잠을 깨니

바위굴 문1)에는 대나무 숲이 어른거리네.

강촌의 다리 위로 시장이 열리고

산 외곽에는 빗속에 다듬이질 소리 들리네.

시대가 위태로우니 이별의 한은 가벼운데

몸에 병이 드니 고향생각도 덜하구려.

옛 도(道)를 사모해 마침내 세상을 어겼으나

숨어사는 거처를 깊은 곳에 잡진 않았다네2)

---

1) 암비(巖扉): 숨어사는 은자의 바위굴 문

2) 『구봉집(龜峯集)』, 권2, 「詩」, 〈偶題二首〉: "白髮靑山遠 兵戈歲易流 一聲江上篴 千里月中
舟 殘杯酒唐虞 志經四海憂 折梅無可贈 雲漢政悠悠 午枕驚黃鳥 巖扉映竹林 水村橋上市 山
郭雨中砧 時危輕別恨 身病減鄕心 慕古終違世 幽居不卜深"

구봉詩에 나타난
강절시 수용양상과 그 의미[1]

강구율[2]

1. 서론(序論)

사람은 자기가 사는 시대보다 앞서 살았던 사람으로부터 일정하게

---

1) 이 논문은 2016년 6월 4일(토), 전북대 간재학연구소, 구봉문화학술원 공동주최 전라북도, 전북은행 후원, 〈기호유학에서 구봉송익필사상의 위상과 수용〉학술대회에서 발표된 논문이다.
2) 姜求律, 동양대학교 교수

영향을 받으며 살 수밖에 없다. 아무리 위대한 사람이라 하더라도 이전 시대에 살았던 사람의 영향력을 완전히 벗어나기는 어렵다는 것이다. 더군다나 앞서 살았던 사람이 평범한 사람이 아니라 많은 사람들에게 상당한 영향력을 행사한 사람이라면 그러한 사람으로부터의 영향력을 배제하고 살기는 더욱 어려울 것이다. 이러한 논리는 문학을 하는 사람에게도 예외가 아닐 것이다. 더군다나 앞선 시대에 살았던 사람의 삶과 자신의 삶이 상당한 정도의 유사성을 가지거나 혹은 개인적으로 이상적인 사람이라고 여기거나 또는 좋아하는 사람의 경우라면 그 영향력을 무시할 수는 없을 것이다.

개인적으로 신분상의 문제와 시대적으로 정치적인 박해 때문에 조선중기를 아주 힘겹게 살다간 구봉(龜峯) 송익필(宋翼弼, 1534~1599)은 자기시대보다 520여 년 전에 살다간 북송시대 안락와(安樂窩) 강절(康節) 소옹(邵雍, 1011~1077)의 삶에 대해 깊은 관심을 가지고 그의 시를 애호한 것으로 볼 수 있다. 이 점은 율곡 이이(1536~1584)에게 답장한 「답숙헌서(答叔獻書)」란 편지에서 자연스럽게 강절의 「감사음(感事吟)」3)을 직접적으로 언급4)한 것에서 드러나고 있다. 또한 강절의 작품을 애호하여 차운시(次韻詩)5)를 짓기도 하였고 그리고 상촌(象村) 신흠(申欽, 1566~1628)의 언급6)을 보면 이 부분이 어느 정도 이해가 된다

---

3) 『伊川擊壤集』卷17, p.179-80. 「感事吟」, "切玉如泥劒不虛 誰知世上有昆吾 能言未是眞男子 善處方名大丈夫", "士老林泉誠所願 民顚溝壑諒何辜 然非我事我心惻 珍重羲皇一卷書"

4) 『龜峯先生文集』卷5, p.464. 「答叔獻書」, "嘗見邵堯夫詩云 士老林泉誠所願 民顚溝壑諒何辜 此政吾兄今日事也."

5) 『龜峯先生文集』卷1, p.385. 「次擊壤韻」, "林間無物撓淸懷 天月流光入酒盃 何處仙翁調鶴過 數聲風篷落雲街"

6) "재료는 盛唐에서 취하였으므로 그 響音이 맑고, 義는 擊壤에서 취하였으므로 그의 辭理가 화평하다. 너그럽고 넓은 뜻은 떠돌고 귀양살이하는 처지에서도 잃지 않았고 느긋하고 흡족한 즐거움은 風花나 雪月의 사이에 알맞았다. 그 바라는 것이 때에 편안하고 순리대

고 하겠다. 따라서 구봉이 강절의 시를 평소에 많이 읽었다는 하나의 직·간접적인 증거로 생각할 수 있고 이것은 어느 정도 강절의 작품 경향에서 구봉이 영향을 받은 것으로 볼 수 있다.

강절과 구봉은 각각 67세와 66세를 살아서 두 사람은 거의 같은 생애를 살았고 또 두 사람은 모두 출사를 하지 않았다. 물론 구봉은 신분상의 문제와 정치적인 박해로 인해 출사 자체를 할 수 없었으나 강절은 구봉과 같은 제약 조건이 없이 자기 의지로 출사를 하지 않은 차이점은 있으나 결과적으로 벼슬을 하지 않은 점은 유사하다고 하겠다. 그리고 강절은 평생 3,000여 수의 시를 지은 것으로 알려져 있는데 판본에 따라 다소 차이가 있기는 하지만 『이천격양집(伊川擊壤集)』에 실린 그의 작품 숫자는 대략 1,500여 수를 상회(上廻)하고 있다. 여기에 비해 구봉은 자신의 문집인 『구봉집(龜峯集)』 권1에 四言詩 1수, 五言古詩 28수, 七言古詩 8수, 五言絶句 39수, 七言絶句 등 123수, 卷2에 五言律詩 139수, 五言排律 8수, 七言律詩 108수, 七言排律 3수 등 모두 391題 457首의 작품을 남겼다. 두 사람의 작품 숫자를 단순비교하면 강절의 작품이 구봉의 작품보다 세 배나 많아서 비교 자체가 어렵기는 하지만 두 사람 모두 일생 시작(詩作)에 몰두하여 많은 작품을 남긴 점은 유사하다고 하겠다. 그리고 강절과 구봉 두 사람 모두 많은 후학을 양성하고 평생을 경제적으로 쪼들리면서 곤궁하게 산 점, 여행을 하게 된 계기는 각각 다르지만 일정한 여행을 통해서 자신의 견문을 넓힌 점, 친구들과 지인(知人)들의 도움을 많이 받은 점, 무엇보다 어려운 환경 속에서도 평담(平淡)하고 담

로 사는 것이니, 슬픔과 즐거움을 心中에 둘 수 없는 사람이다.(材取盛唐.故其響淸.義取擊壤.故其辭理.和平寬博之旨.不失於羈窮流竄之際.優游涵泳之樂.自適於風花雪月之間.其庶乎安時處順.哀樂不能入者矣)"

백한 시세계를 형성한 점 등은 두 사람간의 상당한 유사성으로 볼 수가 있겠다. 이러한 유사성을 바탕으로 볼 때 구봉은 강절로부터 일정한 정도의 영향을 받은 것으로 볼 수 있겠고 이러한 부분은 본론에서의 논의를 통해 어느 정도 수긍할 수 있으리라 생각한다.

지금까지 많은 연구7)에서 강절의 시세계가 조선시대 시인들에게 영향을 미친 것을 논의하고 있으나 구봉의 시가 강절의 영향을 받았다는 점에 대해서는 거의 주목하지 않고 있는 실정이다. 오래 전에 필자가 박사학위논문에서 이를 언급한 이후로도 아직까지 본격적인 연구는 거의 보이지 않는듯하다. 따라서 필자는 작은 논문으로나마 이 부분을 논급하여 구봉시의 연원이 강절의 시에 있음을 지적함으로써 강절시가 조선시대 시인들에게 영향을 끼친 부분에 대한 논의의 외연확장에 일정하게 기여하고자 한다.

본 연구는 우선 구봉과 강절의 간략한 생애를 살펴보고 구봉시에 나타난 강절시의 수용양상을 부분적인 시어(詩語)의 수용과 몇몇 전고(典故)의 수용, 그리고 축약(縮約)과 확장(擴張)의 시구수용(詩句受容), 그리고 강절시의 영향을 받기는 했지만 단순한 수용에 그치지 않고 이를 어느 정도 극복하여 구봉 나름대로 자기화(自己化)하였다고 보는 순서로 나누어 논의를 진행하고자 한다. 그리고 본 논의에 사용된 기본 텍스트

---

7) 金南基(2002),『首尾吟』의 수용과 雜詠類 連作詩의 창작양상-宋時烈과 金昌翕을 중심으로-,『韓國文化』제29호, 서울대학교한국문화연구소. 李勝洙(2003), 17세기 후반 지식인의 邵雍·陸九淵·陳亮 수용 양상 연구-拙修齋와 三淵을 중심으로-,『어문연구』제31권 제4호. 최은주(2007), 朝鮮後期 濂洛詩風의 수용양상과 그 의미,『대동한문학』, 제26집, 대동한문학회. 鄭珉(2008), 尤菴 선생「首尾吟」134수 管窺,『한국사상과문화』제42권, 한국사상문화학회. 이효숙(2008), 17~18세기 노론계 문인의 소옹의 시문 수용 양상,『우리문학연구』제25집, 우리문학회. 손유경(2009), 企齋 申光漢의 意識世界에 대한 一考察-邵雍 欽慕 樣相을 중심으로-,『漢文學論集』제29집, 근역한문학회. 최형록·김창경(2014), 조선시대 邵雍 詩의 수용 양상 연구,『동북아문화연구』제40집, 2014.

로는 소옹의 『이천격양집(伊川擊壤集)』과 서울대학교 규장각에 보관 중인 『구봉선생문집』을 민족문화추진회에서 영인하여 발간해낸 『한국문집총간』 42집을 대상으로 한다.

2. 구봉과 강절의 간략생애(簡略生涯)

2장에서는 구봉과 강절 소옹의 간략한 생애를 살펴봄으로써 생애의 유사성을 확인하기로 한다. 강절이 67세를 살았고 구봉은 66세를 살아서 거의 비슷한 삶의 기간을 보냈고 서론에서 언급한 바와 같은 동질성이 두 사람간의 상당한 유사성을 말해준다고 하겠다. 아래에서 두 사람의 삶을 간략하게 살펴봄으로써 이를 뒷받침하기로 한다. 구봉의 생애는 우암 송시열(1607~1689)이 지은 「구봉선생송공묘갈」을 참고하고 강절의 생애는 최형록의 박사학위논문인 「소옹시 연구(邵雍詩 硏究)」[8]의 생애 부분을 참고하기로 한다. 먼저 구봉의 생애를 살펴보고 다음에 강절의 생애를 살펴보는 순서로 논의를 진행한다.

1) 구봉의 간략생애

구봉의 성은 송(宋)이요 휘는 익필(翼弼)이며, 자는 운장(雲長)이고 본관은 여산(礪山)이다. 집이 구봉산(龜峯山) 밑에 있으며 후학(後學)을 가르쳤으므로 배우는 이들이 '구봉선생(龜峯先生)'이라 하였고 친구들도 '구봉(龜峯)'이라 불렀다. 그의 현조(顯祖)는 고려의 정렬공(貞烈公) 송송례(宋松禮)인데 그 뒤로는 크게 뛰어난 사람이 없어서 가문이 떨치지 못

---

8) 崔亨祿, 『邵雍 詩 硏究』, 釜山大學校大學院 中語中文學科 博士學位論文, 2008.

하였다. 조부 송린(宋璘)에 와서 비로소 잡직(雜職)의 직장(直長)이 되었고, 부친 송사련(宋祀連, 1496~1575)이 통정(通政)의 직계(職階)를 받았다. 이런 사실은 율곡이 찬술한 정민공(貞愍公) 영모당(永慕堂) 안당(安瑭, 1461~1521)의 묘비(墓碑)에 실려 있다. 송사련이 연일정씨(延日鄭氏)의 딸과 혼인하여 네 아들을 낳았는데 구봉은 셋째 아들이다.

구봉은 나이 7, 8세에 이미 시를 짓는 재능이 매우 뛰어나서 '산 속의 초가지붕에 달빛이 흩어지네[山家茅屋月參差]'란 시구를 읊었다. 조금 장성하자 아우인 운곡(雲谷) 송한필(宋翰弼, ?~?)과 같이 높은 성적으로 향시에 합격하여 이로부터 명성이 드러나기 시작하였다. 그리고 벗들과 사귀기를 잘하니 추허(推許)한 이가 아계(鵝溪) 이산해(李山海, 1539~1609)·고죽(孤竹) 최경창(崔慶昌, 1539~1583)·옥봉(玉峯) 백광훈(白光勳, 1537~1582)·간이(簡易) 최립(崔岦, 1539~1612)·고담(孤潭) 이순인(李純仁, 1533~1592)·중호(重湖) 윤탁연(尹卓然, 1538~1594)·청천(菁川) 하응림(河應臨, 1536~1567) 등이었는데, 당시 사람들은 이들을 팔문장(八文章)이라고 불렀다. 그러나 구봉은 과거 이외에 따로 마음 쓸 곳이 있음을 알았다. 마침내 성리(性理)에 관한 여러 책을 가져다가 밤낮으로 익히고 연구하였는데 스승을 거치지 않고 혼자의 힘으로 모든 이치를 칼로 실을 끊듯 이해하고 얼음 녹듯 알아내었다. 문장은 춘추시대 노(魯)나라 사람인 좌구명(左丘明)과 한(漢)나라의 사마천(司馬遷, B.C.145~B.C.90)을 주로 하였고, 시는 당나라 시선(詩仙)인 이백(李白, 701~762)을 주로 하였다. 이치를 논설하는 데 그 이론이 투철하고 속됨이 없이 깨끗하여 막힌 데가 없었다. 배우려는 자들이 앞을 다투어 모여들어 종일토록 끊이지 않았으나 구봉이 응대하여 주기를 게으르게 하지 아니하니 그중에는 별로 아는 것 없이 빈 몸으로 왔다가 잔

뜩 배워서 돌아간 자가 매우 많았다.

율곡 이이와 우계 성혼(1535~1598)은 구봉의 학술이 뛰어남을 알고 서로 교류하며 의리를 논변하고 갈고 닦기를 매우 도탑게 하였다. 율곡이 한번은 과장(科場)에 들어서자 '천도책(天道策)'이란 시제(試題)를 거자(擧子)들이 물어 왔다. 이에 율곡은 "송운장이 고명하고 널리 아니 그분에게 나아가 묻도록 하라.(宋雲長高明博洽.宜就而問之)"라고 말하니 이에 그들이 과거장에서 물결 쓸리듯 빠져나갔다. 구봉은 모두 응대하여 주고 더욱 깊이 알기를 바라는 자에게는 무궁하게 터득시켜 주었는데 거자들이 서로 전해 가며 다투어 기록하되 과거를 보기 위한 자료로만 여기지 않았다. 구봉은 옛 방식을 자처하여 비록 공경과 귀인이라도 이미 벗이 되면 모두 대등하게 사귀어 자(字)를 부르고 벼슬로 부르지 않았는데 많은 사람들이 이를 나무랐으나 구봉은 조금도 개의치 않았다.

1523년인 중종 18년에 율곡이 소인배들에게 몰려 무함을 당하였다. 우계가 때마침 임금의 부름을 받고 서울로 올라와 있었는데 이 일로 상소문을 올려서 시비를 분별하여 밝히려고 하다가 한편으로는 산야의 사람은 항상 물러나 있는 것으로 의리를 삼는데 갑자기 이때에 시사를 극론(極論)하는 것은 도리어 어묵(語默)의 도리가 아닐 것이라고 염려하였다. 그러자 구봉이 서신으로 권하기를 "존형(尊兄)은 임금의 지우(知遇)를 받아 이미 조정에 올랐으면 나오지 않는 산야(山野)의 사람으로 자처해서는 안 됩니다. 음양의 소장이 달려 있는 이때 왜 좋은 의논을 분명하게 말하여 공의(公議)가 펴지게 하지 않습니까?(尊兄受聖主知遇.旣陟朝端則不可以不出自處矣.何不於陰陽消長之際.明言善議.使公議得伸耶?)"라고 하였다. 우계가 그 말을 따랐는데 임금도 간사한 무리들의 헐뜯고 시기하는 정상(情狀)을 더욱 알고 호오(好惡)의 법을 분명히 보였다. 이리하여

우계는 크게 헐뜯음을 당했고 구봉에게는 더욱 심하여 드디어 보복을
꾀하려 하였다. 마침 율곡이 급서(急逝)하자 연평(延平) 이귀(李貴,
1557~1633)가 율곡을 위하여 그 원통함을 송사하려고 하였는데 구봉이
그 소본(疏本)을 초(草)하였다. 이에 여러 사람들이 더욱 분노하여 다투
어 구봉에게 감정을 풀려고 하였으나 트집을 잡을 것이 없으므로 마침
내 정민공 안당의 자손을 부추겨서 '구봉의 조모(祖母)는 본래 안씨(安
氏)의 가비(家婢)라' 하고 천적(賤籍)으로 돌려보내어 그 집을 멸망시키
려고 하였다. 대개 정민공의 숙부인 감사(監司) 안관후(安寬厚)의 비녀
(婢女)가 정민공의 아버지인 사예공(司藝公) 안돈후(安敦厚)를 모시고 딸
을 낳았다. 이 사람이 구봉의 조모로 송사련을 낳았는데 송사련은 천문
학(天文學)으로 벼슬을 하였다. 안씨의 자손은 송사련의 어머니가 사예
의 딸이 아니라 전부(前夫)의 소생으로 양인(良人)이 못된다고 하였다.

이산해(李山海)가 구봉에게 말하기를, "그대가 오늘의 화근(禍根)을
아는가? 화근의 빌미는 율곡에게 있으니 만약 그대가 여러 사람들을 따
라 율곡을 헐뜯고 비방한다면 화를 면할 것이다.(君知今日之禍乎.崇在栗
谷.若隨衆訾謗則免矣)"라고 하자 구봉이 말하기를 "비록 죽을지언정 어
찌 차마 할 수 있겠는가?(雖死何忍)"라고 하였다. 안씨가 송사를 일으키
자 구봉은 화가 장차 헤아릴 수 없을 줄 알고 마침내 형제와 같이 피하
였고, 이산해는 송강 정철(1536~1593) 등 여러 사람들과 함께 서로 보호
하고 감싸주었다.

하루는 임금이 형조에 하명하기를 "사노인 송모 형제가 조정에 원함
을 품고 기필코 일을 내려고 하였다.(私奴宋某兄弟.畜怨朝廷.期必生事)"
조헌(趙憲)이 올린 소장도 '모두 이 사람의 지시와 사주가 아님이 없다
하니 이것은 지극히 통탄스러운 일이다. 이들을 잡아 가두고 추고하

라.(無非此人指嗾.此極痛惋.捉囚窮推)'라고 하였다. 구봉이 드디어 자진하여 나아가 추문을 받고 아우인 송한필과 함께 극변(極邊)으로 귀양 갔다. 송한필도 시에 능하고 의논을 좋아하여 남들에게 많은 원성을 사고 있었다. 1592년인 선조 25년의 임진왜변에 구봉은 평안도 희천의 유배지에서 적을 피하여 명문산(明文山)의 산중으로 들어갔다가 이듬해에 사면을 받았다. 그 고을에는 이미 한훤당(寒喧堂) 김굉필(金宏弼, 1454~1504)·정암(靜菴) 조광조(趙光祖, 1482~1519) 두 선생의 사우(祠宇)가 있었다. 구봉은 그들이 화를 입었던 당시를 회상하고 감개하여 제문을 지어 제사를 올리고 자신의 뜻을 나타내고 돌아왔다.

이때부터 구봉의 온 집안은 의지할 곳을 잃었고 또 시배(時輩)들이 안씨를 종용하기를 그치지 않았다. 구봉은 비록 임금이 억울한 정상을 알아주는 은혜를 입었어도 오히려 몸을 삼가고 두려워하였다. 그러나 지구(知舊)와 문인(門人)이 서로 다투어 처소를 제공하였고 학도(學徒)가 떼를 지어 모여들었다. 일찍이 충남 당진 면천(沔川)의 첨추(僉樞) 김진려(金進礪)의 집에 우거(寓居)하고 있을 적에 우계가 글을 부쳐 말하기를 "주인은 인자하고 어질며 후생들은 그 명성을 듣고 몰려드는데 만년에 떠돌다가 이곳에서 의지할 사람을 얻었으니 다행입니다.(主人仁賢.後生向風.晚暮漂泊.得此於人.可謂幸矣)"라고 하였다.

1599년인 선조 32년 8월 8일에 면천의 우사에서 별세하니 향년이 66세였다. 문인들이 당진현 북쪽 원당동(元堂洞)에 모여서 장례를 지냈다. 구봉의 배위는 창령 성씨로 구봉보다 먼저 별세하였고 묘소는 동원(同原)에 있다. 아들은 취방(就方)이고 측실에서 최대(就大)와 취실(就實)을 두었다.

오직 도학(道學)의 이치를 강명(講明)하여 그것으로 몸을 닦고 또 그

것을 후세에 전함으로써 지금 사계 김장생(1548~1631)의 학문이 세상의 높이는 바가 되었으니, 구봉은 사문(斯文)에도 공로가 있다고 할 것이다. 그 밖에도 구봉이 이끌어서 성취하도록 한 사람으로는 김집(1574~1656), 수몽 정엽(1563~1625), 약봉 서성(1558~1631), 기옹 정홍명(1582~1650), 감사 강찬(1557~1603), 처사 허우, 참판 김반(1580~1640) 등이 있다. 이들은 혹은 도학과 혹은 환업으로 후생에게 도를 전하고 왕가(王家)를 보비(輔毗)하였다. 동춘당 송준길(1606~1672)의 선고(先考)인 송이창(宋爾昌, 1561~1627)도 구봉에게 수학하였다. 동춘당을 가르쳐 마침내 이름난 선비가 되게 하였으니 구봉의 몸은 비록 세상에서 괴로웠으나 그 도는 빛났다고 하지 않을 수 없다.

그리고 여러 사람의 논술을 상고하여 보면, 중봉 조헌은 "늙도록 서적에 힘써 학문은 깊고 경서(經書)의 의의는 밝으며 행실은 반듯하고 언어는 정직하여 족히 아버지의 허물을 덮어 줄 수 있었으므로 성 선생과 이 선생의 양현이 다 외우(畏友)로 하였을 뿐 아니라 그의 가르침은 개발(開發)을 잘하여 사람으로 하여금 느끼고 분발하여 자립케 하였다.(到老勤書.學邃經明.行方言直.足蓋父愆.故成李兩賢.皆作畏友.且其敎誨.善於開發.使人感奮有立)"고 하였다. 그리고 그 관급(官級)을 바쳐서라도 그의 원통함을 씻어 주기를 지극히 원하였다. 토정 이지함(1517~1578)은 말하기를 "현황이 방촌지간에 있으니 추로(鄒魯)가 멀리 있지 않다.(玄黃方寸間.鄒魯亶非逈)" 하였다. 상촌 신흠은 말하기를 "천품이 매우 높으니 문장 또한 절묘하다.(天稟甚高.文章亦妙)"고 하였고, 택당 이식(1584~1647)은 말하기를 "타고난 자품이 투철하고 영일하여 정미한 이치를 잘 분석하였다.(天資透悟.剖析精微)"고 하였다. 고청 서기(1523~1591)는 학자들에게 말하기를 "너희들이 제갈공명을 알고자 하느냐? 오직 송구봉을 보면 될 것이다.(爾輩欲知諸葛孔明乎.惟見宋龜峯可也)" 하였고 또 이어서 말하기를 "나는 제갈공명이 구봉과 같았으리라 여긴다.(吾以爲諸葛似龜峯也)" 하였다. 홍경신(洪慶臣, 1557~1623)은 번번이 그의 형인 만전당(晚全堂) 홍가신(洪可臣, 1541~1615)에게 간하되 "형님께서는 어찌 송모(宋某)와 벗을 하십니까? 나는 송모를 보면 반드시 욕보일 것입니다.(兄何爲與宋某友乎.吾見宋某必辱之)" 하였다. 영원군이 웃으며 말하기를 "네가 과연 송모를 욕보일 수 있겠는가? 반드시 그렇게 할 수 없을 것이다.(爾果辱宋某乎.必不能也)" 하였다. 그 뒤에 홍경신은 구봉이 오는 것을 보고는 자기도 모르게 뜰 아래로 내려가 맞이하며 절하면서 말하기를 "내가 절하려 해서 한 것이 아니라 무릎이 저절로 굽혀지더라.(非我拜也.膝自屈也)" 하였다. 북저(北渚) 김류(金瑬, 1571~1648)는 젊어서부터 자부하여 남에게 굽히기를 싫어하였는데, 어느 날 산사(山寺)에서 구봉을 우연히 만나자 자기의 학업을 걷어치우고 날마다 구봉의 언론과 논의를 청취하면서 오래도록 떠날 줄을 몰랐다. 뒤에 큰 훈업(勳業)을 이루고 장상의 지위에 오르자 말하기를 "내가 오늘에 이를 수 있었던 것은 그때에 구봉에게서 친히 가르침을 받은 데 힘입은 것이다.(吾之得至今日.繫當日親炙於龜峯之力也)"라고 하였다.

이상에서 구봉 송익필의 생애에 대해 간략하게 살펴보았다. 구봉은 부친의 일로 비교적 유복한 환경에서 공부를 하여 향시를 보기도 하였으나, 또다시 부친의 일로 인하여 갖은 어려움을 겪는 불운한 삶을 살았다. 그렇지만 포부가 크고 자임(自任)이 심히 무거워서 자못 세도(世道)에 뜻을 두기는 하였으나 출사를 하여 시정(時政)에 참여하지는 못하였다. 끝을 알 수 없는 방랑생활 속에서도 현실에 대한 관심을 저버리지는 않았다. 그렇다고 현실에 불만을 품고 과격한 행동으로 나설 수 있는 처지도 아니어서 결국 장객(長客)의 처지로 떠도는 자신의 상황을 달관(達觀), 달인(達人)의 경지로 자신을 승화시키는 어려운 결단을 하였다. 이러한 점이 그의 문학세계에 잘 드러나고 있다고 하겠다.

2) 강절(康節)의 간략생애(簡略生涯)

여기서는 강절 소옹의 간략한 생애를 시대의 흐름 순서대로 소개하기로 한다. 소옹의 자는 요부(堯夫)요 호는 안락와(安樂窩), 이천옹(伊川翁)이요 시호(諡號)는 강절(康節)이다. 그는 1011년에 출생하여 1077년에 사망하여 67년의 삶을 누렸다. 1011년 강절은 하남성 범양(范陽)에서 출생하였다. 그의 증조부는 소령진(邵令進)으로 송나라 태조인 조광윤(趙光胤, 927~976)을 도왔는데 기마와 활쏘기에 능한 관군교위(官軍校尉)였다고 한다. 조부인 소덕신(邵德新)은 유학자였고 부친은 소고(邵古)는 평생 벼슬길에 나아가지 않고 은자(隱者)로서의 삶을 살았다고 한다. 이로써 보면 강절의 선대는 크게 현달하지는 못했으니 유학을 기본으로 소박한 삶을 영위해온 가문이라고 하겠다.

1022년에 강절은 부친을 따라 현재의 하남성 휘현(輝縣)인 공성(共城)으로 이주를 한다. 이곳에서 강절은 소년시절과 청년시절을 보내게 되는데 여기에는 경치가 수려한 소문산(蘇門山)과 백원호(百源湖)가 있었다. 강절의 가족들은 가난하여 소문산 중턱에 초가를 짓고 살며 산비탈의 황무지를 개간하여 농사를 지었다. 그리고 산에 가서 손수 땔감을 해오고 죽을 먹으며 거친 옷을 입고 살았지만 책읽기만은 게을리 하지 않았다. 그리고 강절은 독서에만 만족하지 않고 각처를 두루 다니며 견문을 넓힐 수 있는 여행을 수년간 하게 된다.

청년기의 강절은 유학사상에 심취하여 가장 이상적인 국가의 전범으로 요순(堯舜)시대를 상정하고 공맹(孔孟)에 대한 찬사를 아낌없이 보낸다. 1031년 모친상을 당하여 소문산에서 부친을 봉양하며 지낸다. 이 시기에 강절은 공성현령으로 있던 연지(挺之) 이지재(李之才)를 만나 그를 스승으로 삼고 도서선천상수학(圖書先天象數學)을 배우는 등 유학의 경전에 대한 본격적인 공부와 연구에 몰두하게 된다. 그런데 강절은 이지재를 만나면서 유학의 경전에 대한 공부보다는 물리나 성명에 대한 연구로 학문의 방향을 트는 학문상의 전환기를 맞이하게 된다.

1045년 스승 이지재가 별세하자 강절은 드디어 독학으로 물리와 성명에 대한 연구를 계속하게 된다. 그리고 유가서적 이외에도 필요할 경우에는 경전이 아닌 다른 책들도 탐독하게 된다. 강절의 학문이 독창성을 가지는 계기가 마련되는 셈이다.

1048년 강절은 공성에서 유서 깊은 낙양(洛陽)으로 이주한다. 이때 강절은 천궁사(天宮寺)에서 강학을 시작하는데 강절이 학문연구와 강학의 생활을 병행한 것은 낙양으로 이주한 이후의 일이라고 하겠다.

1055년 강절은 제자인 태학박사 강우(姜愚)와 장중빈(張仲賓)의 중매로 제자 왕윤수(王允修)의 동생과 아주 때늦은 만혼을 하게 된다. 집안이 가난한 강절을 위해 제자들이 이때 결혼비용을 부담하게 되는데 이는 상대적으로 강절의 경제적인 어려움을 보여줌과 동시에 스승에 대한 제자들의 존경심을 엿볼 수 있는 일이기도 하겠다.

1057년 47세의 강절은 아들 백온(伯溫)을 얻고 그 기쁨을 「생남음(生男吟)」9)이란 작품에 담는다. 이 시기에 강절은 벗과 제자들의 도움으로 오두막을 짓고 직접 농사를 지으며 강학하는 생활을 병행하게 된다. 이

---

9)『伊川擊壤集』, 卷1, 「生男吟」"我今行年四十五.生男方始爲人父.鞠育敎誨誠在我.壽夭賢愚繫於汝.我若壽命七十歲.眼見吾兒二十五.我欲願汝成大賢.未知天意肯從否."

후 강절의 명성이 널리 알려지자 많은 학생들이 배우러 찾아옴에 따라 경제적인 형편도 이전보다 조금씩 좋아지기 시작한다. 아울러 낙양의 인사들도 강절에게 학문을 청하고자 교류를 시작한다. 나아진 형편으로 인해 강절은 강학 이외에도 학문 연구에 매진하게 된다.

1062년 낙양의 지방장관이던 왕선휘(王宣徽)가 강절을 위해 천궁사 서쪽, 천진교(天津橋)의 남쪽에 집을 선물하자 이에 감사하는 마음으로 강절은 「천진신거사부윤왕군견황상서(天津新居謝府尹王君見貺尙書)」10) 란 감사시를 지어 준다. 이 집이 곧 강절이 만년을 보내던 안락와이고 이 집을 소재로 강절은 많은 시를 창작하게 된다. 또 재상을 역임한 부 필(富弼, 1004~1083)도 강절의 거처 맞은편에 화원을 매입하여 선물한 다. 강절은 이 화원을 소재로 사계절의 순환에 따른 화원의 변화를 자연 의 변화로 담는 시를 짓기도 하였다. 이를 통해서 강절은 비록 벼슬하지 도 않았고 경제적으로도 부유한 편이 못 되지만 부필, 사마광(司馬光, 1019~1086), 여공저(呂公著, 1018~1089) 등 당시 낙양의 지도계층 인물 들과 활발한 교류를 한 점을 알 수 있다. 이는 전적으로 그의 인품과 학 문적 깊이가 있었기 때문에 가능한 일이라고 하겠다.

1067년 부친상을 당하고 이듬해인 1068년 이복 아우인 소목(邵睦)이 병사한다. 강절의 시가 일반적으로 나타내는 절제된 감정과 평담하고 담백한 맛을 넘어 아우의 죽음 앞에서는 격앙된 어조의 표현이 많이 등 장하는 특징을 보여준다.

1069년 신종(神宗)이 지방관들에게 은거지식인을 천거하라는 초서를

---

10) 『伊川擊壤集』, 卷4, 「天津新居成謝府尹王君貺尙書」 "嘉祐壬寅歲, 新巢始屋功. 仍分道德里, 更近帝王宮. 檻仰端門峻, 軒迎兩觀雄. 窗虛響┌潤, 臺迥璨伊嵩. 好景尤難得, 昌辰豈易逢. 無才 濟天下, 有分樂年豊. 水竹腹心妻, 鶯花淵藪中. 老萊歡不已, 靜節興何窮. 嘯傲陪眞侶, 經營賀府 公. 丹誠徒自寫, 匪報是恩隆."

내림에 따라 지인들이 강절에게 출사하기를 권유하지만 강절은 끝내 거절하고 만다. 이에 조정에서는 다시 영주단련퇴관(穎州團練推官)에 임명하지만 강절은 칭병하고 출사를 결국 포기하기에 이른다.

1071년 강절은 「황극경세서(皇極經世書)」를 완성하는데 이 책은 강절 자신의 철학을 담고 있다. 1077년 강절은 나이 67세로 생애를 마감하게 된다.

이상에서 살펴본 강절의 일생은 결코 여유롭지 않은 삶 속에서도 아예 출사를 하지 않고 학문연구와 자신의 수양, 후진 양성과 학문적 저술에 매진한 삶을 살았다고 하겠다. 다시 말하면 강절은 벼슬하지 않는다고 해서 현실을 완전히 외면하거나 무관심, 방기(放棄)하지 않고 끊임없이 현실에 대해 관심을 가지고 나름대로 내성외왕(內聖外王)의 학문적 바탕으로 천지만물의 이치를 궁구하여 심오한 경지에 이르고 고금의 치란흥망에 대해서도 환하게 알고 있는 학자이자 교육가였다. 구봉과 강절의 생애를 살펴볼 때 서론에서 언급한 바와 같은 동질성으로 인해 두 사람은 상당한 정도의 유사성을 보이고 있다. 이러한 유사성은 구봉이 강절시에 대한 관심과 애호를 하는 계기가 되었을 것이고 따라서 강절시의 영향을 받는 것으로 작용하였다고도 볼 수 있겠다.

3. 강절시(康節詩) 수용양상(受容樣相)

구봉이 강절의 시에서 일정하게 영향을 받았다는 것은 서론에서 구봉 자신이 율곡에게 보낸 편지와 상촌 신흠이 구봉의 시를 평론한 부분에서 언급한 바가 있다. 그렇지만 많은 선행 연구에서는 강절과 구봉시의 영향관계에는 주목하지 않고 조선시대 다른 시인들과의 영향관계만을 천착(穿鑿)하였다. 이에 본고는 강절과 구봉시의 영향을 언급한 상촌의 평론에 주목하여 강절시가 구봉시에 영향을 끼친 부분에 대해 살펴보고자 한다. 다양한 영향력을 거론할 수 있겠지만 본고의 성격상 부분적으로 시어(詩語)를 수용한 것과 몇몇 典故를 수용한 것, 그리고 축약(縮約)과 확장(擴張)의 시구 수용 등에 국한하여 살펴보고자 한다. 다른 부분은 필자의 역량을 벗어난 것이기도 하여 논의에서 제외하기로 한다.

1) 부분적인 시어(詩語)의 수용

부분적인 시어로 사물의 저변에 내재한 이치를 각득함으로써 세속적 가치 추구에 대한 욕망을 제어하고 자신의 분수를 편안히 받아들여 달인으로서의 한정(閑靜)을 향유하며 살아가는 모습을 나타낸 굴신(屈伸), 서권(舒卷), 권서(卷舒) 등과 천진(天眞), 천기(天機) 등이 있다. 특히 굴신, 서권, 권서의 경우는 사물에 대한 면밀한 관찰의 결과로 체득한 소중한 진리들이다. 이러한 경험적 진리는 바로 자신이 현실에서의 갈등과 번민을 떨쳐버리고 달인(達人)으로서의 삶을 살아가는 데에 있어서 결정적인 역할을 하게 된다. 경험적 진리의 단순하고 표면적인 인식이 아니라 절실한 체득의 과정을 거쳐 자기 삶의 문제로 옮겨와서 자기화(自己化)시킨 점은 바로 구봉의 달인으로서의 유유자적한 면모를 엿볼 수 있게 한다.11)

먼저 굴신, 서권, 권서는 사물에 대한 깊은 관찰의 결과로 각득(覺得)한 도(道)의 표징(表徵)과 진리의 표현으로 볼 수 있다. 그런데 이러한

---

11) 拙稿(2000), 龜峯 宋翼弼의 詩世界와 詩風 硏究, 慶北大學校大學院 博士學位論文.

시어는 강절의 작품에서도 확인12)이 되는데 구봉의 작품에 영향을 준 것으로 생각된다. 굴신의 경우는 굴신유아임고면(屈伸由我任高眠)13), 군자굴신개시도(君子屈伸皆是道)14)로 나타나고 서권(舒卷)의 경우는 부지서권속천시(不知舒卷屬天時)15), 유락기관서권의(有樂旣觀舒卷義)16), '권서(卷舒)'의 경우는 권서지재수(卷舒知在手)17)로 표현되어 있다. 경물의 저변에 내재한 진리의 각득을 통해 현실에서 당하는 갈등과 고통의 질곡을 벗어나 달인으로서의 유유자적한 삶을 살아갈 수 있는 발판을 마련한 셈이다. 자세한 예시는 4장의 논의로 대신한다.

다음은 안분지족(安分知足)과 달관한정(達觀閒靜)을 가장 잘 표현한 용어로 천진18), 천기19) 등을 들 수가 있다. 그런데 이들 용어 중에서 천

12) '屈伸'은 『伊川擊壤集』 卷1의 「寄謝三城太守韓子華舍人」의 汚隆道屈伸 進退時後先.卷6, p.128.「代書劍州普安令周士彦屯田」의 君子屈伸方爲道 吾儒進退貴從宜, 卷7, p.174. 「代書寄前洛陽簿陸剛叔秘校」의 知行知止唯賢者 能屈能伸是丈夫에, '舒卷'은 卷3, p.66. 「登女几」의 雲意閑舒卷 巖形屢改移,「小車吟」의 進退雲水 舒卷煙霞에, '卷舒'는 卷1,「觀棋大吟」의 卷舒當要會 取捨在須斯, 卷2,「題留侯廟」의 卷舒天下坐籌日 鍛鍊心源辟轂時, 卷3, p.57「龍門道中作」의 卷舒在我有成筭 用捨隨時無定名, 卷3, p.64.「川上書懷」2의 事過見休愆 時來知卷舒, 卷9, p. 249.「安樂窩中酒一樽」의 卷舒萬世興亡手 出入千重雲水身에 보인다.

13) 『龜峯先生文集』 卷2, p.400.「偶題」

14) 『龜峯先生文集』 卷2, p.407.「詠閑」

15) 『龜峯先生文集』 卷2, p.407.「亂離後友人以山莊相贈詩以謝之」

16) 『龜峯先生文集』 卷2, p.403.「偶題二首」

17) 『龜峯先生文集』 卷2, p.394.「書懷」

18) 『龜峯先生文集』 卷1, p.375.「名者實之實」煙霞十載修天眞, 卷1, p.377.「詠閑」微吟徐步養天眞, 卷2, p.407.「詠閑」靜中觀物得天眞, 卷2, p.408.「馬羊村」暮年方信守天眞

19) 『龜峯先生文集』 卷2, p.391.「幽居」天機無跡處, 卷2, p.391.「睡」一水天機遠, 卷2, p.394.「次楓崖韻二首」嗜淺天機深

진20), 천기21)라는 용어는 이미 강절의 작품에도 상당수가 나타나고 있다. 따라서 구봉의 작품에 강절시의 이런 용어가 많이 등장하는 것도 강절의 작품을 애호한 구봉으로서 자연스럽게 영향을 받은 것으로 볼 수 있을 것이다. 이들 용어는 각기 다양한 형태를 띠고 있기는 하지만 사실은 천진 또는 천기로 압축하여 말할 수 있다. 즉, 인간이 하늘로부터 타고난 본성을 말하는데 이것은 어떠한 외적 조건에 의해 제약을 받지 않는 가장 자연스러운 상태를 뜻한다. 다시 말하면 인간이 추구하여 도달하고자 하는 가장 이상적인 경지를 나타내는데 안분지족의 경지를 통하여 달관한정에 이르면 이러한 천진과 천기는 자연히 성취될 수 있는 것이다.

또한 현실 문제에 참여하여 문제를 해결하거나 근본적으로 개혁할 수 없는 처지에서도 결코 좌절하거나 자학하지 않고 오히려 한 차원 높은 경지로 자신을 승화시켜서 운명이나 자연의 섭리에 내맡기는 자세를 맡김의 시어, 즉 '임(任)'이라고 용어의 개념을 규정한다. 이러한 범주에

---

20) 『伊川擊壤集』 卷2, p.46. 「小圃睡起」의 門外似深山 天眞信可還, 卷4, p.99. 「閑居述事」의 一點天眞都不耗 千鍾人祿是難來, 卷5, p.121. 「十六日依韻酬福昌令有寄」의 話入精詳皆物理 言無形跡盡天眞, 卷6, p.133. 「閑適吟」 4번째 작품의 量力盃盤隨草具 開懷語笑任天眞, 卷6, p.153-4. 「和張子望洛城觀花」의 造化從來不負人 萬般紅紫見天眞, 卷8, 「和君實端明花庵二首」의 後人繼取天眞意 種蔭增華非所宜, 卷9, p. 245-6. 「安樂窩中四長吟」 2번째 작품의 一炷香淸沖宇泰 一罇酒美湛天眞, 卷9, 「謝富相公見示新詩一軸」의 多種好花觀物體 每斟醇酒發天眞, 卷11, 「億夢吟」의 開襟知骨瘦 發語見天眞

21) 『伊川擊壤集』 卷1, 「觀棋大吟」의 天機不常設 國手無常施, 卷4, p.89. 「閑吟」 2번째 작품의 天機難狀處 一點自分明, 卷6, 「落花長吟」 12번째 작품의 天機之淺者 未始免忡忡, 卷17, 「罷吟吟」의 坐中知物體 言外到天機, 卷19, 「窺開吟」의 情中明事體 理外見天機, 卷20, p.277. 「首尾吟」 12번째의 每用風騷觀物體 卻因言語漏天機, 卷20, 「首尾吟」의 閑散何嘗遠人事,語言時復洩天機, 卷20, p.313. 「首尾吟」 101번째의 事體極時觀道妙 人情盡處看天機, 卷20, p.314. 「首尾吟」 104번째의 事體順時爲物理 人情安處是天機

드는 시어로는 '임창천(任蒼天)22), 임고면(任高眠)23), 임거류(任去留)24), 임천연(任天然)25), 임취면9任醉眠)26), 임피위(任彼爲)27), 임거래(任去來)28)'와 '기소요(寄逍遙)29), 낙소요(樂逍遙)30), 부유유(付悠悠)31), 부한민(付閑眠)32), 부강류(付江流)33), 부조훈(付朝曛)34)' 등을 들 수 있다. 그런데 이들 시어 중에서 '任~'와 같은 형태의 시어 또한 강절의 작품35)

---

22) 『龜峯先生文集』卷2, p.406.「偶題」悠悠萬事任蒼天

23) 『龜峯先生文集』卷2, p.400.「偶題」屈伸由我任高眠

24) 『龜峯先生文集』卷2, p.389.「靜坐」淡味無夷險 情輕任去留
　　卷2, p.393.「寓新坪次隣人」對月看圓缺 依雲任去留
　　卷2, p.409.「聞故人遠謫奉寄十四韻」花生幽谷空開落 雲在長天任去留

25) 『龜峯先生文集』卷2, p.397.「次李白愁鏡」閉開非我念 姸醜任天然

26) 『龜峯先生文集』卷2, p.406.「伯兄年近八十彊健無疾旣不服藥又不慕仙流離兵革艱困百態人所不堪處之有餘窮達忻慨不足以動其心萬事信天眠食自如敢以一律形容其樂而呈似焉」人情安處人爲足 花影連床任醉眠

27) 『龜峯先生文集』卷2, p.389.「獨坐」有恃輕年暮 無爭任彼爲

28) 『龜峯先生文集』卷2, p.409.「九月望時有感」自家眞得無成毁 高揖庖羲任去來

29) 『龜峯先生文集』卷2, p.395.「新居」無心眠食外 萬事寄逍遙

30) 『龜峯先生文集』卷2, p.402.「山居避暑」蓬下低禽訝九霄 冷然風御樂逍遙

31) 『龜峯先生文集』卷2, p.393.「寓新坪次隣人」逢人唯盡醉 世道付悠悠

32) 『龜峯先生文集』卷2, p.390.「更滯松樓」客窗藏寶劍 世道付閑眠
　　卷2, p.403.「夢見亡友」憂道十年頭共白 歎將深契付閑眠

33) 『龜峯先生文集』卷2, p.389.「靜坐」功程看草長 世道付江流

34) 『龜峯先生文集』卷2,「幽居」昏明非我力 時事付朝曛

35) 『伊川擊壤集』卷1, p.16.「依韻和張元伯職方歲除」의 白髮已過半 光陰任自催, 卷5, p.104.「後園卽事」3의 樂道襟懷忘檢束 任眞言語省思量, 卷6,「落花長吟」의 任詫回天力 饒矜蓋世功, 卷6, p.129.「和王不疑郎中見贈」의 二十年來住洛都 眼前人事任紛如, 卷6, p.133「閑適吟」의 量力盃盤隨草具 開懷語笑任天眞, 卷7, p.168.「天津閑步」의 洛陽城裏任西東 二十年來放盡慵, 卷7, p.176.「逍遙吟」中 3의 日月任推盪 山川徒琢磨, 卷7, p.187.「讀陶淵明歸去來」의 歸去來兮任我眞 事雖成往意能新, 卷8, p.211「林下五吟」中 1의 身伈升平無一事 數莖髭白任風吹, 卷8, p.212「林下五吟」中 2의 萬事去心閑偃仰 四支由我任舒伸, 卷9, p.245「和君實端明」의 養道自安恬 霜毛一任添, 卷10, p.263「年老逢春十三首」中 7의 紅芳若得眼前過 白髮任從頭上添, 卷10, p.291「安樂窩中吟」中 3의 有主山河難占籍 無爭風月任收權

에 많이 등장하고 있다. 역시 구봉이 강절의 영향을 받은 것으로 볼 수 있다. 이러한 삶의 자세를 가질 수 있다는 것은 그만큼 구봉이 심각한 내적 갈등과 좌절을 나름대로 딛고 일어서서 한 차원 높게 자신을 승화시킨 결과로서 가능한 것이라고 하겠다.

또 하나 눈여겨 볼 부분으로 강절의 시어와 구성에 많은 영향을 받은 것이 있다. 바로 강절의 「십구일낙성로유용문(十九日歸洛城路遊龍門)」이란 시의 두 번째 작품이 구봉의 「중추월기우계(中秋月寄牛溪)」에 영향을 준 것이다. 특히 강절 작품의 전구와 결구가 구봉의 작품 전구와 결구에 거의 그대로 수용되어 있다고 하겠다. 실제의 작품을 보는데 먼저 '19일에 낙양성으로 돌아오는 길에 용문에 놀면서' 라는 제목의 강절시를 먼저 살펴보자.

「十九日歸洛城路遊龍門」의 두 번째 작품
無煩物象弄精神 만물형상 번거롭게 하지 않고 정신을 드러내는데
世態何常不喜新 세태는 어찌 언제나 새로움 좋아하지 않는가?
唯有前墀好風月 오직 앞뜰에는 상쾌한 바람과 달이 있으니
清光依舊屬閑人 맑은 빛은 예전처럼 한가한 사람에게 속하네.

이 작품 기구와 승구는 물상(物象)의 모습과 세태의 모습의 불일치를 묘사하고 있다. 물상은 언제나 물상의 존재를 가능하게 하는 정신을 드러내고 있지만 세속의 보통 사람들은 언제나 새로움을 좋아하지 않고 타성에 젖어 있어서 물상의 본질을 꿰뚫어보지 못한다는 것이다. 그렇지만 전구와 결구에서 새로움의 상징인 달빛의 청광(清光)은 한인(閑人)에게만 속한다고 하여 새로움을 좋아하지 않는 속인은 누릴 수가 없고,

한인만이 누릴 수 있음을 언급하고 있다. 한인으로 상징되는 화자 자신만이 상쾌한 풍월의 청광의 의미와 가치를 누릴 자격이 있다는 것이다. 다음은 '중추의 달을 보고 우계에게 편지로 부친다.'라는 제목의 구봉시이다.

「中秋月寄牛溪」
爲雲爲雨任紛紛 구름이 되고 비가 됨을 분분한 대로 맡겨두니
富貴繁華換主頻 부귀와 번화함이 주인을 바꿈이 빈번하네.
獨有中秋天上月 홀로 중추가절 하늘 위에 떠있는 저 달만은
年年依舊屬閑人 해마다 옛날처럼 한가한 사람에게 속해 있네.

구봉의 작품 기구와 승구는 변화무상한 자연과 인생의 모습을 그리고 있다. 분분하게 구름이 비가 되고 번화한 부귀도 끊임없이 주인이 바뀌는 세태가 바로 그것이다. 하나의 상태로 계속 머물러 있지 않는 것이 자연이나 인생의 본질이란 것을 노래하고 있다. 전구와 결구는 변화하는 것 가운데에서도 일정함을 유지하는 자연물을 우계에 견주는 내용을 표출하고 있다. 구름이 비가 되고 부귀는 주인이 바뀌는 등 비록 변화가 무상하지만 중추의 가을달만은 어김없이 찾아와 밝은 빛을 비춰주는 것처럼 세태의 변화에 편승하지 않는 우계의 됨됨이가 달과 같다는 것이다. 강절시의 분위기는 자연의 새로움을 감득(感得)하지 못하는 속인과 달리 한가한 자신이 청광을 누리는 것을 나타내고 있다. 반면 구봉시의 분위기는 변화무상한 현상 가운데에서도 일정함을 유지하는 자연물을 보고 바로 우계역시 변화무상한 세태 속에서도 일정하게 항상성을 유지하는 것을 생각해내고 달과 우계를 견주는 내용을 나타내고 있다. 역시

전체적인 시의 구상은 강절시의 영향권에 있다고 하겠다.

2) 몇몇 전고(典故)의 수용

강절시에 사용된 전고의 빈도수가 높은 것으로 장자(莊子, B.C.369~ 286)와 도잠(陶潛, 365~427)에 관한 전고를 들 수 있겠다. 그 가운데 특히 장자에 관한 전고의 비중은 상당히 높다고 하겠다. 이것은 추측컨대 구봉이 장자적 세계에 많은 관심을 가지고 그것을 통해 현실에서 겪은 극심한 고통과 갈등을 극복하고 차원 높은 세계로 초월하여 장자적 달관을 희구한 때문이 아닌가 한다. 그런데 주희(朱熹)는 제자인 직경(直 卿) 황간(黃榦, 1152~1221)과의 문답에서 황직경이 "강절시에는 노장설 (老莊說)이 있는데 어떠합니까?"라고 묻자 주희는 "그에게는 이러한 점 이 있다."라고 대답[36]한 것을 보면 강절의 한시에 장자와 관련된 전고 가 많이 나타난다는 점[37]을 확인할 수 있다. 이와 같은 사실을 통해서 강절의 시를 애호한 구봉이 강절의 영향으로 작품 속에 노장의 전고를 사용한 사실을 짐작해 볼 수 있을 것이다. 그리고 강절의 시에 도잠의

---

36) 侯外盧 著·朴浣植 譯, 前揭書, p.244-5.에서 『朱子語類』 100卷『邵子全書』의 내용 再引 用

37) 『伊川擊壤集』 卷2, p.30. 「送椅氏張主簿」의 須念鵬飛從此始 方今路險善求容, 卷4, p.84. 「答人見寄」의 多謝故人相愛甚 轍魚幸免困西江, 卷4, p.102. 「川上觀魚」의 因思濠上樂 曠達是莊周, 卷6, p.129-30. 「和王不疑郎中見贈」의 莊周休道虧名實 自是無才悅衆徂, 卷6, p.131 「和孫傳師秘校見贈」의 一片丹誠最難狀 庶幾長得類舟虛, 卷7, p.159. 「代書 寄濠倅張都官」의 惠子相時情自好 莊生遊處意能深, 卷7, p.163. 「崇德閣下答諸公不語禪」 의 鵬程萬里非由駕 鶴筭三千別有春, 卷7, p.180. 「依韻和田大卿見贈」의 却慚天下士 語 道未忘筌, 卷8, p.191. 「歲暮自貽」의 谷口鄭眞焉敢望 壽陵餘子若爲謀, 卷9, p.222. 「答 李希淳屯田」의 弊性止堪同蠖屈 薄才安敢望鵬飛, 卷9, p.228-9. 「和閑來」의 能言謝鸚鵡 易飽過鷦鷯, 卷15, p.137. 「屬事吟」의 鷦鷯分寄一枝巢 不信甘言便易驕, 卷20, p.279. 「首尾吟」 17의 南溟萬里鵬初擧 遼海千年鶴乍歸

전고38)를 사용한 것이 있는데 대체로 낙천안명(樂天安命)으로서 유유자적한 면모39)를 보여주고 있고 구봉의 시에도 역시 도잠의 전고를 사용하고 있는 것이 우연의 일치라고는 할 수 없을 것이다. 아래에서 이를 확인해보기로 한다.

먼저 『장자(莊子)』에 나오는 전고의 경우로는 「제물론(齊物論)」에 나오는 성훼(成毀)40)가 6번, 이지유지(以指喩指)41), 소문미고금(소문미고금)42), 접몽(蝶夢)43), 오상오(吾喪吾)44), 노혈(老洫)45), 제득상(齊得喪)46), 물욕제(物欲齊)47) 등이 각각 1번으로 총 13번의 빈도수를 보이며 가장 많이 사용되고 있다. 그 다음으로 「소요유(逍遙遊)」편에서 각자실

---

38) 『伊川擊壤集』卷3, p.53. 「賀人致政」의 解印本非嫌薄祿 掛冠殊不爲高年, 卷5, p.104. 「後園卽事」3의 始信淵明深意在 北窓當日比羲皇, 卷6, p.128. 「代書寄劍州普安令周士彦屯田」의 卽今彭澤歸何地 他日東門去未遲, 卷6, p.129. 「和趙充道秘丞見贈」의 人言人事危冠冕 吾愛吾廬遠市朝, 卷7, p.187 「讀陶淵明歸去來」의 歸去來兮任我眞 事雖成往意能新

39) 侯外廬 著 · 朴浣植 譯, 前揭書, p.245.

40) 『龜峯先生文集』卷2, p.391. 「有托」〈前略〉神仙非物外 成毀總亡羊, 卷2, p.400. 「答人」殘夢悠悠不可尋 楚凡成毀古猶今〈後略〉, 卷2, p.402. 「秋夜風雨次人」紛紛成毀寄南柯 枕外秋聲夜更多〈後略〉, 卷2, p.409. 「九月望時有感」〈前略〉自家眞得無成毀 高揖庖羲任去來, 卷2, p.403. 「夢見亡友」〈前略〉風霜歲暮偏侵竹 成毀人間不到仙〈後略〉, 卷2, p.404. 「次松江所贈韻二首」中 2 〈前略〉我有一琴君莫鼓 分爲成也毀爲全

41) 『龜峯先生文集』卷1, p.375. 「名者實之賓詩」〈前略〉當初無物名亦無 以指喩指都無因〈後略〉

42) 『龜峯先生文集』卷2, p.394. 「次楓崖韻二首」中 二〈前略〉休歎知音少 昭文未鼓琴

43) 『龜峯先生文集』卷2, p.393. 「寓新坪次隣人」蝶夢家千里 萍蹤海一陬〈後略〉

44) 『龜峯先生文集』卷2, p.408. 「偶坐臥峴之杏樹下」兵塵莫到卽仙區 一入翛然吾喪吾〈後略〉

45) 『龜峯先生文集』卷2, p.402. 「有懷」〈前略〉今日楚囚吟老洫 一春仙夢隔烟霏〈後略〉

46) 『龜峯先生文集』卷2, p.408. 「靜中聞松聲」〈前略〉自樂到頭齊得喪 不爭誰復問雌雄〈後略〉

47) 『龜峯先生文集』卷2, p.394. 「與友人新卜幽居」〈前略〉境靜天還近 機忘物欲齊〈後略〉

지빈(名者實之賓)48), 균혜(菌蟪)49), 구소붕(九霄鵬)50) 등이 각각 1번 그리고 소요(逍遙)51)가 3번 등 모두 7번이, 「어부(漁父)」편에서 천진(天眞)52)이 4번, 「대종사(大宗師)」편에서 천기(天機)53)가 3번, 「칙양(則陽)」편에서 촉만(觸蠻)54)이 2번, 「전자방(田子方)」편에서 초범(楚凡)55)이 2번, 「추수(秋水)」편에서 예미도중(曳尾塗中)56), 유량(游梁)57) 등이, 「양생주(養生主)」편에서 유인(游刃)58)과 연독(緣督)59)이, 「서무귀(徐無鬼)」편

---

48) 『龜峯先生文集』卷1, p.375.「名者實之賓詩」라는 제목 자체가『莊子』「逍遙遊」篇에서 出典

49) 『龜峯先生文集』卷2, p.404.「次松江所贈韻二首」中 二〈前略〉董苓互作君臣用 菌蟪誰知大小年〈後略〉

50) 『龜峯先生文集』卷2, p.402.「山居避暑」蓬下低禽訝九霄 泠然風御樂逍遙〈後略〉, 卷2, p.408.「泛海」〈前略〉今夕始知經緯大 浩然如跨九霄鵬

51) 『龜峯先生文集』卷1, p.371.「山中」〈前略〉恠忽人間夢 逍遙物外仙〈後略〉, 卷2, p.395. 「新居」〈前略〉無心眠食外 萬事寄逍遙, 卷2, p.402.「山居避暑」蓬下低禽訝九霄 泠然風御樂逍遙〈後略〉

52) 『龜峯先生文集』卷1, p.375.「名者實之賓」煙霞十載修天眞, 卷1, p.377.「詠閑」微吟徐步養天眞, 卷2, p.407.「詠閑」靜中觀物得天眞, 卷2, p.408.「馬羊村」暮年方信守天眞

53) 『龜峯先生文集』卷2, p.391.「幽居」天機無跡處, 卷2, p.391.「睡」一水天機遠, 卷2, p.394.「次楓崖韻二首」嗜淺天機深

54) 『龜峯先生文集』卷2, p.398.「赤壁暮泛」〈前略〉回首塵寰今古態 觸蠻興廢夢依然, 卷2, p.407-408.「夢仙」〈前略〉蠻蜀楚凡誰得失 虫沙猿鶴任紛繽

55) 『龜峯先生文集』卷2, p.400.「答人」殘夢悠悠不可尋 楚凡成毀古猶今〈後略〉, 卷2, p.407-408.「夢仙」〈前略〉蠻蜀楚凡誰得失 虫沙猿鶴任紛繽

56) 『龜峯先生文集』卷1, p.375.「名者實之賓詩」〈前略〉嗟我早定內外分 曳尾塗中樂隱淪〈後略〉

57) 『龜峯先生文集』卷2, p.396.「溪上觀漁有感」〈前略〉游梁誰問樂 登級未通神〈後略〉

58) 『龜峯先生文集』卷2, p.405.「天兵之過瑞興者賦一律求和甚急適趙伯玉到瑞興次送余至瑞興聞之敢次」齊驅燕士勒吳豪 游刃恢恢不更刀〈後略〉

59) 『龜峯先生文集』卷2, p.404.「次松江所贈韻二首」中 二 天地無私均覆載 此經須信督能緣〈後略〉

에서 근령(菫苓)60)이, 「인간세(人間世)」편에서 허실생백(虛室生白)61)이, 「덕충부(德充符)」편에서 유막간유월(有膜肝猶越)62)이, 「양왕(讓王)」편에서 수후지주(隋侯之珠)63)가, 「응제왕(應帝王)」편에서 혼돈사(渾沌死)64)가, 「마제(馬蹄)」편에서 장생마(莊生馬)65)가 전고(典故)로 등장하고 있다. 이밖에도 장자를 뜻하는 칠원(漆園)66)이 쓰이는 등 비교적『장자』라는 책 전체에 걸쳐서 고른 분포를 보이고 있다.

그런데『장자』의 여러 편중에서도 특히 「제물론」편이 가장 많은 빈도수를 보인다는 점이 관심을 끈다. 주지하다시피 「제물론」은 세상의 온갖 물건을 제일(齊一)시킨다는 뜻과 나아가서 인간세상의 다툼뿐만 아니라 천하 만물의 차별·분별까지도 평등의 경계로 돌린다는 의미67)라고 해석할 수 있다. 이 「제물론」은 인위(人爲) 문화로 형성된 관념적 속박과 주관적 자아로 인해 일어난 대립과 갈등에서 벗어나는 것이니, 곧 고통과 속박으로부터의 초월이고 해탈68)이라는 의미이다. 따라서 구봉이 장자의 「제물론」에 나오는 고사를 전고로 많이 사용한 것은 그가 의도했던 의도하지 않았던 간에 의식이나 무의식의 저변에서 온

60)『龜峯先生文集』卷2, p.404.「次松江所贈韻二首」中 二〈前略〉董苓互作君臣用 菌蟪誰知 大小年〈後略〉

61)『龜峯先生文集』卷2, p.408.「偶題」〈前略〉虛室白非由外得 滿堂春不自天來〈後略〉

62)『龜峯先生文集』卷2, p.396.「獨行」〈前略〉有膜肝猶越 無私古亦今〈後略〉

63)『龜峯先生文集』卷2, p.404.「次松江所贈韻二首」中 二〈前略〉彈飛可惜隨珠遠 浮海那嫌 魏瓠堅〈後略〉

64)『龜峯先生文集』卷1, p.375.「名者實之賓詩」〈前略〉一自竅成渾沌死 萬物化化如洪鈞〈後略〉

65)『龜峯先生文集』卷2, p.389-90.「靜坐」〈前略〉物外莊生馬 人間范蠡舟〈後略〉

66)『龜峯先生文集』卷2, p.402.「秋夜風雨次人」〈前略〉楚澤羈人懷舊宇 漆園歸計負無何〈後略〉

67) 金忠烈(1996),『金忠烈教授의 老莊哲學 講義』, 藝文書院, p.241.

68) 金忠烈, 前揭書, p.241.

갖 시비쟁탈의 근원을 스스로 깨달아 스스로 그 매듭을 풀 수 있게 되기[69]를 기대한 것으로 볼 수 있다. 다시 말하면 장자적 초월과 달관을 통하여 당대 현실에서 구봉이 겪을 수밖에 없는 육체적, 정신적 갈등과 번민을 해소할 수 있는 탈출구를 끊임없이 모색하였고 장자의 「제물론」에서의 전고 사용은 그러한 노력의 일환으로 볼 수 있겠다. 그리고 「칙양」편에서 2번 사용한 바 있는 촉만은 거시적 관점에서 볼 때에 부질없이 다툼을 일삼는 덧없음을 말하고 「전자방」편에서 역시 2번 사용한 초범도 상대적인 우월과 열등을 구분하는 행위의 부질없음을 나타내고 있다. 부질없는 다툼과 구별의 천박함을 벗어나서 장자적 초월을 통해 근본적인 화해의 가능성을 시도한 것은 신분상의 굴레를 벗어던지고 한 인간으로서 살아가려는 강한 의지의 반영이라고 볼 수 있겠다.

다음으로 도잠(陶潛)과 관련이 있는 전고를 사용한 경우이다. 도잠은 쌀 다섯 말[五斗] 때문에 자기보다 나이도 적고 능력도 모자라는 상관인 독우(督郵)에게 띠를 띠고 허리를 굽힐 수 없다는 자존심에서 팽탁령(彭澤令)이라는 미관말직을 과감히 팽개치고 전원으로 돌아가 세상의 번뇌와 갈등을 잊고 자연 속에서 유유자적하며 살아간 삶의 태도를 보인 인물이다. 구봉은 도잠의 이런 과감한 퇴처(退處)의 행위를 상당히 높게 평가하였고 따라서 작품 속에 도잠의 전고를 자주 사용하였다는 사실을 알 수 있다. 도잠 관련 고사로 운출수(雲出岫)[70]가 2번 북창(北

---

69) 金忠烈, 前揭書, p.241.

70) 『龜峯先生文集』卷2, p.395.「寓在控海堂」〈前略〉坐看雲出岫 行跡水浮花〈後略〉, 卷2, p.396.「獨坐」〈前略〉遙看雲出岫 來去任無情

窓)71)이 역시 2번, 그리고 오두(五斗)72), 연명택(淵明宅)73), 청절취(靖節
趣)74), 수리황원(手理荒園)75), 녹주건(淥酒巾)76), 율리(栗里)77) 등이 있
다. 먼저 「귀거래사(歸去來辭)」에 나오는 '운출수'는 천리(天理)대로 운
행되는 자연의 모습을 나타낸 것인데 이것을 지켜보고 있는 작자의 자
세에서 세속을 초월한 은자의 여유를 느낄 수 있다. 또한 '五斗'는 만족
스럽지 못한 관직생활의 상징으로 도잠이 과감하게 관직을 벗어버리고
자연으로 돌아간 사실을 말한다. 그리고 '연명택', '수리황원', '율리' 등
은 모두 도잠과 관련된 전고이고 '청절취'는 도잠의 「음주이십수(飮酒
二十首)」78)가운데 오(五)에 나오는 '채국동리하 유연견남산(採菊東籬下
悠然見南山)'에서 유래했는데 자연 속에 묻혀 유유자적하는 은자의 삶을
말하고 '녹주건'은 벗이 찾아오자 도잠이 머리에 쓰고 있던 두건을 벗어
서 술을 걸러 대접한데서 나온 전고로 역시 은자의 멋스러운 산중생활
을 나타낸다. 도잠의 전고는 거의가 자연 속에 묻혀 살면서 유유자적하
는 은자의 달관적인 자세, 난천안명을 상징하는 것으로 볼 수 있다.

이상에서 살펴본 바와 같이 장자와 도잠의 전고 사용은 강절의 시를

---

71) 『龜峯先生文集』卷2, p.389. 「客中用杜詩韻」〈前略〉北窓歸未得 何處臥陶潛, 卷2, p.407.
「亂離後友人以山庄相贈詩以謝之三首」中 二 〈前略〉莫道閑人無所事 北窓長嘯傲軒羲

72) 『龜峯先生文集』卷2, p.388. 「送潭伯移守錦城四首」中 四 〈前略〉一州非聖意 五斗豈謀身〈
後略〉

73) 『龜峯先生文集』卷2, p.406. 「贈人」 松存君臥淵明宅 酒盡吾師屈子醒〈後略〉

74) 『龜峯先生文集』卷2, p.399. 「挽聽松先生」〈前略〉霜菊一籬靖節趣 石田三頃有莘耕〈後略〉

75) 『龜峯先生文集』卷1, p.378-79. 「送陳慰使」 輕簑短笠太平人 手理荒園二十春〈後略〉. 이
詩句는 陶淵明의 작품 「歸田園居六首」中 제 3수에 나오는 "晨興理荒穢 帶月荷鋤歸"의
'理荒穢'를 點化한 것이다.

76) 『龜峯先生文集』卷1, p.384. 「旅寓中次友人見寄韻」 落花深處獨眠人 虛負山中漉酒巾〈後
略〉

77) 『龜峯先生文集』卷2, p.400. 「有思」〈前略〉晚來琴弄猗蘭曲 栗里深憂不在貧

78) 杜律陶淵明集(1992), 學民文化社 影印, p.365.

애호한 구봉이 강절의 영향으로 자신의 작품 속에 장자적 달관과 도잠의 낙천안명을 형상화함으로써 그 가치를 긍정했다고 하겠다.

3) 축약(縮約)과 확장(擴張)의 시구(詩句) 수용(受容)

다음은 강절의 시작품에서 특정 시구를 축약하거나 확장하는 방식으로 구봉의 시에 수용한 시구를 살펴보기로 한다. 즉, 칠언을 오언으로 줄인 경우, 오언을 칠언으로 늘리거나 의미를 확대 심화 혹은 반전시킨 경우 등이 있다. 아래에 예시하는 작품들은 전체적인 분위기를 모두 본받은 것은 아니지만 강절의 작품에서 일정한 내용을 작품 속에 수용한 것들이다. 앞의 것은 강절의 작품이고 뒤의 것은 구봉의 작품이다.

먼저 칠언을 오언으로 축약한 경우를 살펴보자. 예시는 강절의 나그네에게 대답한다는 제목의 작품이다.

「答客」

人間相識幾無數　인간세상 서로 아는 사람들 거의 숫자가 없는데
相識雖多未必知　서로 아는 이 많다지만 꼭 아는 것은 아니라네.
望我實多全爲道　나에 대한 희망 실로 많으니 온전히 도를 해야 하고
知予淺處却因詩　나를 아는 것이 얕을 때에는 문득 시를 보게나.
升沉休問百年事　백년 세월에 승진하고 침체한 일은 묻지 말고
今古都歸一局棊　고금의 흥망은 모두 바둑 한 판으로 돌아가네.
乘馬須求似騏驥　말을 타는데 모름지기 준마 타는 것을 요구하나
奈何騏驥未來時　만일 준마가 오지 않을 때에는 어찌할 것인가?

홀로 앉아서라는 제목의 구봉 작품이다.

「獨坐」

芳草掩閑扉　방초가 돋아날 때 한가한 사람의 사립문을 닫고

出花山漏遲　꽃밭을 걸어 나오니 산속의 시간이 더디게 가네.

柳深烟欲滴　버들이 깊숙하니 연기가 물방울로 지고자 하고

池靜鷺忘飛　못이 고요하니 백로가 날아가는 것 잊어버리네.

有恃輕年暮　믿음이 있으니 해가 저무는 것을 가벼이 여기고

無爭任彼爲　다툼이 없으니 저것이 하는 대로 내맡겨두네.

升沈千古事　승진하고 침몰하는 것은 천고의 변함없는 일인데

春夢自依依　한바탕 봄꿈이 저절로 어른거리네.

'승침휴문백년사(升沉休問百年事)'에서 '승침천고사(升沈千古事)'로 축약하면서 평측(平仄) 때문에 '백년'을 '천고'로 바꾸어 표현하고 있다.

이 밖에도「유탁(有托)」[79]의 '수봉침처정 하도정시향(水逢深處定 荷到靜時香(물은 깊은 곳을 만나면 안정되고 연꽃은 고요한 때에 이르러야 향기가 난다네.))'은「몽중음(夢中吟)」[80]의 '수성유처기무성 화도사시안유색(水聲流處豈無聲 花到謝時安有色(물소리는 흐르는 곳에서 어찌 소리가 없겠는가? 꽃은 떨어질 때에 이르러 어찌 색깔이 없겠는가?))'에서 칠언을 오언으로 축약하고 의미도 크게 변화시키지는 않았지만 약간 다르게 표현하고 있다. 그리고「정우선도대림우불래(鄭友先到待林友不來)」[81]의 '설리간산의 루전완월시(雪裏看山意 樓前翫月詩)(눈 속에서는 산에 숨어사는 뜻을 보고 누각 앞에서는 명월시를 구경하네.)'는「안락와중주일준(安樂窩中

---

79) 『龜峯先生文集』卷2, p.391. 水逢深處定 荷到靜時香

80) 『伊川擊壤集』卷3, p.68. 夢中說夢猶能憶 夢覺夢中還又隔 今日恩光空喜歡 當年意愛難尋覓 水聲流處豈無聲 花到謝時安有色 過此相逢陌路人 都如元來曾相識

81) 『龜峯先生文集』卷2, p.394. 雪裏看山意 樓前翫月詩

酒一樽)」[82]의 '우후정관산의사 풍전한간월정신(雨後靜觀山意思 風前閑看月精神)(비가 내린 뒤에 고요하게 산의 의미를 관찰하고 바람 앞에서는 한가롭게 달의 정신을 보네.)'에서 전구(前句)를 가져와 '우후(雨後)'를 '설리(雪裏)'로 바꾸고 칠언을 오언으로 축약하여 분위기를 반전시켰으나 이 구절의 전체적인 의미에 있어서는 별다른 변화를 보이지 않고 수용하고 있다.

다음으로 오언을 칠언으로 확장한 경우를 보자. 「두백(頭白)」[83]의 '인언두백위다수 아자무수역백두(人言頭白爲多愁 我自無愁亦白頭)'는 「백두음(白頭吟)」[84]의 '하인두불백 아백불인수(何人頭不白 我白不因愁)'에서 영향을 받았다고 볼 수 있는데, 전체적인 의미는 유사하나 구봉 작품의 결구가 강절의 작품과는 다르다고 하겠다. 강절의 작품을 보면 다음과 같다.

「白頭吟」
何人頭不白 누군들 머리 희어지지 않으랴마는
我白不因愁 내 흰머리는 근심 때문 아니라네.
只被人多欲 다만 사람들 욕심 많이 부리지만
其如我不憂 내 근심하지 않는데 어찌하랴?
不憂緣不動 움직이지 않으면 근심하지 않고
多欲爲多求 요구함이 많으면 욕심도 많다네.

---

82) 『伊川擊壤集』卷9, p.249. 〈前略〉雨後靜觀山意思 風前閑看月精神〈後略〉
83) 『龜峯先生文集』卷1, p.385. 人言頭白爲多愁 我自無愁亦白頭 白頭雖許人同老 不老存中死不休
84) 『伊川擊壤集』卷16, p.176. 何人頭不白 我白不因愁 只被人多欲 其如我不憂 不憂緣不動 多欲爲多求 年老人常事 如何不白頭

年老人常事　사람이 늙는 것 보통의 일이니
如何不白頭　어찌 머리가 희어지지 않으랴?

구봉의 작품은 아래와 같다.

「頭白」
人言頭白爲多愁　사람들 머리 흰 것 근심 많아서라 하나
我自無愁亦白頭　나는 절로 근심 없어도 또한 흰머리라네.
白頭雖許人同老　흰머리는 비록 타인과 함께 함 허락하나
不老存中死不休　불로심 마음에 두어 죽어도 그치지 않으리.[85]

이밖에도 「우제(偶題)」[86]의 '월방생처휴금대 화정개시파주간(月方生
處攜琴待 花正開時把酒看(달이 바야흐로 떠오르는 곳에서 거문고를 안고 기
다리고 꽃이 정히 필 때에 술잔을 잡고 바라보네.)'은 「대화음(對花吟)」[87]의
'주기대화음화선파주간(酒旣對花飮 花宜把酒看)(술은 이미 꽃을 대하여 마
시니 꽃은 마땅히 술잔을 잡고 바라보기가 마땅하네.)'에서 후구를 인용하
여 오언을 칠언으로 확대하면서 의미를 분명하게 나타내고 있다. 그리
고 「신질(愼疾)」[88]의 '용약증지사용병 병용종불치승평(用藥曾知似用兵
用兵終不致升平)(약을 쓰기는 일찍이 군사를 사용하는 것과 같음을 알겠으나
군사를 써서는 마침내 승평한 세상을 이루지는 못하리.)'은 「우오수(又五

---

85) 『龜峯先生文集』卷1, p.385. 「頭白」
86) 『龜峯先生文集』卷2, p.400. 月方生處攜琴待 花正開時把酒看
87) 『伊川擊壤集』卷9, p.257. 春在花爭好 春歸花逐殘 好花留不住 好客會亦難 酒旣對花飮
　　花宜把酒看 如何更酌滿 乃盡此時歡
88) 『龜峯先生文集』卷2, p.400. 用藥曾知似用兵 用兵終不致升平

首)」89)의 '용약사교병 병교기유녕(用藥似交兵 兵交豈有寧)(약을 쓰는 것은 군사를 대치세키는 것과 같지만 군사를 대치시킨다고 어찌 안녕이 있겠는가?)'에서 오언을 칠언으로 확대하고 의미까지도 거의 그대로 가져온 경우이다. 또한 「영한(詠閑)」90)의 '계사유월건곤대 선협무풍초목한(溪沙有月乾坤大 仙峽無風草木閑)(시냇물 모래에 달이 떠 있어 건곤이 큼을 알겠고 신선 골짜기에 바람이 없으니 초목이 흔들리지 않아 한가롭네.)'은 「소포수기(小圃睡起)」91)의 '유수원정활 무풍초목한(有水園亭活 無風草木閑)(물이 있으니 정원과 정자가 활발하고 바람이 없으니 풀과 나무가 흔들리지 않고 한가하네.)'에서 뒷 구절을 가져와서 오언에다가 '선협(仙峽)'이란 두 글자를 덧붙여 칠언으로 만들었고 의미도 별로 변화시키지 않고 수용하였다고 하겠다.

그리고 강절의 작품에서 의미상의 확대, 심화 혹은 반전시킨 경우가 있다. 이것은 아래 예시에서 확인할 수 있다. 「대주음(對酒吟)」92)의 '유화무월화향소 유월무화월색고(有花無月花香少 有月無花月色孤)(꽃은 있지만 달이 없으면 꽃향기가 적고 달은 있지만 꽃이 없으면 달빛이 고독하다네.)'는 「화월장음(花月長吟)」93)의 '유화무월수화로 유월무화한월고(有花無月愁花老 有月無花恨月孤)(꽃은 있는데 달이 없으면 꽃이 늙는 것을 근심하고 달은 있는데 꽃이 없으면 달이 고독한 것을 한탄하네.)'에서 두 구절을 모두 가져와서 약간의 글자를 바꿈으로써 의미를 더욱 확대, 심화시

89) 『伊川擊壤集』卷17, p.179. 用藥似交兵 兵交豈有寧 求安安未得 去病病還生 湯劑未全補 甘肥又却爭 何由能壽考 瑞應老人星

90) 『龜峯先生文集』卷2, p.407. 溪沙有月乾坤大 仙峽無風草木閑

91) 『伊川擊壤集』卷2, p.46. 門外似深山 天眞信可還 軒裳奔走外 日月往來間 有水園亭活 無風草木閑 春禽破幽夢 枝上語綿蠻

92) 『龜峯先生文集』卷1, p.385. 有花無月花香少 有月無花月色孤

93) 『伊川擊壤集』卷6, p.149. 〈前略〉有花無月愁花老 有月無花恨月孤〈後略〉

키고 있다. 그리고 「기우계(寄牛溪)」94)의 '흉중대계종귀무 천하남아불부생(胸中大計終歸謬 天下男兒不復生)(가슴속에 품은 큰 계획은 마침내 수포로 돌아가고 천하의 남아는 다시 태어나지 못하네.)'은 「곡장사유장관(哭張師柔長官)」95)의 '흉중시사하유전 천하인재불부평(胸中時事何由展 天下人才不復評)(가슴 속에 품은 당시의 일에 대한 생각을 무엇을 말미암아 펼칠 수 있겠는가? 천하의 인재에 대해서는 다시 평론하지 못하겠네.)'에서 두 구절 모두를 인용하여 전구는 의미를 뒤집고 후구는 전환하여 표현하고 있다.

위에서 제시한 몇 가지 예를 보면 구봉의 시가 강절의 시에 그 연원을 두고 있다는 사실을 알 수 있다. 어떤 시, 또는 어떤 시인에 대해 자신의 평론이라든가, 아니면 아무개 시인의 시를 매우 좋아하여 거기에 대한 경애(敬愛)의 뜻이 담긴 차운시(次韻詩)를 쓸 수도 있고, 또 자신이 흠모하던 시인의 시구를 전고로 많이 채택하는 경우로도 표현될 수 있다. 이럴 경우 원래의 운을 쓴 시를 찾아보면 그 시를 이해하는데 많은 도움이 될 수 있고, 또 전고의 원출처를 찾으면 그 시구의 해석에 결정적인 도움이 될 뿐만 아니라 어떤 경우에는 감상자가 생각하는 것과는 전혀 다른 뜻으로 쓰였음을 발견하게 되기도 한다.96) 이와 같은 현상을 통해서 볼 때 구봉은 평소에 강절의 작품에 대해 호감을 가지고 애호하였다고 하겠다. 그런데 호감을 가지고 애호를 한다는 것은 외부적인 처지의 유사성과 내적인 생각의 동질성 확보라는 공감대가 확실하게 형성되어야 비로소 가능하게 될 것이다. 구봉 자신이 관심을 가지고 지향하는 바와

---

94)『龜峯先生文集』卷2, p.404. 胸中大計終歸謬 天下男兒不復生

95)『伊川擊壤集』卷5, p.108. 生平志在立功名 誰謂才難與命爭 絶筆有詩形雅意 盖棺無地盡交情 胸中時事何由展 天下人才不復評 魂若有知宜自慰 子孫大可振家聲

96) 張世厚(1995), "朱熹 詩의 淵源",『中國語文學』第 26輯, p.95.

강절이 작품으로 형상화해놓은 것이 일치하는 공감대가 형성되었기 때문에 구봉이 강절의 작품을 좋아하게 되고 좋아하여 많이 애독하다보니 강절시의 정서가 자연스럽게 구봉 자신의 작품 속으로 스며들게 된 것이다. 따라서 구봉의 강절시 애호는 구봉 자신의 기호와 맞아떨어진 자연스러운 귀결이라고 하겠다.

4. 영향(影響)과 극복(克服)의 미학

3장에서 살펴본 바와 같이 구봉은 강절의 작품을 상당히 애호하였고 따라서 그의 작시에 강절의 작품이 일정한 영향을 주었음을 확인하였다. 이제 강절의 작품에서 부분적으로 시어와 몇몇 전고를 수용한 경우와 강절의 작품에서 영향을 받았지만 오히려 강절의 작품에 못지않은 작품을 지은 경우를 실제의 작품을 예로 들어 살펴보기로 한다.

먼저 굴신이란 시어를 사용한 작품을 비교해보자. 강절의 시를 먼저 살펴보고 이어서 구봉의 시를 살펴보는 순서로 논의를 진행한다. 그리고 시어도 모두를 대상으로 살펴보기는 어렵고 그 가운데 대표적인 시어를 하나씩 골라 실제 작품에 사용된 예시를 보기로 한다.

「代書寄劍州普安令周士彦屯田」
作官休用歎奚爲 관리되어서 탄식이 소용없다 말을 말게나.
未有升高不自卑 낮은 곳에서부터 높은 곳으로 올라가야 한다네.
君子屈伸方爲道 군자가 굽히고 펴는 것이 바야흐로 도가 되나니
吾儒進退貴從宜 우리 선비들 진퇴는 마땅함을 따름이 귀하다네.

이 작품은 검주착안령 주사언(劍州普安令 周士彦)의 둔전(屯田)에 대신 써서 부친다는 제목의 강절 작품이다. 기구와 승구는 관리란 낮은 직급부터 높은 직급으로 올라가는 것이어서 임무 수행 중에 아무 것도 할 수 없다는 탄식을 하지 말라고 경고한다. 전구와 결구에서는 군자와 선비는 굴신과 진퇴를 도에 마땅하게 하여야 함을 역설하고 있다. 문학작품이라기보다는 잠언(箴言)의 성격을 띠고 있는 작품처럼 보인다. 그렇지만 아래 구봉의 시는 분위기가 사뭇 다르다. 우연히 쓴다는 제목의 칠언율시이다.

「偶題」

不虧何用更求全　이지러지지 아니하면 어찌 다시 온전하기를 요구하랴?

休向危中說此安　위태한 가운데를 향해 이 편안한 것을 말하지 말라.

富貴在天無一念　부귀는 하늘에 있는 것이어서 한 번도 생각하지 않았고

屈伸由我任高眠　굴신이 나를 말미암으니 높이 잠자는 것에 맡겨 두었네.

月方生處攜琴待　달이 바야흐로 뜨는 곳에 거문고를 안고서 기다리고

花正開時把酒看　꽃이 정히 피는 때에 술잔을 잡고서 바라보았노라.

誰問世間經濟事　누가 이 세상 사이에 경세제민하는 일을 묻는가?

有莘畊叟未幡然　유신에서 밭가는 노인은 갑자기 마음을 바꾸지 않았네.[97]

---

97) 『龜峯先生文集』 卷2, p.400. 「偶題」

이 작품 두련에서는 사물의 이치를 역설하고 있다. 온전함은 이지러짐에서, 편안함은 위험한 속에서 생긴다는 사실 말이다. 함련에서는 내 의지를 벗어나는 것에 대해 관여치 않고 내가 할 수 있는 것만 한다는 사실을 말하고 있다. 부귀는 하늘에 있어서 내 의지대로 할 수가 없기에 관심하지 않고 굴신은 내 소관이기에 내 의지대로 한다는 것이다. 경련에서는 때가 되고 환경이 조성되었을 때 일을 해야 함을 노래하고 있다. 달이 뜨는 곳에서 거문고를 연주하고 꽃이 필 때 술을 마시는 행위가 바로 그것이다. 미련에서는 때가 아닐 때에는 출사하지 않고 은거하려는 강한 의지를 표출하고 있다. 아무리 경제사를 물어도 유신(有莘)에서 밭을 갈던 이윤(伊尹)처럼 세상에 나아가지 않으려는 자세를 견지하고 있다. 강절의 시가 어떤 주의, 주장을 단순히 문학의 형식을 빌어서 전달하는 성격이 강한 작품이라면 구봉의 시는 문학적 장치들을 정교하게 활용하여 표현한 훌륭한 문학작품이라고 하겠다. 특히 경련의 표현은 문학성이 뛰어나다고 하겠다.

다음은 천진(天眞)이란 시어가 사용된 작품이다. 한가히 거처하며 일을 기술한다는 제목의 강절의 작품이다.

「閑居述事」
一點天眞都不耗　한 점의 천진이 모두 사라지지 아니하니
千鍾人祿是難來　천종이나 되는 봉록이 오기가 어렵다네.
太平自慶無他事　태평시대 별일 없는 것을 스스로 경하하니
有酒時時三五盃　술이 있어서 때때로 서너 다섯 잔 마시네.

예시 기구와 승구는 천진을 보존하고 세록(世祿)을 거부하는 상황이

다. 마음속에 천진이 완전히 사라지지 않아 벼슬을 하지 않으니 녹봉이 올 수가 없다는 것이다. 전구와 결구에서는 시대가 태평해 일이 없으니 한가롭게 술을 마시는 상황을 노래하고 있다. 태평한 시대에 천진을 보존하며 세록에 개의하지 않고 한가롭게 살아가는 상황을 이 작품은 잘 노래하고 있다. 그렇지만 위의 작품보다는 낫지만 여전히 문학성보다는 내용 전달에 치중하는 작품으로 보인다. 다음은 구봉의 한가함을 읊조린다는 제목의 작품이다.

「詠閑」
洞門何處別尋春　동문 어느 곳에 가서 특별히 봄을 찾을 수가 있을까?
花映千峯竹掩關　꽃은 일천 산봉우리 비추고 대나무는 사립을 가리었네.
老後讀書知至樂　늙은 뒤에 독서를 하니 지극한 즐거움을 알겠고
靜中觀物得天眞　고요한 가운데 물건을 관찰해 천진을 얻었도다.
溪沙有月乾坤大　시냇물 모래에 달이 떠 있어 건곤이 큼을 알겠고
仙峽無風草木閑　신선 골짜기에 바람이 없으니 초목이 흔들리지 않네.
君子屈伸皆是道　군자가 굽히고 펴는 것이 모두가 이것이 도이니
豈將巢許繼淸塵　어찌 소부 허유로 맑은 티끌을 이으라고 할 것인가?[98]

이 작품 두련은 봄이 완연하게 가까이 찾아온 한가로운 정황을 그리

---

98) 『龜峯先生文集』 卷2, p.407. 「詠閑」

고 있다. 함련에서는 충분한 경험의 축적과 세밀한 관찰이 있은 뒤에 좋은 결과를 얻을 수 있음을 표출하고 있다. 노후의 독서에서 지락(至樂)을 알고 고요한 가운데의 관물찰리(觀物察理)에서 천진을 얻는 것이 바로 그것이다. 경련에서는 한가함에서 오는 인식의 실제를 나타내고 있다. 시내의 사장(沙場)에 달이 뜨니 건곤이 큼을 알고 신선 골짜기에 바람이 불지 않으니 초목이 가만히 있는 것을 알게 된 것은 결국 한가함에서 비롯된 것임을 나타내고 있다. 미련에서는 군자의 굴신이 도이기 때문에 소부(巢父)와 허유(許由)처럼 하려고 하지 않아도 된다는 것이다. 소부와 허유는 아예 현실을 도외시한 인물이지만 출사할만한 현실이라면 출사를 해야지 무조건 은거해있는 것은 도가 아니라는 인식을 나타내고 있다. 결신난륜(潔身亂倫)을 인정하지 않고 도에 합당한 굴신을 하려는 구봉의 인식이 잘 드러난 작품으로 문학적인 구성이 잘 된 작품이라 생각된다.

다음은 전고(典故)를 사용한 작품의 비교이다. 여기서는 장자와 관련된 전고로 작품의 제목도 유사한 것이기에 비교의 대상으로 삼았다. 강절의 작품은 시냇물 위에서 물고기가 헤엄치는 것을 관찰한 작품이고 구봉의 작품은 시냇물 위에서 물고기를 잡는 것을 보고 느낌이 있어서 지은 작품이다.

「川上觀魚」 2번째 작품

已絶登門望 이미 등용문 올라갈 희망 끊어졌으니

曾無點額憂 일찍이 이마를 다칠 근심이 없어졌네.

因思濠上樂 그대로 호상에서의 관어 즐거움 생각하니

曠達是莊周 도량이 넓고 큰 사람 그가 바로 장주일세.

예시 작품 기구와 승구는 등용문(登龍門)의 고사를 사용하여 물고기를 묘사하고 있다. 물에 노는 고기는 이미 용이 되려는 희망을 접었기에 이마를 다치는 점액(點額)의 재앙이 없다는 것이다. 그저 天性대로 놀고 있는 것을 표현하고 있다. 전구와 결구는 장자의 호상락(濠上樂) 고사를 인용하여 자신이 도량이 넓고 큰 장주(莊周)와 같다고 동일시하고 있다. 은연중에 장자의 고사를 인용하여 자신을 장주에 견주고 있다고 하겠다. 짧은 형식에 매구에서 고사의 노출이 너무 심해 작품성이 많이 떨어지는 특징을 보이고 있다.

「溪上觀漁有感」

雲晴俯可數　구름이 개이니 엎드려 헤아릴 수 있으나

蒲短不藏身　부들이 짧으니 몸을 숨기지는 못하겠네.

避網風生鬣　그물을 피함에 바람이 지느러미에서 생기고

跳波日映鱗　물결에 펄쩍펄쩍 뛰니 해가 비늘에 비치네.

游梁誰問樂　돌다리에 놀지만 누가 즐거움을 묻는가?

登級未通神　계단을 올라도 신령을 통하지는 못한다네.

東海今無釣　동해에는 지금 태공 같은 낚시꾼이 없으니

相忘萬里春　서로서로 만리의 봄을 잊어버렸다네.[99]

　형식상의 차이로 인해 간략과 상세함의 차이는 있을 수 있겠으나 구봉의 작품이 훨씬 포괄적으로 관어(觀漁)에 대해 자세하게 노래하고 있다. 두련에서는 물고기가 서식하는 현재의 환경을 묘사하고 있다. 물이 맑아 고기가 노는 모습을 헤아릴 수 있고 부들이 짧아 몸을 숨길 수가

---

99) 『龜峯先生文集』卷, 「溪上觀漁有感」

없는 상황을 그리고 있다. 함련에서는 잡히지 않으려는 물고기의 생동감 넘치는 모습을 그리고 있다. 그것은 지느러미에서 바람이 생기고 비늘이 햇빛에 비쳐 번쩍거리는 모습을 순간적으로 포착해 묘사한 것이다. 유양(遊梁)과 등급(登級)의 고사를 인용해 물고기의 상황을 노래하고 있다. 장자는 호상(濠上)에서 물고기를 구경하며 즐거움을 말했으나 지금은 그런 것을 물을 사람도 없고, 황하의 용문(龍門)을 뛰어 올라가도 신령스럽게 되지 않는다는 것이다. 왜냐하면 능력을 길러 정상적으로 올라가는 것이 아니라 잡히지 않으려고 도망을 다니다가 엉겁결에 올라가기 때문에 통신(通神)을 하지 못한다는 것이다. 그리고 물고기의 즐거움을 진정으로 알아차릴 만한 사람도 없어서 어유락(魚游樂)을 물을 사람도 없다는 것이다. 미련에서는 진정한 낚시꾼의 부재를 아쉬워하고 있다. 물고기를 잡는 사람은 많지만 강태공처럼 세월을 낚는 낚시꾼은 없고 따라서 아무런 기대도 할 수 없다는 것이다. 강절은 물고기가 노는 모습을 관찰하는 관어(觀魚)를 제목으로 하였고 구봉은 물고기를 잡는 모습을 보는 관어를 제목으로 하여 소재에 있어서 서로 약간의 차이가 있다. 그러나 모두 장자의 고사를 인용하여 노래한 점은 같다. 그렇지만 함의하고 있는 내용은 사뭇 다르다. 형식상의 차이를 떠나서 시적 구성에 있어서 일정한 차이를 보이고 있다고 하겠다.

다음은 축약과 확장의 시구 수용에 대해 살펴보기로 한다. 먼저 축약의 시구수용을 보자. 나그네에게 대답한다는 제목의 강절 작품이다.

「答客」
人間相識幾無數 인간세상 서로 아는 사람들 거의 숫자가 없는데
相識雖多未必知 서로 아는 이 많다지만 꼭 아는 것은 아니라네.

望我實多全爲道 나에 대한 희망 실로 많으니 온전히 도를 해야 하고
知予淺處却因詩 나를 아는 것이 얕을 때에는 문득 시를 보게나.
升沉休問百年事 백년 세월에 승진하고 침체한 일은 묻지 말고
今古都歸一局棊 고금의 흥망은 모두 바둑 한 판으로 돌아가네.
乘馬須求似騄驥 말을 타는데 반드시 준마와 같기를 요구하나
奈何騄驥未來時 만일 준마가 오지 않는다면 어찌할 것인가?

예시 작품 두련은 많은 사람을 안다고는 하지만 제대로 아는 사람은 별로 없다는 사실을 적시하고 있다. 왜냐하면 마음으로 알지 못하고 외모로만 알고 지내기 때문이다. 함련은 도와 시에 대한 언급이다. 나에 대한 기대가 많아 도에 합당한 행동을 해야 하고 시를 통해 나를 깊이 알 수 있다는 내용이다. 경련은 인생사의 승침흥망(升沈興亡)이 덧없음을 노래하고 있다. 마치 바둑 한판의 승부처럼 변화무상한 것이 인간사란 것이다. 미련에서는 어떤 경우에도 무엇을 기약해서는 안 된다는 사실을 표출하고 있다. 말을 탈 때 반드시 준마를 타야한다는 것은 없다. 만약 준마가 마련되지 않는다면 어떻게 할 것인가라는 반문(反問)을 통해 어떤 상황이든지 수용할 열린 마음과 자세가 필요함을 지적하고 있다. 구봉의 작품은 홀로 앉아라는 제목의 오언율시이다.

「獨坐」
芳草掩閑扉 방초가 돋아날 때 한가한 사람의 사립문을 닫고
出花山漏遲 꽃밭을 걸어 나오니 산속의 시간이 더디게 가네.
柳深烟欲滴 버들이 깊숙하니 연기가 물방울로 지고자 하고
池靜鷺忘飛 못이 고요하니 백로가 날아가는 것 잊어버리네.

有恃輕年暮　믿음이 있으니 해가 저무는 것을 가벼이 여기고
無爭任彼爲　다툼이 없으니 저것이 하는 대로 내맡겨두네.
升沈千古事　승진하고 침몰하는 것은 천고의 변함없는 일인데
春夢自依依　한바탕 봄꿈이 저절로 어른거리네.[100]

　　강절시의 경련 일부분을 미련에 축약시켜 인용하고 있다. 이 작품 두
련은 자연에 은거해 사는 은자의 한가함이 묻어나고 있다. 함련에서는
은거환경을 그리고 있다. 연기가 덮고 있는 버들이 깊숙하니 연기가 물
방울로 떨어지려하고 못이 하도 고요해 백로가 날기를 잊을 지경이다.
일체의 인위가 배제된 정밀(靜謐)의 공간 묘사가 뛰어나다. 경련에서는
다툴 마음도 없고 확신이 있는 군자의 태도를 노래하고 있다. 자기 확신
이 굳기 때문에 세월의 흐름 따위에 개의하지 않고 다툴 마음이 없으니
만사가 흘러가는 대로 내맡기는 여유로운 자세를 취하고 있다. 그래서
미련의 태도 역시 가능하다. 인간의 역사에서 항용 볼 수 있는 승침(升
沈)의 일에 한바탕 봄꿈과 같다는 일장춘몽의 인식을 가지고 있다. 강절
의 시는 내용 전달이 우세하다보니 문학적 장치들이 부족하여 문학성이
떨어지지만 구봉의 시는 문학적인 기법들을 충분히 활용하여 '승침사
(升沈事)'가 일장춘몽과 같이 덧없음을 넌지시 나타내는 노련한 솜씨를
보여주고 있다고 하겠다.
　　다음은 확장의 시구수용 양상이다. 강절은 「백두음(白頭吟)」이란 제
목의 작품을 지었고, 구봉은 「두백(頭白)」이란 제목으로 작품을 지었다.

「白頭吟」

---

100)『龜峯先生文集』卷2, p.389.「獨坐」

何人頭不白　누군들 머리 희어지지 않으랴마는

我白不因愁　내 흰머리는 근심 때문 아니라네.

只被人多欲　다만 사람들 욕심 많이 부리지만

其如我不憂　내 근심하지 않는데 어찌하랴?

不憂緣不動　움직이지 않으면 근심하지 않고

多欲爲多求　요구함이 많으면 욕심도 많다네.

年老人常事　사람이 늙는 것 보통의 일이니

如何不白頭　어찌 머리가 희어지지 않으랴?

사람의 흰머리를 두고 읊은 이 작품에서 머리가 희어지는 원인이 근심에서 비롯되었다고 하면서 자신은 근심하지 않기 때문에 머리가 희어지는 것에 크게 개의하지 않는 자세를 보여주고 있다. 세월이 가면 자연스럽게 머리가 희어지기 때문에 머리가 희어지는 것에 연연할 것 없이 근본적으로 욕심을 부리지 말아야한다는 점을 노래하고 있다. 그렇지만 같은 소재로 작품을 쓴 구봉의 생각은 조금 다르다고 할 수 있다.

「頭白」

人言頭白爲多愁　사람들 머리 흰 것 근심 많아서라 하나

我自無愁亦白頭　나는 절로 근심 없어도 또한 흰머리라네.

白頭雖許人同老　흰머리는 비록 타인과 함께 함 허락하나

不老存中死不休　불로심 마음에 두어 죽어도 그치지 않으리.[101]

예시 작품 기구와 승구는 머리가 희어지는 것은 근심이 많기 때문이

101) 『龜峯先生文集』卷1, p.385. 「頭白」

라고 사람들은 말하지만 자신은 근심하지 않아도 머리가 희어진다는 것을 말하고 있다. 세월의 흐름에 따른 자연스런 현상으로 받아들이는 듯하다. 그렇지만 전구와 결구에서 작자는 일반적인 인식과는 다르게 기발한 발상을 하고 있다. 머리가 희어지는 겉모습은 여느 사람과 다를 바가 없는 것을 인정하지만 내심은 결코 같지 않다는 것이 그것이다. 바로 늙지 않으려는, 결코 늙을 수 없는 마음만은 죽어도 포기하지 않겠다는 결의이다. 육체적인 노쇠는 우리가 아무리 거부한다한들 가능하지가 않다. 그렇지만 내 의지대로 할 수 있는 마음만은 결코 늙지 않고 언제나 청춘처럼 유지하겠다는 것이다. 『장자·전자방』에 나오는 '부애막대우심사이인사역차지(夫哀莫大于心死而人死亦次之)(대개 마음이 죽는 것보다 더 슬픈 것은 없고 사람이 죽는 것은 또한 그 다음이다.)'란 말과 같이 고인들은 신로신사(身老身死)보다는 심로심사(心老心死)를 더 경계하였는데, 구봉의 이 작품에서 그런 것을 읽을 수 있겠다.

마지막으로 강절의 작품을 애호하며 그의 영향을 많이 받기는 했지만 강절의 작품 못지않게 문학적으로 뛰어난 솜씨를 보인 작품을 예시해본다. 강절의 「후원즉사(後園卽事)」라는 작품과 구봉의 「정중(靜中)」이란 작품이다. 이 두 작품을 대비시켜 보면 낙천안명(樂天安命)함으로써 유유자적하는 면모를 드러내는 솜씨를 엿볼 수 있겠다.

「後園卽事」
太平身老復何憂　태평한 이 몸이 늙음에 다시 무엇을 근심하랴?
景愛家園自在遊　후원 경치 크게 사랑해 자유자재로 노니노라.
幾樹綠楊陰乍合　몇 그루의 푸른 버들에 그늘이 잠시 깔렸는고?
數聲幽鳥語方休　그윽한 두어마디 새소리는 바야흐로 그치노라.

竹侵舊徑高低逆 대숲은 옛길을 덮어서 높고 낮게 솟아 있고

水滿春渠左右流 봄에 불은 물은 도랑에 가득 좌우로 흐르노라.

借問主人何似樂 빌어 묻노니 주인의 즐거움은 어떠하신고?

答云殊不異封侯 대답하길 봉후와 다름없는 즐거움이라네.102)

강절의 이 작품은 태평한 시절에 버들이 짙은 그늘을 드리우고 새가 그윽하게 지저귀다 소리를 멈추며 옛길에는 대숲이 높고 낮게 덮여있고 시내에는 봄물이 가득하게 흘러가는 아름답고 한적한 전원에 묻혀 인간 세상의 번잡함과 是非를 따지는 소리를 떠나 유유자적하며 살아가는 모습을 나타내고 있다. 이렇게 전원에 묻혀 자족(自足)하며 살아가는 삶의 즐거움은 결코 벼슬하는 봉후(封侯)의 즐거움만 못하지 않다는 결구의 언급은 낙천안명의 경지를 말한 것이라고 하겠다. 아래에 예시하는 구봉의 작품도 이와 유사한 분위기를 표출하고 있다.

「靜中」

看盡千山掩竹扉 일천 산을 다 보고는 대나무 사립문을 걸어 닫으니

靜中眞得老何疑 고요한 가운데 진리를 얻음에 늙음을 어찌 의심하랴?

只爲分內當爲事 다만 내 분수 안에서 마땅히 해야 할 일을 하고

莫問人知與不知 남들이 알아주고 알아주지 않음은 묻지도 아니하네.

天理洞觀無厚薄 하늘 이치는 통찰해 보니 두텁고 박함이 없지마는

世情休問有公私 세상 인정에는 공과 사가 있으니 묻지 말게나.

白鷗與我相忘久 백구가 나로 더불어 서로 잊고 지낸 지가 오래이니

102) 『伊川擊壤集』卷5, p.103.

兩兩連輩立釣磯 쌍쌍이 무리를 연하여서 낚시터 돌에 서 있다네.103)

이 작품 역시 세상의 모든 풍파를 겪고 인간 본연의 모습으로 돌아와서 세정(世情)과 천리(天理)의 깊은 통찰을 통하여 자기 분수에 맞는 생활을 영위하고 남들의 알고 모르고를 관심조차 하지 않는 태도를 취함으로써 자연과 일체를 이루는 최고의 경지를 표현하고 있다. 단순하게 비교해 보아도 이러한 경지는 앞의 강절 작품보다도 구봉의 작품이 좀 더 높은 수준에 와 있다는 사실을 알 수 있다. 따라서 구봉은 강절의 영향을 받기는 했지만 강절보다 한 차원 높은 경지를 구축해낸 사실을 엿볼 수가 있다. 물론 구봉의 모든 시가 강절보다 뛰어나다고 하기는 어렵다. 다만 강절의 작품과 관련성이 있는 몇몇 작품에서는 구봉의 작품이 강절보다 결코 못하다고 하기는 어려울 것이다.

5. 결 론

북송시대의 상수학자이자 성리학자인 강절 소옹과 조선중기를 힘들게 살다간 사상가이자 문인인 구봉 송익필의 삶은 여러 가지 측면에서 유사성을 지닌다고 하겠다. 또한 구봉이 강절의 시를 애호한 사실에서 작품 세계도 일정하게 영향을 주고 영향을 받은 점을 확인할 수 있었다. 이상에서 논의한 내용을 결론적으로 요약해보면 다음과 같다.

첫째, 구봉의 시에 수용된 강절시의 양상으로 부분적인 시어의 수용을 들 수 있겠다. 사물의 저변에 내재한 이치를 각득함으로써 세속적 가

103) 『龜峯先生文集』卷2, p.400.「靜中」

치 추구에 대한 욕망을 제어하고 자신의 분수를 편안히 받아들여 달인으로서의 한정(閒靜)을 향유하며 살아가는 모습을 나타낸 굴신, 서권, 권서 등과 안분지족, 달관한정을 가장 잘 표현한 용어로 천진, 천기 등을 들 수가 있는데 이런 용어들이 구봉의 시에 나타나고 있다. 또한 현실 문제에 참여하여 문제를 해결하거나 개혁할 수 없는 처지에서도 좌절하지 않고 오히려 한 차원 높은 경지로 자신을 승화시켜서 운명이나 자연의 섭리에 내맡기는 자세를 나타내는 '임(任)'이란 시어가 구봉의 시에 많이 나타나고 있다. 강절의 시에도 역시 이런 시어가 많이 보이고 있다.

둘째, 강절 때문만은 아니겠지만 강절의 시를 애호한 구봉이 강절처럼 작품 속에 老莊의 전고를 자연스럽게 사용한 사실을 알 수 있다. 장자적 세계에 관심을 가지고 그것을 통해 현실에서 겪는 극심한 고통과 갈등을 극복하고 높은 차원의 세계로 초월하여 장자적 달관을 희구하였기 때문에 장자의 고사를 수용한 것으로 볼 수 있다. 그리고 강절의 시에 도잠의 전고를 사용한 것이 있는데 대체로 낙천안명함으로써 유유자적한 면모를 보여주고 있고 구봉의 시에도 역시 도잠의 전고를 사용하고 있다.

셋째, 강절의 시작품에서 특정 시구를 축약하거나 확대하는 방식으로 구봉의 시에 수용된 경우가 있는데 칠언을 오언으로 줄인 경우, 오언을 칠언으로 늘리거나 의미를 확대, 심화 혹은 반전시킨 경우가 있다.

마지막으로 강절의 시를 수용한 구봉의 작품 세계는 단순히 강절의 시어나 전고, 시구의 수용으로만 그치지 아니하고 이를 나름대로의 노력과 솜씨로 극복하여 강절 못지않은 구봉만의 시세계로 재창조, 혹은 승화시킨 부분이 있다는 점을 알 수가 있다. 이는 구봉의 뛰어난 안목과

피나는 노력으로 인해 가능한 것으로 볼 수 있겠다.

사실 한 작가의 작품경향이 다른 작가에게 준 영향이나 받아들인 수용의 관계를 살펴보는 방법은 다양하다고 할 수 있겠다. 그 가운데 본고가 선택한 방법도 하나의 방법은 될 수 있을 것이다. 그렇지만 가장 확실한 방법인지에 대해서는 별로 자신이 없다. 구봉시에 나타난 강절시의 수용양상과 그 의미에 대한 본고의 논의는 이제 시작에 불과하다. 앞으로 능력이 있는 연구자들에 의해 이 주제가 깊이 연구되어 그 실상이 제대로 드러나기를 기대한다.

한 가지 첨언할 것은 강절의 시에서 영향을 받은 상당수의 작가들이 강절의 135수에 이르는 「수미음(首尾吟)」에 대한 차운시나 화운시(和韻詩), 혹은 단 몇 수의 작품이라도 「수미음」의 독특한 형식을 따라 지은 작품을 남겼지만, 구봉의 작품에서는 그런 경우를 찾아볼 수가 없었다. 작품이 일실(逸失)되었는지 아니면 아예 「수미음」을 본떠 작품을 짓지 않았는지 알 수가 없는데, 이 부분에 대한 연구도 앞으로 이루어지기를 기대한다.

전북지역 전승 송구봉 설화의 현황과 그 의미[1]

이정훈[2]

〈차 례〉

1. 서론

2. 구봉 송익필 생애와 논쟁적 평가

3. 구봉 전설 양상과 20개 화소

4. 송구봉 전설의 서사 유형과 의미

5. 결론 : 송구봉 전설의 설화적 의미

1. 서론

송구봉(1534~1599)의 삶은 역사적 사실로 기록되어 있다. 그의 삶은
조선왕조의 대전환기를 통과하고 있기에 사학적 고찰 대상이 되며 그가
남긴 산문과 한시는 한국 사상과 한문학에서 중요한 자리를 차지하고
있다. 지금까지 송구봉에 관한 연구는 예학과 도학 사상에 대한 접근과
삼노(三奴)의 명인(名人) 중의 한 사람으로 언급되며 시세계에 집중되어

---

[1] 이 논문은 2016년 6월 4일에 전북대학교 간재학연구소와 구봉문화학술원이 〈기호유학에
서 구봉 송익필 사상의 위상과 수용〉을 주제로 공동 주최한 학술대회의 기조발표문을 수
정·보완하여, 『국어문학』 제67권, 국어문학회, 2018. 03에 게재한 글이다.

[2] 이정훈, 전북대학교 무형문화연구소 구비문학 전임연구원

전북지역 전승 송구봉 설화의 현황과 그 의미 263

있다. 역사적 인물로서의 송구봉의 삶에 대한 연구는 1999년에 간행된 『구봉 송익필』이 처음이다.3) 이종호는 한국 명인의 삶과 사상 시리즈로 구봉 송익필의 삶을 정리하였다. 이 책의 부제는 '타고난 멍에를 짊어지고 산 철학자'이다. 송구봉의 전기적 사실을 정리하여 윤곽을 제시한 것으로 의미를 지닌다. 이후 2010년에는 『문제적 인물 송익필로 읽는 당쟁의 역사, 조선의 숨은 왕』이라는 책이 출판된다. 이 책은 이한우가 지은 것으로, 조선의 당쟁사 속에서 송구봉의 삶과 운명을 재구성하고 있다. 이종호의 저술이 송구봉의 삶에 대한 기존 사료를 집대성하여 재구성한 것이라면, 이한우는 '당쟁'의 역사 속에서 송구봉이 어떠한 역할을 했는지에 초점을 두고 있다. 이한우의 결론은 송구봉이 '조선의 숨은 왕'이었다는 것이다. 이후 2015년에는 구봉문화학술원이 설립되어 송구봉 연구의 기반을 마련하고 있고 학술총서도 간행하였다.4)

본고에서 다루고자 하는 송구봉 전설에 관한 연구는 황인덕의 논문이 유일하다.5) 황인덕은 송구봉에 관한 문헌, 구전, 인터넷 자료를 총망라하여 크게 일화류, 허구적 전설, 지역전설 시일화 등으로 나누었다. 또 황인덕은 송구봉 전설의 기본형으로 7가지 설화를 제시하며 허구적 전설에 반영된 송구봉의 면모를 영웅을 희구하는 상민들의 희망이 반영된 것이라고 보고 있다. 본고는 황인덕의 선행연구를 바탕으로, 당쟁의 서막을 여는 시대에 활약 했던 송익필에 관한 역사적 기록과 설화적 반영

3) 이종호, 『구봉송익필』, 일지사, 1999.

4) http://www.gubong.org/ 2015년 구봉문화학술원이 설립되고 제1회 학술대회도 개최하였다. 철학에서는 구봉 송익필의 도학사상에 관한 박사학위가 단행본으로 출판되었다. (김창경, 구봉 송익필의 도학사상, 책미래, 2014.)

5) 황인덕, 「전설로 구현된 송구봉의 인물상과 그 의의」, 인문학연구101, 충남대학교 인문과학연구소, 2015.

양상을 유형별로 고찰하고자 한다. 송익필의 생애와 역사적 평가는 문제적 요소를 다분히 지니고 있다. 특히 동서분당의 현장에서 벌어진 '기축옥사'의 배후인물로 지목받으면서 현재까지도 송익필에 대한 평가는 문제적 상황에 놓여있다. 본격적으로 송익필의 생애와 현재적 논란을 정리하며 논의를 시작해보자.

2. 구봉 송익필의 생애와 논쟁적 평가

송구봉의 생애에 대한 기본적 사항은 황의동에 의해서 '역경 속의 진유 구봉 송익필'이라는 제목으로 다음과 같이 정리되어 있다.

구봉 송익필은 18세기 조선조의 대표적인 유학자로서 율곡 이이 (1536~1584), 우계 성혼(1535~1598)과 더불어 기호유학의 중심적 위치에 있었다. 그의 자는 운장, 호는 구봉, 본관은 여산인데, 서울에서 태어났고 경기도 파주, 고양과 충남 당진을 배경으로 활동하였다. 그는 부친 송사련과 어머니 연일정씨 사이에서 4남 1녀 가운데 3남으로 태어났는데, 인필 부필은 형이고 한필은 아우가 된다. 구봉은 신분문제로 불우한 역경 속에서 살았고, 태어난 재주와 웅지를 펴보지도 못한 불운의 학자였다. 이제 잠깐 그의 신분 문제와 이로 인한 역경의 삶에 대해 소개하기로 하자. 구봉의 조부 송린은 중종 때 좌의정을 지낸 안당의 서매인 순흥 안씨 감정과 결혼하여 송사련을 낳았다. 구봉의 할머니인 감정은 안돈후의 첩 중금의 딸이었기 때문에 결국 서얼의 신분에 놓이게 된 것이다. 이후 송린은 잡작인 직장을 지내고 관상감 판관에까지 올랐으며, 송사련도 외가인 안씨 집안의 도움으로 관상감 판관을 지내고 안씨 문중의 크고 작은 일을 맡아보았다.

그런데 1521년 구봉의 아버지 송사련은 안당의 아들 안처겸 등이 당시의 정권 실세인 남곤, 심정 등을 제거하려 도모한다고 고발하여, 안당, 안처겸 등 안씨 집안과 종실 시산부정 이정숙 및 권석, 안정, 이충건 등 수 십명의 선비들이 희생을 당하였는데, 이것이 이른바 신사무옥이다. 그 공로로 송사련은 서얼출신이면서도 정삼품 당상관이 되어 출세하였고, 반면 송사련의 외가인 안씨 집안은 일순에 몰락하고 말았다.

그러나 1586년 송사련의 무고가 밝혀지고, 간신들은 물러나고 안당의 신원이 이루어지게 됨에 따라, 이미 죽은 송사련의 관직이 삭탈되고 그 집안은 노비의 신분으로 전락하게 되었다. 안씨 집안에서는 송익필까지 노비로 삼겠다고 하자, 53세의 송익필은 은둔과 도피생활을 하게 되어 정철, 김장생, 이산해 등 지인들의 보호를 받으며 간신히 연명하게 되었다.

1590년 구속에서 풀려나고 그 이듬해 동생 송한필과 함께 자수하고, 평안도 희천으로 유배되었다. 1593년 유배에서 풀려나 1596년 충청도 당진 면천 마양촌에 정착하여 살면서 제자들을 가르치다가 1599년(선조32) 66세로 세상을 떠나 당진 북면 원당동에 묻혔다.[6]

송익필의 개인사적 운명은 신사무옥을 주도한 아버지의 업보를 감당하는 것으로 시작된다. 송익필이 사대부적 소양을 습득하게 된 것도 아

---

6) 황의동, 「역경 속의 진유 구봉 송익필」, 『잊혀진 유학자 구봉 송익필의 학문과 사상』, 구봉문화학술원 편저, 책미래, 2016, 13-15쪽.

버지의 승부수로 가능했지만, 정치적 변동 때문에 노비로 전락하게 된 것도 그 때문이었다. 그리고 인생의 후반부에 기축옥사를 배경으로 동인과 서인이 갈등을 일으킬 때, 송익필은 서인의 모사꾼으로 당쟁을 주도한 자로 알려진다.

동인이 누구보다도 미워할 수 있는 사람은 송익필이었을 것이다. 우선 양반이 못 되는 송의 신분이 그들의 비위를 본능적으로 건드렸을 게 틀림없다……스승의 친구일 뿐 아니라 학문이 깊고 문장에도 능한 송익필의 지도를 받는 것이 좋다고 생각한 것이다……그들 중 일부에서는 송익필을 '서인의 모주'로 보기도 했으므로 이러한 생각은 더욱 힘을 얻을 추세에 있었는데……정치에 남다른 관심이 있어서 이이며 성혼 등에게 오랫동안 조언을 해온 송익필이다.[7]

송익필은 비록 종의 신분으로 떨어졌지만 사대부적 환경에서 자란 인물이다. 그는 예학의 종주인 김장생의 스승이었다. 그러나 그가 신분적 문제로 추노당하며 유배를 당하는 곤경에 빠졌을 때 기축옥사가 벌어졌다. 기축옥사는 동인의 몰락을 가져온 사건으로, 정여립의 모반이 핵심적인 사안이다. 그런데 정여립의 활동지였던 전북 지역 진안 운장산이 송익필의 자에서 비롯되었다는 전설이 있을 정도로 전설의 영역에서는 이러한 당파적 평가가 전혀 통용되지 않는다. 운장산(雲長山)과 운장(雲長, 송익필의 호)의 연관은 1990년도에 간행된 『전설지』에서 처음으로 보고된다. 제보자는 진안군 부귀면에 사는 국○성(당시 56세)이다.

산에 대한 전설을 소개하면 다음과 같다. 원사라는 절이 있었던 곳에서 조금만 더 올라가면 오성대가 있는데 이 오성대는 조선조 중기 유

---

7) 이한우, 『조선의 숨은 왕』, 해냄, 2010. 150쪽..

학자였던 송익필이 한 때에 은거했던 곳이라 전해오고 있다. 익필의 자는 운장(雲長)이요, 호는 구봉(龜峯)이며, 시호는 문경(文敬)이며 본관은 여산(礪山)이니 사련의 아들이다. 일찍이 율곡, 우계 등과 사귀어 성리에 밝았고, 예학에 정통하고 시문에 능하여 팔문장가(八文章家) 중 제 일인이라 할 만큼 이름이 높았다. 김장생, 정엽과 같은 대학자를 배출하여 조선 예학(禮學)의 체계를 잡은 자가 곧 운장이었기 때문에 주줄산 또는 구절산 등으로 불려오던 산 이름까지도 이후로부터 '운장산'이라고 부르게 되었던 것이라 한다.8)

이후 1992년에 나온 『진안군사』에서도 운장산의 오성대가 중종 때의 서출 성리학자 송익필이 은거하여 명칭이 생겼다고 적고 있다.9) 이후 완주-진안의 자연환경에 관한 환경부 기록과 전북의 산에 관한 기록을 보면 앞의 기록을 반복적으로 요약하고 있다.10) 하지만 운장산과 송구봉의 연관성은 2003년에 간행된 『지워진 이름 정여립』에서 공식적으로 부정 당한다.11) 이 책은 정여립 사건을 재조명하며 기축옥사를 '조선조의 광주사태'로 명명한 대중역사서이다. 정여립의 혁명적 사상이나 대

---

8) 전라북도, 『전설지』, 1990, 198쪽.

9) 진안군, 『진안군사』, 1992, 853-854면

10) 운장산은 옛날에 구절산이라 부르던 산이었으나 조선 초기에 눈에서 나는 광채 때문에 운장산이라 고쳐 불렀다고 한다(완주-진안의 자연환경, 환경부, 1998, 면) 옛날 구절산이었으나 조선 초기에는 눈에서 광채 때문에 운장산이라 고쳐 불렀다.(노승구, 『전북의 산500』, 신아, 2003.)

11) 대대로 주줄이라는 소박하지만 뚝심 있는 이름을 갖고 있던 운장산이 언제부터인지 연고조차 없는 송익필의 호도 아닌 자를 간판으로 걸게 되었으며, 오성대, 서봉인 독제봉에 송익필의 전설까지 심어주었다. 우리 땅 어디에도 이렇게 1000M 더 되고, 한 도의 가운데 있는 것 중 가장 높은 산에 한 사람의 자를 붙인 예는 없다.(신정일, 『지워진 이름 정여립』, 가람기획, 2003, 268-269쪽)

동계 조직, 모반의 실상 등은 역사학자들에 의해 연구가 진행되고 있다. 그리고 사관과 정치적 성향에 따라 송익필의 행적에 대한 평가도 나뉜다. 역사적 인물로서의 송구봉은 개인사, 당쟁, 지역감정의 측면에서도 여전히 논쟁적인 인물이다. 송구봉 전설은 인터넷을 통해 조선시대의 당쟁의 현장이 반복되고 있다고 느낄 정도로 여러 논자들의 정치적 입장을 통과하여 재생되고 있다. 본고에서는 현재까지 논쟁적 인물로 전승되고 있는 송구봉 전설을 분석하여 서사 유형을 분석하려 한다. 이러한 과정을 거쳐 설화적 세계에서 송구봉 전설이 지니고 있는 주제 의식뿐만 아니라 송구봉에 관한 논쟁적 요소에 대한 설화적 답변을 제시할 것이다.

3. 구봉 송익필 전설 양상과 20개 화소

설화는 자발적이며 무의식적 선택에 의한 기록이다. 하지만 구전에 의존하기 때문에 출처를 확인할 수 없는 정보들이 검증 과정을 거치지 않고 전승된다. 언중이 무엇을 선택하여 의미 부여를 하는지를 예측하기는 어렵다. 정보화 시대에서 설화의 채록과 분석이 필요한 이유도 바로 '검증'의 부담에서 자유로운 '말(이야기)'의 전파력 때문이다. 그런데 이러한 설화의 특성은 역사적 인물의 전설에서는 또 다른 국면을 파생시킨다. 문서화된, 기록으로 전하는 역사적 자료와 누구도 책임지지 않아도 되는 '설화'적 사실은 사(史)를 기초로 새로운 사실(事實)을 생성해낼 만큼 자의적인 동시에 집단적 인식 체계를 드러내 준다. 설화로 전해지는 역사적 인물 전설은 당대적 현실이 지나가면서 개인적이고 특수한 상황은 지워지고, 시간적 제약을 뛰어넘는 핵심적인 의미만이 남게 된다. 역사적 인물은 설화로 전해지면서 서사적 가치가 있는 화소만이 살아남게 되는 것이다. 설화 속 인물과 역사적 인물의 관계는 사실과 허구의 경계를 교묘하게 넘나들며 인식론적 필터로 걸러지며 재생산되는 것이다.

인물전설을 다루기 위해서는 기록된 역사와 구전된 이야기를 모두 살펴야 한다. 인물의 비중이 클수록 역사적 기록은 많이 축적되겠지만, 당대의 지위와 명예가 있다고 해서 설화로 기록되는 것은 아니다. 오히려 설화의 언중이 기념하거나 기억해주는 인물은 '기억될 만한 자질'을 간직해야만 '기억' 된다. 그리고 설화의 언중에게 기억될 만한 자질은 주관적이며 상황에 따라 변한다. 이것은 무수히 많은 언중이 스스로 기억하고 싶은 자질들만 기억하며, 전달할 만한 가치가 있는 것들을 은연중에 골라내서 전하기 때문이다. 이 점에서 설화로 전해지는 인물들은 무수한 일리들이 구성하는 그 어떤 '가치'를 구현하는 대상들이다.

송구봉 자료는 황인덕 교수가 정리한 바에 따르면 대략 24여 편이다. 본고에서는 선행 논문에 제시된 자료와 운장산 오성대 전설을 포함한 2014년 설화 자료를 포함하여 분석을 시도하였다. 다음은 송구봉 이야기를 담고 있는 한문기록과 인터넷 자료를 망라하여 화소를 정리한 표다.

다음의 도표에서 통해서 송구봉 전설의 유형이 문헌설화에서부터 인터넷까지 골고루 전승되고 있다는 것을 알 수 있다. 야담류의 한문기록이나 송시열이 쓴 '귀봉선생송공묘갈'에서도 서고청의 평가, 지위 고하를 초월한 대등한 처세, 직접 대면하면 감복하게 된 일화 등이 언급되고 있다. 송구봉 전설은 기록과 구전이 밀접하게 연결되어 있다. 한문 문헌의 특징이라고 한다면, 송구봉의 태생적 운명과 굴곡(困)을 보다 상세하

한문기록		구전전승		인터넷
對	1	對		評c
婚+下+評a	2	對+評a		일본왜장
評a+對	3	對+喪		이여송제압담
喪+下+婚+評b+對	4	이여송		거북선
評d+婚+困+食+墓碑	5	眼"+著述+食+短縮談+거북선+婚+中	1980-1990	거북선
婚+食+喪	6	評c +對+거북선+終		거북선
詩話	7	이여송제압담		胎夢
詩話+困	8	對+喪		出生
詩話	9	終		사후 還生(붓)
	10	眼'		
	11	對+婚+喪		
	12	對+喪	2001-2014	
	13	眼+(中+對+宋後)		
	14	(墓碑)+對+喪+評d		
	15	評c+眼+胎夢		
	16	喪		
	17	對+食+便紙		
	18	胎夢+對+眼		
	19	(對+中+宋後)		
	20	倭將(붓)		
	21	兒話		
	22	對+便紙		

게 언급하고 있고 이러한 역경 속에서 빛나는 '시(詩)' 세계에 대한 가치
가 강조된다. 송구봉이 '고도(古道)'를 지켜 지위에 상관없이 사대부의
자(字)를 부른 일화에 대한 양반층의 인식도 언급되고 있다.

다음으로 인터넷 자료를 본다면 이순신과 임진왜란 이야기에 연결되
어 송구봉이 언급되고 있다. 특히 송구봉이 신분적 제약에서 벗어나 제
대로 기용됐다면 임란의 피해가 줄었을 것이라는 언급을 통해서, 역사

적 시련에 대한 '가정(假定)'과 민중의 소망이 반영된 소재로 언급되고 있다. 인터넷의 특성상 현재적 연관성이 높은 자료들이 우선적으로 업로드되기 때문에, 시의성이 높은 이순신, 율곡, 거북선, 임진왜란 등의 주제어와 연결되어 언급되고 있다.

설화 자료에는 문헌기록과 인터넷 자료가 모두 포함되어 있다. 송구봉 설화는 문헌기록이 충실히 반영되면서도 설화적 상상력으로 극대화되거나 언중들의 평가에 의해 새롭게 변형되기도 한다. 그러나 대담한 영웅, 송구봉이라는 특성은 서사적 흐름에 일관되게 유지되고 있다. 문헌기록에서 중시된 굴곡진 삶과 환천당한 사연은 대거 생략되어 있지만, 설화 속의 송구봉은 '노비'이지만 구국적 영웅으로까지 추앙되고 있다. 송구봉 설화의 전모를 효율적으로 분석하기 위해서, 전설을 구성하는 20개의 화소를 정리하면 다음과 같다. 이 화소는 송구봉 전설의 핵심적인 내용을 정리한 것이다.

---

① 胎夢 : 송구봉의 비상한 태몽과 종의 몸에서 태어나게 된 배경

② 對 : 율곡과 구봉의 교류-율곡아들의 불만-직접대면과 압도-(율곡의 해석)

③ 喪 : 구봉의 모친 상-銘旌의 문구 고민-율곡이 노비라고 씀-구봉수용

④ 食 : 율곡의 집에 방문-아들에게 식사대접-잡곡밥을 보고 돌아감

⑤ 婚 : 송구봉이 율곡에게 혼인 제안을 함 -율곡이 거절함

⑥ 便紙 : 율곡 아들이 목숨을 건진 율곡의 백지편지

⑦ 中 : 중국으로 망명함

⑧ 宋後 : 중국의 주석 부인이 송구봉의 후손임

⑨ 終 : 어디로 갔는지 알 수 없음, 토포꾼 때문에 죽게 됨

⑩ 眼: 구봉의 안광에 굴복한 임금
　　眼' : 안광이 밝아 역적으로 몰리다
　　眼" : 율곡이 찾아와 구봉의 안광에 놀라 허리를 굽힘

---

⑪ 이여송제압담 : 송구봉이 이여송 초청-술대접-이여송 부인 욕보임-
    조선에서 물러감

⑫ 단축담 : 율곡을 나귀에 태워 금강산에 가서 임란의 기한을 줄인다는 다짐
    받아오게 함

⑬ 거북선 : 율곡에게 딸의 배행 맡김-율곡이 청년을 만남-청년과 함께 금강산
    죽림처사 방문-거북선 도면 획득

⑭ 倭將 : 붓으로 왜장을 물리친 송구봉의 武術

⑮ 墓碑 : 선비들이 당진에 묘비세움

⑯ 評價
    a. 서고청이 제갈량과 비슷하다 평가
    b. 오만함(자신을 낮추지 않고 고도를 지킴)
    c. 임란 기간을 줄임
    d. 무술을 한다는 말이 있음

⑰ 兒話 : 어린 구봉이 복숭아 나무 논쟁을 이긴 일화

⑱ 困 : 안씨 집안과의 숙원에 따른 구봉의 역경에 대한 이야기

⑲ 下 : 사대부들과 지위고하를 막론한 사귐

⑳ 詩話 : 송구봉 시에 얽힌 이야기

4. 송구봉 전설의 서사유형과 의미

전술하였듯이 설화는 언중들이 자발적으로 '기억될 만한 자질'을 '기억'하여 전달하는 문학이다. 특히 역사적 인물설화는 검증을 허용하는 역사적 사실 전달 기능과 전승 주체의 욕망이 투영된 문학적 변용을 거치며 존재한다. 위에 열거한 송구봉 설화 역시 문헌으로 전해오는 이야기가 '구어'의 현장에 반영된 상태이다. 그리고 다양한 이본에서도 핵심적으로 전달되는 주제화소도 내재되어 있다. 송구봉 전설의 서사유형을 정리해보면 다음과 같다.

기본형	對			송구봉의 실체의 위력 -압도적 카리스마	
확장형	1유형	對	+ 喪	송구봉의 위대함 -지행합일의 인격	강화
	2유형	對	+ 食 (+便紙)	송구봉의 원한	악화
	3유형	對	+ 婚 (+中 · 終+宋後)	송구봉의 비참함	부각
종합형	眼+(對+食)+短縮談 · 거북선 +(婚)+中			송구봉의 업적과 좌절	

1) 기본형 - 대(對) : 직접대면과 압도

송구봉 설화의 기본형은 양반과 구봉의 신분을 초월한 교류-양반 지인들의 불만-송구봉 직접 대면과 압도- 송구봉 행동에 대한 해석으로 구성된다. 설화 속에서 '노비'인 송구봉은 교제하는 사대부들이 많았다. 대표적으로 율곡 이이, 우계 성혼이다. 이들은 송구봉의 진면목을 잘 알고 있다. 그러나 주변의 가족들은 그가 미천한 신분이라는 것 때문에 그와의 교제를 못마땅해 한다. 이에 송구봉의 양반친구들은 송구봉과 그들이 직접 대면할 수 있도록 만남을 주선한다. 그들은 송구봉의 위엄에 눌려 기를 못 편다. 이후 그의 친구들이 무지한 자들에게 송구봉과의 문답의 의미를 해석해 준다. 실제 송구봉은 노비의 자식으로 태어난 것이 아니다. 오히려 송구봉은 당상관인 부친을 둔 명문가의 자제로 태어났다. 물론 외할머니가 노비였던 것은 사실이다.[12] 아버지 송사련은 외가인 안당(安瑭) 집안을 역모로 밀고한 덕으로 당상관까지 신분상승을 이루었다. 아버지의 신분상승을 위한 과감한 시도 덕분에 송구봉은 유복

---

12) 송익필 가계도를 보면 순흥 안씨 집안의 안돈후의 비첩이 송익필의 증조할머니다. 이후 안당 집안에 송린이 중금의 딸인 감정과 결혼하여 송사련을 낳았다. 중금과 감정이 모두 천인이다.(이한우, 『조선의 숨은 왕』, 해냄, 2010. 171쪽)

한 환경에서 자랐다. 하지만 그는 25세에 정치적 이유로 과거를 볼 수 없는 '정거(停擧)'를 당하고, 53세에는 정치적인 견제 속에서 아버지의 선택에 대한 대가를 치르며 '환천' 당해 추노 당한다. 그의 임종이 66세인 것을 보아 인생의 말년에 환천의 고초와 이산의 슬픔을 겪은 것이지만, 자신의 태생적 한계에 대한 절망감과 울분은 원죄처럼 간직하고 있었을 것이다. 그리고 설화의 언중은 아버지의 허물을 대신 감당했던 송구봉의 '운명'을 선택했다.

각 편에 주조를 이루는 것은 이러한 곡절은 생략되어 있다. 설화의 언중은 그 후 1910년에 순종 때 '문경(文敬)'의 시호를 받고 '홍문관(弘文館) 제학(提學)'으로 추증된 사실은 기억하지 않는다. 설화 속에서는 노비인 송구봉이 중요하다. 누구보다도 양반으로서의 자질과 정체성을 체득하며 성장했지만, 죽은 아버지의 죄과를 말년에 치러내야 하는 송구봉의 일생은 아기장수의 좌절과 닮아있기 때문이다. 모든 사람들이 그러하듯 송구봉은 자신의 신분을 선택할 수가 없다. 그도 다른 사람들처럼 아버지를 골라 태어나거나 자신이 태어나기 전에 내린 아버지의 결단에 관여할 수도 없다. '노비'라는 신분은 모든 인간이 안고 사는 태생적 한계를 의미한다. 태생적 신분은 자신의 노력으로 개선할 수도, 개입할 수도 없는 완벽한 '타자'의 영역에 속한 것이다.[13] 그리고 노비출신이라는 조건과 그의 능력은 극적으로 대조되어 부각된다. 이러한 극적인 문학적 설정에 송구봉의 사대부적 소양과 지배계층으로서의 계급성은 유용하지 않은 정보다.

---

13) 송구봉이 쓴 '求在我者無不足, 求在外者何能足'(足不足)이라는 시구에서 내게 있는 것과 밖에 있는 것의 의미를 적용시켰을 때, '노비'신분은 내게 있는 것이 아니지만, 자신의 '능력'은 내게 있는 것으로 해석될 수도 있다. 노비는 밖(사회조직)에서 규정한 것이므로 족할 수가 없지만, 도학과 예학은 자신의 노력으로 이룰 수 있는 나만의 능력이다.

그러나 단순히 '노비'라는 사실이 설화적 자질이 될 수 없다. 천생(賤生)·멸시(蔑視)의 의미짝이 위엄(威嚴)·신이(神異)의 아우라를 입을 때 설화는 생명력을 얻는다. '노비' 출신은 의지적 영역이 아니라 사회조직에서 강제된 것이자 고정적인 의미인 반면, 위엄과 신이함은 개별적이고 단독적인 자질이기 때문이다. 구봉 설화에 기본적으로 등장하는 송구봉에 대한 편견과 탄복은 바로 노비라는 편견을 송구봉 개별적인 위엄과 신이함으로 양반을 굴복시킨 이야기인 셈이다. 역사적인 사실에서는 양반친구들과의 교제는 양반 집안에서 태어난 송구봉의 신분적 조건이지만, 설화 속에서는 천생(賤生) 노비가 뛰어나서 고명한 율곡과 성혼, 홍가신과 대등하게 교유하고, 이산해를 '하대(下待)'할 수 있는 대범한 인물로 전환된다. 송구봉을 직접 대면할수록 범접할 수 없는 압도적 카리스마는 그의 운명적 비장함과 위대함을 단적으로 보여주는 일화이다.

2) 확장형의 세 갈래

확장형은 세 갈래로 진행된다. 송구봉의 위대함을 강화 시켜주는 방향(對+喪), 송구봉의 원한을 강조하는 방향(對+食), 송구봉의 좌절을 부각시켜 주는 방향(對+婚)이다. 송구봉의 위대함을 직접 대면해서 자발적으로 탄복하지만 신분의 벽을 넘지 못하는 현실을 여실히 보여주는 유형이다.

2)-1 지행합일의 위대함 : 對+喪 - 구봉의 모친의 명정(銘旌)을 율곡이 작성하다.

송구봉의 모친이 언제 죽었는지는 알 수 없지만, 설화에서는 모친의 명정쓰기를 두고 벌어진 이야기가 언급된다. 송구봉의 모친이 죽자 명정을 쓰는 문제가 대두된 것이다. 노비의 몸에서 태어난 송구봉의 출신 문제가 공식적으로 드러나는 순간이다. 명문가에서 태어났지만 천생(賤生)이라는 모순적 자질은 여기서도 여러 가지 곤란한 상황을 야기한다. 비록 관료로 진출하지는 못했지만, 그의 학식과 재주는 이미 널리 알려져 수많은 제자들을 키워내고 있었다. 그러나 송구봉 가족사의 전말도 어느 정도 알려진 상태였을 것이다. 이런 상황에서 모친의 명정을 써야 하는 상황이 벌어진 것이다. 대부분의 측근들이 송구봉의 체면을 생각해서 어떻게 써야 할지 난감해 하고 있었다. 송구봉은 그 문제를 해결할 사람으로 율곡을 지목하고 있다. 율곡과 구봉은 이미 율곡의 서모의 위차에 대한 논쟁을 벌이며 견해 차이를 확인할 정도로 학문적 친구였다.[14)]

송구봉 모친 명정 일화는 율곡과 구봉의 막연한 교우관계의 실제이기도 하다. 구봉이 "명정을 쓸 양반은 이따 오시니라!"라는 말에는 자신의 개인사적 약점에 개입할 수 있는 유일한 인물이 율곡밖에 없다는 것을 언급한 것이다. 그리고 구봉 역시 율곡의 서모에 대한 인정과 금강산으로의 출가 등의 개인적인 고뇌를 이해하고 있었다. 율곡은 구봉의 곧은 성품(直)을 잘 이해하고 있었기 때문에, 적실하게 그의 출신을 밝히는데 망설임이 없었다. 송구봉 모친 명정 일화 역시 핵심이 되는 사건은 송구봉이 '노비' 출생이라는 것이다. 그러나 이 일화는 여기서 그치는

---

14) 제례에서의 서모의 위차논쟁에서 극명하게 드러난다. 송구봉은 예서에 규정이 없는데도 서모의 역할을 위상을 고려하여 인정상 서모의 위차를 주부 앞에 세우려는 율곡의 입장에는 끝내 동의하지 않았다. 그것은 율곡이 비교적 인정을 중요시한 것과는 상당히 다른 경향이었다. 그의 예학이 철저히 명분론적 입장에 서 있었음을 확인케 하는 대목이다. 그것은 그가 당시의 예절서의 문란을 종법적 정통론으로 극복하고자 한 예치적 의식의 소산이 아니었나 한다.(한기범, 「구봉 송익필의 예학사상」, 상게서. 199쪽)

것이 아니다. 자신의 약점을 당당하게 받아들이는 구봉의 태도는 그의 능력을 돋보이게 하는 일화다. 이미 선행연구를 통해 송구봉의 사상의 핵심으로 '직(直)'의 수양은 강조되고 있다.

송구봉에게 직은 '올바르지 않은 정(情)이 나오는 것을 근원적으로 의(意)에 의하여 막아야 한다는 실천적 의지'(성태용: 2011)와 통한다. 구봉은 조선 예학의 종주 김장생의 스승으로도 알려져 있다. 구봉이 정통한 예학은 형식을 통해 내면의 올바름을 지키기 위한 것이다. 그러한 구봉이 자신의 어머니를 장례를 치르며 명정을 쓰는 문제에 봉착한 것이다. 현달한 사대부가의 여인이었다면 고민스러울 것도 없는 상황이다. 하지만 아버지 송사련의 밀고로 이룩한 신분상승이 지니고 있는 개인사를 공식적으로 인정해야 하는 것은 자신의 철학과 삶의 핵심을 보여주는 상황이다. 설화에서는 오히려 주변 사람들이 구봉의 처지를 먼저 배려하고 미화시키려는 의도를 드러내고 있다. 이때 구봉은 율곡을 기다려 외할머니가 천출(私婢莫德之柩)이었음을 여실하게 드러내고 있다. 구봉이 천생인 것은 이미 널리 알려진 사실이다. 그러나 그것을 공표하는 것은 차원이 다르다. 침묵이나 회피의 수단을 간구하려고 했다면 가능한 일이었다.

설화를 통해서 구봉은 천생이지만 자신의 태생적 한계를 당당하게 받아들이는 인물로 그려져 있다. 자신의 '약점'을 스스로 조롱하거나 타자화 시킬 수 없는 것이 인지상정(人之常情)이다. 구봉이 노비혈통을 담담하게 받아들이는 태도는, 자기 운명과 현실을 냉철하게 수용한다는 의미로 받아들여진다. 실제 송익필은 율곡의 죽음 이후 추노를 당했을 때, 동인(東人)인 이산해의 회유를 거절한 일화가 있다. 율곡을 배신하면 위기를 모면할 수 있다는 회유였다. '노비' 출신이어서 겪어야 했던 정거, 소송과 체포, 유배, 환천과 추노 등의 고통을 당했지만, 아버지를 한 번도 원망하지 않았다던 구봉의 마음 경영은 이미 사적 감정을 벗어난 대유(大儒)의 면모를 지닌다. 그리고 대유로서의 근저에는 자기 자신을 그대로 '받아' 들이는 초연함이 있다.

2)-2 송구봉의 우월함 : 對+食(+便紙) - 율곡 아들의 생사를 결정하다.

기본형인 '직접 대면과 압도'적 상황과 점심 대접 화소가 결합된 경우다. 2009년과 2014년에 채록된 유형이다. 핵심적인 내용은 세 가지로 구성된다. 첫째, 율곡의 아들이 송구봉을 직접 대면하여 감복했지만 점심상을 무례하게 대접하였다. 둘째, 송구봉이 이를 괘씸하게 여겨 징치하려고 했다. 셋째, 율곡이 미리 알아서 죽기 직전에 백지편지를 써서 아들의 위기를 구해준다. 이 유형에 드러난 송구봉은 다른 유형에 비해 감정적이며 단호하다. 율곡은 조선 유학의 지명도에 비하면 세상 물정을 모르는 아들의 실수를 만회하기 위해 전전하는 필부(匹夫)로 그려진다. 율곡의 아들이 임진왜란에 참여하여 송구봉 지휘 하에 있으면서 결정적인 군량미 수송 문제로 과오(過誤)를 범한다. 율곡은 역사적 기록처럼 임란 전에 세상을 떠난 상태다. 임진왜란에 송구봉 역시 유배 상태였기 때문에 설화 속에서의 활약은 불가능하다. 율곡의 아들의 방자한 태도는 송구봉 설화에서 때로는 우계나 홍경신의 아우 등으로 대치되지만, 전반적으로 등장하는 것은 율곡과 율곡의 아들 이야기다. 율곡은 9번 과거에 응시하여 9번 모두 장원을 차지한 '구도장원공(九度壯元公)'이지만 본처에게서 낳은 아들이 없어서 서출로 가계를 이을 수밖에 없었다. 조선의 천재이자 기재이지만, 조선시대 상황에서 후사를 잇지 못한 결핍을 지닌 인물인 것이다.

설화 속에 등장하는 율곡, 율곡의 아들, 송구봉의 임란 활약담은 모두 설화적 상상력으로 확장된 이야기다. 설화 속에서 서출인 율곡의 아들은 서출인 송구봉을 업신여긴다. 송구봉이 '對+喪' 유형을 통해서 자신의 어머니의 신분을 '사비(私婢)'나 '노비(奴婢)'로 있는 그대로 받아들이며 천명하는 태도와 비교된다. 송구봉이 지키는 '예(禮)'는 허식이 없는 있는 그대로의 '실(實)'을 지키는 것이다.

송구봉이 간파한 율곡 아들의 허점과 무능력은 곧 화를 부르지만, 율곡 또한 자신의 아들을 알고 있었던 사람이다. 율곡은 십만양병설을 주장하며 임란을 대비했던 것과 같이, 백지 간찰을 써서 아들의 목숨을 구한다. 송구봉의 활약은 율곡의 위대함을 넘어서고 있다. 역사적 기록에서 율곡의 위대함과 천재성은 기억되고 있지만, 설화의 현장에서는 송구봉이 율곡과 그의 아들의 허물을 '용서'해 주는 인물로 전승된다.

2)-3 신분제의 굴곡에 갇힌 송구봉 : 對 +婚(+中 · 終+宋後) – 율곡의 딸과 통혼 요청을 했지만 거절당하다.

송구봉과 우계 성혼, 율곡 이이의 교유는 막역하기로 널리 알려져 있다고 한다.[15) 구봉 설화에서도 율곡과의 일화가 다수 전해진다. 송구봉은 예학에 정통하였지만 현실 정치에 관심을 많았다.[16) 하지만 송구봉

---

15) 구봉, 우계, 율곡 세 사람의 교유는 막역하기로 널리 알려져, 일본에서까지도 송대의 주자, 장남헌, 여동래의 강마지교에 비유 될 정도였으며, 이런 연유로 세 사람의 친필 서한을 묶어 '삼현수간'이라는 제목으로 펴내기도 했다.(김창경, 「삼현수간을 통해서 본 구봉 · 우계 · 율곡의 도의지교와 학문교류」, 『잊혀진 유학자 구봉 송익필의 학문과 사상』, 구봉문화학술원, 2016.361쪽)

16) 송익필의 예학은 심오한 철학적 탐구를 통하여 얻어진 '천리'를 구체적인 현실의 문물제도로 드러내는 것이었다. 그러므로 行用을 뒷받침하는 본원문제로서의 성리학, 특히 심

은 25세에 별시에 응시해서 합격했지만 서얼이라는 이유로 정거(停擧) 당한다. 부친의 무고(誣告)로 양반이 되었지만 송구봉의 성장 환경이 명문 사대부였다는 것은 부정할 수 없는 사실이다. 입신양명으로 현달을 꿈꾸던 20대 청년에게 다가온 정거는 이후 송구봉의 삶을 규정짓는 결정적 사건이었다. 이미 도와 의리로 교우를 나누던 친구들은 정계에 진출해서 자신의 경륜을 펼칠 기회를 얻고 있었다. 이런 면에서 송구봉에게 율곡과 정철 등은 사회적 자아라고 볼 수 있다. 그가 기축옥사에서 서인의 '모주(謀主)'라는 이름을 얻은 것도 실질적으로 정치에 참여할 수 없는 태생적 질곡에 갇혔으면서도 그의 환경과 교제 범위는 양반이었기 때문에 가능한 일이다. 송구봉 설화에 가장 많이 등장하는 친구는 '율곡'이다. 송구봉의 통혼 요청과 율곡의 거절, 송구봉의 실망감 표현이 주된 내용이다.

설화 속 송구봉이 율곡의 딸을 며느리로 삼겠다고 요청하는 이유는, 결혼을 통해서 신분상승을 위한 것이다. 자신의 재능(능력)을 제대로 펼칠 수 없는 신분적 한계를, 사대부가와의 혼인을 통해서 꾀하는 것이다. 하지만 현실적으로 일천즉천(一賤則賤)의 당시 경국대전의 법을 따져보면, 송구봉의 이러한 제안이 현실적인 효력은 없었을 것이다. 설화 속에서 송구봉의 통혼 요청은 자신의 능력을 펼치지 못하는 아쉬움을 해소하기 위한 방편(方便)인 동시에, 평생을 함께한 친구라도 넘을 수 없는 신분제의 엄혹한 현실을 보여주고 있다17). 설화에서 진단하는 8년 임진

성론을 중점적으로 연구하였음은 당연한 일이다..... 부친의 씻을 수 없는 과오는 송익필로 하여금 인간의 성정이라든지 선악과 같은 근본적인 문제에 대하여 집중적으로 탐구하여 인간이 어떻게 하면 착한 본성대로 살아나갈 수 있을지 그 길을 모색하게 하는 중요한 계기가 되었던 것 같다.(황의동,「역경 속의 진유 구봉 송익필」,『잊혀진 유학자 구봉 송익필의 학문과 사상』, 구봉문화학술원, 2016.48-49쪽)
17) 구봉과 우계와 율곡, 세 사람은 나이도 비슷하고 본향도 같은 지역일 뿐 아니라, 도학을

왜란의 원인은 '위신, 수치, 체면' 때문이며, 명분싸움으로 '인재'들을 등용하지 않았기 때문이라는 말이다. 송구봉은 임진왜란과 맞물려 제대로 된 경륜을 펼쳐보지도 못하고 '중국'으로 떠나버린 대표적 '인물'인 셈이다. 율곡과의 통혼 요청은 전쟁이라는 절대적 위기 상황에서도 무너질 수 없었던 현실적 한계를 드러내주고 있는 일화다. 송구봉에게 율곡과 같은 도우(道友)로도, 전쟁과 같은 극적 상황에서도 무너질 수 없었던 것이 바로 '신분'의 문제였다.

3) 종합형 : 眼+(對+食)+短縮談 · 거북선+(婚)+中

- 노비 영웅 송구봉의 좌절

종합형은 송구봉 전설의 역사적 기록에서 언급되는 화소들이 모두 결합된 유형으로, 1984년 공주에서 채록된 작품이 해당된다. 기본형인 대(對)와 확장형에 식사대접(食)과 혼인 제안(婚) 화소가 주를 이루며, 임란 활약담과 중국망명 이야기가 삽입되어 송구봉의 빛나는 업적과 좌절을 연결시키고 있다. 종합형에만 결합된 새로운 화소는 안광 제압(眼)과 임란 활약담이다. 이 두 가지의 화소를 세부적으로 살펴보자.

함께 한 도우로서 평생 돈독한 우정을 지니며 살았다. 나이로 보면 구봉이 우계보다 한 살 많고, 율곡보다는 두 살 더 많았다. 세상을 떠난 햇수로 보면 율곡이 49세로 가장 먼저 타계했고, 우계는 65세, 구봉은 66세로 1년차로 세상을 떠났다. 구봉은 경기도 파주 교하 구봉산 아래에서 생장했고, 율곡은 강원도 강릉 외가에서 태어났으나 본가가 경기도 파주 율곡촌이었고, 우계 또한 경기도 파주 우계에서 생장했으므로 지역적 연고가 거의 같았다. 무엇보다 나이가 비슷하고 어려서부터 학문을 좋아하고 도학에 뜻을 두고 생장했다는 점에서 세 사람의 우정은 평생 변함이 없었고, 상호 격려하고 충고하면서 조선의 큰 유학자로 대성하였다. 특히 구봉은 우계와 율곡과는 달리 중년 이후 천민의 신분으로 환천되었음에도 불구하고 세 사람의 돈독한 우의가 지속되었으며, 각기 다른 개성과 기질 그리고 학문적 차이에도 불구하고 평생토록 변함없는 우정을 유지한 것은 매우 이채로운 일이다.(김창경, 전게서, 364-365쪽)

3)-1. 眼 : 구봉의 눈빛에 임금이 굴복하다.

구봉과 임금의 대면은 불가능하다. 송구봉은 20대에 정거를 당했기에 벼슬을 하지 못했다. 그가 정치에 영향력을 미치고 서인의 모주라는 평을 들어야 했던 이유는, 그의 친구들인 율곡이나 송강 등이 서인의 실력가로 정치에 개입했기 때문이다. 구봉의 실력은 별시에 합격하면서 명성을 얻고, 이후 글쓰기를 통해 자신의 생각을 여실하게 표현했던 것은 사실이다. 그러나 그가 설화처럼 명종 혹은 선조를 대면한 일은 없었다. 이 내용 역시 완벽한 허구다. 율곡이 그를 천거하며 임금에게 눈을 감으라고 요구하고, 구봉의 눈빛에 놀라 뒤로 넘어졌다는 이야기도 근거 없는 말이다. 이러한 허구적 이야기는 구봉을 등용하지 않는 이유를 설명하는 배경으로 등장한다. 구봉의 눈빛에 놀란, 눈빛에 겁을 먹은 임금이 서출을 근거로 재능을 펼칠 기회를 주지 않았다는 귀결이다. 구봉은 이에 중국으로 떠나고 만다. 이 화소는 구봉 설화를 지탱하는 두 가지 요소 중에서 탁월한 능력을 지닌 것에 대한 반증으로 쓰인다.

구봉의 강렬한 '눈빛'은 시대를 꿰뚫는 능력의 외적 발현이다. 그런데 그 능력은 노비에게는 지나친 것이다. 구봉의 삶을 오늘날 기념하게 하는 것도 그의 뛰어난 사상이지만, 구봉의 삶을 굴곡지게 만든 것도 '노비'가 지닌 지나친 '능력'인 것이다. 설화 속의 구봉은 자신을 받아주지 않는 조선을 떠나 중국행을 선택한다. 구봉의 중국행은 시대를 제대로 만나지 못해서 자신의 재능을 펼치지 못하고 사는 불운한 존재들의 정처 없는 삶을 대변해준다. 이전의 설화가 구봉의 개인사의 설화적 변용이라고 한다면, 구봉의 강렬한 눈빛 화소는, 구봉의 개인사에 대한 민중적 해석이 가미된 것이다. 민중이 기억하는 송구봉은 노비라는 한계에 부딪혀 자신의 재능을 발휘하지 못하고, 중국으로 가야만 했던 비운의 천재인 것이다. 그의 눈빛은 임금을 기절시킬 만큼 강렬했는데도 말이다.

3)-2. 임진왜란에 참여하여 활약하다.

송구봉은 임진왜란 동안에 유배와 해배를 겪는다. 기축옥사를 통해 실권을 잡은 정철이, 선조에게 왕세자 책봉을 제안하며 벌어진 사태에 연루된 것이다. 유배에서는 풀려났지만 전쟁 상황에서 제대로 된 주거지를 얻을 수도 없었다. 이미 율곡은 10여 년 전에 세상을 떠난 상태였고, 전쟁이 발발하자마자 정철과 형제들마저 연달아 세상을 떠났다. 송구봉에게 임진왜란은 전쟁의 참혹함과 함께 개인적인 슬픔이 계속되는 시간이었다. 어쩌면 임진왜란이 종결되고 성혼과 함께 일 년 만에 생을 마감하게 된 것도 우연은 아닐지 모른다.

하지만 설화의 언중들은 송구봉을 난세의 영웅으로 기념한다. 특히 명나라 장수인 이여송과 대작하고, 그의 부인을 매질하는 인물로 그려지고 있다. 이여송은 한국에 비범한 인재가 나올까 두려워하여, 풍수명당을 쇠말뚝으로 박아서 단혈하는 인물로 등장한다.[18] 구봉이 임진왜란에 활약을 했다면 8개월 만에 끝냈을 것이라는 언급이, 증산도 경전에 써있다고 한다.[19] 어린 이순신과의 조우나 거북선의 구조를 결정해주는 일화도 널리 알려져 있다. 그러나 이여송과 대적하고 이여송의 부인을 매질하는 내용은 언뜻 보면 임진왜란을 평정하기 위한 활약처럼 보이지만, 임진왜란의 책임을 중국인 파병 장수에게서 찾는 것도 모순이다. 오히려 송구봉과 이여송의 대면은 인재의 출현을 막는 이여송에 대한 징치라고 할 수 있다. 임진왜란을 해결할 만큼의 능력이 있지만 서

---

18) 권도경, 『한국인물전설과 역사』, 박이정, 2014, 11쪽
19) http://www.jsd.or.kr/?c=masters/dojeon/695&p=9&uid=13060

얼이라는 이유로 등용되지 못한 아쉬움이 남은 것이며, 거북선과 결부된 일화는 그가 지니고 있는 긍정적인 영향력을 극대화시킨 것이다.

죽기 십여 년 전의, 말년의 송구봉에게 임진왜란은 가혹한 시기였다. 그런데 언중은 임진왜란과 송구봉의 영웅적 활약을 결부시켜 기억하고 있다. 전쟁은 기존의 가치가 붕괴되는 현장이다. 임금이 도성을 비우고 피신을 가기도 하고, 생존을 위한 모든 시도를 해야 하는 상황이다. '목숨'과 '가치'에서 실존적 선택을 해야 하는 비상사태이다. 구봉의 영웅적 활약은 그가 지니고 있는 운명적 복합성에서 비롯된다. 전쟁의 가치 파괴적 상황을 헤쳐 나갈 수 있는 인물은, 기존의 사회질서 속에서 보호받던 자들이 아니다. 명문자제에서 추노로, 유배와 해배, 죽음과 이별, 아버지 송사련의 부관참시, 동인과 서인의 공격과 방어 등의 현장을 아울렀던 구봉의 이력은, 전쟁이라는 비상사태를 냉철하게 꿰뚫어 볼 수 있는 자질인 것이다. 실제 전쟁에서 세운 공으로 면천이 가능했던 시대다. 임진왜란에서의 송구봉의 활약은 노비로 태어난 송구봉이 자신의 능력을 십분 발휘할 수 있는 기회의 순간이다. 그러나 이본에 따라서는 전쟁의 상황 속에서도 송구봉은 율곡과의 통혼을 거절당해 중국으로 떠나는 좌절도 겪는다. 이런 이유에서인지 좌절한 영웅으로서의 면모를 부각시켜 주는 송구봉 부친의 용꿈이 부연되기도 한다.

지금까지 살펴본 구봉설화는 두 가지 테마가 지속적으로 전개된다. 하나는 송구봉이 노비라는 사실이다. 실제의 그가 명문가 자제로 태어나 정쟁의 소용돌이 속에서 환천 당하는 수모를 겪었다는 사실은 중요하지 않다. 설화에서는 그는 '노비'라고 강조한다. 노비라는 그의 신분은 탁월한 능력과 함께 극적으로 부각된다. 구전 구봉 설화의 핵심은 태생적 한계를 지닌 구봉이 양반을 능가하는 자질을 지니고 있었으나, 등용되지 못했다는 것이다. 더군다나 그가 환천 되는 과정이 아버지의 업보를 대신 치르는 것이었기에 더욱 극적이다. 그런데 대부분의 설화에서는 가족사에 대한 언급은 자세하지 않다. 오히려 홍길동이 지니고 있는 비극적 영웅성의 서막을 여는 홍판서의 태몽처럼, 송구봉 부친의 용꿈이 설정되기도 한다.

구봉의 신분이 미천하기에, 그가 당대의 거유들과 대등한 교유를 맺었다는 사실, 임금을 기절시킬 만큼의 강렬한 눈빛을 소유했다는 사실, 율곡을 능가할 실력을 지녔다는 사실과, 모친의 신분을 부끄러워하지 않은 그 모든 일화가 그의 비범함을 돋보이게 해준다. 그러나 그의 능력은 끝까지 증명되지 못하고 만다. 임진왜란 활약담은 실제 그의 삶과는 거리가 멀다. 그의 활약은 거북선 제작을 지도하는 보조의 역할부터, 이여송의 아내를 매질하는 식의 극적 설정도 그렇다. 구봉설화는 역사적 사실을 반영한 인물전설에서부터 상상력으로 구성된 민담까지 다양하게 분포한다. 그러나 구봉설화의 생명력은 태생적·사회적·문화적·종교적 등의 구조적 한계에 갇혀 자신의 능력을 펼치지 못하는 절대 다수의 설화 민중 속에서 '아쉬움'으로 발현한다. 이러한 아쉬움은 미완의 혁명가 아기장수 설화와도 통한다. 부모의 실수로 혁명을 완성하지 못하거나, 장수로 태어났지만 부모에 의해 살해당하는 비극적 설화는, 자신의 꿈을 이루지 못하고 사는 범범한 사람들의 여한을 반영해준다.

앞서 제시한 20개의 화소는 지금까지 살펴본 5개 유형에 종속적인 기능을 한다. 태몽은 홍길동전의 출생 내력과 흡사하게 전승되어, 송구봉의 어머니가 '종'이라는 사실을 증명해준다. 이와 유사한 화소가 야담류에 전하는 '곤(困)'화소이다. 평(評)은 엄밀히 말해서 화소라기보다는 송구봉에 관한 의견을 정리한 것이다. 전반적으로 송구봉 전설의 배경 역할을 한다. 안(眼)화소는 다양한 의미로 변형되고 있다. 율곡이 송구봉의 안광에 놀라 굴복하여 교제가 시작되지만, 임금을 놀라게 해서 역적으로 몰리게 되는 요소이기도 하다. 송구봉의 기개와 영웅성을 보여주는 화소이다. 이런 유형의 화소는 양반친구들을 하대하는 내용과 연결된다. 역적으로 모함 받고 중국으로 간다거나(中) 종적을 알 수 없다(終)는 화소는, 모두 송구봉이 처한 현실 속의 좌절을 의미해 준다. 송구봉의 시적 능력은 설화 속에서 제시되는 신분적 제약과 울분이 문학적으로 표현된 것이라고 할 수 있다. 송구봉 전설 중에 최근에 채록된 '아화(兒話)'는 구봉 송익필의 역사적 인물로서의 존재감이 희미해지고 있다는 반증이다. 구연자의 발음이나 기억이 온전하지 않지만, 대략적인 내용은 어린 송구봉이 자신의 집에서 뻗어나간 복숭아를 따먹는 정승댁에 찾아가 담판을 짓는다는 것이다. 이런 유형의 이야기는 오성과 한음, 김인후 등의 역사적 인물담에 자주 등장하는 이야기다. 당진에 묘비가 세워지면서 전승되는 '묘비' 화소는 송구봉의 역사적 위상을 기억해주는 구체적인 물증이라고 할 수 있다.

5. 결론 : 구봉 송익필 전설의 설화적 의의

지금까지 역사적 인물인 구봉 송익필의 삶이 설화민중에게 어떤 식으로 전승되고 있는지를 고찰하였다. 구봉 송익필은 동서당쟁이 본격적으로 진행되던 시대에 핵심적인 역할을 했던 인물이다. 송익필의 활약은 사대부 집안의 인물들과 다른 상황에서 이루어진 것이다. 송익필은 사대부 집안에서 태어나 교육받고 입신양명을 위한 삶을 살았지만, 정치적 변동 속에서 환천 당하는 고통을 겪고 노비 신분으로 생을 마감한다. 역사적 기록을 통해서 확인되는 송익필의 이러한 삶은, 설화를 통해서는 자기 운명과 의연하게 대결하는 '영웅'적 인물로 전승되고 있다.

그리고 앞서 말한 것처럼 송익필의 삶은 동인과 서인의 정치적 대립 속에서 기축옥사를 기획한 '서인의 모주'라는 평판을 얻게 된다. 기축옥사는 역사적으로 동인 선비들의 몰락과 서인의 득세를 가져온 사화(士禍)이다. 동인의 입장에서 본다면, 송익필은 정적이자 숙적이다. 특히 기축옥사의 신호탄이었던 '정여립'은 전북사람이다. 진안 죽도는 정여립이 관군과 대치하다 자결한 곳이라는 전설이 있는 곳이다. 송익필의 자(字)로 지어졌다는 운장산(雲長山)은 죽도와 가까운 거리에 있는 전북의 명산이다. 설화의 현장에서는 기축옥사의 정적이 공존하고 있다. 또한 설화의 언중에게 송익필은 뛰어난 자질을 얻었지만 신분적 질곡에 갇힌 영웅일 뿐, 동서분당의 핵심 인물로 기억하지 않는다. 그런가하면 정여립이야기 역시 정여립의 혁명사상에 대한 기림이나 아쉬움보다는, 정여립의 악행에 초점을 맞추고 있다. 실제 당쟁사의 비중과 상관없이 송익필은 약자의 삶을 살았다. 그의 정치적 경륜이나 학문적 성취로 자신이 현실적으로 누린 것이 없기 때문이다. 설화를 통해 확인된 언중들의 송익필에 대한 평가를 근거로 본다면, 송익필은 전쟁의 상황에서도 극복하지 못한 '신분제'의 질곡에 갇힌 노비출신 영웅으로서의 면모가 강하다. 이것은 '서인'의 모주라는 기록상의 평가와 대조된다. 그리고 송익필의 친구였던 이이, 성혼, 정철 등은 모두 역사적 위인으로 족적을 남긴 인물이지만, 양반집 환경에서 태어나 그들과 어깨를 나란히 했던 송익필은 임종의 순간까지 도망노비로 쫓기는 신세였다. 기축옥사의 두 주인공인 송익필과 정여립은 역사적으로 정적이었지만, 두 사람 모두 설화를 통해 실패한 '영웅'으로 기억되고 있다. 송익필의 노비라는 조건은 태생적 한계에 절망하는 범속(凡俗)한 개인들에게 위로로 다가오며, 정여립이 꿈꾸었던 역적모의 혹은 체제 전복의 시도는 새로운 세계를 꿈꾸는 민중적 소망이 담긴 화소다. 이런 점에서 기축옥사를 기점으로 '반역향(反逆鄕)'으로 낙인찍혔다고 하는 지역에서 전승되는 송익필의 '운장산'과 정여립의 '죽도'는, 이미 두 사람이 지니고 있는 정치적 색깔과 상관없이, 약자들의 기억 속에서 '영웅'으로 존재한다.

이런 점에서 운장산의 이름을 둘러싸고 송구봉의 영향력을 지워야 한다거나, 정여립의 대동사상에 관한 포폄(襃貶)은 설화적 상상력과는 거리가 멀다. 설화 속에 그려진 두 사람은 모두 실패한 영웅이다. 그들이 넘어서지 못한 한계는 '신분'이고 '왕조'다. 설화의 민중들이 기억하는 송구봉은 능력이 과도하여 시대와 불화한 영웅이고, 정여립은 내적 자질의 부족으로 큰 뜻을 이루지 못한 영웅이다. 그러나 결국 이들은 이이, 선조, 성혼, 정철처럼 주류의 역사에 기념되는 인물이 되지 못했다. 이들은 모두 설화의 언중들이 기억해주고 있다는 점에서 '약자성'을 공유한다. 정여립과 송익필은 역사적 정적으로 기록되지만, 설화 속에서는 개별적으로 의미를 지닌다. 이들의 삶을 역사적인 기록에 꿰어 맞추며 당파성을 가려내는 것은 설화적 세계관에서는 무의미한 것이다.

구봉과 율곡의 학문과 교유[1]

손흥철[2]

1. 시작하는 말

한 사람의 일생에서 우(遇)와 불우(不遇)는 개인의 행복이나 불행을 좌우하지만, 그가 참으로 유능한 사람인데도 때를 만나지 못해 능력을 발휘하지도 못하고 스러진다면, 그것은 국가와 사회의 불행이 될 것이다. 구봉(龜峯) 송익필(宋翼弼. 1534~1599)은 바로 이러한 비극을 한 몸으로 맞이한 인물이다. 그러나 초인적 인내와 수양으로 높은 학문적 성취를 이루고, 인재를 교육하여 조선(朝鮮)의 성리학을 크게 발전시켰으며, 사람과의 사귐에서 인간다움의 전형(典型)을 보여주었다. 그리고 국

---

1) 이 논문은 2016년 11월 4일 제1회 구봉문화학술원 정기학술대회, 구봉문화학술원 주최 파주시청, 파주문화원, 율곡학회, 우계문화재단 후원, 파주시민회관, 〈기호유학의 산실 파주와 구봉송익필〉학술대회에서 발표하고,『동양철학연구』제93집, 동양철학연구회, 2018년에 게재한 논문이다.

2) 孫興徹, 안양대학교 교수

가로부터 받은 은혜가 특별히 없을지라도 늘 국가의 안위를 걱정하였다.

조선은 신분제 사회여서 반상(班常)과 적서(嫡庶)의 차별이 심하였다. 구봉은 이러한 신분적 제약 때문에 한 학파의 종장(宗匠)이 될 수 있는 학문을 성취하였지만, 결국 세간의 기피대상이 되었고, 일국(一國)의 경세(經世)를 책임질 수 있는 경륜을 가졌음에도 정쟁의 희생양이 되고 말았다.

이 글은 구봉과 도의지교(道義之交)를 맺었던 율곡(栗谷) 이이(李珥. 1536~1584)의 학문과 삶을 비교하여 그 크기와 의미를 고찰하고, 그들의 학문적 의미를 재평가 해 보려는 데 그 목적이 있다.

이를 위하여 먼저 구봉과 율곡의 학문적 특징을 비교해 볼 것이다. 율곡이 서인의 영수로 추앙받지만, 자세히 살펴보면 구봉도 율곡과 함께 서인의 원조로 볼 수 있는 여러 특징이 있다. 이 장에서는 리기론, 태극론, 예론을 중심으로 그 특징을 살펴본다.

다음은 구봉과 율곡의 사귐이 금란지교(金蘭之交) 혹은 지란지교(芝蘭之交)라는 찬사를 받는 교유(交遊)의 의미를 되새겨 보려고 한다. 사회에는 자신의 이익을 위하여 친구를 배신하고 심지어 부모와 처자까지도 등지는 사람이 있지만, 구봉은 엄격한 신분제 사회에서 태생적 불행 때문에 노비신분으로 전락한 매우 불행한 상태에서도 친구에 대한 의리를 조금도 저버리지 않았다. 구봉의 이러한 면모에서 오늘날 불신으로 가득 찬 우리 사회의 신뢰를 회복할 수 있는 희망을 찾아 볼 수 있을 것이다.

끝으로 구봉의 학문에서 인간다움의 보편적 철학을 발견해 이를 현양(顯揚)할 방법을 찾고자 한다.

2. 구봉과 율곡의 학문

조선의 일등 개국공신인 정도전(鄭道傳. 1342~1398. 호 三峰)이 성리학을 건국의 이념으로 선택한 것은 고려말 크게 국가를 어지럽힌 불교의 폐단을 바로잡고 새로운 정치를 시작하기 위함이었다. 그는 일생 많은 혁신적인 개혁사상을 제시하였고, 자신을 한(漢)의 개국공신인 장량(張良. ?~BC.186)에 비유하기도 하였다.

조선건국의 초석을 다진 정도전은 성리학을 조선의 전반적인 국가제도와 운영의 지침(指針)으로 삼았다. 성리학의 정치이념은 신하가 왕을 보좌하여 인정(仁政)을 구현하는 것은 당우삼대(唐虞三代. 夏·殷·周)의 이상정치를 실현하는 것이 그 목적이었다. 이를 위해 조선은 유능한 신하를 배양하기 위한 교육을 적극 장려하였다. 그 결과 조선이 건국된 지 약 100여년이 될 무렵에는 많은 유능한 학자들이 배출되었고, 이들은 점점 정치·사회의 주도층을 이루는 상황이 되었다.

구봉·율곡·우계는 파주(坡州)의 삼현(三賢)으로 불린다.[3] 이들은 모두 한국역사를 빛낸 인물들이며, 인간다운 신뢰가 무엇인가를 온 일생을 통해 보여주었다. 그리고 학문적인 교유를 통하여 세 학자는 각각 한 학파의 종장(宗匠)으로 발전하였다. 이 장에서는 구봉과 율곡의 학문적 교유와 그 특징을 검토하고자 한다.

구봉과 율곡이 활동하던 시기에는 서경덕(徐敬德. 1489~1546. 호 花潭)·조식(曺植. 1501~1572)·이황(李滉. 1501~1570 호 退溪)·기대승(奇

---

3) 본래 '파주삼현(坡州三賢)'은 윤관(尹瓘. ?~1111)·황희(黃喜. 1363~1452)·이이(李珥. 1536~1584)를 가리키는데, 이 외에 송익필(宋翼弼)·성혼(成渾)·이이(李珥)를 따로 가리키기도 하며, 그것은 송익필이 남긴 「삼현수간(三賢手簡)」이라는 제목에서 나왔다.

大升. 1527~1572. 호 高峯) 등 대학자들이 출현하였다. 이를 이어 구봉·우계·율곡은 도의(道義)의 우정을 나누면서 열성적이면서도 깊이 있는 학문적 토론을 하였고, 이들에 의하여 조선성리학은 독창적인 발전을 하였다. 이들은 성리학의 리기심성론, 예론(禮論), 경학(經學), 시문(詩文), 국방(國防), 목민(牧民) 등 다양한 분야에서 매우 탁월한 식견을 가졌고, 또한 일국의 경세(經世)를 책임질 수 있는 충분한 역량을 가졌다. 이 글에서는 이러한 내용을 세 가지 부분으로 나누어 정리한다.

첫째, 리기론이다. 리기론은 퇴계와 고봉의 논쟁을 거쳐서 퇴계와 율곡의 논쟁으로 옮겨졌다. 이 과정에서 율곡은 리발설(理發說)을 강력하게 부정하고 기발리승일도설(氣發理乘一途說)을 주장한다. 율곡 리기론의 대강은 다음과 같다.

> 리(理)는 무위(無爲)며, 기(氣)는 유위(有爲)다. 그러므로 기(氣)가 발하고 리는 그 기를 탄다.4)

> 천지의 변화와 내 마음의 발동은 기가 발하고 리가 그것을 타는 것이 아님이 없다. 이른바 기가 발하고 리가 탄다는 말은 기가 리보다 먼저가 아니며, 기는 유위(有爲)이며, 리는 무위(無爲)이므로 그 말이 부득불 그러하다. 무릇 리(理) 위에 한 글자도 더할 수 없으며, 털끝만큼도 수양의 힘을 더할 수도 없다.5)

---

4) 『栗谷全書』卷10, 答成浩原, "理無爲, 而氣有爲, 故氣發而理乘."
5) 『栗谷全書』권10 答成浩原,, "天地之化, 吾心之發, 無非氣發而理乘之也. 所謂氣發理乘者, 非氣先於理也. 氣有爲而理無爲, 則其言不得不爾也. 夫理上, 不可加一字, 不可加一毫修爲之力."

바도 없다. 이른바 둘이면서 하나고 하나이면서 둘이다."11)라고 설명하
였다.

리와 기는 독립적으로 따로 존재할 수 없으며, 서로 존재의 근거가 된
다. 그리고 양자의 존재방식은 둘이면서 하나고, 하나면서 둘이다. 리와
기는 서로 짝이 되어 항상 함께 있다. 즉 동시(同時)·동소(同所)로 존재
한다. 그런데 이 '둘이면서 하나며, 하나면서 둘'이라는 말을 율곡도 사
용한다.

> 무릇 리는 기의 주재(主宰)이다. 기는 리가 타는 바이다. 리가 아니면
> 기는 근저(根柢)가 없으며, 기가 없으면 리는 의착(依著)할 곳이 없다.
> 처음부터 두 가지 사물도 아니며 또한 하나의 사물도 아니다. 하나의
> 사물이 아니므로 하나면서 둘이며, 두 가지 사물이 아니므로 둘이면서
> 하나며 하나의 사물이 아니다.12)

이와 같이 리기의 관계를 보는 관점은 이후 율곡학파의 전형(典型)이
되었다. 리와 기는 '서로 떨어지지 않고 서로 섞이지 않는다.(不相離不相
雜)' 이 말은 리와 기가 서로 떨어져 독립적으로 존재할 수 없지만, 개념
및 기능은 각각의 의미와 역할이 있다는 뜻이 된다. 이러한 관계를 '이
이일(二而一), 일이이(一而二)'라고 함축할 수 있다.

다음은 율곡의 리기론의 가장 특징적인 내용이 되는 리통기국(理通氣
局)이다. 리통기국론은 본래 정이(程頤, 1033~1107. 호 伊川)의 리일분수

---

11) 「太極問」11, "理之與氣, 非彼無我, 非我無所取, 所謂二而一, 一而二者也."

12) 『栗谷先生全書』卷之十, 書二 答成浩原 壬申, "夫理者, 氣之主宰也, 氣者, 理之所乘也.
非理則氣無所根柢, 非氣則理無所依著. 旣非二物, 又非一物, 非一物, 故一而二, 非二物,
故二而一也, 非一物者."

(理一分殊)와 주희의 리동기이(理同氣異)의 이론에서 발전하였는데, 리일분수는 보편(普遍)과 특수(特殊)의 관계와 상호 소통가능성을 확인하는 형이상학이다. 이제 구봉의 리통기국론을 살펴보고자 한다.

> 그 상태가 천 가지 백 가지인 것은 기(氣)이고, 하나로 관통하는 것은 리(理)다. 기(氣)가 치우치고 막힌 것을 품부받은 것은 사물이며, 바르고 통한 것은 사람이다. 통(通)하고 정(正)한 것 가운데도 또 청(淸)·탁(濁)의 다름이 없을 수 없으나, 함께 인·의·예·지의 리를 얻었기 때문에 성인이 교육을 베풀어 그 리(理)로 돌이키도록 하였다.[13]

인용문에서 '현상의 사물이 다양하게 다른 것은 기'라는 말은 '기국(氣局)'을 의미하고, '하나로 관통하는 것은 리(理)'는 리통(理通)을 의미한다. 사물의 편(偏)·색(塞)과 사람의 정(正)·통(通)은 각각 기국과 리통을 의미한다. 이처럼 현상이 다양하게 다른 까닭은 각각의 사물에서 기가 다양하게 치우치고 막혔기 때문이다. 이와 달리 특수의 개별자들이 서로 소통할 수 있는 까닭은 리가 보편의 원리로 각각의 개별자들을 소통하게 할 수 있도록 하기 때문이다. 기는 청·탁이 있는데, 사물은 탁기(濁氣)를 품부 받고, 사람은 깨끗하고 순수한 기를 얻었다. 그러므로 사람은 인·의·예·지를 온전하게 실천할 수 있다. 끝으로 구봉은 리통기국을 사람이 완전하게 윤리도덕을 실천할 수 있는 논리로 귀결시킨다.

---

13) 『龜峯集』 권3, 「雜著」 「太極問」 20, "千百其狀者, 氣也. 貫乎一者° 理也. 稟得氣之偏且塞者, 物也, 正且通者, 人也. 於通正之中, 又不能無淸濁之殊, 而同得仁義禮智之理. 故聖人設敎, 欲返其理."

정리하면, 리기론에서 구봉과 율곡의 견해는 큰 차이는 없다고 할 수 있다. 다만 구봉은 리의 발현성을 강조하였고, 리통기국을 단순히 현상을 설명하는데 그치지 않고 사람이 인의예지의 사단을 실현할 수 있는 가능근거로 이해하였다.

둘째, 인심(人心)·도심(道心)의 문제를 보자. 인심·도심의 발현에 대한 설명에서는 구봉이 율곡의 생각과 이해가 잘못되었다고 비판한다. 그 내용은 다음과 같다.

> 우리 어진이(김장생)14)가 발하는 때를 논한 설 등은 옳지 않으므로 미발의 경지를 어긋난듯하다. 숙헌(叔獻)이 인심과 도심이 하나의 일에서 드러난다고 한 말도 못내 알지 못하겠다. 인심과 도심은 단지 하나의 마음의 발함이므로 잡(雜)이라고 한다. 소리·색깔·냄새·맛의 행위를 인심이라고 하며, 인·의·예·지(仁義禮智)가 나오므로 도심(道心)이라고 한다. (마음을) 다스릴 수 있으면 공(公)이 사(私)를 이기며 도심이 주인이 되며, (마음을) 다스릴 수 없으면 사(私)가 공(公)을 이겨서 인심(人心)이 주인이 된다. 전환하여 인욕(人慾)이 되면 막을 수가 없다. 이제 『심경(心經)』은 선악(善惡)을 버리고 단지 공연(公然)히 도심과 인심이 발하는 것만 말했을 뿐이다. 어찌 이와 같은 설이 옳다고 하겠는가? 또한 그대는 숙헌(叔獻)이 인심에서 발하여 도심이 된다는 설이 옳다고 하였는데, 역시 옳지 않다. 인심은 역시 성현(聖賢)도 함께 가지고 있는 마음인데, 하필이면 변하여서 도심이 되겠는가?

---

14) 오현(吾賢)은 구봉의 제자인 김장생(金長生. 1548~1631. 자 希元, 호 沙溪)이다. 구봉은 제자에게도 공(公) 혹은 벗이라 부르면서 깍듯이 존칭을 썼다.

그렇다면 성인은 인심이 없다는 말인가?[15]

위의 인용문은 제자인 김장생의 질문에 대한 답인데, 구봉이 사계와 율곡이 모두 잘못이라고 보고 있음을 알 수 있다. 그 내용은 두 가지다. 하나는 인심과 도심이 '하나의 일(一事)'에서 일어나는 것이 아니라 하나의 마음에서 생긴다. 하나의 마음에서 인심과 도심이 섞여 나오므로 '잡(雜)'이라고 한다. 하나의 마음이 소리·색깔·냄새·맛에 관련해서 나오는 것이 인심이며, 인·의·예·지의 도덕성을 발현하면 도심이다. 문제는 마음을 다스려 공(公)이 사(私)를 이기도록 하면 도심을 실천할 수 있다. 만약 사가 공을 이겨서 인심이 마음의 주인이 되면 그것은 인욕으로 변하여 억제할 수가 없게 된다. 그러므로 인심과 도심은 구체적인 일에서 드러나는 것이 아니라 치심(治心)의 문제이다. 다른 하나는 율곡이 말한 '인심에서 발하여 도심이 된다.'는 인심도심종시설에 대하여 구봉은 인심은 성현도 가지고 있는 것인데, 인심이 변하여 도심이 된다고 하면, 성현은 인심이 없다는 말과 같다고 여겼다. 구봉은 인심 그 자체를 악으로 보지 않고, 인심이 인욕으로 변한 상태를 악이라고 본 것이다. 나아가 구봉은 인심과 도심을 치심의 정도에 따라 서로 반비례해서 증감(增減)한다고 설명한다.

율곡은 리가 소리도 냄새도 없으므로 '리는 본래 은미하다.'고 하였고,

---

15) 『龜峯集』권3, 「雜著」答希元心經問目書, "吾賢所論發之之時等說不可, 故似犯未發之境. 叔獻所言二者皆發於一事, 殊不可知. 二者, 只一心之發, 故謂之雜. 聲色臭味之爲, 謂之人心, 仁義禮智之出, 謂之道心. 能治則公勝私而道心爲主, 不能治則私勝公而人心爲主. 轉爲人慾而莫之禁焉. 今心經則去善惡, 而只公言道心人心之發爾. 何可如此說? 且賢以叔獻之發於人心而爲道心之說爲可云, 亦不可. 人心, 亦聖賢合有底心, 何必變爲道心也? 然則聖人無人心耶?."

공(公)도 단지 처음 드러나는 바가 은미하고 적음을 말했을 뿐, 그것이 은미하고 작은 까닭을 말하지 않았다. 모두 잘못이 있다. 또한 도심의 은미함과 드러남은 인심의 편안함 및 위태로움과 서로 소장(消長)한다. 인심이 위태로운 자는 도심이 은미하고, 도심이 드러난 자는 인심이 편안하다.16)

위의 인용문에서도 두 가지 문제를 제기한다. 하나는 율곡과 사계는 '리의 드러남이 은미하다'고 하고 그 까닭을 말하지 않았다. 다른 하나는 도심과 인심은 하나가 커지면 다른 하나는 작아지는 상호증감의 관계이다. 은미하다는 말은 잘 드러나지 않는다는 뜻이다. 도심이 은미하면 인심이 드러나고, 인심이 은미하면 도심이 드러난다는 말이다. 따라서 인심이 위태로운 사람은 도심이 은미하기 때문이며, 도심이 드러나면 인심이 은미해져 마음이 편안해진다. 즉 구봉의 말은 리는 사물에서 분명하게 리의 법칙이 드러나기 때문에 결코 은미함 그 자체로 존재하지 않는다는 뜻이다. 그것은 인심과 도심도 마찬가지다. 도심이 은미하게 그대로 있으면 인심이 주동(主動)이 되기 때문에 사람은 위태해지고, 만약 도심이 밝게 드러나면 인심이 오히려 은미해져서 사람의 마음이 편안하게 된다.

셋째, 예론(禮論)에 관한 내용이다. 구봉과 율곡은 가장 오래도록 예론에 대해 질의 토론하였다. 이미 구봉의 예학에 대해서는 많은 연구가 진행되어 구봉의 예학의 특징과 의미를 충분히 드러내었다고 생각된다.

---

16) 『龜峯集』 권4, 『玄繩編上』, 答希元心經問目書, "叔獻以理無聲臭, 而云理本微, 公亦只言所發之微少, 而不言所以微小之故. 皆有所失, 且道心之微著與人心之安危, 相爲消長. 人心之危者, 道心微, 道心之著者, 人心安."

그러므로 여기서는 구봉의 예학의 특징을 간단히 서술하고자 한다. 구봉의 예설은 『구봉집(龜峯集)』의 「예문답(禮問答)」에 대부분 실려 있는데, 특히 율곡과 논쟁한 '서모예설논쟁(庶母禮說論爭)'은 가히 '구율논쟁(龜栗論爭)'이라 할 만하다.

한기범은 구봉의 예설의 특징을 "직(直)의 정신" "명분론적 정통론" "가례중심의 예학" "변례(變禮)에 대한 고례적(古禮的) 검증" "통(統)을 중시한 예학"으로 규정하고[17] "16세기 조선의 예학이 관행 중심의 예학에서 의리중심의 예학으로 넘어가는 과도기에 의리중심의 예학의 문을 연 선도적 예학이었다."[18]고 평가한다.

구봉의 예론은 율곡보다 원칙론을 중시하였다. 즉 율곡은 서모(庶母)의 위차(位次)에 대하여 정례(情禮) 즉 사람의 인정에 따라서 서모의 지위를 정식부인으로 인정하자고 하였다. 이에 반해 구봉은 고례(古禮)의 전거(典據)가 없기 때문에 서모의 위치를 인정할 수 없다고 주장하였다. 구봉 자신이 서얼(庶孽)출신임을 감안하면 좀 의외의 관점이다. 또 구봉의 예론에서 눈여겨보아야 할 점은 그의 직(直)사상과의 관련성이다. 직(直)은 『주역(周易)』 문언(文言傳)」의 "경이직내(敬以直內)"의 직(直)인데,[19] 구봉은 이 직(直)을 정심(正心)으로 설명한다. 즉 마음이 발라야

---

17) 구봉의 예학사상은 김창경, 『구봉 송익필의 도학사상』(서울, 책미래, 2014. 10)과 구봉 문화학회 편저, 『잊혀진 유학자 구봉 송익필의 학문과 사상』(서울, 책미래, 2016. 05)의 한기범, 「구봉 송익필의 예학(禮學)사상」에 그 내용이 상세하다. 『잊혀진 유학자 구봉 송익필의 학문과 사상』 pp.183-196 참조.
그 외 구봉의 예학에 대한 연구논문은 하지영, 「구봉(龜峯) 송익필(宋翼弼)의 예 담론과 그 의미 -서모(庶母) 논쟁을 중심으로-」(동방한문학회, 『동방한문학』, 2007)/ 이소정, 「구봉 송익필의 이기심성론 연구 - 예학과의 연관성을 중심으로-」(한국철학사연구회, 『한국철학논집』, 2001)이 있다.

18) 구봉문화학회 편저, 『잊혀진 유학자 구봉 송익필의 학문과 사상』(서울, 책미래, 2016. 05) 196쪽.

19) 구봉의 직(直)에 대해서는 김창경, 『구봉 송익필의 도학사상』(서울, 책미래, 2014. 10)

정(情)이 절도에 맞게 된다는 것이다.

> 마음은 고요하고 감응하는 데 두루 해당하며, 움직임과 고요함을 관통하고 있다. 마땅히 관통한 것이 마음이 이미 바름을 얻게 되면, 감응하고 움직여 나오는 것이 어찌 불선(不善)할 수 있겠는가? 정(情)이 선과 불선이 있음은 마음이 바름과 아직 바르지 못한 때이다. 정(情)이 불선이 없는 것은 마음이 이미 바르게 된 뒤이다.[20]

곧 정심(正心)이어야 정(情)이 바르게 드러나며, 이에 따라 다시 정심을 하기 위해서는 성(誠)이 있어야 한다고 구봉은 주장한다. 여기서 성은 성의(誠意)의 뜻이다. 즉 직(直) −정심(正心)− 성의는 예(禮) 뿐만 아니라 인의예지를 실천하는 수신(修身)의 공부라고 할 수 있다.

이 외에 구봉은 여러 가지 학문적 조언을 율곡에게 한다. 『순언(醇言)』을 저술한 율곡에게 오해를 살 수 있는 소지가 있으니, 출판하지 말라고 만류한 경우도 있다. 그러나 율곡은 이 책을 출간한다. 구봉이 이러한 일을 한 것은 필자가 보기에 율곡을 염려하는 마음에서 나온 것이지 그의 학문관이 협의(狹義)하기 때문은 아니라고 본다. 또한 구봉은 매우 근면한 학자였고, 그의 학문은 그의 재능만으로 이루어진 것은 아니었다. 이덕무(李德懋. 1741~1793. 호 靑莊館)는 "구봉 송익필은 주자어류를 외워 암송하였다."[21]고 하였는데, 『주자어류』는 다 외우기는 쉽지

를 참조 바람.

20) 『龜峯集』 권4 「玄繩編上」, "夫心者, 該寂感貫動靜, 該而貫之者旣得其正, 則感與動. 安得不善故? 情之有善不善, 心之正未正時也. 情之無不善, 心之已正後也, 發皆中節, 卽情之無不善也."

21) 李德懋, 『靑莊館全書』 권56, 「盎葉記」, "柳眉巖希春, 背誦朱子大全, 宋龜峯翼弼, 背誦朱

않을 만큼의 매우 방대한 분량의 책이다. 그의 재능과 근면한 학문정신이 없으면 불가능한 일이다. 후일 서인(西人)의 학통에서 리기심성론은 율곡으로부터 연원하며, 예학은 구봉으로부터 연원한다고 하였다.

전한(前漢)의 유향(劉向. BC 77~BC 6)은 『설원(說苑)』에서 "꽃향기는 천리를 가고, 사람의 덕은 만년의 훈향(薰香)이 있다.(花香千里行 人德萬年薰)"고 하였다. 비록 꽃의 향기가 좋다고 해도 사람의 덕은 그 향기가 훨씬 오래가고 멀리 간다는 뜻이다. 비록 400여년이 흐른 현재도 구봉의 학문이 다시금 돋보이는 것은 그 훈향이 만년(萬年)을 갈 수 있기 때문은 아닐까.

3. 구봉과 율곡의 교유

『율곡연보』에 따르면 구봉이 우계 · 율곡과 도의지교(道義之交)를 맺고 학문적 교유를 시작하였다. 이 때가 1554년으로 구봉이 21세 때이고, 율곡은 19세, 우계는 20세였다.22) 이 때 율곡은 금강산에서 1년 동안의 공부를 마치고 다시 파주로 돌아 온 뒤일 것이다.

그런데 이들의 교유가 단순히 20세 약관(弱冠)의 청년들의 친목단체가 아니었음은 후일 이들이 조선의 학문과 경세, 그리고 지란지교(芝蘭之交)를 빛낸 인물이 됨으로 알게 된다. 구봉은 25세 때인 1558(戊午)년에 율곡 등과 별시(別試)에 응시하여 합격하였다. 그러나 당시 사관(史

子語類, 趙重峯憲, 大全語類俱背誦."
22) 이 때 구봉은 사암(思庵) 박순(朴淳), 송강(松江) 정철(鄭澈) 등과도 도의지교를 맺고 학문을 연마하였다.

官)이었던 이해수(李海壽. 1536~1599. 호 藥圃)가 서얼(庶孽)은 과거에 응시할 수 없다고 하여 과거응시자격을 박탈하였다. 그 후 구봉은 27세 때부터 아예 파주(坡州)의 구봉(龜峯)23)으로 돌아와서 강학(講學)을 시작한다. 그런데 1586년 부친 송사련(宋祀連. 1496~1575)이 일으킨 신사무옥(辛巳誣獄)이 그야말로 무고(誣告)로 인한 사건임이 밝혀지고, 송사련에 의해 죽은 안당(安瑭)의 아들 안처겸(安處謙)의 신원(伸冤)이 이루어지고 나자, 송사련의 관작이 삭탈된다. 이 때문에 구봉의 할머니가 노비였던 관계로 구봉의 식솔 70여명이 졸지에 노비로 환천(還賤)되었다. 구봉은 이 때 정철의 도움으로 전라도 광주로 피신을 하게 된다.

구봉의 일생에서 27세부터 53세까지가 그래도 가장 평탄한 시기라고 할 수 있다. 약 26여 년 동안은 구봉이 스스로 학문연마에 전심전력하고 강론도 하며 율곡·우계 등과 다양한 분야에서 질정(質正)하면서 그 깊이와 넓이를 더한 시기이다. 그러나 이산해(李山海, 1539~1609)를 비롯한 동인세력들은 구봉을 끊임없이 궁지로 내몰았다. 그 과정은 다음과 같다.

천계(天啓) 갑자년(1624, 인종2)에 김 선생이 수몽(守夢) 정엽(鄭曄)과 함께 상소하였는데, 대략은 다음과 같다. "신등이 어렸을 때 송익필에게서 수학하였는데 익필의 문장과 학식이 당대에 당할 이가 없었고, 이이·성혼과는 서로 강마(講磨)하는 사이였습니다. 이이가 죽고 난 후 이발(李潑)·백유양(白惟讓)의 무리가 이이·성혼을 미워한 나머지

---

23) 지금의 파주시 교하읍 심학산(尋鶴山) 자락. 심학산의 옛 지명은 심악산(深岳山) 구봉 (龜峯)이다. 이때부터 구봉(龜峯)선생으로 불렀으며, 당시 14세의 김장생이 그에게서 수학하였다.

그 여파가 익필에게까지 미쳐 꼭 사지(死地)에다 몰아넣고야 말려고 하였으니, 그야말로 갑(甲)에게 품은 화를 을(乙)에게 분풀이 하는 것 치고는 너무 심한 일이었습니다. 사련(祀連)의 어미는 이미 양민이 되었고 사련 또한 잡과(雜科) 출신(出身)이어서 2대가 양역(良役)일 뿐 아니라 연한(年限)이 지난 사람은 도로 천민(賤民)이 될 수 없다는 것이 법전(法典)에 분명히 기록되어 있습니다. 그런데도 이발 등이 사련이 상변(上變)한 것을 안씨 자손들의 큰 원수로 삼아 기회를 타 사주하여 법을 무시하고 다시 천민을 만들었던 것입니다. 그때 송관(訟官)이 혹 법대로 처리해야 한다는 논리를 펴면 이발 등이 즉시 논박하여 송관을 두 번 세 번 갈아 내고서야 비로소 그들의 뜻대로 할 수가 있었던 것입니다. 사련이 비록 선류(善類)에게 죄를 얻었고, 또 익필이 비록 대중에게 미움받는 대상이 되었다 하더라도 일시의 사분(私憤)을 가지고 조종조 금석(金石) 같은 법을 어기면서 자기 마음을 쾌하게 할 수 있겠습니까. 다행히도 우리 선조대왕(宣祖大王)께서 다시 개석(開釋)의 실마리를 열어 놓으셨으나 익필은 곧 죽고 말았습니다.[24]

인용문을 통해 당시 동인들이 얼마나 집요하게 구봉을 사지로 몰아넣으려고 혈안이 되었는지를 잘 알 수 있다. 서인을 공격하기 위하여 이미 죽은 율곡과 우계를 끌어들이고, 거기에 살아있는 구봉을 함께 사지로 몰았다. 구봉을 괴롭히기 위하여 억지로 천민으로 만들었다. 구봉을 천민으로 만드는 과정이 참으로 악랄하다. 본

24) 한국고전종합DB. http://db.itkc.or.kr. 『宋子大全』제172권, 묘갈명(墓碣銘), 구봉 선생 (龜峯先生) 송공(宋公) 묘갈(墓碣). 이 인용문은 한국고전번역원의 원문번역에서 인용하였으므로 원문은 따로 게재하지 않는다.

래 구봉의 할머니 감정(甘丁)이 천첩(賤妾)의 소생이다. 그러므로 조선의 노비종모법(奴婢從母法)에 따르면 노비의 자손은 모두 노비가 되어야 한다. 그러나 그 후 구봉의 할머니는 면천(免賤)이 되어 양민이 되었고, 아버지 송사련도 잡과(雜科) 출신이므로 어머니 아버지가 2대에 걸쳐 양역(良役)이었으며, 이미 일정 기간이 지나면 천민으로 돌이킬 수 없도록 하는 법전이 있음에도 이 법을 무시하고, 이발(李潑)·백유양(白惟讓) 등 동인들이 두 번 세 번 사람을 바꾸어 자신들의 뜻대로 법을 해석하도록 하여 끝내 구봉을 천민의 신분으로 내몰았다.

이산해(李山海)가 선생에게 말하기를, "그대는 오늘의 화근을 아는가? 이게 모두 그 원인이 율곡에게 있는 것이네. 그대가 만약 남들을 따라 율곡을 헐뜯는다면 화를 면할 것이네."하자, 선생이 대답하기를, "비록 죽을지라도 어떻게 차마 그 짓을 하겠습니까."하였다. 안씨 집안에서 송사를 일으키자 선생은 예측할 수 없는 화가 닥칠 것을 알고 형제가 모두 피신하였고, 이산해는 송강(松江) 정철(鄭澈) 등 제공과 함께 서로 감싸 주었다. 그러나 그때 산해는 시배(時輩)들에게 붙어 있었고 또 권신들과 결탁함으로써 자기 위치를 굳히려고 하였다. 선생이 한번은 시를 읊어 조롱하였는데, 그 시 속에 '여지(荔枝)·연리(連理)' 등의 말이 있어 산해의 뜻을 크게 거슬렀다. 또 문열공(文烈公) 중봉(重峯) 조헌(趙憲)이 상소하여, 율곡·우계의 억울함을 끝까지 밝히면서 시배들을 기척(譏斥)했으므로 산해는 더욱 앙심을 품고 드디어 유언비어를 퍼뜨려 그 말이 대궐 안에 들어가게 하였다.25)

---
25) 위의 책.

여기서 또 한 번 구봉의 인품을 엿볼 수 있는 시가 있다. 처음 이산해는 정철과 함께 구봉을 도와주었지만, 당시 구봉은 이산해가 '시류(時流)를 쫓아 명리(名利)만 추구하는 사람' 곧 시배(時輩)들의 편에 있음을 알고 시를 지어 그를 조롱한 것이다.

無題[26]

荔枝一箇江南草　타래붓꽃 가지는 한갓 강남의 풀일지니

連理無情半夜言　연리지는 무정하게 깊은 밤에만 속삭인다네.

男子幾人還固寵　남자 몇 사람이 도리어 총애를 굳히니

香羅巾下有冤魂　향라건 아래에는 원혼이 생겨난다네.

위 시에서 앞 두 구절은 이산해의 이중적 삶을 통렬하게 조소하는 내용이다. 여지(荔枝)는 박과에 속하는 1년생 만초(蔓草)로서 중국의 강남지방이 원산지다. 고작 1년의 생명을 가진 풀에 불과하다는 말이다. 그리고 연리지(連理枝)는 본래 두 나무의 가지가 맞닿아서 서로 하나가 된 나무로서 남녀 간의 화목(和睦)을 비유하는 말이다. 그런데 여기서는 낮에는 연리지가 아닌 척 하다가 밤에는 서로 의기투합하여 사람을 배신함을 풍자한다. 그리고 동인의 무리 몇 사람이 임금의 총애를 받고서 부귀영화를 누리지만, 거기에는 원한이 싹트고 있음을 알아야 함을 비유

26) 『龜峯集』 권 1.

하였다. 이산해도 자신의 행위를 잘 알고 있었고, 그 또한 머리는 매우 명석한 사람이라 구봉의 이러한 풍자를 잘 알고 있었다.

그런데 이산해는 왜 그토록 율곡(栗谷)을 끌어내리지 못해 안달했는 가? 거기에는 아마 스스로 신동(神童)이라 자처하던 이산해로서 는 선조로부터 자신보다 더 총애를 받고, 여러 분야에서 훌륭한 평판을 받았던 율곡에 대한 질시가 있을 수 있다고 생각한다. 다 만 율곡과 우계가 세상을 떠난 뒤, 이러한 질시의 분풀이 대상이 구봉이었던 것이 비극이었다. 그러나 구봉은 비록 세상을 떠난 친구지만, 결코 자신의 안위를 위해서 친구를 팔지 않고, 기꺼이 그 운명적 고통을 온 몸으로 받아내었다.

동양에서 이상적인 교우관계의 군자지교(君子之交)라고 한다.

군자의 사귐은 물과 같이 담담하고, 소인의 사귐은 단술처럼 달다.[27]

착한 사람과 지내면, 향기로운 난초가 있는 방에 들어간 것과 같이 오 래 되면 그 향기를 맡지 못하더라도 곧 그와 동화된다. 좋지 못한 사람 과 함께 지내면 절인 생선 가게에 들어간 것과 같이 오래 되면 그 냄새 를 맡지 못하더라도 역시 그와 동화된다.[28]

위 두 문장은 일반적으로 친구의 사귐을 설명할 때 많이 인용한다. 구

---

27)『明心寶鑑』「交友篇」, "君子之交淡如水, 小人之交甘若醴."
28)『孔子家語』.『明心寶鑑』「交友篇」, "與善人居, 如入芝蘭之室, 久而不聞其香, 卽與之化矣.
與不善人居, 呂入鮑魚之肆, 久而不聞其臭, 亦與之化矣."

봉과 율곡의 교유는 단지 인간적인 교유에 그치지 않고 특별하였다. 그들의 사귐은 신분의 벽을 넘었고, 학문과 국사(國事)의 영역에까지 돈독한 우의를 지속했으며, 서로 함께 함을 즐겁게 생각하고 서로의 학문의 깊이를 더해주었으며, 서로 존경하는 덕교(德交)까지 나누었다. 구봉은 율곡의 출사(出仕)를 적극 지지하면서도 그 출사의 목표를 삼대(三代)의 이상정치를 실현하도록 요구하였다.

> 형께서 이미 문형(文衡; 홍문관 大提學의 별칭)을 맡았고, 또 장차 정승이 될 것이라 들었습니다. 문형(文衡)의 책임은 사문(斯文. 儒學)을 뿌리내리게 하는 데 있으니, 어찌 단지 말만 번드레하게 하기를 좋아하여 세상에 응하기를 구하겠습니까? 삼대(三代) 이래 유자(儒者)로서 정승이 된 사람이 없었는데, 삼대 이하 더 이상 '삼대의 치'가 없었던 까닭입니다. 유자가 만약 정승이 된다면 어찌 '삼대의 치'가 없겠습니까? 유자에게 귀한 것은 하나하나의 행동거지(行動擧止)를 반드시 그 도로써 해야 하고, 한 털끝이라도 이익을 도모하고 공(功)을 헤아리는 생각이 없어야 합니다. 삼대의 사업을 자기의 책임으로 삼지 않는다면, 감히 그 자리에 있어서는 안 됩니다.29)

구봉같이 자존(自尊)이 강한 학자가 아무에게나 삼대(三代)의 정치를 요구하지는 않을 것이다. 구봉이 그만큼 율곡을 높이 평가했다고 볼 수 있으며, 구봉은 율곡에게 삼대 이래로 한 사람도 없었던 진정한 유자의

---

29) 『龜峯集』 권5, 答叔獻書, "聞吾兄旣典文衡, 又將卜相. 文衡之任, 重在扶植斯文, 豈但尙詞華應世求而已? 且三代以下, 未見以儒作相者, 三代以下, 更無三代之治故也. 儒若作相, 則豈無三代之治? 所貴乎儒者, 一行一止, 必以其道, 無一毫謀利計功之念. 不以三代事業爲己任, 則不敢在其位."

정승이 되어 삼대의 정치를 실현해 주기를 부탁한다. 오로지 도(道)를 추구하고 이익이나 공을 탐내지 말 것을 당부하며, 그렇게 할 자신이 없다면 바로 물러나라는 얘기를 율곡에게 서슴없이 하였다. 이 편지에 대한 율곡의 대답이 아래와 같다.

삼가 주신 서찰을 받았습니다. 감사하고 위로됩니다. 근래에 주신 글을 받고, 다시 답서를 올리고, 아울러 말린 물고기도 보내었는데 아직 도달하지 않았는지 모르겠습니다. 저는 온 힘을 다해 축대(逐隊: 무리를 따름)하고 있어 다른 말을 할 수 없습니다. 가르침을 주신 유자(儒者)의 사업은 진실로 이와 같으니 감히 마음에 새기지 않을 수 없습니다. 다만 도리가 천차만별(千差萬別)로 다릅니다. 옛 사람은 하늘의 백성으로 자처하면서 반드시 이 도(道)가 크게 행해지는 것을 본 뒤에 나타나는 사람도 있고, 또한 세상의 도리를 차츰 고쳐가면서 험난한 시기 은밀하게 임금에게 자신을 드러내는 사람도 있습니다. 만약 갑자기 삼대(三代)의 정치를 나열하여 건의해서 시행할 수 없으면 바로 거두어들여야 하니, 아마도 오늘날 때에 맞는 뜻은 아닌듯합니다. 호원(浩原. 成渾)은 꾸준히 물러나기를 요구하는데 또한 아마도 매우 집착하는듯합니다. 대개 수많은 백성들은 물새는 배를 타고 있는데, 널리 그들을 구원할 책임은 실재로 우리에게 있습니다. 이것이 마음에 절실하여 차마 떠나지 못하는 까닭입니다.[30]

30) 『栗谷全書』, 卷11 答宋雲長, "謹承垂翰, 感慰. 頃承手字, 還上復書, 且寄乾魚, 未知尙未達否? 珥役役逐隊, 他無可言. 示諭儒者事業, 固是如此, 敢不佩服. 但道理, 千差萬別. 古人有以天民自處, 必見斯道之大行, 然後乃出者, 亦有漸救世道, 納約自牖者. 若遽以三代之政, 羅列建請, 而不得施則輒引去, 恐非今日之時義也. 浩原一向求退, 亦恐太執. 大抵億萬蒼生, 在漏船上, 而匡救之責, 實在吾輩. 此所以惓惓不忍去者也."

위 글에는 율곡의 배려하는 마음이 잘 나타나 있다. 율곡은 구봉의 형편이 어려운 줄 알고 편지를 보내면서 말린 물고기를 같이 보낸다. 여기서 '축대(逐隊)한다'는 말은 아마 당론을 모으는 일을 뜻하는 듯하다. 당시의 조정에 붕당이 생겨 그만큼 중지(衆智)를 모으기가 어렵기 때문이다. 율곡은 정치를 하는 사람 가운데 정치적 문제가 없고 편안한 세상에만 나타나는 사람이 있고, 세상이 어지럽고 중구난방일 때 정도가 아닌 편법으로 최고통치자인 왕의 신임을 얻어 세력을 얻는 사람도 있다고 보았다. 물론 이 두 부류는 올바른 행태라고 할 수 없다. 그런데 우계는 율곡에게 이미 삼대의 정치를 실현할 수 없는 상황이기 때문에 관직에서 물러나라고 강하게 요구한다. 그러나 율곡도 그러한 상황을 알고는 있지만, 선뜻 물러나지 못하는 것은 고통 받는 백성들 때문이라고 말한다. 백성을 구제할 절실한 마음 때문에 물러나지 못한다는 말이다. 여기서 삼대의 정치를 요구하는 구봉의 포부와 적극성, 그리고 백성에 대한 율곡의 절실한 애민정신이 그대로 들어난다.

『삼현수간(三賢手簡)』31)에는 구봉과 율곡 그리고 우계의 교유에 대한 특징이 잘 드러나 있는데, 이미 이 글은 자세한 연구가 진행된 바가 있다.32) 특히 김창경은 세 사람의 교유에서 나타나는 유학의 중요 개념을 파악하여 "삼현(三賢)의 학문적 교유는 구봉이 직(直)을 중시한 학문

---

31) 『三賢手簡』은 「현승편(玄繩編)」이라고도 하며, 송익필의 아들 송취대(宋就大)가 1599년에 구봉·우계·율곡이 35여 년 동안 주고받은 친필 편지를 4첩(帖)으로 편찬한 책이다. 구체적으로 구봉이 우계와 율곡에게 보낸 편지 각각 20통과 7통, 우계가 구봉에게 보낸 편지 49통, 율곡이 구봉에게 보낸 편지 13통, 기타 구봉이 제자인 김장생과 허공택 등에게 보낸 편지 9통 등 모두 98편의 친필 편지글이 편집되어 있다. 문화재 지정번호 보물 제1415호(2004. 08.31)

32) 구봉문화학회 편저, 『잊혀진 유학자 구봉 송익필의 학문과 사상』(서울, 책미래, 2016. 05).가운데, 김창경, 「『삼현수간』을 통해서 본 구봉·우계·율곡의 도의지교(道義之交)와 학문교유-구봉을 중심으로-」 참조.

이라면, 율곡은 성(誠)을 중시하였고, 우계는 경(敬)을 중시한 학문적 특성을 지니고 있다고 하겠다."[33]고 하였다.

여기서 필자는 구봉과 율곡의 정치적 신념과 의리 그리고 상호 존중의 정신을 중심으로 두 대현(大賢)의 교유의 의미를 알아보고자 한다. 구봉은 율곡이 세상을 떠나자 제문에서 다음과 같이 말한다.

아! 슬프고도 슬프도다. 우리 형은 타고난 재능이 매우 뛰어나 바람을 타고 날아오르는 봉황이며, 닭 무리 속의 학이며, 구름이 걷힌 푸른 하늘처럼 쇄락(灑落)하고, 달빛에 비춰지는 얼음 항아리였소. 위로는 전수받은 바가 없이, 기다리지 않고 일어났소. 경건하게 「소학(小學)」을 믿고, 「근사록(近思錄)」을 존중하고 숭상하였으며, 사서(史書)에도 두루 통달하고, 모든 경서(經書)에 능력을 발휘(發揮)하였소. 진실로 발탁함에 일찍 서둘지 않고, 충실히 수양함이 차례가 있고, 은약(隱約)한 가운데에 한가로이 노닐고, 본원(本源)의 경지에서 침잠하며, 공정(功程)으로 쌓고, 날로 누적되고, 정밀한 생각이 관철되고, 축적한 것이 심후(深厚)하며, 수사(洙泗)[34]를 계승하고, 염락(濂洛)[35]의 근원(根源)을 이어서, 적확(的確)함은 단서가 있고, 책을 써서 후세에 남기고, 영원한 문왕(文王)·무왕(武王)의 도를 마음에 가지고, 해와 달과 같이 훌륭한 임금이 거듭 나오는 데로 효과를 거두었더라면, 그 한 때를 만나 펼쳐도 또한 유감(遺憾)이 없고, 갈무리해도 또한 유감이 없을 것이

---

33) 김창경, 「三賢手簡」을 통해서 본 구봉·우계·율곡의 道義之交와 學問交遊- 구봉을 중심으로 -」(忠南大學校儒學硏究所,『儒學硏究』第27輯. 2012. 12) 84쪽.

34) 수수(洙水)와 사수(泗水)는 공자가 살았던 곡부(曲阜) 부근에 있는 강으로 수사(洙泗)는 공자의 도를 지칭함.

35) 염학(濂學)과 낙학(洛學) 즉 주렴계(周濂溪)와 이정(二程)을 가리킨다.

오. 그 천지(天地)의 바른 도리를 체(體)로 삼고, 조화의 운행에 임하여 사도(斯道, 儒道)를 위하고 사인(斯人. 유학을 공부하는 사람)을 위하는 사람은 진실로 그 사이에 더 줄어들고 더 늘어남이 없습니다. ……

아! 슬프도다. 형이 평일에 내가 도체(道體)에 본 바가 있다고 허여하였고, 만년에는 자주 논변하여 점차 견해가 다름이 없게 되었소. 내가 학문에 있어서 혹 새로운 견해가 있으면 여러 사람들은 모두 의심하였으나, 오직 형만은 나를 믿어 주었소. 현회(顯晦, 세상에 드러남과 드러나지 않음)는 비록 다르나 서로 기대하는 마음은 백수(白首)에 와서 더욱 커졌으며, 임무는 무겁고 갈 길은 멀어서 함께 종신의 근심을 지니고 있었는데, 오늘 갑자기 나보다 먼저 죽을 줄이야 어찌 알았겠소. 죽어서도 앎이 있다면 또한 나의 근심을 알 것이오. 내가 말할 적에 화답할 이가 누구이겠으며, 내가 행할 적에 수작할 이가 누구이겠소?[36]

구봉은 율곡이 재능만 높이 가지고 태어나서 짧은 생애를 살다 간 것을 참으로 안타까워한다. 구봉은 율곡을 하늘을 나는 봉황으로 비유하고, 독학(獨學)으로 학문을 성취하였으며, 『소학』과 『근사록』을 중시하

---

36) 『龜峯先生集』, 卷之三, 「雜著」, 〈祭栗谷文〉, "嗚呼哀哉! 吾兄天分超邁, 鳳翔風表, 鶴立鷄
群, 雲開碧落, 月照氷壺. 上無所傳, 不待而興. 敬信小學, 尊尙近思, 旁通史氏, 發揮諸經.
苟能登擢不早, 充養有序, 優游隱約之中, 涵泳本原之地, 累以功程, 積以時日, 精思者貫徹,
蓄貯者深厚, 續響洙泗, 接源濂洛, 的有端緖, 載書垂後, 玩心乎文武之未墜, 收效於日月之
重光, 則其遇乎一時者, 舒亦無憾也, 卷亦無憾也. 其體天地之正, 任造化之運, 爲斯道爲斯
人者, 固無損益於其間也. …… 嗚呼哀哉! 兄於平日, 許我以於道體有所見, 晚來所論, 漸無
異同. 我於學問上, 或有新見, 家人皆以爲疑, 而惟兄獨信之. 顯晦雖殊, 相期待之心, 白
首逾大, 任重道遠, 共抱終身之憂, 那知今日遽先吾而死耶? 死而有知, 其亦知吾之戚戚也.
吾言之而和者誰歟? 吾行之而酬者誰歟?" 같은 글이 『栗谷全書』, 권37, 「附錄 五, 祭文
二」, 〈祭栗谷文〉에도 있다.

고 사서(史書)와 경전에 통달하여 꾸준하게 노력하여 멀리 공자의 학문
정신과 북송(北宋)의 성리학을 이어받아 학문을 대성(大成)하였다고 평
가한다. 그러나 구봉이 보기에 율곡은 어진 임금을 만나지 못해 그 학문
과 재주를 써 볼 수가 없었다. 구봉은 율곡을 알아주는 군주를 만나기만
하였으면, 율곡의 재주를 세상에 펼쳐도 좋고 펼치지 못해도 유감은 없
다고 하였다. 율곡은 오로지 유학을 공부하여 그 실현을 위하여 일생을
보낸 사람이다.

그리고 구봉은 일생 자기의 학문을 인정하고 믿어 준 사람은 율곡뿐
이라고 한다. 현회(顯晦)가 다르다는 말은 율곡은 이미 그 학문과 명성
이 세상에 드러났고, 자신은 그렇지 못함을 의미한다. 그러나 구봉에게
그것은 중요하지 않다. 더 이상 같이 세상을 근심하고 학문을 토론하고
서로 화답할 친구가 없어진 현상이 너무 슬프다는 말이다.

구봉·우계·율곡 이들 '파주삼우(坡州三友)' 지교(至交)는 가히 국제
적이다. 최영성은 "우리나라뿐만 아니라 외국에까지 알려졌다. 일본의
임의방(林義方: 剛齋) 같은 학자는 이 삼현(三賢)을 중국 남송대의 거유
인 주희(朱熹), 장식(張栻: 南軒), 여조겸(呂祖謙: 東萊)의 관계에 비유한
바 있다."[37]

---

37) 구봉문화학회 편저, 『잊혀진 유학자 구봉 송익필의 학문과 사상』(서울, 책미래, 2016.
05) 51쪽.
최영성은 다음과 같이 그 근거를 제시하였다. 〈『桑韓唱和塤篪集』, 권9 "牛溪龜峯於李子,
如南軒東萊之於朱子." 『桑韓唱和塤篪集』은 조선 숙종 45년(1719. 己亥) 일본에 파견된
조선통신사 일행이 일본 학자들과 주고받은 필담을 모아 편집한 책으로, 사행이 끝난 이
듬해인 1720년 봄 京都의 奎文館에서 목판으로 간행되었다.〉

IV. 맺음말 : 구봉의 율곡의 삶과 사상사적 의미

조선은 성리학을 국가운영의 중심철학으로 삼고, 이에 따른 교육을 국가적 사업으로 장려한 결과 전국적으로 수많은 문인학자들이 배출되었다. 그 가운데 파주(坡州)에서는 조선중후기의 학문을 대표하는 학자들이 탄생하였다. 율곡(栗谷) 이이(李珥) 선생, 우계(牛溪) 성혼(成渾) 선생 등이 중심이 된 기호학파(畿湖學派)의 원류가 파주이다. 구봉·우계·율곡 삼현(三賢)은 서로 절차탁마(切磋琢磨)하면서 국가의 동량(棟梁)으로 성장하였다. 그러나 조선은 이들을 다 포용할 수 있는 그릇이 되지 못하였다. 조선시대 수많은 처사 가운데 어쩌면 그 재능과 경륜에 비하여 가장 불우(不遇)한 삶을 산 선비가 구봉 송익필 선생일지 모른다. 우계와 율곡에 못지않은 훌륭한 학자로 조선성리학의 발전에 많은 공헌을 한 구봉 선생이 그동안 제대로 평가받지 못하고 매우 저평가 된 상태로 지내왔기 때문이다.

이미 구봉의 철학에 대하여 많은 연구가 진행된 측면이 있지만, 이러한 성과들을 토대로 기호학 내지 한국성리학의 전반에 대한 새판짜기의 연구가 진행되기 위해서는 몇 가지 선결문제가 있다. 먼저 구봉선생의 철학과 그의 인간적 고뇌를 이해하기 위해서는 『구봉집』의 완전한 번역이 이루어져야 할 것이다. 이는 구봉선생의 생애와 사상의 연구가 대중적인 인지도를 얻는데 도움을 줄 것이다.

다음은 구봉선생의 사상과 생애 자체에 대한 연구가 객관적이고 다양하게 진행될 필요성이 있다. 왜냐하면 조선의 많은 기록들이 당파성에 의해 가감된 것이 많이 있기 때문이다. 보다 정확한 고증을 통하여 구봉선생의 업적과 행적, 그리고 사상에 대한 종합적인 연구가 필요하다. 구봉선생이 율곡(栗谷) 이이(李珥)·우계(牛溪) 성혼(成渾) 등 당시 최고의 성리학자들과 중요한 철학적 문제들을 논변했고, 특히 예학(禮學)에도 조예가 깊었으며, 조선예학을 선도한 김장생(金長生)에게 많은 영향을 주었음은 잘 알려져 있다. 또한 김장생·김집(金集)·정엽(鄭曄)·서성(徐渻)·정홍명(鄭弘溟)·강찬(姜澯)·김반(金槃)·허우(許雨) 등이 구봉선생의 문하에서 배출된 매우 뛰어난 학자들이라는 점도 주목해야 한다.

마지막으로 오늘의 사회에서 구봉선생의 학문정신을 실현할 최선의 방법을 찾아야만 하는 것이다. 우리 민족은 매우 뛰어난 학문정신과 철학사상을 발현해 왔음에도 불구하고 전통과 단절하려는 이상한 풍조가 있다. 구봉학회가 이러한 잘못된 사회현상을 바로잡고 진정한 인간존중을 실현하고 사라져 가는 인문정신을 되살리는 활동을 지속적으로 펼칠 필요가 있다.

현재 한국사회는 금전과 물질을 숭앙(崇仰)하고 이를 위해 도덕과 명예도 미련 없이 버리는 풍조까지 생겼다. 그리고 정치인이 지조와 신의(信義), 그리고 국가와 민족을 위해 헌신(獻身)해야 한다는 사명감 보다는, 오로지 표를 얻기 위해 무슨 일이든지 하는 조변석개(朝變夕改)의 태도로 일관하고 있다. 가히 총체적 난국이라고 볼 수 있는 이 시대에 구봉의 근면하고 돈독한 학문정신과, 역경 속에서도 따뜻한 인간애를 잃지 않았던 삶의 태도를 되살려, 새로운 국가사회의 방향성 모색에 반영할 가치가 충분히 있다고 생각된다.

구봉과 우계의 학문과 교유
-『삼현수간』을 중심으로-1)

이선경2)

1. 이끄는 말

조선의 성리학사에서 기호학파가 율곡(栗谷) 이이(李珥, 1536~1584)를 추숭하고 그의 학설을 표준으로 삼는다는 것은 부동(不動)의 상식이

---

1) 이 글은 2016년 11월 4일 제1회 구봉문화학술원 정기학술대회, 구봉문화학술원 주최 파주시청, 파주문화원, 율곡학회, 우계문화재단 후원, 파주시민회관, 〈기호유학의 산실 파주와 구봉송익필〉학술대회에서 발표하였으며, 「16세기 기호(畿湖) 성리설 성립기 학자들의 교유와 학문 -『삼현수간(三賢手簡)』을 중심으로」라는 제목으로『공자학』34호. 2018. 2. 28. 에 게재된 논문이다.

2) 李善慶, 조선대학교 외래교수

다. 그러나 기호학파의 성리설이 이이 한 사람의 학설을 단선적으로 전승한 것이라 할 수는 없다. 이이는 특히 구봉(龜峯) 송익필(宋翼弼, 1534~1599), 우계(牛溪) 성혼(成渾, 1535~1598)과 평생토록 두텁게 친분을 나누었으며, 그에게서 수학한 문인(門人)들은 구봉과 우계의 문하에도 동시에 출입하였다.

이 세 인물이 주고받은 친필 편지를 편찬한 『삼현수간(三賢手簡)』을 통해 이들이 속속들이 서로의 삶을 나누었을 뿐 아니라 함께 학문을 닦아가는 도반이었음을 살필 수 있으며, 예(禮)와 사단칠정, 인심도심 등의 성리설에 대해 치열하게 토론하는 모습을 볼 수 있다.

이 글은 『삼현수간』을 주요 텍스트로 삼고, 구봉과 우계를 중심으로 삼현의 교유와 학문을 살펴본다. 구봉과 우계의 학문적 특성을 율곡과 대비해 고찰함으로써 기호의 성리설이 형성되어 가는 현장의 일단을 드러내 보려는 귀납적 접근이다. 이는 16세기 기호성리학계의 다양한 모습을 드러내 보임으로써 이후 조선후기 기호성리학의 전개양상을 보다 입체적으로 조망할 수 있는 토대를 마련하려는 시도이기도 하다.

『삼현수간』은 구봉이 우계·율곡과 주고받은 편지를 따로 모아 둔 것을 그의 아들이 편찬한 것이다. 구봉은 이 책자의 서문(序文)에서 그의 소회를 이렇게 밝힌다.

나는 우계·율곡과 제일 친하게 지냈다. 이제 모두 세상을 떠나고 나만 홀로 살아있다. 다시 몇 날이나 살다가 따라 죽을 것인가? 아들 취대가 지난 병화로 흩어져 잃어버린 나머지 글 가운데 두 벗의 편지와 내가 답장한 글 및 잡록 약간 등을 모아서 내게 보여주었다. 마침내 모아서 책으로 만들고 죽기 전에 보고 느끼는 자료로 삼는다. 또 우리 집안에 전했으면 한다. 만력 기해(1599) 봄 송익필 쓰다.

후일 사계 김장생(金長生, 1548~1631) 집안의 장서로 전해온 『삼현수간』은 구봉이 직접 서문을 썼을 뿐 아니라 그 육성이 생생히 전해온다는 점에서, 세 분의 삶과 학문적 교유를 살펴보기에 적합한 자료라 할수 있다. 또한 삼현(三賢)의 문집에 전혀 실려 있지 않은 것이 16통, 일부만 실려 있는 것이 15통이어서 문집에 없는 내용까지 살필 수 있는 귀한 자료이다.3) 이 글에서는 먼저 이들 사이 교유의 특징을 서술하고, 그 다음 예론 및 성리설을 중심으로 그들의 학문적 특징을 비교 고찰하고자 한다.

2. 구봉과 우계의 교유: 이우보인(以友輔仁)4)

구봉 송익필(宋翼弼, 1534~1599)과 우계 성혼(成渾, 1535~1598)은 이 세상에 한 살 차이로 왔다가 한 살 차이로 떠나갔다. 올 때는 구봉이 한 해 먼저였으나, 갈 때는 우계가 한 해 먼저였다. 구봉과 우계는 그 출신

---

3) 구봉과 성혼의 교유에 대해서는 다음과 같은 선행연구들이 있다.
  최영성, 「우계와 구봉 -인간관계를 중심으로- 」, 『우계학보』 제30호, 우계문화재단, 2010.
  최영성, 「참된 선비, 우계 성혼」, 2015. 10. 11, 파주시 율곡제 발표문
  김창경, 「『삼현수간을 통해서 본 구봉·우계·율곡의 道義之交와 學問交遊」, 『儒學硏究』第7輯, 2012. 12.
  곽신환, 「우계와 율곡 -서로 다른 트랙과 스펙-』『우계학보』 제30호, 우계문화재단, 2010.
  김현수, 「기호예학의 형성과 학풍-율곡 구봉의 특징과 전승을 중심으로-」『유학연구』 제25집, 충남대학교 유학연구소, 2011.
4) 『論語』「顏淵」: "曾子曰 君子, 以文會友, 以友輔仁."

배경이 매우 다르다. 먼저 우계는 이 3인방 가운데 가장 내력 있는 가문의 출신이다. 아버지 청송(聽松) 성수침(成守琛)은 정암 조광조(趙光祖, 1482~1519)의 제자로서 그 인품과 덕망으로 인해 당시 사람들 사이에 명망이 높았다. 이는 일세에만 그러한 것이 아니라 율곡 이이를 거쳐 농암(農巖) 김창협(金昌協, 1651~1708)에 이르기까지 추숭된 바 있다.[5] 성수침은 기묘사화 이후 평생을 은거하며 도학의 실천에 힘썼는데, 그가 돌아갔을 때에는 집안이 가난하여 장례를 치루기 어려울 지경이어서 사간원의 상소로 국가에서 관곽과 곡식과 일꾼을 지급해 주었다고 한다.[6] 우계 역시 정암의 문인 백인걸(白仁傑, 1497~1579)을 사사하였으므로, 부자가 모두 정암의 도학을 이어받았다고 할 수 있다. 비록 고관대작을 지낸 것은 아니지만 절의를 숭상하는 조선 사림의 풍토에서 우계는 누구보다도 당당한 명문가의 기풍을 이어받아 성덕군자의 자질을 갖추고 있었다. 구봉의 경우는 이와 정반대이다. 그 아버지 송사련(宋祀連, 1496~1575)이 당상관의 지위에 올라 일세의 부귀영화를 누렸기에 유복하게 성장하였지만, 평생 아버지 업보의 그늘을 벗어나지 못하였다. 송사련은 안당(安瑭)집안의 소실인 외할머니가 천비출신으로, 그로 인해 자신의 신분이 미천함을 한탄하였다. 안당의 집안에서 그 어머니 감정(甘丁)을 서매(庶妹)로 대우하며, 송사련을 친자제와 같이 돌봐주었음에도, 그가 고종사촌 안처겸과 외삼촌 안당을 역모로 무고하여 그 집안을 풍비박산 낸 것은 배은망덕 그 자체였다. 이 일로 인하여 송사련은 사림

---

5) 최영성은 성수침에 대한 율곡과 농암의 평을 소개한다. 율곡은 성수침에 대해 "학문의 공은 서경덕이 깊으나 덕기(德器)의 두터움은 성수침이 낫다. 논자들이 서로 우열을 다툰다"고 하였으며, 농암은 '온후한 덕성과 순실한 행실로 당시 유자들 가운데 가장 중정한 듯하며, 우계의 인품과 학문이 그 전함을 받은 것'이라 하였다.(최영성,「참 선비 우계 성혼」2015. 10. 11, 파주시 율곡제 발표문)
6) 『민족문화대백과사전』, 한국학중앙연구원.

의 공적(公敵)이 되었으며, 이 죄과로 인해 구봉은 그의 학덕에도 불구하고, 살아서 불행했음은 물론 죽어서도 그 학맥이 온전히 전수되지 못하였다. 방패막이가 되어주었던 율곡이 살아있을 동안은 비록 관직은 단념했더라도 학덕이 높은 처사로서 제자를 양성할 수 있었으나, 율곡의 죽음으로 그 방패마저 잃고 말았다. 우계의 표현에 따르면 "숙헌이 형(구봉) 한 사람을 지키기 위해 당대 사람들과 원수가 되었다"고 할 만큼, 율곡은 적극적으로 구봉을 변론하였으나, 율곡이 죽고 2년 뒤(1586), 구봉은 안당가문의 사노(私奴)로 추인되어 쫓기는 신세가 되었고, 이후 1589년 기축옥사7)로 복권되었으나, 다시 중봉(重峯) 조헌(趙憲, 1544~1592)의 과격한 상소의 배후로 지목되어 유배되었다. 1593년 사면된 이후 1599년 세상을 떠날 때까지 정처없이 떠돌며 일생을 마치고 말았다.

우계가 명문가 출신이라는 것이 그 일생의 평탄함을 의미하는 것은 아니다. 어려서부터 병약했던 우계는 이로 인해 17세에 생원·진사시에 합격한 이후 아예 과거를 포기하고 처사의 길을 택했으며, 평생 내과질환 외에도 치통, 요통 등 갖은 질병에 시달렸다.8) 더욱이 율곡의 만년 함께 조정에 출사했다가 홀로 남아, 뜻대로 사직도 못하는 진퇴양난의 지경에서 선조의 의심을 사고, 반대파들에게 '독철흉혼(毒哲凶昏)'이라는 참담한 비방을 들어야 했다.

---

7) 정여립 모반사건으로 수많은 사람들이 처형당했다. 송강 정철이 다스렸던 이 옥사의 결과 구봉은 그 신분이 회복되었으나, 반대파들에게 기축옥사의 실질적 배후로 지목받았다.

8) 우계가 43~44세 무렵 구봉에게 보낸 편지에 『활인심』과 치통을 낫게 하는 방법을 가르쳐 준 것에 감사하는 내용이 있다. 이 무렵의 편지에는 다음과 같은 내용도 보인다. "이가 아파 낮밤으로 크게 앓았습니다. 숨도 제대로 쉬지 못하고 기운과 호흡이 거의 끊어질 정도였습니다. 매일 고생하는 것이 이와 같으니 죽어서 편하게 되는 것이 낫습니다."이런 식의 하소연은 거의 모든 편지에 등장할 정도이다.

이와 같이 우계와 구봉은 그들의 출신과 인생역정은 달랐지만, 그것은 그들의 교유에 전혀 문제가 되지 않았으며, 오히려 이러한 역경 속에서 서로 의지하고 권면하며 '이우보인(以友輔仁)'의 길을 걸었다.

구봉의 친우들이 그의 학덕을 얼마나 높이 평가하였는지는 송강(松江) 정철(鄭澈, 1536~1593)이 그 자제를, 율곡이 그 조카를 구봉에게 사사하도록 한 일에서도 알 수 있다. 송강은 그 아들들에게 이렇게 당부한다.

> 송(익필)이 반드시 『근사록』으로써 배우도록 권하는 것이 어찌 우연한 일이겠느냐. 이는 장차 사람된 이치를 강(講)하여, 너에게 착한 사람이 되도록 하려는 것이다. 만일 벼슬이나 구하며 이(利)나 좇을 것을 생각하고, 과거공부에 전심하여 글 짓는 데에만 주력할 것 같으면, 내가 하필 너를 송(宋)의 문하에서 배우도록 권하며, 송 역시 너에게 의리지학(義理之學)으로써 요구하겠느냐. 너는 아비가 스승을 가린 뜻을 생각하고, 또 네 스승이 착한 데로 지도하는 성의를 보아, 일체 옛 것을 배우고 성현을 바라는 이치로써 자신의 임무를 삼는 것이 상쾌한 일이 아니겠느냐.[9]

율곡은 그 누이의 아들 윤담(尹聃)을 구봉에게 보냈다. 율곡은 구봉에게 보낸 편지에서 다음과 같은 이야기를 쓰고 있다.

> 조카가 형에게 가 공부하고 있으니 참으로 제자리를 찾은 듯합니다.

---

9) 『松江原集』 권2, 「戒子帖」.

다만 그 아이를 가르치느라 힘을 낭비할까 걱정 됩니다.10)

담(聃)이 가르칠 만 하다고 하니 다행입니다.11)

율곡은 해주 석담에서 은병정사를 열어 의리지학을 강하며, 과거 공부할 사람은 입학을 허가하지 않은 일이 있다. 송강이나 율곡이 그 자제와 조카를 구봉에게 보내어 '의리지학'을 배우도록 한 것은 그의 학덕을 높이 산 까닭이 아닐 수 없다. 『논어』에서 공자(孔子)는 중궁(仲弓)을 평하여, "얼룩소의 새끼가 빛이 붉고 또한 뿔이 단정하면 비록 쓰지 않고자 하더라도 산천이 버리겠는가?" 라 하였는데, 구봉이 바로 그와 같은 경우라 할 것이다.

그런데 우계와 구봉의 교유를 살펴보면, 우계는 매사에 살뜰하게 구봉의 형편을 살피고 먹거리와 살림살이를 챙기는 한편,12) 마치 친형에게 대하듯 정신적으로나 학문적으로 크게 의지하는 듯한 모습을 보인다. 이러한 모습은 만년에까지 이어진다. 율곡의 사후 몇 년 뒤, 우계는 석담서원에서 율곡의 사판을 세워 배향하는 일을 주관해달라는 부탁을 받고, 이에 대해 구봉에게 자문을 구한다. 아니 자문을 넘어 '확실한 답[定論]'을 구한다. 두 분의 견해는 사뭇 다르다. 1586년 가을 석담서원에서는 주자의 신위 및 정암 조광조, 퇴계 이황의 신위를 모시고 제사를 지낸 바 있는데, 여기에 율곡의 신위를 더해 배향하려는 시도였다. 우계는 이 일이 대단히 중요한 일로 경솔히 해서는 안 되며, 율곡의 제자들

---

10) 『三賢手簡』元帖 6, "姪輩進學座下 誠得其所第慮俯教費力耳"

11) 『三賢手簡』元帖 13. 율곡이 구봉에게, 호암미술관 학술총서, 2001.

12) 『삼현수간』에는 다정한 성격의 우계가 생선, 고기, 차 등을 자주 보내었고, 구봉이 우계의 정성에 감사하는 내용이 여러 차례 나온다.

이 장성해서 뛰어난 제자를 중심으로 학단을 이룬 뒤에 성대히 추존할 일이지, 자신이 독단적으로 행하면 남들에게 신뢰를 받지 못하고 급작스럽다는 공격을 받을 것이라 우려한다. 그리고는 구봉에게 '정론'을 달라는 편지를 보낸 것이다. 이에 대한 구봉의 답은 이러하다.

보내오신 글이 신중하여 독단하려하지 않으시니 천리나 떨어져 있음에도 성대한 뜻이 깊고도 깊습니다. 그러나 이 일은 율곡의 옛 동네의 문생들이 율곡을 받들고자 하는 일로서 우리 동방의 선생의 사판을 세우는 것과는 같지 않으니 실로 대단한 사업은 아닌 것입니다. 굳이 문생가운데 도가 밝고 덕이 세워진 이와 후세의 뛰어난 이를 기다려 하고자 한다면 혹 그렇게 되지 못할까 염려됩니다. 더구나 율곡은 당대의 거유이니, 이는 한 때 같은 무리들의 사사로운 견해가 아니라 실로 후세의 공론입니다. 제 생각은 이러한데 어떨지 모르겠습니다.13)

매사 신중하기 짝이 없는 우계와 대비되는 구봉의 보다 현실지향적이고 행동가적 면모를 볼 수 있는 사례이다.

우계는 구봉에게 율곡에 대한 여러 가지 염려를 늘어놓는 일도 많았다. 우계는 학문적으로 율곡에 대해 '벗이 아니라 나의 스승이다'라 하였지만, 한편으로는 율곡의 자신만만한 태도를 경계해서 혹 '함양공부를 소홀히 하지나 않을까' 염려하고 있다.

---

13) 『龜峯先生集』권6, 「禮問答」, "來示愼重, 不欲獨斷, 千里相問, 深荷盛意. 但此擧, 栗谷舊里門生, 欲尊奉栗谷, 吾東鄉先生立祠非一, 實非大段擧措也. 必欲待門生道明德立與後世之子雲, 則或恐未然也. 況栗谷爲當代鉅儒, 此非一時同輩之私見, 實後世之公論, 鄙見如是, 未知如何."

숙헌의 뛰어남은 동류들이 진실로 따라갈 수 없습니다. 그는 오늘날 이미 저술하는 사람으로 자처합니다. 비록 지금 세상에 큰 식견을 지닌 자가 없어서 그가 자신하지 않을 바 없다고 하더라도, 그가 끝내 자신의 장기 때문에 곤궁하게 되고, 함양 실천의 공부를 달갑게 여기지 않을까 염려됩니다.14)

숙헌은 변통을 좋아하는데, 이는 그의 병통입니다.15)

우계는 구봉과의 편지에서 이러한 걱정을 나누며, 율곡이 구봉의 이야기는 무겁게 알고 존중하니 율곡을 경책해 주면 좋겠다는 의사를 완곡히 밝히기도 한다.

편지에서 숙헌의 학문에 대해 말씀하셨는데 그의 병통을 잘 지적하셨습니다. 정문(頂門)의 일침(一針)이라 하겠습니다. 그러나 숙헌이 겸허하게 받아들인다 하여도 그의 성향은 역시 착실하기 어렵습니다. 어떻게 하면 존형과 같은 분에게서 매번 경책(警責)을 받도록 하여, 그가 존경하고 두려워하면서 자신이 능하지 못했던 것에 날마다 나아가게 될 수 있겠습니까?16)

이외에도 우계는 율곡이 재상벼슬에 있을 때 구봉에게 쓴 편지의 말

---

14)『牛溪集』續集 권5,「與或人」
15)『三賢手簡』亨帖 5.「우계가 구봉에게」, 1579년.
16)『牛溪集』續集 권5,「與或人」

미에 율곡이 '수시재상(隨時宰相)'[17]이 되지 않도록 일깨워 주길 당부하고 있으며, 구봉은 율곡에게 보내는 답서에서 이와 같은 우계의 염려를 충실히 전달하며, 초심을 잃지 않기를 당부하고 권면하는 모습을 볼 수 있다.[18]

그런데 율곡의 경우도 우계에게 권면하고 싶은 것이 있을 때 구봉에게 힘이 되어 달라고 요청하는 모습을 볼 수 있다. 율곡의 만년 무렵, 율곡이 병조판서를 제수 받고 먼저 서울로 올라갔고, 우계는 도성근처 여관에 머물며 얼른 움직이려 하지 않았다. 이 때 율곡은 그 답답한 심사를 구봉에게 토로한다.

> 호원은 계속해서 물러나기를 요구하는데 고집이 너무 센 것 같습니다. 대체로 수많은 백성들은 물새는 배에 있는 것과 같습니다. 그러니 그들을 구제할 책임은 참으로 우리들에게 있습니다. 이것이 마음에 절실하여 차마 떠나지 못하는 것입니다.[19]

이때도 우계는 역시 구봉에게 편지를 보내 질병에 시달리는 자신의 처지를 호소하며 어찌해야 좋을지 판단을 내려달라고 요청한다.[20] 그는 임금이 자신의 사직소에 대해 내린 비답까지 첨부해서 자신의 처지를 상세하게 써 보낸다. 이에 대해 구봉은 만약 상황이 절대 불가하다면 지금처럼 우계가 물어볼 일도 없을 것이고, 우계의 불안은 임금의 기대

---

17) 지조와 소신 없이 그때그때 태도를 바꾸며 시류에 편승하는 재상이 되어서는 안된다고 경계한 것이다.
18) 『삼현수간』利帖 16. 구봉이 율곡에게.
19) 『삼현수간』利帖 19. 율곡이 구봉에게.
20) 『삼현수간』利帖 5. 우계가 구봉에게. 利帖 6. 구봉이 우계에게

에 부응하지 못할까 염려하는 것이라고 지적하며, 적극적으로 출사를 권한다.[21] 결국 우계는 출사하여 율곡과 나란히 조정에 서게 되었다.

구봉이 우계나 율곡으로부터 비판을 받은 일은 거의 찾기 어렵다. 다만 우계가 다음과 같이 지적한 일이 있다.

> 형께서는 고명하고 남보다 뛰어나 독자적으로 남의 도움을 받지 않는 곳까지 도달했습니다. 그러나 도체는 편벽되기 쉽고 사람의 견해는 무진장합니다. 어찌 다른 사람의 도움을 받지 않을 수 있습니까? 근래 숙헌과 이런 뜻으로 대화를 나누니 그도 놀라는 듯 했습니다.[22]

율곡처럼 자신의 학문에 대한 자부심과 자신감이 강한 구봉에게 겸손히 다른 사람의 의견을 청취할 필요가 있음을 완곡하게 지적한 말이다.

몸에 병이 많은 우계와 평생 마음의 고통이 심했을 구봉은 종종 병을 다스리는 법에 대해 의견을 나누었다. 구봉은 우계에게 마음의 병을 치료하는 법과 몸의 병을 치료하는 법이 무관하지 않음을 다음과 같이 말한다.

> 요즈음에 깊이 생각하니 병을 치료하는 데는 무욕(無欲)이 제일이고 약물은 하급입니다.[23]

때때로 마음이 안정될 때는 질병이 몸에서 떠나는 듯합니다. 조용한

---

21) 『삼현수간』 利帖 23. 구봉이 우계에게.
22) 『삼현수간』 元帖 4. 우계가 구봉에게.
23) 『삼현수간』 亨帖 17. 구봉이 우계에게

가운데서 약간의 좋은 생각이 떠오르는데 양심(養心)과 양병(養病)이 동일한 방법임을 알았습니다.[24]

저는 몸의 질병과 마음의 병이 짝이 되어 괴롭혀 하루 내내 답답하게 지내고 정신이 맑지가 못합니다. 욕망이 그치고 마음이 안정된 상태에서 손을 잡고 묵묵히 앉아 있으니 때때로 얻는 것이 있습니다. 일물(一物)이 와 부딪혀도 곧 흩어짐을 느낍니다.[25]

  무욕, 마음의 안정, 양심, 묵좌 등은 마음을 치유할 뿐 아니라 몸의 병을 다스리는 데에도 도움이 된다는 것이다. 우계의 경우도 이와 같은 마음공부가 신체의 병을 극복하는데 큰 도움이 되었음을 율곡은 다음과 같이 말하고 있다. 한 번은 우계가 병약한 것에 대해 선조가 율곡에게 '마음을 다스리면 병이 없다고 하던데 학문하는 사람이 어찌 그리 병이 많은가'를 물은 일이 있다. 이에 대해 율곡은 '비록 학문을 하더라고 기가 매우 박하면 병을 면할 수 없는데, 그가 죽지 않을 수 있었던 것은 그의 마음 다스리는 공에 힘입은 것'이라 답하고 있다. 우계의 돈독한 실천은 남다른 바 있었으며, 이에 대해 율곡은 '이론에 대한 견해는 (율곡) 자신이 낫지만, 그 실천면에 있어서는 우계가 조신하고 천리(踐履)하며, 일이 돈독하고 견실해서 따라갈 수가 없다'고 평하는 것을 볼 수 있다.
  율곡이 우계의 성리설을 가차없이 공박하였듯, 구봉 역시 율곡에게 학문적 비판을 거침없이 쏟아 놓는다. 그것은『순언』,『격몽요결』,『소학제가집주』에 대한 것이었다. 특히 구봉은『순언』에 대해 신랄하게 비판

24)『삼현수간』후帖 20. 구봉이 우계에게
25)『삼현수간』후帖 21. 구봉이 우계에게

한다.

　　형이 직접 편찬한『순언』을 보았는데 재주를 부린 듯합니다. 형을 위
해서도 의아스럽게 여깁니다.『참동계』를 이어서 저술한 주자의 뜻이
있는 건가요? 거듭 세상의 도를 위해서도 안타깝습니다. 기이한 것을
굴복시키고자 하면서 도리어 같이 되고자 하면 노자의 본뜻을 상실합
니다. 그리고 우리의 도에 대해서도 구차하게 같이 된다는 혐의가 있
습니다. 주석은 또 견강부회하였습니다. 형이 끊어진 맥을 잇기를 기
약했다면 날짜가 부족한 것은 당연합니다. 그런데 글장난을 하시니 우
리들이 형에게 바라던 것이 아닙니다.26)

　　'재주를 부리고' '글 장난을 하고' '주석은 견강부회하였다'는 혹평을
쏟아내고 있다. 물론 율곡은 유교 유일주의의 시대에 금강산에 들어가
불법을 구했던 만큼 그 학문적 세계와 태도가 남달랐다고 할 수 있다.
성리설에서는 누구보다도 잘 통하는 사이였지만, 유불도를 넘나드는 율
곡의 행보는 구봉에게 비판의 대상이 되었던 것이다.『순언』을 통한『노
자』의 유가적 해석은 '노자의 본뜻을 상실하고, 구차한 것 같이 된다.'는
비판을 면치 못했다. 구봉은『격몽요결』에 대해서도 불만을 토로한다.

　　형이『격몽요결』의 간행을 허락했다고 들었습니다.『격몽요결』가운데
세속의 예절과 관련된 곳에서 저는 항상 불만스러운 마음이 많았습니
다. 형이 깎고 다듬어 바로 잡으심이 어떠신지요? 그렇지 않으면 한 집
안의 자제들이 볼 만한 책이지, 아마도 널리 행하는 결정된 예는 아닌

26)『삼현수간』후帖 22. 구봉이 율곡에게

듯합니다.27)

구봉은 예학에 있어서 당시 풍속을 중시하는 율곡과 입론이 근본적으로 달랐다. 이에 『격몽요결』의 세속예절 관련 부분에 대해 불만을 표시하며 '한 집안의 자제들이 볼 만한 책'이며 '널리 행하는 결정된 예는 아니다'라고 직설적으로 평가하고 있다. 또한 『소학제가집주』의 주석에 대해서도 미진한 곳이 많다고 지적하며 한 가지 예를 제시하고 있다. '자지사친(子之事親), 삼간불청(三諫不聽), 즉호읍이수지(則號泣而隨之)'에 대해 율곡은 "자식이 어버이를 섬기는데 세 번을 말씀을 드려도 받아드리지 않으면 울면서 어버이의 말을 따른다"고 하였는데, 구봉은 올바르지 않은 해석이라고 비판한다. 『소학』「계고(稽古)」의 기록이나 『예기』「곡례(曲禮)」의 전문에 비춰보면, 이 뜻은 '비록 신하는 세 번 간해 임금이 받아들이지 않으면 떠나버리지만, 자식은 다만 어버이를 떠나지 않는다'라고 해석해야 한다는 것이다. 율곡의 해석은 '나쁜 일이라도 같이 행한다'는 것이 되니 본뜻이 아니라는 것이다. 이런 곳이 많으므로 반드시 서로 만나 토론하고 연구한 뒤에 책을 간행해야지 『격몽요결』과 같이 쉽사리 간행해서는 안된다고 재삼 당부한다.

이뿐만이 아니다. 구봉은 편지에서 율곡이 우계에게 '장서가 집안의 오래된 책을 좀 보고오라'고 했다는 말을 전해 듣고 '이는 장난삼아 한 말이라도 진지하게 남을 대하는 태도가 아닌 듯하다'라고 준절하게 책망을 한다. 그리고 이와 같은 구봉의 비판을 율곡은 겸손하게 받아들이고 있다.28)

---

27) 『삼현수간』 후첩(後帖) 22. 구봉이 율곡에게
28) 장주식, 『삼현수간』, 한국고전번역원, 2013, p.173 참조.

일전에 『격몽요결』의 잘못된 곳을 가르쳐 주셨는데 자못 저의 생각과 일치하는 점이 있습니다. 다음 편지가 서울로 오기를 기다리겠습니다.[29]

『소학제가집주』는 지금 한창 교정 중이므로 보내지 못합니다. 따로 만들어둔 부본이 없는 것이 안타깝습니다.[30]

이와 같은 사례를 통하여 삼현의 우의는 단지 정(情)을 나누는데 그치는 것이 아니라 의리에 어긋난다고 생각되었을 때는 책선(責善)하여 벗을 바른 길로 이끌고자 하는 엄정함이 있었고, 또 이를 겸허하게 받아들이는 마음자세가 있었음을 알 수 있다. 『논어』에 "자로는 누군가 잘못을 지적해주면 기뻐하였다"라는 이야기, 한훤당 김굉필이 어린 조광조에게 "자네가 나의 선생이로세"[31]라며 손을 맞잡았다는 일화는 진리를 향한 선인들의 허백한 마음을 잘 보여준다. 삼현의 사귐은 한마디로 '이우보인(以友輔仁)'의 구도의 여정이라 할 것이다.

---

29) 『삼현수간』 利帖 2. 율곡이 구봉에게.

30) 『삼현수간』 貞帖 5, 율곡이 구봉에게, "『小學』方有所較正 故不能送上 恨無副本也"

31) 김종직의 제자인 김굉필은 무오사화의 여파로 평안도에서 유배살이를 하고 있었는데, 마침 그곳에 부임하였던 조광조의 아버지는 당시 정권의 죄인이 된 김굉필에게 10대의 아들을 보내 공부하도록 하였다. 진중한 스승인 김굉필이 크게 노한 일이 있었다. 꿩 한 마리를 얻어 서울의 어머니께 보내려고 정성스레 말리던 것을 고양이가 먹어버린 사건이 발생하자 시중들던 노비를 심하게 질책한 것이다. 이를 본 조광조는 "봉양하는 정성이 지극하다해도 군자가 말씀의 기세[辭氣]는 조심해야 하는 줄로 압니다. 마음에 의혹스러운 바가 있어 감히 말씀드립니다"라 하였다. 이에 정신이 번쩍 들은 김굉필은 어린 제자의 손을 맞잡고 "부끄럽구나. 자네가 나의 스승이로세"라 하였다.

3. 구봉과 우계의 예설

예치(禮治)를 통하여 도덕적 질서가 통용되는 사회를 이루고자 하였던 성리학자들에게 예론(禮論)은 중요한 영역이었다. 특히 구봉은 당시 예학의 대가로서 이후 기호학파의 예론 형성에 지대한 영향을 끼쳤음은 여러 연구에서 지적한 바이다. 『삼현수간』을 보면 우계와 구봉 사이에 성리논변은 많지 않으나, 예(禮)와 관련된 논의는 적지 않다. 우계의 경우 독자적인 주장을 개진하기 보다는 예와 관련된 문제를 질의하면 구봉이 답하는 형식이 대부분이다. 이 글에서는 양현의 예설을 『삼현수간』에서 구봉, 우계, 율곡의 세 유학자 사이에 논의되었던 주제를 중심으로 다루어 보고자 한다. 『삼현수간』에는 우계와 구봉이 율곡의 예설과 그 시행법을 한 목소리로 우려하는 모습을 볼 수 있다.

먼저 우계는 율곡이 누나의 남편이 율곡보다 나이가 적은데도 형으로 대우하는 일과 그 서모를 상제례(喪祭禮)에서 앞자리에 세우는 일 등을 옳지 않다고 지적하며, 이 문제에 대해 구봉에게 적극적으로 개입해 줄 것을 당부하는 모습을 볼 수 있다.

누나의 남편이나 여동생의 남편을 누나나 여동생의 나이를 기준으로 서열을 정하는데, 이것이 의리상 어떠합니까? 윤담(尹聃)의 아버지는 숙헌보다 나이가 적습니다. 그런데 숙헌은 그를 형이라 부르고 윗자리에 앉히니 참으로 민망스런 일입니다. 사위와 남자 형제는 같은 지위가 되니 나이에 따라 앉는 것이 바른 윤리가 아닌가 합니다. 가르침을 부탁드립니다. 어떻게 생각하십니까?[32]

---

32) 『삼현수간』 元帖 20.

이 문제에 대해 구봉은 이렇게 말한다.

예는 좌우전후 모두 이치에 합당해야 중(中)을 얻습니다. 숙헌이 비록
윤공의 아버지를 높이고자 하나, 윤공의 아버지가 어찌 처의 나이를
끼고 숙헌의 위에 있을 수 있겠습니까? 보내오신 편지말씀이 옳습니
다. 지난 번 숙헌을 만났을 때 그 것이 옳지 않음을 강하였는데, 답하
기를 누이가 나보다 어른이고, 누이가 하늘처럼 여기는 것이 그 지아
비이니, 그 형세상 숙헌 자신이 그 위에 앉을 수는 없다고 하였습니다.
저는 그렇지 않다고 생각합니다. ……예에 이르길 여자는 남편의 나이
에 따라 앉는다고 하였는데, 이제 어찌 감히 지아비가 되어서 여자의
나이에 따라 앉는단 말입니까.33)

두 선비의 대화는 당시 사회의 일면을 엿볼 수 있는 재미가 있다. 율
곡이 나이가 적은 자부(姊夫)를 형으로 대접하였다는 것은 당시의 풍습
상 통용되는 일이었기에 가능했을 것이다. 그러나 『주자가례』를 숭상하
는 유학자들의 시각에서는 바른 윤리가 아닌 것으로 비판의 대상이 되
었음을 알 수 있다. 구봉과 우계는 모두 여자가 남편의 나이에 따라 서열
이 정해지는 것이지 남자가 아내의 나이에 따라 서열이 정해지는 법은
없다는 데 동의함을 볼 수 있다. 정작 이보다 크게 논란이 된 것은 서모
(庶母)에 대한 대우의 문제였다. 율곡은 상제례에서 서모를 적자(嫡子)의
며느리보다 앞자리에 세웠는데, 적서(嫡庶)의 구별이 분명하였던 당시
사회의 예법에 어긋나는 일이었다. 율곡은 자신의 집에서는 서모가 주부
의 앞 서쪽에 선다고 하면서, 그 근거를 다음과 같이 제시하였다.

33) 『구봉선생집』권 6. 「예문답」

① 서모를 뒤에 세울 경우, 율곡 자신의 며느리까지도 시할머니뻘 되는 서모의 앞에 서게 된다.

② 특히 첩이라도 그 아들이 대를 이을 경우는 앞자리에 서도 된다.

③ 귀첩(貴妾)은 아들이 없어도 복(服)을 두어 대접할 수 있다.

④ 아버지가 사랑하던 것은 개나 말이라도 아껴줄 것인데, 하물며 서모의 경우는 대우하지 않을 수 없다.

이에 대해 우계와 구봉은 모두 '그르다'는 견해를 내었는데, 정(情)으로 예(禮)를 어길 수 없다는 점에서는 인식을 같이하지만, 우계는 비교적 절충적이며, 구봉은 명확한 원칙과 원론을 고수한다. 먼저 서모의 지위에 대한 우계의 견해는 다음과 같다.[34]

① 집안에서 서모의 지위는 없는 것 같지만 없는 것도 아니다. 초하루나 보름제사에 참여한다. 제례에서는 집사의 항렬에 있다.

② 그러나 예(禮)에 '서모'로 불리는 지위는 없다. 비첩(婢妾)이 있을 뿐인데, 비첩도 가족에 속한다.

③ 제사를 지내고 함께 음복을 하는 준(餕)과 잔치인 준(餕)은 화목하고 즐거운 예이므로, 서모도 참여하여 친애하는 마음을 나타낸다.

④ 그러나 제사나 준(餕), 준(餕) 등은 엄숙하고 경건한 행사로, 친척이나 빈객 역시 서열대로 위치하므로, 그러한 자리에서는 아버지의 비첩이라 해도 높일 수 없다.

---

34) 『삼현수간』 원첩 22. 우계가 구봉에게 : 이 편지의 내용을 통해 우계의 입장을 알 수 있다.

이 문제에 대한 구봉의 견해는 보다 엄격하다.

① 아들이 없는 서모는 복(服)이 없으므로 시비(侍婢)와 동열로 두어야
   한다.
② 서자로서 아버지의 제사를 받드는 자는 생모를 위해 복(服)을 입을
   수 없다.
③ 귀첩은 제후 대부에게나 있는 것으로, 서모가 평민이라고 해서 귀첩
   이라는 칭호를 쓸 수는 없다. 사(士)에게는 귀첩이 없는 법이다.
④첩은 아버지를 따르지 않기 때문에 적처에 짝할 수 없고, 가족과 함께
   하지도 않는다.

구봉은 서모란 존재는 '기둥 밖의 사람[楹外之人]'이어서, 당 위에 설
수 없다고 단정한다. 정(情)으로 예(禮)를 혼란시켜서는 안된다는 것이
다. 냉혹하리만치 분명한 구봉의 견해에 대해 율곡은 "집안사람들이 모
두 화목한 시간을 즐기고 있는데, 서모는 나와 참여하지 못하고 종일 울
고 있으면, 이는 죄수처럼 갇혀있는 것이니 인정상 어찌 그럴 수 있겠습
니까?" "무릇 일이란 직접 겪어봐야 그 어려움을 아는 법이므로, 형(구
봉)도 저와 같은 처지를 당한다면, 형의 말과 같이 그렇게 시원스럽게
처리할 수만은 없을 것"이라고 항변함을 볼 수 있다.

구봉의 예설에서 특징적인 것 가운데 하나는 첩(妾)과 첩자(妾子)의
지위가 판연히 다르다는 것이다. 구봉에게서는 첩의 신분과 가정 내 첩
의 지위는 무관하다는 것이다. 즉, 신분이 미천하더라도 적처라면 가정
내 지위가 보전되는 것이고, 양민이라 하더라도 첩의 경우는 가정 내 지
위가 없다는 것이다. 그런데, 첩자의 경우는 첩의 가정 내 지위와는 무
관하게 아버지를 따를 수 있고, 제사를 주관할 수도 있다. 적자와 첩자

사이에 엄격한 차별을 두지 않은 것이다. 이는 모계의 신분에 따라 자식의 신분을 정하는 조선사회의 종모법(從母法)과 잘 어울리는 주장은 아니다. 구봉의 이론에 따르면 서자는 그 어머니의 신분과 관계없이 아버지에 따라서 그 위상이 생기기 때문이다. 이에 구봉은 당시 조선사회에서 서자를 노복(奴僕)처럼 여기는 것은 예(禮)의 정신에 어긋난다고 비판한다.35)

이와 같이 구봉은 성리설에서는 율곡과 의견이 잘 통했지만 예론에서는 전혀 다른 모습을 보임을 알 수 있다. 율곡은 우계로부터 '변통'을 좋아한다는 핀잔을 들을 만큼 예의 적용에 있어서도 유연한 모습을 보인다. 율곡의 예론은 당시 조선의 풍습을 중시한다. 제례에 있어서도 『주자가례』와 달리 조선 당시의 풍속대로 4번의 시제를 인정하는 것이다. 이는 율곡의 생장과정과도 연관이 있을 듯하다. 율곡은 그 출생시부터 8세 무렵까지 외가에 살았으며, 어머니로부터 글을 배우고, 누나부부와 한 집에 사는 등, 일반 사대부가문의 풍토와는 좀 다른 삶의 모습을 볼 수 있으며, 이는 당시 조선사회의 민간풍습의 일면이 아닌가 한다.

이에 비해 구봉은 『주자가례』를 중심으로 부계중심의 예론을 정립하면서 예의 원형을 지킴으로써 당시의 시속을 정비하고자 하며,36) 당시 시속에 따른 예의 변용에 대해서는 소극적 태도를 견지함을 볼 수 있

---

35) 구봉은 『주자가례』에 입각해서 당시 시속을 바로잡을 것을 강조하였으나, 서자가 제사를 주관한다는 것은 『주자가례』와 어긋난다. 다만 주자 당시의 시속은 적자 아닌 사람이 제사를 계승하는 일이 종종 있었으며, 주자 역시 이를 묵인했음을 구봉은 피력한다. 정이천은 형 명도의 제사에서 명도의 아들에게 종통을 돌리지 않고 그 자신이 직접 형의 제사를 주관하였는데, 이 일에 대해 율곡이 질문한 바 있다. 이 때 구봉은 본래 적자가 종통을 계승하는 것이 고례이나, 송나라의 사례로 볼 때 이미 무너졌고, 이는 이천이나 주자도 바로잡지 못한 일로서 그대로 인정할 수 있다는 태도를 취한다. 이러한 구봉의 입장에 대해서는 우계 역시 옳지 않다는 견해를 피력한 바 있다.

36) 하지영, 「구봉 송익필의 예담론과 그 의미」 『동방한문학』제32집, 2007, 164쪽 참조.

다.[37)]

4. 구봉과 우계의 성리설(性理說)

1) 사칠설(四七說)

우계 사칠설은 '리기일발(理氣一發)'을 그 특징으로 한다. 이는 율곡과의 논변 속에서 정립된 것으로 선행연구들에서 지적하는 바와 같이 퇴계와 율곡의 이론을 절충한 성격을 보인다. 먼저 우계는 퇴계가 리발을 주장하는 사칠설의 취지를 공감하지만, 그 양발(兩發)의 이론구조는 수긍할 수 없음을 다음과 같이 말한다.

> (퇴계가) 사단과 칠정의 이기의 자리를 나눈 것과 양발수승(兩發隨乘)의 단을 나눈 것은 말의 뜻이 순조롭지 못하고 명리가 온당하지 못하니 이것이 내가 좋아하지 않는 까닭입니다.[38)]

그러나 우계는 퇴계의 이론이 온당하지 못하다고 평가하면서도 율곡의 기발이승일도설(氣發理乘一塗說)을 온전히 수용하지는 않는다.

> 제 생각으로는 사단과 칠정을 상대적으로 거론해서 말하여 '사단은 리에서 발하고 칠정은 기에서 발한다'고 하면 될 것 같지만, 성정도를 만

---

37) 하지영은 구봉의 주자설에 대한 성실한 준수가 한편으로는 時變에 따라 예를 융통성 있게 운용해 나가는 은력의 결여로 이어지기도 한다고 지적한다.

38) 『牛溪集』권4, 「與栗谷論理氣第六書」, "四七理氣之分位, 兩發隨乘之分段, 言意不順, 名理未穩, 此渾之所以不喜者也."

들 때는 분리해서는 안되고, 다만 사단과 칠정을 모두 정(情)의 영역에 두고서 '사단은 칠정가운데 리 일변이 발(發)한 것을 가리켜 말한 것이고, 칠정가운데 절도에 맞지 않는 것은 기가 지나치거나 미치지 못하여 악으로 흐른 것이다'고 한다면, 리기의 발에 대해 혼동되지 않으면서도 두 갈래로 나뉘는 문제도 없지 않을까 합니다.[39]

위의 인용은 퇴계 호발설(互發說)의 문제의식을 계승하면서 그 이론적 결함을 '리기일발'이라는 논리로 보완하고자 한 것이다. 우계는 마음이 발하기 전에는 사단칠정이라는 구별이 없고, 주리주기로 말할 수 없으며 오로지 하나의 정(情)이 있을 뿐이지만, 발하면서 주리와 주기를 말할 수 있다는 결론을 도출한다. 리기가 각기 다른 곳에 있어서 서로 발한다는 것은 옳지 않지만, 일물로 뭉쳐 있는 가운데 리를 주로 하고 기를 주로 한다고는 할 수 있다는 것이다. 이와 같은 우계의 이론은 현실에서 선을 추구할 수 있는 근거로서 리를 확보하고자 하는 우계의 실존적 고민이 담긴 결론이라 할 것이다.

그러면 구봉의 사칠설은 어떠한가? 선행연구들에서 구봉의 사칠설을 우계의 '리기일발'에 근접한 것으로 보았다.[40] 이는 구봉이 사단이든 칠정이든 모두 '리기지발(理氣之發)'이라 한데서 기인한다. 즉, 구봉이 정(情)의 발현을 '기지발'이라 하지 않고 '리'자를 덧붙여 '리기지발'이라 하였기 때문에 이를 우계의 '리기일발'의 의미와 같게 본 것이다. 그러

39) 『牛溪集』 권4, 「與栗谷論理氣第一書」.

40) 김창경, 「『삼현수간』을 통해서 본 구봉·우계·율곡의 도의지교와 학문교유」, 『잊혀진 유학자 구봉 송익필의 학문과 사상』, 구봉문화학술원편저, 392쪽./ 최영성, 『한국유학통사』 중, 심산, 2006, 120쪽. 최영성은 이이의 '發'은 '발동'의 뜻이고, 구봉의 '發'은 발현의 뜻인 듯하다고 보았다.

율곡	"정(情)가운데 선한 것은 청명한 기(氣)를 띠고 천리(天理)를 따라 직출하여 그 중(中)을 잃지 않고 인의예지의 단서가 되므로 사단이라 합니다" "칠정은 리와 기를 포함하여 말한 것이니 주기가 아닙니다."
기발이승일도	"정(情)가운데 선한 것은 청명한 기(氣)를 띠고 천리(天理)를 따라 직출하여 그 중(中)을 잃지 않고 인의예지의 단서가 되므로 사단이라 합니다" "칠정은 리와 기를 포함하여 말한 것이니 주기가 아닙니다."

위의 인용표를 살펴보면 삼현이 미발(未發時)시에는 주리주기는 나눌 수 없다는 점에서는 인식을 함께 하지만, 이발시 우계는 '사단은 주리로서 리 일변이 발한 것이며, 칠정은 주기'로 볼 수 있다는 견해를 피력하는 반면, 구봉이나 율곡은 사단칠정을 주리주기로 나눌 수 없으며 모두 칠정은 주기(主氣)가 아니라 '겸이기(兼理氣)'라는 점을 피력함을 볼 수 있다. 그렇다면 율곡의 '기발이승일도'나 구봉의 '리기지발'은 표현상의 차이가 있을 뿐 아닌가?[44]

우계의 심성론에서와 달리 구봉의 심성론에서 볼 수 있는 뚜렷한 특징의 하나가 '의(意)'에 대한 강조이다. 우계의 사칠론이 선을 추구할 수 있는 근거로서 리의 확보에 관심을 두고 있다면, 구봉은 선을 결단하고 실행하는 '의(意)'를 중시하는 것으로 보인다. 구봉은 이렇게 말한다.

물에 비유하자면 심(心)은 물이고, 성(性)은 물이 고요한 것이고, 정(情)은 물이 움직이는 것입니다. 사단은 단지 그 물의 흐름을 들어 말한 것이고, 칠정은 그 물결까지 함께 말한 것입니다.……물결이 평지

---

44) 김현수, 앞의 논문, 83-84쪽 참조.

에 있어 물결이 잔잔하다면 물결이 그 올바름을 얻은 것이고, 물결이 돌에 부딪혀 물결이 세찬 것은 물결이 그 올바름을 얻지 못한 것입니다. 그렇지만 어찌 잔잔한 것은 물결이 되고 거센 것은 물결이 되지 않겠습니까? 그러므로 정(情)에는 선·불선이 있습니다. 평지의 잔잔한 물결을 이끌어 도리어 돌에 달리도록 하는 것은 의(意)이고, 돌에 부딪혀 거세게 흐르는 물결을 끌어다가 다시 평지에 달리게 하는 것도 의(意)입니다.45)

마땅히 기뻐하거나 성내야 할 때 기뻐하고 성내는 것은 정(情)입니다. 마땅히 기뻐하거나 성내서는 안되는데 기뻐하고 성내는 것도 정(情)입니다. 마땅히 감정을 내야할 때 내는 것은 선(善)입니다. 마땅히 내어서는 안되는데 감정을 내는 것은 불선(不善)입니다. 그러므로 선과 불선이 모두 정입니다. 굳이 합당할 때에만 정이 일어나고 부당할 때에는 일어나지 않는다면 모두 마땅하기만 하고 마땅하지 않음은 없을 것이니 의(意)가 정을 운용한다는 의미는 어디에 있습니까? 정이 드러날 때 당, 부당이 있으므로 의(意)가 정을 운용해서 부당한 것을 합당하게 할 수 있는 공이 있습니다.46)

---

45) 『三賢手簡』元帖2. 「贈答俶獻書別紙-浩原以情純善辨之-時庚申年」, "譬之水, 心, 猶水也. 性, 水之靜也. 情, 水之動也, 四端, 單擧其流也, 七情, 竝言其波也. 水不能無流, 而亦不可無波, 波之在平地而波之溶溶者, 波之得其正也. 波之遇沙石而波之洶, 波之不得其正也. 雖然, 豈以溶溶者爲波, 而洶洶者不爲波哉, 故曰情有善不善也. 夫引平地溶溶之波而返走沙石者, 意也, 引沙石洶洶之波而還走平地者, 亦意也,

46) 『三賢手簡』元帖2. 「贈答俶獻書別紙-浩原以情純善辨之-時庚申年」, "夫當喜怒而動出來喜怒者情也, 不當喜怒而動出來喜怒者亦情也. 當而出來者善也, 不當而出來者不善也. 故善不善皆情也. 苟必發於當而不發於不當, 則皆當而無不當, 意之運用底意安在. 出來之有當不當, 故運用之有能使不當者意之之功."
같은 곳의 다음 언급도 구봉의 의(意)에 대한 견해를 잘 드러낸다. "주자가 말하기를 '불선을 하게 됨은 정이 사물에 옮겨져서 그러하다[爲不善, 情之遷於物而然也]'라 했습니

'잔잔한 물결을 도리어 돌에 달리도록 하는 것도 의(意)이고, 거센 물결을 다시 잔잔하게 하는 것도 의(意)'이며, 합당하지 못한 정을 합당하게 하는 공이 의(意)의 작용이라 구봉의 언설은, 선의 실행에 의(意)의 역할이 필수적임을 주장한 것이다. 이 역시 기선악(幾善惡)의 정(情)을 계교하는 능력으로서 의(意)의 기능을 강조하고,[47] 뜻이 진실하면 자연스럽게 정이 절도에 맞게 나올 수 있다고 말하는 율곡의 입장[誠意論]과 상통하는 바 있다[48]고 하겠다.

다. …정이 비록 발하여 혹 불선할 수는 있지만, 불선을 하게 됨에 이르러서는 어찌 意가 운용한 영향이 없다고 하겠습니까? 이런 까닭으로 주자는 먼저 사물 위에서 뚜렷하게 이미 이루어진 불선에 대해 말하기를 '이것은 그 처음에 정이 사물에 옮겨져서 그러한 것이다'라고 했습니다. '그러하다(然)'는 것은 불선을 하였음[爲不善]을 말한 것입니다. 정이 사물에 옮겨진 것이 이미 불선을 한 것이라면, 또한 굳이 다시 '그렇게 된 것이다(而然)'라는 두 글자를 다시 붙여서, 사물에 옮겨간다는 위에 '불선을 한다'는 것을 더욱 무거운 의미로 두었겠습니까? 사물에 옮겨가는 것은 정이니, 발하여 절도에 맞지 않을 때를 가리킨 것이고, 불선을 하는 것은 의(意)이니, 그것이 운용된 뒤를 가리킨 것입니다. 그러므로 '사물에 옮겨가는 것은 정이요, 불선을 하는 것은 의이다'라고 하는 것입니다.[朱子曰, 爲不善, 情之遷於物而然也. 蓋發不中節, 固可謂不善, 而不可謂爲不善也. 情雖發或不善, 而至於爲不善, 則意豈無運用之效. 是故, 朱子先擧施諸事物上顯然已作之不善也, 是其初, 情之遷於物而然也. 然者, 謂爲不善也, 情之遷於物, 旣是爲不善, 則又何必更着而然二字, 而以爲不善加一般重意於遷物之上乎. 遷於物者, 情也, 指發不中節底時, 爲不善者, 意也, 指運用底後. 故曰, 遷於物者情也, 爲不善者, 意也.]"

47) 『栗谷全書』권12, 「答安應休」, "幾者, 動之微者也. 動之微也, 已有善惡幾, 乃情也. 意者, 緣情計較者也. 情則不得自由, 驀地發動. 意則緣是情而商量運用. 故朱子曰, 意緣有是情而後用. 近世儒者多曰, 情無不善, 而意有善惡, 此徒知有本然之性情, 而不知有兼氣之性情也, 徒知意之名, 而不知意之實也."

48) 성태용, 「구봉 송익필의 철학사상」, 『잊혀진 유학자 구봉 송익필의 학문과 사상』, 156쪽. 이외에 구봉은 "선하고 불선한 결과로 나타나는 것은 다 정이다. 진실로 반드시 마땅한 데서 발하고 마땅치 않은 데서 발하지 않아 모두 마땅하게 되어, 마땅치 않음이 없게 하는 것은 의가 운용하는 것이다. 의가 어찌 나와서 마땅함과 마땅치 않게 된 그 결과에 있겠는가? 그런 까닭에 운용하여 마땅치 않은 것은 마땅하게 만들 수 있는 공부가 있는 것이다[故善不善皆情也. 苟必發於當而不發於不當, 則皆當而無不當, 意之運用底. 意安在出來之有當不當. 故運用之有能使不當者當之之功.]"라 한다. 성태용은 이에 대해 구봉의 이 말은 뜻을 진실하게 함으로써 마음이 순화되어 정이 저절로 절도에 맞게 나오게 한다는 이론과는 좀 다르며, 더욱더 실천적 성격을 지닌다고 본다.

2) 구봉과 우계의 인심도심설

구봉과 우계의 인심도심설(人心道心說)을 살펴보기 위해서는 역시 율곡의 인심도심설의 일단을 언급하지 않을 수 없다. 주지하듯 우계의 인심도심설은 율곡과의 긴 논쟁을 거치며 정립된 것이고, 구봉의 인심도심설 역시 사계(沙溪) 김장생(金長生, 1548~1631)이 율곡의 인심도심설에 대해 제기한 문제를 논하면서 드러나기 때문이다. 따라서 구봉과 우계의 인심도심설 논의는 모두 율곡과 관련이 있으며, 구봉과 우계 상호간의 토론을 발견하기는 어렵다. 먼저 양현의 입론과 주장을 각각 살펴보고, 그 의의를 종합해 보도록 하겠다. 먼저 우계의 인심도심설을 살펴본다.

우계가 율곡과 인심도심논쟁을 벌인 과정을 따라가 보면 첫 번째 편지와 논쟁 후반부의 편지사이에 보이는 입장은 퍽 다르다. 우계의 처음 입장은 인심도심의 발용은 그 소종래로부터 주리주기의 구별이 있다는 것이었다. 그것은 주자가 "혹 형기(形氣)의 사사로움에서 생기고, 혹 성명(性命)의 바름에 근원한다"라 한 말을 그와 같이 해석한 것이다. 이에 대해 율곡은 "도심을 발하는 것은 기(氣)이나 성명이 아니면 도심이 발하지 못하고, 인심의 근원은 성(性)이나 형기가 아니면 인심이 발하지 못하니, 도심은 성명에 근원하고 인심은 형기에서 난다는 말이 어찌 순조롭지 않겠습니까"라고 설명한다. 율곡과의 거듭된 논변으로 우계는 다음과 같이 결론을 지었다.

형은 반드시 '기가 발함에 이가 타고 다른 길이 없다'고 하였는데, 저는 반드시 미발일 때에는 비록 이와 기가 나오는 묘맥이 없다 하더라도 처음 발할 즈음에 의욕이 동하는 것은 마땅히 주리나 주기라고 말할 수 있을 것이니 이것은 각각 나온다는 것이 아니요, 한 가지 길에서 그 중한 쪽을 취하여 말한 것입니다. 이는 곧 퇴계가 말씀한 호발(互發)의 뜻이요, 형이 말한 '말이 사람의 뜻을 따르고 사람이 말이 가는 대로 맡긴다'는 설이며, (형이 말한) '성명이 아니면 도심이 발하지 못하고, 형기가 아니면 인심이 발하지 못한다'는 말입니다.49)

이는 우계가 사칠론에서 '리기일발'을 주장하는 것과 동일한 논리다. '리기일발'은 사칠론과 인심도심설을 일관하는 이론이라고 할 수 있다.

인심도심설은 우계, 구봉, 율곡이 각기 삼인삼색의 특징이 있다. 이제 구봉 인심도심설의 특징을 논하면서 율곡의 견해를 함께 살펴보기로 한다.

『삼현수간』에는 사계 김장생이 율곡의 인심도심설에 대해 의문을 제기하면서 이를 구봉에게 질정하는 내용이 있다. 이 문답에서 구봉 인심도심설의 특징이 잘 드러나므로 율곡의 견해에 대한 부분과 이에 대한 구봉의 견해만 발췌해서 살펴보도록 한다.

[문답1] 사계: '도심은 오직 은미하다[道心惟微]'에 대해 주자는 '미묘하여 보기 어렵다'고 하였습니다. 율곡 선생은 '리는 소리도 냄새도 없어서 은미해 보기 어렵기 때문에 은미하다고 할 수 있다'고 했습니다.……50)

49) 『우계집』권4, 「간독」1, [율곡(栗谷)과 이기(理氣)를 논한 여섯 번째 편지]
50) 『龜峯集』권4, 「玄繩編上-答希元心經問目書」, "道心惟微, 朱子曰, 微妙而難見. 栗谷先生云, 惟理無聲臭可言, 微而難見, 故曰微."

구봉: 리(理)는 본래 은미하지 않지만 기(氣) 속에 있기 때문에 은미하여 보기 어려운 것이다…성인에게 있어서라면 어찌 은미한 적이 있겠는가? ……은미한 것으로부터 드러난 것에 이르기까지 내가 더하거나 뺄 수 없는 것이니 그렇다면 이것이 과연 본래 은미한 것인가? 리보다 더 드러나는 것은 없지만 기(氣) 가운데 있기 때문에 은미한 것이다. 율곡은 리(理)가 소리도 냄새도 없다는 이유로 리가 본디 은미하다 하였다.……도심이 은미하고 드러남은 인심의 편안하고 위태로움과 서로 소장(消長)한다. 인심이 위태로우면 도심이 은미하고, 도심이 드러나면 인심이 편안하게 된다.51)

[문답2] 사계: 율곡선생께서는 "두 가지의 발하는 바가 모두 한 가지 일에 있는데 인심에서 발하여 도심이 되는 것도 있고, 도심에서 발하여 인심이 되는 것도 있다"로 하였습니다.52)

구봉: 숙헌이 말한 인심과 도심이 모두 한 가지 일에서 발한다고 한 것은 전혀 알 수 없다. 두 가지는 단지 한 마음의 발함일 뿐이다. 그런 까닭에 섞여있다고 하는 것이다. 소리 , 색, 냄새, 맛과 관련해 하는 것은 인심이라고 하고, 인의예지가 나오는 것을 도심이라 한다. … (그대는) 숙헌이 인심에서 발하여 도심으로 되는 것도 있다는 설을 옳게 여기는데, 이 또한 옳지 못하다. 인심 또한 성현도 함께 지니고 있는 것인데

---

51) 『龜峯集』권4, 「玄繩編上-答希元心經問目書」, "理本不微, 在氣中故微而難見, 此在衆人說. 在聖則何嘗有微……莫著乎理, 而以在氣中故微. 叔獻以理無聲臭, 而云理本微,……且道心之微著與人心之安危, 相爲消長, 人心之危者, 道心微, 道心之著者, 人心安.

52) 『龜峯集』권4, 「玄繩編上-答希元心經問目書」, "栗谷先生曰, 人心道心, 皆指用而言之. 若如前說, 犯未發之境, 二者所發, 皆在於一事, 有發於人心而爲道心者, 有發於道心而爲人心者云云. 發於人心而爲道心則可, 發於道心而爲人心則似未穩."

어찌 그것이 변하여 도심이 될 필요가 있는가? 그렇다면 성인은 인심
이 없단 말인가?[53]

여기에서 구봉이 율곡의 설을 비판하는 요지는 두 가지로 요약된다.
①도심이 은미한 것은 리(理)의 무성무취, 즉 리의 무작위성 때문이 아
니라 기(氣) 속에 있기 때문이다. 리는 본래 은미한 것이 아니며, 리보다
더 드러나는 것이 없는데 다만 기 속에 있기 때문에 은미할 뿐이다. 따
라서 도심이 은미한 까닭이 리의 은미성에 있다는 율곡의 설명은 타당
하지 않다는 것이다. ②인심이 도심이 될 필요가 없다. 인심은 성인도
지니고 있는 것이다.

'리보다 더 드러나는 것은 없다'는 구봉의 견해는 '리는 소리도 냄새
도 없으니 은미하여 보기 힘들다'고 한 율곡과는 그 입각점이 다르다.
이러한 서술의 차이는 오히려 율곡이 기(氣)에 가려진 인간의 현실태의
관점에서 리를 바라본 결과이고, 구봉은 성인의 예를 들며 마음의 본원
처를 곧바로 드러내는 방식을 취하였기에 오히려 기(氣)의 유위성(惟危
性)에 주목한 결과라 생각된다.

구봉은 율곡의 '인심도심상위종시설(人心道心相爲終始說)'[54]을 비판

---

53) 『삼현수간』亨帖 26. 구봉이 희원에게, "叔獻所言二者皆發於一事, 殊不可知. 二者, 只一
心之發, 故謂之雜. 聲色臭味之爲, 謂之人心. 仁義禮智之出, 謂之道心. 能治則公勝私而道
心爲主, 不能治則私勝公而人心爲主, 轉爲人慾而莫之禁焉. 今心經則去善惡, 而只公言道
心人心之發爾, 何可如此說, 且賢以叔獻之發於人心而爲道心之說爲云, 亦不可, 人心, 亦
聖賢合有底心. 何必變爲道心也, 然則聖人無人心耶."

54) 이 때 사계가 질문한 율곡의 인심도심설은 이른바 '인심도심상위종시설'로 율곡이 37세
우계와의 논변에서 제기한 것이다. 이 시기 율곡의 인심도심설과 만년의 인심도심설은
같지않다고 보는 연구가 있다. 율곡은 그로부터 10년 뒤인 47세에 「인심도심도설」을 지
었는데, 여기에서는 '인심도심상위종시설'의 내용이 보이지 않는다는 것이다. 리기용은

적으로 바라본다. 구봉의 입장에서 인심이란 생리적, 감각적 지각작용을 지칭하는 이름이고, 도심이란 도의적 지각작용을 지칭하는 이름이다. 구봉은 인심과 도심이 모두 한 마음이지만 그 마음이 형기를 지각했느냐, 성명을 지각했느냐에 따라, 즉 '지각처'의 다름에 따라 인심과 도심으로 갈라진다고 한다.[55] 인심과 도심은 개념이 명확히 다른 것이며, 인심이 도심이 될 수도 없고 도심이 인심이 될 수도 없다. 인심은 인심이고 도심은 도심일 뿐이다. 따라서 인심이 도심으로 바뀌어 없어지거나 도심이 인심으로 바뀌어 없어지는 것이 아니라, 인심과 도심은 늘 있으며, 다만 도심이 드러나면 인심이 편안하고, 인심이 위태로우면 도심이 은미한 것이다. 이것이 이른바 구봉의 '인심도심상위소장설(人心道心相爲消長說)'이다.

율곡의 '인심도심상위종시설'은 처음에는 인심으로 시작했다가 도심으로 마치는 경우도 있으며, 도심으로 시작했다가 인심으로 마치는 경우도 있다는 말이다. 이는 구체적 사안을 대면했을 때 마음이 흐르는 정황을 말한 것이다. 예를 들어 거리에서 배가 고플 때 호떡 냄새에 이끌려 사서 맛있게 먹다가 문득 저편에서 주린 모습으로 입맛을 다시는 걸인에게 그것을 나누어 주고 싶은 마음이 들었다면, 이것이 인심이 도심이 되는 정황이라 할 것이다. 또 외투가 필요한 친구에게 그럴듯한 외투를 얻어주려다 막상 그 외투가 매우 고급스런 물건임을 보고 그냥 내가 가져버리기로 했다면 이는 도심이 인심으로 더 나아가 인욕으로 전환해 버린 정황이라 할 것이다.

율곡의 인심도심설은 인심도심상위종시설에서 인심도심대대설로 변화한다고 설명한 바 있다.(김현수, 앞의 논문, 88쪽 참조)

55) 『삼현수간』亨帖 26. 구봉이 희원에게, "心是理氣之合, 而人心道心, 皆發於此心, 則固不可以理氣分屬而言. 人心道心知覺之不同處, 則亦不可不以形氣性命分言也."

이렇게 볼 때 인심과 도심이 서로 꼬리를 물고 전환할 수 있다는 율곡의 '인심도심상위종시설'과 구봉의 '인심도심상위소장'설은 각각 입각처와 논점이 달라 보인다. 율곡은 '구체적인 일'에서 인심도심이 쉼 없이 왔다 갔다 하는 현실정황 속에서 어떻게 하면 인심이 인욕으로 떨어지지 않고 인심의 자리를 지킬 수 있으며, 인심이 인욕과 도심의 양 갈래로 향할 수 있는 분기점에서 어떻게 도심화할 수 있을지, 더 나아가 도심이 인욕으로 떨어지는 것을 막을 수 있을까를 고민한 것이 아닐까? 구봉은 구체적인 일 이전에 '마음의 차원'에서 한 마음이 형기를 지각했느냐, 성명을 지각했느냐는 '지각처'의 다름에 따라 인심도심을 논하기 때문에 인심은 인심이고 도심은 도심이어서 양자는 서로 넘나들 수 없는 것으로 보아, 율곡에게 인심이 도심이 된다면 '성인은 인심이 없다는 말인가'라 반문한 것이 아닌가? 그러나 실상 율곡은 인심을 부정적으로 평가하지 않는다. 율곡 역시 인심은 성인도 면할 수 없는 것으로, 인심은 천리도 있고 인욕도 있기 때문에, 인심을 오로지 인욕으로만 돌리는 것은 미진한 이야기라고 하기 때문이다.[56] 인심은 성인도 지닌 것으로 그 자체로 악이 아니라는 인식은 양현이 일치한다. '인심'에 대한 판단에서 구봉과 율곡은 우계와는 확연히 다른 입장을 지니며, 더 나아가 삼현은 인심도심설에서 저마다의 특색을 지니고 있음을 볼 수 있다.

---

56) 『율곡전서』 권14, 「人心道心圖說」, "人心, 也有天理, 也有人欲, 故有善有惡. 如當食而食, 當衣而衣, 聖賢所不免, 此則天理也. 因食色之念而流而爲惡者, 此則人欲也……但以人心專歸之, 人欲一意克治, 則有未盡者."

5. 맺음말

성리학은 그 이론과 삶의 지향 및 실천이 일치하기를 추구하는 학문이라 할 수 있다. 16세기 기호 성리학의 대표주자인 송익필과 성혼, 그리고 이이의 교유를 살펴보는 것은 그들의 학문을 보다 입체적으로 이해할 수 있는 바탕이 된다. 이들의 교유는 삶과 학문을 함께 나누는 '이우보인(以友輔仁)'의 사귐이라 할 수 있을 것이다. 모두가 경제적 형편이 어려웠으나 상대적으로 더욱 곤경에 처했던 송익필에게 다정다감한 성혼은 반찬이며 숯까지 챙겨 보내고, 이이도 월급의 일부를 떼어서 송익필에게 보내는 일이 종종 있었다. 그러나 학문적 논변이나 의리와 관련된 문제에서는 한 치의 양보도 없이 지적하고 충고하는 모습을 볼 수 있다. 더 없이 친밀하지만 결코 자신의 의문스러운 부분을 뒷전으로 한 채 쉽사리 남의 이론에 동조하지 않고, 서로 예의를 갖춰가며 끈질기게 진리의 길을 탐구해 가는 모습은 후세인들에게 선비들의 교유가 어떤 것인지를 보여준다.

송익필과 성혼의 학문은 이이와 함께 이후 기호학파의 학문적 기조를 형성한 중심축이라 할 수 있다. 근래 일련의 연구들은 성혼의 '리기일발'의 성리설이 이후 기호학파 내의 한 흐름을 이루어 하나의 학풍을 형성하였을 뿐 아니라, 보다 유연하게 현실에 대처하며 양명학과 같은 타 학문을 수용할 수 있는 기풍을 낳았다고 평가하고 있다.

이에 비해 송익필은 이이와 어깨를 나란히 할 만큼의 높은 학덕을 지녔을 뿐 아니라, 살아있을 때 많은 제자를 길러내었음에도 불구하고, 아버지의 죄과에 대한 업보와 시대적 한계로 인해 그 학문이 온전히 전승되지 못하였으며, 현재에도 송익필의 학문적 위상과 전승에 대한 연구는 부족한 형편이다. 이를테면 인심도심논쟁의 경우 성혼과 이이의 논쟁은 부각되어 있으나, 송익필과의 동이(同異)에 대한 연구는 드물다. 16세기 기호 성리학의 대표주자인 세 인물의 학설에 대한 비교 연구 및 후대에 끼친 영향과 전승에 대해 보다 정밀한 연구가 필요하다. 이는 당시 사상계의 모습을 다양하게 이해함과 동시에 후기 성리학을 조망할 수 있는 보다 폭넓은 시야를 열어 줄 것이다.

고청 서기와 구봉 송익필 선비정신의 본질과 현대적 의의[1]

김창경[2]

1. 들어가는 글

고청(孤靑) 서기(徐起, 1523~1591)와 구봉(龜峯) 송익필(宋翼弼, 1534~1599)은 신분적 한계를 극복하고 한국유학사에 큰 업적을 남긴 조선 중엽의 유학자이다. 이들은 비슷한 시기의 기호유학자인데, 서기는 충청지역을 중심으로 활동한 유학자로서 지역 향리의 후학들을 위한 강학을 통하여 당시 한미하였던 호중(湖中)의 유학성립에 큰 영향을 주

---

1) 이 논문은 『동서철학연구』 제80집, 한국동서철학회, 2016. 06.에 게재한 논문이다.

2) 金昌慶, 충남대학교 외래교수

었다.3) 송익필은 당대 시(詩)의 삼걸(三傑)이요 팔문장가(八文章家)이며, 조선 최초의 본격적이면서도 관·혼·상·제 사례(四禮)를 모두 갖춘 『가례주서(家禮註書)』를 지은 예학자이다. 그리고 이이와 성혼, 정철 등과 함께 절차탁마하며 기호유학의 기반이 성립되는데 큰 영향을 남긴 유학자이며 기호예학의 종장(宗匠) 사계 김장생을 길러낸 교육자이기도 하다.

이와 같은 서기와 송익필은 생전에 서로 교유하였음을 문집에 시로써 남기고 있으며, 타고난 제약된 신분환경으로 인해 타향으로 유리(流離)방황하는 고난의 삶을 살아갔다. 그럼에도 불구하고 유학자로서의 수양과 학문성취, 두 사람에게 함께 배운 제자, 그리고 사후에 후학들의 추숭과 국가로부터 시호를 추증 받음 등, 여러 면에서 밀접하면서도 공통적인 면들이 많다. 특히 내우외환의 시기에 신분의 질곡을 살아가면서도 유학자로서의 뜻을 잃지 않고 투철하게 실천한 기상과 정신들은, 두 사람 모두의 공통적인 학문적 특성으로서 오늘날에도 훌륭한 귀감이 된다. 이에 본고에서는 이들이 평생 실천해온 선비정신의 근저(원柢)에 있는 공통적인 본질을 구명(究明)해 보고, 아울러 그 현대적 의의를 탐구해보기로 하겠다.

서기와 관련된 기존의 학술연구 동향을 살펴보면, 철학분야에서 서기와 그의 문집을 중심으로 논구한 서해길의 논문4) 한 편뿐이며, 민속학분야에서 서기에 대한 구전설화를 중심으로 한 임선빈의 연구5) 한 편

---

3) 『국역조선왕조실록』, 「영조 27년 신미(1751)」, 〈고 봉조하 김유경에게의 추증·정려와 서기·송익필에의 추증 등을 논의하다〉

4) 서해길, 「서기 고청의 유학사상과 근대적 정신」, 『유학연구』 제1집, 충남대유학연구소, 1993.

5) 임선빈, 「孤靑 徐起의 역사적 實在와 記憶의 이중주」, 『역사민속학』, 제45집, 한국역사민

뿐이다. 또 서기와 송익필을 주제로 연구된 자료는 찾아볼 수 없어서, 전반적으로 학술연구에서 소외되었다고 할 수 있다.

2. 시대적배경과 신분 한계 속의 삶

서기의 본관은 이천(利川)이며, 자는 대가(待可), 호는 이와(頤窩), 구당(龜堂), 고청(孤靑), 고청초로(孤靑樵老)이며, 시호는 문목(文穆)이다. 토정(土亭) 이지함(李之菡, 1517~1578)과 이중호(李仲虎)의 문인이며,[6] 중봉(重峯) 조헌(趙憲, 1544~1592)과 수암(守庵) 박지화(朴枝華, 1513~1592), 구봉 송익필 등과 교유하였다. 현재 공주시 반포면 공암리에 충현서원(忠賢書院)과 묘소가 자리하고 있으며, 만년에 자리한 이곳에서 청좌와(淸坐窩) 송이창(宋爾昌, 1561~1627)을 비롯한 많은 제자들을 길러냈기에 충남 기호유학에 큰 영향과 업적을 남겼다.

송익필의 본관은 여산(礪山)이며, 자는 운장(雲長), 호는 구봉(龜峯), 현승(玄繩)이다.[7] 율곡 이이, 우계 성혼, 송강 정철, 중봉 조헌 등과 교유하였으며, 당대 시(詩)의 삼걸(三傑)이요, 8문장가(八文章家)[8]로서 성리학뿐만 아니라 예학(禮學)에 뛰어났다. 그는 조선예학사(朝鮮禮學史)에서 본격적이면서 체계적인 최초의 관례·혼례·상례·제례(冠 · 婚 ·

속학회, 2014.

6) 『고청유고(孤靑遺稿)』, 「부록」, 〈행장〉: "以土亭言 就學於履素齋李公 受庸學等書"

7) 『구봉집(龜峯集)』, 권10, 「부록」, 〈행장(行狀)〉

8) 『송자대전(宋子大全)』, 권172, 「묘갈」, 〈龜峰先生宋公墓碣〉: "首與友善而推許者 李山海 崔慶昌 白光勳 崔岦 李純仁 尹卓然 河應臨也. 時人號爲八文章."
南龍翼, 『호곡시화(壺谷詩話)』: "金梅月 南秋江 宋龜峰 山林三傑."

喪·祭)의 4례가 갖춰진 『가례주설(家禮註說)』을 지었고, 『예문답(禮問答)』을 지은 예학자이다.[9] 송익필은 이이와 성혼과 함께 절차탁마의 도의지교(道義之交)를 나누어서 기호유학의 기반을 형성하였으며, 김장생과 송이창 등을 교육시켜서 후일 기호유학 성립에 큰 영향을 남기고 있다.

서기와 송익필의 생애는 두 사람 모두 신분적 굴레에서 평생 자유롭지 못하여 역경 속을 헤치며 어렵게 살아갔다. 두 사람이 살아간 당시 조선은 유교문화를 국가의 기본제도로 하는 신분적 차별이 심한 사회였다. 가문의 흥망성쇠와 개인의 학문적 이상을 세상에 펼칠 수 있는 출세의 길은, 오직 과거시험을 통한 관직의 길에 들어서는 방법이 유일하였다. 그러나 서기와 송익필은 출생에서부터 천민(賤民)이라는 신분의 굴레로 인해 관직으로 나아가는 길이 불가능하였던 것이다. 이들이 살아간 시대적 배경을 살펴보면, 조선 왕조 건립에 수훈을 세운 공훈세력과 새롭게 성장한 지방의 사림들 간의 정치세력 다툼으로 인해 많은 선비들이 화를 당한 4대 사화(士禍)가 일어났고,[10] 정여립의 모반사건으로 시작된 1589년 기축옥사(己丑獄事)는 많은 선비와 백성들을 좌절하게 하였다. 또한 밖으로는 북방으로 1583년 여진족 니탕개의 침입[11]과, 남쪽으로 왜적의 잦은 침입 끝에 임진왜란(1592~1598)을 겪은 시기이다. 이로 인해 조선사회는 피폐해졌으며 일반백성들의 생활고는 비참할 정도였다

---

9) 김창경, 「구봉 송익필의 도학사상 연구」, 충남대학교 대학원 박사학위 논문, 2011, 151-152쪽.
10) 1498년(연산군) 무오사화, 1504년(연산군) 갑자사화, 1519년(중종) 기묘사화, 1545년(명종) 을사사화
11) 『선조수정실록』, 권17, 「20년 정해(1587), 3월1일(경인)」, 〈성균 진사 조광현·이귀 등이 스승 이이가 무함당한 정상을 논한 상소문〉

고 할 수 있다. 정치적 변란과 전쟁 등 내우외환(內憂外患)의 어려운 시대이고, 가뭄과 홍수와 질병 등이 겹치는 환경 속에서 끼니를 잇고 생존해 나가는 것조차 어려운 시기였다. 하물며 천민의 신분으로 학문에 뜻을 두고 성취를 이룬다는 것은 지극히 어려운 것이라 가늠할 수 있다.

서기는 천민이었지만,[12] 어려서부터 총명하여 그의 덕성과 학문적 재능을 아끼던 주인이 노비문서를 불태워서 천민의 굴레에서 벗어났다고 전해지며, 학문을 크게 성취하여 수많은 사람들이 스승으로 삼고 배움을 청하였다고 한다.[13] 그 후 50세 무렵 서기는 홍주(지금의 홍성)의 향리에서 여씨향약(呂氏鄕約)을 행하여 풍속을 바로잡아 보고자 강신당(講信堂)을 세우고 노력하였으나, 반대하는 이들에 의해 불태워지고 말았다.[14] 이는 서기의 신분에 대한 차별이 그 주원인으로 작용하였을 것이라 사려 된다. 이에 서기는 식솔을 데리고 지리산 홍운동(紅雲洞)으로 들어가 학문에 힘쓰고 소문을 듣고 찾아오는 사람들을 가르쳤으며, 홍운동에서 지낸 지 4년 만에 충남 계룡산의 고청봉(현재 충남 공주시 반포면 공암리) 아래로 거처를 옮겨 학당을 짓고 제자들을 가르치며[15] 만년을 보내게 되었다.

한편 송익필은 성장기에는 천민이 아니어서 지방 향시(鄕試)의 과거

---

12) 『성호사설(星湖僿說)』, 권17, 「인사문(人事門)」, 〈서고청(徐孤靑)〉: "서기의 자는 대가(待可)이며……집이 미천하였다. 세상에서는 본래 정승 심열(沈悅)의 집 종이었다고 하며, 배우는 이들이 많이 찾아들었다."

13) 『기언별집(記言別集)』, 권26, 「유사(遺事)」, 〈서고청사(徐孤靑事)〉: "徐起字待可 本賤人 守庵之友也 博學爲文章 四方士爭師之"

14) 『고청유고(孤靑遺稿)』, 「부록」, 〈行狀, 尹屛溪鳳九〉: "念鄕俗鄙惡 欲行呂氏鄕約 知里中惡 少終 不可化"

15) 『고청유고(孤靑遺稿)』, 「부록」, 〈行狀, 尹屛溪鳳九〉: "攜家入智異山紅雲洞山之最高深處 縛屋力墾 篤學不輟……遠近學者 聞風坌集 請業者衆 經四年 乃出山 更卜公州之雞龍北麓 名龜谷 居未幾 又逐水小下 移占孔巖 卽孤靑峯之北也"

에 급제하였으나, 서울 한양에서 치러지는 별시의 대과(大科, 향시에 합격한 자들이 볼 수 있는 과거)시험에는 부친 송사련의 사림(士林)에 대한 허물16)로 인하여 과거 응시를 금지 당하였다.17) 이후 현재의 파주시 교하읍 구봉산 아래에서 학문에 몰두하고 김장생과 송이창 등, 후학 교육에 힘쓰게 된다. 그 후 부친의 허물 문제와 율곡의 갑작스런 죽음에 따른 정치적 변화가 생겨났고, 마침내 53세 때 동인들이 법관을 세 번이나 바꾸면서 환천 시켜서 천민으로 신분추락을 당하였다.18) 그로부터 선산과 향리에서 식솔들이 뿔뿔이 흩어져 도피하며 살게 되어 전라도 광주, 충청의 옥천, 홍산(부여) 등을 떠돌다가, 임금의 추배령이 내리자 자수하여 유배에 오르고, 평북 희천의 유배에서 풀려난 후 말년에 당진에서 문집을 정리하며 여생을 마치게 되었다.19)

이처럼 두 사람 모두 학문적 성취와 덕망이 훌륭하였음에도 불구하고, 과거시험을 통한 관직의 길은 평생토록 허용되지 않았으며, 신분의 한계로 인한 역경 속의 삶을 살아갔음을 볼 수 있다. 이와 같이 집안 환경이 한미하고 천민이었던 서기는, 양반귀족의 자제와 달리 정통하면서 체계적인 교육을 받지 못하여 여러 제자백가(諸子百家)의 책을 섭렵하기도 하고, 선학(禪學)에 심취하기도 하였다.20) 이는 당시 유학을 근본

---

16) 신사무옥(辛巳誣獄, 1521): 기묘사화의 여파로 일어난 사건으로서, 남곤과 심정의 대신에게 송사련이 안당과 안처함 등을 무고로 고발하여 발생한 옥사사건.

17) 『구봉집(龜峯集)』, 권10, 「부록」, 〈행장〉: "史官李海壽等 以爲祀連旣爲罪人 褫其賞職 其子乃孼孫也 不當冒法赴擧 與同僚議停擧以錮之"

18) 『사계유고(沙溪遺稿)』, 권2, 「疏」, 〈신변사원소(伸辨師冤疏〉 乙丑二月, 兵判徐渻, 都憲鄭曄, 菁川君柳舜翼, 濟用正沈宗直聯名〉: "不得還賤 昭在法典 而瀎等以祀連上變 爲安家子孫不共天之讐 故乘機指嗾 蔑法還賤 其時訟官 或有執法之意則瀎等駁遞之 至再三而後始得行其志"

19) 『구봉집(龜峯集)』, 권10, 「附錄」, 〈묘갈문(墓碣文)〉

20) 『고청유고(孤靑遺稿)』, 「부록」, 〈行狀, 尹屛溪鳳九〉: "稍長 能自勉學 肆力於百家諸書 自

으로 하는 조선의 학문적 기반의 입장에서는 정도(正道)는 아닌 것이었다. 어쩌면 신분 제약으로 인해 유교경전을 익혀서 과거시험을 통해 관직으로 나갈 수 없는 현실적 상황에서 택한 실용적 학문의 심취라고 생각할 수 있다.

그렇지만 서기는 20세 무렵 토정 이지함을 스승으로 삼고 유학이 정도임을 깨닫고 배우기 시작하였으며, 또 이소재(履素齋) 이중호(李仲虎)에게서 「대학」, 「중용」 등을 배워 익혔다.[21]

송익필도 또한 신분 제약으로 인해 관직의 길이 막혀서 배움의 도를 펼칠 수 없는 어두운 현실을 그의 시를 통해 많이 읊고 있는데, 세속을 벗어나고자하는 도가적 시풍이라는 평가를[22] 많이 받고 있다. 이는 서기가 과거의 길이 막힌 현실의 질곡을 피해서, 선학 등 제자백가에 심취한 이유와 유사하다고 하겠다.

사실 성리학을 국가제도의 기본이념으로 삼은 조선시대의 일반 백성들이 유가의 이상, 즉 내성외왕(內聖外王)의 도(道)를 펼치기 위해 관직의 길로 나아가는 길은, 과거제도를 통한 길 이외는 달리 방법이 없다. 당시 과거제도는 사서를 익히는 경학(經學)을 위주로 하여, 본래 실천적인 유가학문의 본질과는 조금 거리가 있는 것이라고 할 수 있다. 그러므로 당시 조선사회는 궁리와 실천을 하나로 하여 성리학과 이어지는 예학이 필요하던 시기였으며,[23] 경세와 예학 등, 실천적인 학문을 겸비한

得深造"

21) 『수암유고(守庵遺稿)』, 권2, 「文」, 〈孤靑居士徐公墓碣銘 幷序〉: "年二十餘 始遇土亭李先生 聽其指敎 始知吾道之正 盡棄其學而從之……亭又令就學于履素齋李公之門 受大學,中庸等諸書"

22) 이상미, 「구봉 송익필의 도가적 성격고찰」, 『한문고전연구』 제14집, 한국한문고전학회, 2007, 93쪽.

23) 배상현, 『조선조 기호학파의 禮學思想에 관한 연구 - 宋翼弼, 김장생, 송시열을 중심으

선비들을 도학자[24]라고 칭하였던 것이다.

　여기서 서기가 성리학을 궁구하고 후학을 교육하고 향약을 실천하고자 한 측면과, 송익필이 유학자로서 『주자대전』을 암송하고 수양과 실천을 강조하여서 예학을 궁구하였던 점을 주목해 볼 필요가 있다. 서기와 송익필은 두 사람 모두 신분 제약으로 인해 관직의 길이 막혀있어서 유가의 이상인 경세(經世)의 세도(世道)를 직접 실천할 수 없는 처지였다. 그래서 두 사람이 각각 선학이나 제자백가의 학문에 한때 심취하기도 하고, 도가적 성향의 시풍이라 평가를 받기도 하지만, 결국에는 향약 실천과 예학궁구를 통해 유학 본래의 실천성을 추구하고 있는 것을 찾을 수 있다. 그러므로 그들의 시와 학문의 근저에는, 수기와 치인이 하나이듯이 궁리(窮理)와 예학(禮學) 또는 강학(講學)이 하나가 되는 실천정신이 자리하고 있음을 살펴볼 수 있다. 이는 서기와 송익필 학문의 근본바탕이 된다고 할 수 있다. 이에 대해 살펴보기로 하자.

3. 역경 속의 학문성취와 선비정신의 실천

1) 서기와 송익필의 실천적 학문관

　신분적 제약에도 불구하고 서기와 송익필이 학문에 뜻을 두고 투철하게 실천하여 큰 업적을 남긴 것은, 무엇보다도 두 사람이 어려서부터 총명하였으며 유학자로서의 의지를 꿋꿋하게 하여 굽히지 않았음에 있는 것을 다음에서 살펴볼 수 있다.

로』, 고려대학교, 박사학위논문, 1991, 143쪽.
24) 황의동, 『한국의 유학사상』, 서광사, 1995, 91쪽.

서기는 5, 6세 때 땔나무를 하러 갔다가 해가 저물어 돌아오기에 그 부모가 연유를 물었더니 말하기를, '한 마리 작은 새가 아지랑이(陽氣)를 따라서 올라가는 것을 보고 그 이치를 궁구(窮究)하고자 하여서 늦게 귀가하였다.'25)고 전해진다. 어리지만 사물의 이치에 대해 알고자하는 배움의 집중력과 노력이 느껴지는 대목이다. 또 서기가 7세 무렵 마을의 서당을 다니며 글을 배우고 있었는데 서당을 허물려고 하자, "서당을 허물지 말아서 나로 하여금 성현의 글을 배우게 하소서"라는 시를 지어 선생을 탄복하게 하였다고 전해진다.26) 어려운 현실에서도 서기의 학문에 대한 자세를 살펴볼 수 있다.

송준길은 이와 같은 서기의 뛰어난 학문적 노력에 대하여 그의 문집에서, 『맹자(孟子)』 호연장(浩然章)을 강독하다가 "반드시 일삼는 바를 두되 효과를 미리 기약하지 마라, 마음에 잊지도 말고 조장하지도 말라."라는 말에 이르러 말하기를, "예전에 고청 서기가 말하기를, '여기에 물건이 있는데, 쥐면 깨지고 쥐지 않으면 잃는다.' 한 것이 바로 이 뜻을 가리킨 것이다."라고 하였다. 그리고 송준길은 대체로 학자는 매양 마음을 수양하는 공부에 항상 공력을 들여, 늦추지도 서둘지도 말고, 잊지도 조장하지도 말아야 할 뿐"이라고 말하면서, 고청이 맹자의 뜻을 드러내 밝힌 것이 지극히 정밀하고 투철하다고 칭송하고 있다.27)

---

25) 『국역조선왕조실록』, 「영조 27년 신미(1751) 12월11일」, 〈고 봉조하 김유경에게의 추증 · 정려와 서기 · 송익필의 추증 등을 논의하다〉

26) 『고청유고(孤靑遺稿)』, 「부록」, 〈墓碣銘(并序朴守菴枝華)〉: "幼而知讀書 七歲學于里中書堂 書堂將罷 公作詩 呈于其師 有書堂長勿毀 使我學聖賢之句 師歎賞 知其非凡兒也"

27) 『동춘당집(同春堂集)』, 「別集」, 권9, 〈附錄〉: "先生從容解釋孤靑之言曰 物者 鷄卵之謂也 此者 掌上之謂也 握則破者 置鷄卵於掌上 而把持太急 則卵必壓碎 譬諸欲速 則自有揠苗助長之患也 不握則亡者 置鷄卵於掌上 而舒弛太緩 則卵必散落 譬諸不能念念在玆 則自有寬縱遺忘之患也 大槩學者每於心上 常用平平存在略略收拾之功 不緩不急 勿忘勿助長而已 孤靑所以發明孟子之意者極精透 學者正宜深玩"

아울러 서기의 학문에 대한 근저정신을 그의 시에서 찾아볼 수 있다.

세상의 형편은 말세와 같지만,

나의 마음은 삼대(三代)의 처음과 같구나.

계룡산 골짜기에 밭 갈고,

띠 풀집에서 시서를 읽으리라.28)

불평등한 당시의 시대적 신분제도는, 삼대의 탕임금의 가르침인 '입현무방(立賢無方)'29), 곧 학문과 덕망 있는 인재를 신분의 귀하고 천함이나, 지역적 차별을 두지 않고 등용하여 세상을 다스리는 곳에 쓰이게 하라는, 본래 유교가 지향하고 있는 가르침에 어긋나는 것이다. 이런 점에서 살펴볼 때, 서기의 신분적 차별에 대한 시대적 그릇됨을 초월하여, 학문성취의 목표와 뜻을 성현과 같이 높이 두고 있는 마음가짐이 잘 나타나 있는 것을 알 수 있다.

유교를 국교로 하는 조선의 학문과 제도는, 사실 그 실천적인 면에서 유교 본래의 취지에서 많이 벗어나 있다. 서기는 이러한 말세와 같은 시대적 제도의 오류로 인해 성현의 가르침대로 세상을 올바르게 다스려 펼칠 수 있는 관직의 길이 막힌 자신의 삶을 절망하지 않고 있다. 오히려 성현의 가르침에 어긋나지 않도록 시서를 읽으며, 그 뜻을 닦아 나가겠다는 투철한 의지를 나타내는 시임을 알 수 있다. 이는 곧 서기의 학문적 근저정신을 삼대의 요·순·탕에 두고 있음을 나타내는 것이

---

28) 『고청유고(孤靑遺稿)』, 「詩」, 〈題山居〉: "形容大明末 性情三代初 雞龍耕谷口 茅屋誦詩書"

29) 『맹자(孟子)』, 「離婁章」: "湯執中 立賢無方"

라고 할 수 있다.

송익필은 뚜렷한 스승관계를 찾아볼 수 없지만, 어려서부터 학문적 자질이 뛰어나서『주자대전(朱子大全)』전체를 통달하여 막힘없이 암기30)할 정도로 총명했다고 한다.31) 송익필의 학문성취에 있어서는 20세 초반부터 절차탁마를 함께한 도우(道友)들로부터 큰 영향을 받은 것이라고 보여 진다. 그들은 율곡(栗谷) 이이(李珥, 1536~1584)와 우계(牛溪) 성혼(成渾, 1535~1598)이다. 이들은 서로 다른 신분과, 학문적으로 가문의 학풍(家風)이 다르며, 성격도 각각 달랐지만, 학문과 우정을 나누고 정치적 입장을 평생 변치 않은, 의리의 교유를 나눠서 절세의 도의지교(道義之交)라고 칭송을 받는다. 이러한 세 사람이 나눈 우정은 그들이 주고받은 편지글인『삼현수간(三賢手簡)』에 잘 나타나 있다.32) 중국과 일본에까지 칭송하며 알려졌던 이들 구봉·우계·율곡 삼현의 우정의 교유는 오늘날까지도 선비정신의 표상이라고 할 만큼 귀감(龜鑑)이 된다.

무엇보다도 주목해 볼 점은 송익필 집안이 외할머니가 비첩출신이어서 천민이라는 신분의 약점을 지닌 것을, 20세 전후 지금의 파주에서 세 사람이 만나 교유하기 시작할 때부터 서로 잘 알고 있었다는 점이다. 그런 것을 알면서도 율곡과 우계가 송익필과 도우 관계를 맺고, 또한 송익

---

30) 『송자대전(宋子大全)』, 권17,「附錄」,〈語錄4, 崔愼의 기록〉: "問宋龜峯以賤人爲學成就……龜峯聰敏之才 無與爲比 盡誦朱子大全 可知其深於學 容儀甚嚴 人莫敢慢"

31) 『선조수정실록』, 권23 22年(1589) 12月 1日(甲戌)11번째 기사,「송익필 형제의 추문을 형조에 전교하다.」: "翼弼復從李珥 成渾, 講論道學 識見通透 論議英發 開門授徒 從學者 日盛 號稱龜峯"

32) 김창경,「『삼현수간』을 통해본 구봉우계율곡삼현의 도의지교」,『유학연구』제27집, 충남대유학연구소, 2012, 82쪽.『삼현수간』은 본래 송익필의 문집 중〈현승편(玄繩篇)〉에 실려 있는 것으로, 후세학자들이『삼현수간』이라 이름붙이고 따로 떼어서 책으로 엮어 오늘날 보물1415호로 지정을 받았다.

필의 부친이 사림들에게 허물을 지은 신사무옥의 장본인이며, 그 아들이 송익필임을 알면서도 도우임을 허여(許與)하였다는 것은 이 시대 현대인들의 교유관계에 비추어보아도 참으로 지속되기 어려운 것이다. 송익필의 학문과 비범함이 그러한 세상의 일반적인 편견과 차별의 가치관을 초월하게 하였다고 가늠 할 수 있다. 그 이유로는 송익필이 25세 무렵 율곡과 함께 한양의 별시에 응시하였으며 율곡이 장원급제를 하였는데, 과거시험 문제로 나온 〈천도책(天道策)〉에 대하여 질문하는 다른 선비들에게 송익필이 밝고 뛰어나니 그에게 물어보라[33]고 한 점에서 살펴볼 수 있다. 또 율곡이 우계에게 보낸 편지에서 '송익필형제만이 성리학에 대하여 함께 이야기할 수 있다'[34]고 하면서, 송익필의 학문에 대해 인정하는 글에서도 찾을 수 있다. 우계도 예학이나 성리학, 그리고 수양론, 관직에 대한 출처 등 많은 부분에 대하여 송익필에게 질정하고 있다.[35] 또한 율곡이 지은 『격몽요결』[36]과 『소학집주』,[37] 『순언』[38]의 글, 〈서모에 대한 예법〉[39] 등에 대하여 잘못된 점을 지적하면서, 서로 가르치면서 배우고 성장해가는 '교학상장(敎學相長)'[40]의 노력하는 모습들

---

33) 『구봉집(龜峯集)』, 권10, 「부록」, 〈묘갈문(墓碣文), 宋時烈撰〉: "李先生嘗入場屋 對天道策 謂擧子來問者曰 宋雲長高明博洽 宜就而問之"

34) 『율곡전서(栗谷全書)』, 권10, 「書2」, 〈答成浩原〉: "惟宋雲長兄弟 可以語此 此珥所以深取者也 兄亦不可輕此人也"

35) 『우계집(牛溪集)』, 권4, 「簡牘一」, 〈與宋雲長書 丁丑十二月. 時有仁聖王后喪〉

36) 『구봉집(龜峯集)』, 권4, 「玄繩編上」, 〈與叔獻書〉:

37) 『율곡전서습유』, 권2, 「書上」, 〈與宋雲長〉: "下示要訣疵累 頗有領會處 徐當更思仰稟《小學》亦當依示"

38) 『구봉집(龜峯集)』, 권4, 「玄繩編上」, 〈與叔獻書〉:

39) 『구봉집(龜峯集)』, 권4, 「玄繩編上」, 〈答浩原書〉: "叔獻奉庶母禮 前後往復 連作一通以上 叔獻情勝禮失"

40) 『예기(禮記)』, 「학기(學記)」」: "故曰敎學相長也. 說命曰, 斅學半, 其此之謂乎"

에서 잘 나타나있다.

이러한 송익필의 학문에 대한 근저정신은 서기와 마찬가지로 다음과 같은 그의 시에서 찾아 볼 수 있다.

이 몸은 진한(秦漢) 뒤에 태어났으나 정신만은 우탕(禹湯)의 선대(先代)와 부합되네.[41)]

송익필은 자신이 비록 진·한의 시대 뒤에 태어났지만, 정신만은 우·탕의 선대와 부합된다고 말한다. 여기서 그가 선왕으로서 요(堯)·순(舜)을 말하지 않고, 우·탕을 말한 것도 의미가 깊다. 요·순은 자연한 본성을 정치에 실현한 대표적인 성왕(聖王)이지만, 우·탕은 인간적인 노력과 실천을 통해 왕도를 실현한 성왕이라는 점에서 송익필이 지향한 경세의 초점이 짐작된다.[42)]

또 송익필은 요·순·탕 임금과 같은 성현들의 고도(古道)를 자처했으며 고례(古禮)를 중시하였는데,[43)] 송익필의 학문지향에 대한 근본정신과 실천성은 다음의 시에서도 찾을 수 있다.

뜻이 깊은 「주역」은 논하기 쉽지 않고, 인(仁)이 깊은 탕(湯임)금의 정치를 어찌 이해하기 어려우랴, 일생동안 몸으로는 고인(古人)의 예법(禮法)을 행하였네. [44)]

이상에서 볼 때, 서기와 송익필 두 사람 모두 삼대(三代)의 성인을 그들의 학문성취, 또는 삶의 실천적 목표로 삼고 있는 것임을 가늠할 수 있다.

---

41) 『구봉집(龜峯集)』, 권1, 「賦 詩上」, 〈산중(山中)〉: " … 身生秦漢後 神合禹湯先"

42) 김창경, 『구봉 송익필의 도학사상』, 책미래, 2014, 210쪽.

43) 『구봉집(龜峯集)』, 권10 , 「附錄」, 〈墓碣文 宋時烈撰〉: "先生以古道自處"

44) 『구봉집(龜峯集)』, 권2, 「詩」, 「累在秋府」: "義奧義經論未易 仁深湯網解何難 一生身服 古人禮"

2) 서기와 송익필의 우환의식(憂患意識)

서기의 선비정신은 중봉(重峯) 조헌(趙憲, 1544~1592)의 상소문에 관련된 다음 글에서 찾아 볼 수 있다. 조헌은 공주제독관을 지낼 때 왜구의 사자가 조선을 정탐하고자 길을 통하게 해달라는 요청에 대해, 배척해 끊어버려야 한다고 1587년 11월 〈청절왜사소(請絶倭使疏)〉[45]의 상소문을 올렸다. 조헌이 조정에서 이처럼 말하는 이가 없는데 분개하여, 상소를 올리고 돌아오는 길에 서기를 찾아가니, 서기가 처음에는 크게 꾸짖으며 돌아앉아 말도 하지 않았다. 조헌이 자신의 상소를 읽어주자 반도 채 안 읽었을 때, 서기가 자기도 모르는 사이에 일어나 의관을 정돈하고 두 번 절하며 사과하며 다음과 같이 말하였다고 한다.

공의 이 상소에 힘입어 우리나라가 오랑캐 되는 것을 면할 수 있게 되었네. 옛날 우(禹)가 홍수를 막아내고 맹수를 몰아내던 것과 같네.[46]

이 글에서는 우임금의 치수와 치안의 사업을 들어서 실천적인 유가정신을 잘 드러내고 있음을 볼 수 있다. 서기의 마음가짐 속에는 삼대의 성인 가운데에서 우임금의 실천적 노력을 중시하는 것이라 할 수 있다. 이러한 점에서 서기의 유학자로서의 우국애민의 우환의식(憂患意識)을 찾을 수 있다.

위에서 조헌의 상소문에 대한 서기의 우환의식을 살펴보았는데, 마찬가지로 조헌을 통한 송익필의 우환의식을 살펴보기로 하자. 송익필은 조헌이 임진왜란이 발생하자 의병을 일으켜서 왕업(王業)을 지키는 일을 한다는 것을 듣고 다음과 같이 칭송하고 있다.

직도(直道)로써 일찍이 심한 곤경 겪더니, 나보다 먼저 이미 채찍을

---

45) 『중봉집(重峯集)』 권6, 「疏」, 〈請絶倭使疏, 丁亥十一月 公州提督時〉
46) 『연려실기술』, 권16, 「선조조 고사본말, 조헌」

잡았구려. 집안의 백발 노친을 하직 하고, 허리 밑의 용천검(龍泉劍)을 어루만졌네. 일곱 번 놓아줌으로 황백(黃白)을 낮추어 보고, 세 번이나 말을 몰아 성현을 사모하였네. 성을 버렸으니 누가 죽음을 두려워하랴, 벼슬이 없는데도 맨주먹으로 분발하였네.47)

이 시에서 송익필은 조헌이 외환을 당하여 나라에서 유배를 당하였고,48) 벼슬이 없는데도 임금과 백성을 위해 의병을 일으켜 충정을 행하는 것을 높이 기리고 있다. 아울러 조헌의 충절을 칭송하는 시 속에 드러나 있는, 송익필의 나라에 대한 우환의식을 찾을 수 있다.

이상에서 서기가 탕임금의 마음을 노래하고, 조헌이 우환의식의 상소문을 올린 것에 대하여 우임금의 노력과 실천을 말하여 학문적 근저정신으로 삼는 것을 살펴보았다. 그리고 송익필 또한 서기와 동일하다 여겨질 정도로 탕임금의 마음자세와 우·탕의 실천정신을 말하고 있음을 살펴 볼 수 있었다. 이런 점에서 서기와 송익필의 학문적 근저에는 두 사람 모두 유가의 실천적 도학정신이 자리하고 있다고 할 수 있다.

이는 율곡이 도학지사(道學之士)를 진유(眞儒)라 표현하고, 진유의 역할을 행도(行道)와 가르침을 베푸는 수교(垂敎)로 설명49)하고 있는 점에서, 서기와 송익필의 실천이 유학자로서의 근저정신에 잘 부합되는 도학정신을 보여주는 것이라 할 수 있다. 또한 서기와 송익필 두 사람이

---

47) 『구봉집(龜峯集)』, 권2, 「詩」, 〈문조헌창의병근왕(聞趙憲倡義兵勤王)〉: "直道曾囚楚 先吾已着鞭 堂中辭鶴髮 腰下撫龍泉 七縱卑黃白 三驅慕聖賢 棄城誰畏首 無位奮空拳"

48) 조헌은 선조22년(1589) 4월 시폐를 상소하였다가 임금의 뜻에 거슬려 5월에 함경도 길주로 유배되었다.(조남권·이상미 공역, 『구봉 송익필 시전집』, 도서출판 박이정, 2003, 231쪽. 각주 참조.)

49) 『율곡전서(栗谷全書)』, 권15, 「동호문답(東湖問答)」: "夫所謂眞儒者 進則行道於一時 使斯民有熙皥之樂 退則垂敎於萬世 使學者得大寐之醒 進而無道可行 退而無敎可垂 則雖謂之眞儒 吾不信也"

공통적으로 시를 통하여 탕임금을 존숭하고 있음을 나타내었다. 이는 탕임금이 설파한 입현무방의 차별 없는 소통정신을, 두 사람 모두의 선비정신의 근저로 하고 있는 것임을 알 수 있는 대목이라 하겠다.

4. 후학들의 평가와 기호유학에서의 위상

후학들의 평가를 통해 서기와 송익필의 학문과 수양실천의 모습들을 살펴볼 수 있다. 이를 통하여 두 사람의 학문적 위상도 가늠해 보고자 한다.

먼저 서기가 송익필에 대하여 평가한 말은 송시열의 문집에서 찾아 보면, 서기는 제자들에게 말하기를,

너희들이 제갈공명(諸葛孔明)을 알고 싶으면 송구봉을 보면 될 것이다." 하고는 이어 말하기를, "나는 제갈공명이 구봉과 비슷했으리라 여긴다.[50]

『삼국지연의』에 나오는 신출귀몰하고, 바람과 비를 자유자재로 불러오게 하여 병법과 군사의 전술전략에 귀재인 제갈공명보다, 송익필을 높게 평가하고 있음을 알 수 있다. 이를 뒷받침하는 자료는 조헌에게서도 찾을 수 있다. 조헌은 무자(戊子, 선조21, 1588)년에 올린 상소문을 통해, 서기와 송익필을 군중(軍中)에 두어 군기(軍機)를 참찬(參纂)하게 할 인물로 천거하고 있다.[51] 이로 보면, 서기와 송익필의 문무(文武)겸전에

---

50) 『송자대전(宋子大全)』, 권172, 「墓碣」, 〈龜峰先生宋公墓碣〉: "徐孤靑起謂其學者曰 爾輩 欲知諸葛孔明乎 惟見宋龜峯可也 仍曰 吾以爲諸葛似龜峯也"

51) 『조선왕조실록』, 「권22, 21年(1588) 1月 5日(己丑) 1번째기사」, 〈조헌의 상소를 소각하고 내리지 않았는데 거기에 실린 동·서 각인들의 관계와 행실〉: "軍國重事 無人可堪 請

대한 경지도 어림짐작해 볼 수 있다.

이렇듯 조헌은 서기와 송익필 두 사람과 가깝게 교유를 하였음이 자료에 드러나고 있는데, 조헌을 통해 서기와 송익필이 서로 교유하며 글을 남기고 있는 것을 살필 수 있다.[52] 송익필이 화를 피하여 당시 조헌이 관직으로 있던 옥천과 보은(報恩) 등지에서 지내던 차에 서기와 왕래하게 된 것이다.[53] 이때 서기는 64세(1586년, 선조19)였는데, 보은 객사에서 송익필을 만난 감회를 다음과 같이 〈숙보은객사(宿報恩客舍)〉라는 시로 남겨놓고 있다.

> 관가의 앞뜰은 사방이 어수선하고,
> 객사는 깨끗하여 쓸쓸하네.
> 벽을 사이하고 한가함과 바쁨이 멀어서,
> 위와 아래 세상이 각각 다르구려.[54]

그리고 중봉 조헌이 말하고 있는 송익필의 학문에 대한 깊이를 살펴보면, "송익필은 노년에도 독서에 힘써 학문이 깊고 경서(經書)에 밝았으며, 언행이 바르고 곧아서 그 아비의 허물을 덮기에 충분하였다. 그리고 이이와 성혼도 모두 외우(畏友)로 여겼으며, 또 가르치는 방법에 있어서도 상대를 잘 일깨우고 분발시켜 느껴서 뜻을 세우게 하였다."[55]고

以徐起·宋翼弼 置于軍中 參贊軍機"

52) 『고청유고(孤靑遺稿)』, 「詩」, 〈宿報恩客舍〉: "官庭方擾擾 客館正寥寥 隔壁閒忙別 宮商各異調"

53) 『고청유고(孤靑遺稿)』, 解題 참조.

54) 『고청유고(孤靑遺稿)』, 「詩」, 〈宿報恩客舍〉: "官庭方擾擾 客館正寥寥 隔壁閒忙別 宮商各異調"

55) 『송자대전(宋子大全)』, 권172, 「墓碣」, 〈龜峰先生宋公墓碣〉: "重峯以爲到老勅書 學遂經

말하고 있다.

이와 같은 송익필의 학문에 대한 마음가짐과 엄정한 수양실천의 모습에 대해서 택당(澤堂) 이식(李植)의 평가를 통해 살펴보자.

송익필은 피신 중에도 새벽에 일찍 일어나 밤늦게 잠자리에 들었으며, 종일토록 관(冠)을 바르게 하고 단정히 앉아 글 읽기를 게을리하지 않았다고 한다. 그리고 송익필은 말하기를 "마음을 쓰는 바가 없기에 이것으로 방심한 마음을 수렴(收斂)하려는 까닭이다"라고 하였다한다. 그가 옥중에 있을 때 한평이 찾아가 보았는데, 역시 단정히 앉아있었으며 사기(辭氣)가 태연하였다고 한다.56)

이제 서기에 대한 학문적 자세와 관련된 평가를 살펴보자. 먼저 서기와 송익필에게서 모두 수학한 송이창57)은 다음과 같이 서기에 대해 추모하고 있다.

선생님 계실 때에 우리의 도가 나라에 있었지만,
가신 뒤에는 우리의 도가 없어졌습니다.
세월이 장차 어두워지면 누구라서 깨우쳐 줄 수 있는지요
늙은 제자 하염없이 걱정입니다.58)

明 行方言直 足蓋父愆 故成李兩賢 皆作畏友 且其敎誨 善於開發 使人感奮有立云"

56) 『택당별집(澤堂別集)』, 권15, 「雜著」, 〈追錄〉: "宋翼弼在逃中 晨興夜寐 正冠危坐 習帖看書 終日不懈 曰 無所用心 此所以收之也 韓平就見獄中 亦危坐 辭氣泰然"

57) 『사계전서(沙溪全書)』, 권46, 「附錄」, 〈擧義錄(1627), 〈宋爾昌〉〉: "宋爾昌字福汝號淸坐窩 恩津人 受業於黃岡及宋龜峰 後遊栗谷之門"

58) 『고청유고(孤靑遺稿)』, 「부록」, 〈祭孤靑先生文, 宋淸坐爾昌〉: "先生在 吾道東 先生去 吾道空 世將淪 孰養蒙 老門生 泣無窮"

그리고 초려(草廬) 이유태(李惟泰, 1607~1684)는 서기의 학문적 기상에 대해 다음과 같이 추숭하고 있다.

산에 드리운 비는 삼천장 진을 친 듯하고
누각을 흔드는 바람은 백만대군의 소리로다.
노스승의 가슴 속 같이 크게 일어나니,
다른 이는 이 시구를 짓지 못하리라.[59]

서기와 송익필 양문(兩門)에서 모두 배운 송이창은 동국18현에 배향된 동춘당(同春堂) 송준길(宋浚吉, 1606~1672)의 부친이며, 김장생의 부친 김계휘는 송준길의 외종조부(外從祖)가 된다. 이로 볼 때, 충남의 기호유학에서 송익필과 서기의 학문적 영향력은 실로 크다고 할 수 있다. 송이창은 서기와 송익필에게 배운 실용적 실천중심의 학문을 그의 아들 송준길에게 가학(家學)으로 전해서, 훗날 김장생과 함께 기호예학을 정립시키는 큰 역할을 남기고 있다.[60] 이처럼 서기와 송익필의 학문은 유교경전 중심의 사변적인 학풍보다는 예학(禮學)과 같이 실천적인 학풍을 지녀서 유학 본래의 실천성을 계승하고 있으며, 김장생과 송준길 등 후학들에게 전해지고 이것이 기호유학의 기반이 되었다고 할 수 있다.

---

59) 『초려집(草廬集)』, 권9, 「詩」, 〈足徐孤靑 詩句〉: "山垂雨陳三千丈 樓動風兵百萬聲 靑老胸中如許大 他人不得此詩成"

60) 한기범은 기호예학의 종장 김장생이 지은 『의례문해(疑禮問解)』는 거의 절반이 김장생과 송준길이 주고받은 예문답 내용이었다고 밝히고 있다.(한기범, 「동춘당 송준길의 예학사상」, 182쪽, 『동춘당 송준길 연구』, 한남대 충청학연구소, 2007) 기호예학에서 이처럼 예에 관한 문답 형식의 예서가 만들어진 것은, 송익필에게서 김장생이 예학에 관해 가르침을 받아 전해진 형식이라고 할 수 있다. 송익필과 이이, 성혼, 정철, 김장생 등은 예문답서를 주고받았고, 이것을 송익필의 문집 속에 「예문답(禮問答)」으로 전해지고 있다.

무엇보다도 주목되는 점은 서기가 1581년(선조14) 중국에 직접 가서 주자의 영정을 가져와 봉안하였다는 사실이다.61) 현재 공주 반포면에 소재하는 충현서원에 주자의 영정을 봉안하였다는 것은 그 의미가 실로 작지 않다. 성리학이 융성하던 이 시기에 주자영정을 봉안한 조선의 유학자들을 사료를 통해 살펴보아도 찾아보기 드물다. 또한 이때는 기호유학이 아직 정립되지 않은 시기로서, 김장생이나 윤선거가 논산에 학문적 뿌리를 내리기 전이다. 어찌 보면 성리학의 학풍이 전혀 이루어지지 않던 공주와 대전 근방의 호중(湖中)지역에, 성리학적 학풍을 불러일으킨 것은 율곡이나 구봉도 아니고, 김장생이나 윤선거는 더더욱 아니며, 바로 고청 서기라고 할 수 있다. 성리학의 불모지에서 주자의 영정을 봉안하고 후학을 강학하여 송이창으로부터 송준길로, 이유태를 비롯해 인근의 학자와 윤봉구 등의 후학들에게까지 학문적 영향을 주고 있는 것이다. 이러한 점에서 서기의 한국유학사에서의 위상이 결코 간과되어서는 안 될 것이다.

이제 송준길과 우암(尤庵) 송시열(宋時烈, 1607~1689)을 통해 송익필에 대한 학문적 평가를 살펴보자. 송준길의 송익필에 대한 다음과 같은 평가는 조선의 예학사상사와 기호유학사에서 그의 학문적 위상이 어느 정도인지를 가늠하게 해준다.

사계 김선생이 율곡선생을 사사하여 도(道)를 이루고 덕을 높이게 되었지만, 그가 빗장을 빼고 열쇠를 열 수 있도록 기초를 다져 준 사람이

---

61) 『고청유고(孤靑遺稿)』, 「부록」, 〈公州儒生請配享朱子廟疏略〉: "創書院于孤靑之下 遂倣白鹿洞院制 以朱子主享 而鄕賢從祀焉"

바로 송익필선생이었음은 숨길 수 없는 사실이다.62)

이어서 송시열의 송익필에 대한 평가를 살펴보자.

선생은 오직 의리를 강명(講明)하여 자기 자신을 닦았고, 또 그것을 후
세에까지 전함으로써 지금 김장생선생의 학문이 세상의 으뜸이 되고
있으니, 구봉선생은 사문(斯文)에 간접적으로 큰 공을 남겼다.63)

다음은 충청도 관찰사 홍계희(洪啓禧, 1703~1771)를 통해서 서기와
송익필에 대한 평가를 살펴보자. 홍계희는 서기의 문집을 1750년에 간
행하였으며,64) 1751년에는 서기와 송익필의 신원회복을 위해서 조정에
「청포증장(請褒贈狀)」을 올렸다.

서기는 선정신 이지함의 문인인데……학문이 정심하였고 계룡산의
고청봉 아래에 살면서 자호를 '고청'이라 하였습니다. 공주 충현서원
에 배향되었는데, 호중(湖中)의 학문이 성대하여진 것은 서기의 힘이
대부분을 차지합니다. 송익필은 바로 선정신 이이 · 성혼의 도의(道義)
로 사귄 벗이고 김장생의 스승입니다. 그 경학(經學)이 일세의 표준이

---

62) 『송자대전(宋子大全)』, 권172, 「墓碣」, 〈龜峰先生宋公墓碣〉: "曩同春宋公浚吉謂余曰 文
元公金先生 師事栗谷李先生 以至道成德尊 然考其抽關啓鍵 導迪於一簣之初 則自龜峰先
生 不可誣也"

63) 『송자대전(宋子大全)』, 권172, 「墓碣」, 〈龜峰先生宋公墓碣〉: "惟其講明理致 以修其身 且
以傳之來世 今金先生之學 爲世所宗 則先生之於斯文 亦可謂與有功焉"

64) 『고청유고(孤靑遺稿)』, 「跋」: "不佞自少聞孤靑徐先生之爲開世人豪 而未由得其詳 及按節
是道 詣忠賢書院 謁先生別廟 仍搜訪先生詩文事行.......臨行 印百餘本 仍念公州文學之盛
倡自先生 而邇來 學舍寥落 草深三丈 有九原難作之歎 今於斯役 爲之累欷云. 崇禎二庚午
六月下澣 後學忠淸道觀察使洪啓禧 謹識"

되어 지금까지도 학자들이 구봉선생이라 일컫고 있습니다. 이 두 분은 학행이 탁연(卓然)한데 그 문지(門地)가 미천한 연유로 해서 아직까지 포증(褒贈)의 은전(恩典)이 없었습니다.65)

그 결과로 인해 다음해 1752년 송익필이 죽은 뒤 153년 만에 천민에서 풀려나 신원(伸冤)되고, '통덕랑행사헌부지평'에 추증되었다. 또한 천민이었던 서기의 문집『고청유고(孤靑遺稿)』를 그가 죽은 뒤 159년 만에 내도록 한 것도 홍계희에 의해서다. 송익필도 그가 죽은 뒤 163년 만인 1762년에야 김장생의 현손인 현감 김상성에 의해『구봉집(龜峰集)』이 간행되었다.

이처럼 서기와 송익필이 신분의 제약에서 풀려나고 추증을 받은 것은 각각 달랐지만, 그들의 문집이 간행된 것은 두 사람 모두 공통적으로 150년도 더 지난 뒤였다. 무려 다섯 세대의 시간이 지나간 뒤이다. 이러한 까닭에 그들의 문집의 내용은 다른 유학자들의 문집보다 분량이 적다고 보여 진다.

마지막으로 충남 기호유학자의 한사람인 병계(屛溪) 윤봉구(尹鳳九, 1683~1767)는 송시열의 제자인 한수재(寒水齋) 권상하(權尙夏)의 문인으로서 강문팔학사(江門八學士)의 한 사람이다. 윤봉구는 그의 문집에서 송익필에 대한 글을 남기고 있으며,66) 1720년에 송익필의 당진 원당리 묘소 옆에 현재의 입한재(立限齋)를 세웠다. 또한 윤병구는 1750년에 서

---

65)『조선왕조실록』,「영조 27년 신미(1751), 12월 11일(계묘)」,〈고 봉조하 김유경에게의 추증 · 정려와 서기 · 송익필에의 추증 등을 논의하다〉
  『구봉집』, 권10,「附錄」,〈請褒贈狀, 庚午六月十五日, 忠淸監司洪啓禧〉
66)『병계집(屛溪集)』, 권45,「告文」,〈龜峯宋先生墓焚黃告文, 代唐津儒生作〉

기의 행장(行狀)을 지었다.67)

그리고 두 사람의 학문적 공헌과 후학들의 노력에 의해 서기는 선조 때(1591) 지평(持平)에 추증되고, 순종 때(1910) '문목(文穆)'의 시호를 받았고, 송익필은 영조 때(1752) 지평에 추증되었으며, 순종 때(1910) '문경(文敬)'의 시호를 받았다.

이상에서 서기와 송익필에 대한 평가와 추숭을 살펴보았다. 이들의 평가를 통해 서기와 송익필 두 사람이 남긴 한국유학사에서의 학문적 공헌이 실로 작지 않음을 알 수 있다. 또한 서기와 송익필 두 사람이 당면한 역경의 시대적 환경에도 불구하고 유학자로서 성인을 지향했던 학문관과, 불굴의 의지로 투철하게 실천한 삶의 모습들, 그리고 후학들의 평가와 국가에서의 추숭 등 여러 면에서 공통점이 찾아진다.

5. 서기와 송익필의 실천정신과 현대적 의의

서기와 송익필 두 사람 모두 공통적으로 신분의 굴레에 얽매여 시대적 역경의 삶을 살았지만, 학문과 수양의 실천이 뛰어났고 선비의 본분을 지키며 투철하게 살았음을 살펴볼 수 있었다. 두 사람 모두 비록 관직의 길에 나아가 유교가 지향하는 이상적 정치를 직접 펼칠 수 있는 기회가 주어지지 않았지만, 결코 현실을 회피하지 않았으며, 유학자의 도리에서 벗어나지 않았다. 나아가 자신의 학문적 성취와 후학교육에 대한 노력을 등한시 하지 않았던 것이다. 그 노력으로 서기는 호중(湖中),

---

67) 『고청유고(孤靑遺稿)』, 「부록」, 〈行狀, 尹屛溪鳳九〉

곧 기호중앙의 충남지역 유학의 학풍을 진작시키고 번성하게 한 학문적 업적을 남기고 있다. 또한 송익필은 율곡과 우계와 함께 기호유학의 기반을 형성하는데 큰 영향을 주었고, 조선예학사에 큰 획을 긋는 예학서를 저술하였다. 아울러 김장생을 교육하여 기호예학을 완성하게 한 업적을 남겼다.

이러한 서기와 송익필의 학문과 투철한 삶의 근저정신에는 삼대의 우·탕임금이 설파한 입현무방(立賢無方)의 소통과 평등의 실천정신이 자리하고 있음을 살필 수 있다. 이들의 학문성취와 수양실천은 율곡이 설파한 행도(行道)와 수교(垂教)로서 요약할 수 있기에, 참된 선비 진유(眞儒)로서의 도학지사(道學之士)의 실천이라고 할 수 있다. 무엇보다도 두 사람이 모두 신분적 제약의 역경을 초월하여, 자신의 학문적 성취뿐만 아니라 조선유학사에 큰 공을 세우고 있다는 점은 실로 오늘날에도 본받을만한 업적이다.

서기와 송익필이 처했던 차별의 굴레와 편벽된 사고를 벗어내고, 입현무방의 유학본래 참된 왕도(王道)를 구현하고자 했던 그들의 실천정신을 거울삼아서 유교문화의 현대적 발전을 이루어가야 한다고 사려 된다. 이는 곧 『대학』에서 공자가 설파한 혈구지도(絜矩之道)[68]의 왕도실천원리에 맞닿아 있다. 곧 소통과 조화의 실천원리로서 상하좌우전후에 공평하게 적용 실천하라는 왕도실천법인 것이다. 아울러 그동안 소외되어왔던 이들에 대한 바르고 적실(的實)한 위상정립이 새롭게 이루어질 것을 기대해 본다.

---

68) 『대학(大學)』: "所惡於上 毋以使下 所惡於下 毋以使上 所惡於前 毋以先後 所惡於後 毋以 於前 所惡於右 毋以交於左 所惡於左 毋以於右 此之謂絜矩之道"

구봉 송익필선생 연보(年譜)

	연대	구봉선생 사적(事蹟)	역사적 참고 사항
1 세	1534, 갑오(甲午), 중종29년	2월10일(음) 부친 송사련(宋祀連)과 모친 연일 정씨(延日 鄭氏), 4남 1녀 중 3남으로 출생	
6 세	1539, 기해(己亥), 중종34년	아우 한필(翰弼) 출생	
7 세	1540, 경자(庚子), 중종35년	'산가모옥월참차(山家茅屋月參差)'라는 시(詩)를 지음	이이, 최립, 백광훈, 윤탁연, 이산해, 이순인 등과 함께 팔문장가(八文章家), 김시습, 남효온과 시(詩)의 산림(山林) 삼걸(三傑)로 일컬어짐
?	연대미상	향시(鄕試)에 급제함	
?	연대미상	창녕 성씨(昌寧 成氏)와 혼인	
21세	1554, 갑인(甲寅), 명종9년	우계·율곡과 도의지교(道義之交)를 맺음 〈율곡연보〉	이 시기에 사암(思庵) 박순(朴淳)·송강(松江) 정철(鄭澈) 등과도 도의지교(道義之交)를 맺어 도학(道學)을 강마(講磨)함
25세	1558, 무오(戊午), 명종13년	율곡과 아우 한필과 별시(別試)에 응시 합격 이때에 사관(史官)이었던 이해수(李海壽)에 의해, 서얼은 과거를 응시할 수 없다는 이유로 과거금지(停擧)를 당하게 됨	시험과제인 "천도책(天道策)"의 해답에 대하여 율곡이 구봉을 추천하여 선비들 사이에 문장과 학식이 알려지기 시작함
27세	1560, 경신(庚申), 명종15년	구봉으로 돌아와 후학을 가르치기 시작. 사계 김장생이 종학(從學)하기 시작함.〈사계연보〉 우계로부터 중절(中節) 부중절(不中節)에 관한 견해를 질문 받음	이때부터 구봉선생이라 불리어졌음, 장소는 지금의 파주시 교하읍 심학산(尋鶴山) 자락, 옛 지명은 심악산(深岳山)구봉(龜峯) 자락

	연대	구봉선생 사적(事蹟)	역사적 참고 사항
31세	1564, 갑자(甲子), 명종19년	우계의 부친인 청송(聽松) 성수침(成守琛)의 만사(輓詞) 지음	
33세	1566, 병인(丙寅), 명종21년	안당(安瑭)이 신원(伸冤)되어 복권(復權) 됨	문정왕후(文定王后)가 죽자 훈구세력들 쇠락, 사림 세력들이 정권진출 전환기가 찾아옴
36세	1569, 기사(己巳), 선조2년	부친 송사련의 무고로 일어난 신사무옥(辛巳誣獄)에 대한 추국이 시작됨	
42세	1575, 을해(乙亥), 선조8년	부친 송사련 죽음. 죽은 안당에게 정민(貞愍)라는 시호가 내려짐	동서붕당이 뚜렷해짐. 남명(南冥) 조식(曺植, 1501~1572) 죽음
43세	1576, 병자(丙子), 선조9년	율곡의 서모(庶母) 위차(位次)에 대한 예(禮)논변을 주고받음	
44세	1577, 정축(丁丑), 선조10년	율곡의 『격몽요결』에 대해 잘못된 점을 논변함	
45세	1578, 무인(戊寅), 선조11년	우계에게 출처에 관해서 '처변위권(處變爲權)'을 권함	토정(土亭) 이지함(李之菡, 1517~1578) 죽음
46세	1579, 기묘(己卯), 선조12년	율곡이 쓴 『소학집주』에 대하여 잘못을 고치라고 권함, 우계의 부탁으로 『은아전』을 지음	
47세	1580, 경진(庚辰), 선조13년	김장생과 '인심도심설(人心道心說)'에 대해 논변 함 율곡의 『순언』에 대해 비판함	
48세	1581, 신사(辛巳), 선조14년	율곡에게 삼대지치(三代至治)의 정치를 실현해야한다고 강조함	
50세	1583, 계미(癸未), 선조16년	율곡이 '계미삼찬' 사건으로 동인 박근원 등에게 탄핵 당하자, 우계에게 도와주도록 당부함	
51세	1584, 갑신(甲申), 선조17년	도우(道友) 율곡 죽음. 「제율곡문」을 지어 율곡의 죽음 애도	
53세	1586, 병술(丙戌), 선조19년	안당의 아들 안처겸이 신원(伸冤)되고, 부친 송사련의 관작이 삭탈됨. 이	동인들은 대사간 이발과 대사헌 이식을 통해 심의

	연대	구봉선생 사적(事蹟)	역사적 참고 사항
		어서 70여인의 식솔들은 노비로 환천 되어 뿔뿔이 흩어지게 됨. 정철의 도움으로 전라도 광주에 피신	겸을 논죄할 때, '율곡과 우계는 심의겸의 친구로서 조정을 어지럽힌 장본인' 이라고 탄핵함. 이때 율곡 제자 이귀(李貴)가 스승의 죽음에 대한 억울함을 상소하자, 문장과 논리가 정연해서 구봉이 기초한 것이라 간주하여 동인들이 선생을 '서인(西人)의 모주(謀主)'라 공격하기 시작함
54세	1587, 정해(丁亥), 선조20년	중봉 조헌이 선생에 대한 신원소를 올렸으나 무위로 그침	
55세	1588, 무자(戊子), 선조21년	중봉 조헌이 선생에 대한 신원소를 올렸으나 무위로 그침	조헌이 구봉선생과 고청 서기를 군사로 추천 함
56세	1589, 기축(己丑), 선조22년	'정여립(鄭汝立)의 난(亂)'이 일어남. 광주에서 한성으로 올라와 왕명으로 구속 됨	정여립의 난 여파로 기축옥사 일어남. 처리과정에서 선생과 아우 송한필 에의한 조작사건이라 모함 받음. 이에 연관해 조헌이 또 다시 구봉형제의 무죄와 이산해와 동인들에 대한 상소를 하자, 동인들의 화를 더욱 사게 되었고, 배후자라고 하여 선조가 체포령 내림
57세	1590, 경인(庚寅), 선조23년	구속에서 풀려남	
58세	1591, 신묘(辛卯), 선조24년	정철의 세자 책봉문제에 관련하여 연루됨. 선생은 스스로 충청도 홍산현(鴻山縣, 현재의 충남 부여군)에 자수, 형조(刑曹)로 압송. 10월 북인(北人) 정인홍 등이 사헌부간관을 사주하여 구봉형제의 논죄를 주청함, 12월 선생은 평안북도 희천(熙川), 아우 송한필은 전라도 이성(利城)으로 유배	정철이 왕세자 책봉문제에 연루되어 실각하고 유배되었고, 구봉선생도 연관하여 유배 길에 오름

	연대	구봉선생 사적(事蹟)	역사적 참고 사항
59세	1592, 임진(壬辰), 선조25년	유배생활, 4월 임진왜란 발생.명에 따 라 명문산으로 피신	조헌 의병장으로 전사
60세	1593, 계사(癸巳), 선조26년	유배에서 풀려남. 평북 희천에 있는 상현서원에서 한훤당 김굉필 정암 조 광조 참배	도우(道友)인 송강 정철 죽 음
61세	1594, 갑오(甲午), 선조27년	중형(仲兄)송부필(宋富弼)과 아우 송 한필(宋翰弼)이 잇달아 죽음	
63세	1596, 병신(丙申), 선조29	충청도 면천(沔川) 마양촌(馬羊村)의 첨추(僉樞) 김진려(金進礪)의 집에서 우거(寓居)하게 됨	
65세	1598, 무술(戊戌), 선조31년	『가례주설』을 지음	도우(道友)인 우계 성혼 죽 음. 부인 창녕성씨와 사별 함
66세	1599, 기해(己亥), 선조32년	아들 취대에게 「현승편」을 엮게 함. 8월 8일 마양촌의 우사에서 운명함. 문인들과 인근의 유림들이 당진현(唐 津縣) 북면(北面) 원당동(元堂洞)에 장사 지냄	
	1622,임술(壬戌), 광해14년	문인 심종직이「(비선구봉선생시집)批 選龜峰先生詩集」5권1책 간행.	
	1624, 갑자(甲子) 인조2년	스승에 대한 억울함을 풀고자 제자 김장생, 김집이 갑자소(甲子疏)를 올 림	
	1625, 을축(乙丑), 인조3년	정엽·서성·유순익·김장생 등이 망사 (亡師)에 대한 신원회복에 대한 상소 문 올림	
	1717, 정유(丁酉), 숙종43년	이종신 등 2백여 성균관 유생들이, 적 서(嫡庶) 차별 서얼(庶孼) 금고(禁錮) 에 대한 상소 올림	
	1720, 경자(庚子), 숙종46년	김장생 후손 김진옥(金鎭玉)이 묘표 (墓表)를 세움. 병계(屛溪) 윤봉구(尹 鳳九)가 묘소 옆에 제각 입한재(立限 齋)를 건립함	
	1724,갑진(甲辰), 영조즉위년	정진교 등의 유생들이 상소 올림	

연대	구봉선생 사적(事蹟)	역사적 참고 사항
1745, 을축(乙丑), 영조21년	이주진 등의 유생들이 상소 올림	
1751, 신미(辛未), 영조27년	충청도관찰사 홍계희가 조정에 「청포증장(請褒贈狀)」을 올림	
1752, 임신(壬申), 영조28년	구봉선생 사후(死後) 153년 만에 천민에서 면하여 신원(伸冤), '통덕랑행사헌부지평'에 추증 됨	
1762, 임오(壬午), 영조38년	구봉선생 사후(死後) 163년 만에 김장생의 현손 김상성『구봉선생집(龜峰先生集)』11권5책 간행.	
1778, 무술(戊戌), 정조2년	삼남(三南)의 유생(儒生) 황경헌 외 3천 2백 72인이 상소 올림	
1874, 갑술(甲戌), 고종11년	유생들의 서얼허통(庶孼許通) 주장하는 상소 올림	
1910, 경술(庚戌), 순종3년	'문경(文敬)'의 시호를 받고 '규장각제학(奎章閣提學)'에 추증 됨 〈순종실록 권4, 순종3년 7월20일〉	
1991, 신미(辛未)	파주시 교하읍 산남리 183-3번지 심학산(구봉산)자락에 (사)儒道會 이사장 역임 봉우(鳳宇) 권태훈(權泰勳)이 구봉선생의 유허비(遺墟碑) 세움	

구봉 송익필 학문,
기호유학에서의 위상

발행일 | 1판 1쇄 2018년 6월 4일

편저자 | 구봉문화학술원(전 구봉송익필선생기념사업회)
편집인 | 김창경
주 간 | 정재승
교 정 | 홍영숙
디자인 | 배경태
펴낸이 | 배규호
펴낸곳 | 책미래

출판등록 | 제2010-000289호
주 소 | 서울시 마포구 공덕동 463 현대하이엘 1728호
전 화 | 02-3471-8080
팩 스 | 02-6008-1965
이메일 | liveblue@hanmail.net

ISBN 979-11-85134-47-5 93130

국립중앙도서관 출판시도서목록(CIP)

구봉 송익필 학문, 기호유학에서의 위상 / 편저자: 구봉문화
학술원. -- 서울 : 책미래, 2018
    p. ;   cm

"구봉 송익필선생 연보(年譜)" 수록
ISBN 979-11-85134-47-5 93130 : ₩20000

유학(유교)[儒學]
기호 학파[畿湖學派]

151.54-KDC6
181.119-DDC23   CIP2018015995